《黑水世居民族文化》丛书

本书列为"十一五"国家重点图书出版规划
本书列为全国少数民族优秀图书出版资金资助项目
本书为黑龙江省民族研究所"十一五"规划重点课题

《黑水世居民族文化》丛书

HEISHUISHIJUMINZUWENHUACONGSHU

黑龙江赫哲族文化

姜洪波
都永浩 著

黑龙江教育出版社

《黑水世居民族文化》丛书

主　编：沃岭生
副主编：关立卓　都永浩　丁一平
　　　　尹武荣　谷文双　韩光明

总　序

　　文化涵盖物质财富和精神财富,特指精神财富,举凡教育、科学、文学、艺术等均属此列。晋束皙《补亡诗·由仪》中的"文化内辑,武功外悠",前蜀杜光庭《贺鹤鸣化枯树再生表》中的"修文化而服遐荒,耀武威而平九有",都将文化视为具有深刻内涵和特殊作用的人类精神财富。文化负载着一个民族的价值取向,影响着一个民族的生活方式,攒聚着一个民族自我认同的凝聚力,不仅为古人所重视,也为现代社会所推崇。经过几十年的发展,全球传统发展模式的动力日趋减弱,伴随的是资源的不断减少、原材料价格的高企和生态环境危机等。全世界都在探索全面协调可持续的科学发展之路,而文化作为这一全新发展模式的核心因素之一,逐渐成为举世关注的焦点。胡锦涛总书记在十七大报告中指出:"当今时代,文化越来越成为民族凝聚力和创造力的重要源泉、越来越成为综合国力竞争的重要因素,丰富精神文化生活越来越成为我国人民的热切愿望。要坚持社会主义先进文化前进方向,兴起社会主义文化建设新高潮,激发全民族文化创造活力,提高国家文化软实力,使人民基本文化权益得到更好保障,使社会文化生活更加丰富多彩,使人民精神风貌更加昂扬向上。"因此,深入挖掘和研究黑龙江流域历史文化遗产是十分重要的,它不仅可以反映黑龙江流域的历史文明成就, 为黑龙江省的经济社会发展创造良好的人文环境,而且也是推动社会主义文化大发展大繁荣、实现中华民族振兴的一项重要举措。

　　数千年来,黑龙江流域养育了为数众多的古代民族,对中国和世界历史产生了深远的影响,创造了璀璨绚丽的民族文化,汇入浩荡的中华文明之历史长河,鲜卑之石室,杳无人迹;龙泉、会宁之宫阙,废为丘墟,而曩昔之繁盛,今人尚可望风怀想。当地固有的土著民族人士最早生息、劳作、繁衍于此,创造了丰富的物质文化与精神文化。但至汉武帝时,有姓名可考的汉族人士(徐自为等)陆续加入其行列,明清时,回、朝鲜、柯尔克孜等民族亦相继迁入,为龙江历史文化的发展作出了不可低估的贡献。但这一悠久文化遗产长期被忽略,人们一提到黑龙江流域,就与极边苦寒荒蛮之地和"文化沙漠"相联系,而事实绝非如此。肃慎、契丹之源远流长以此,鲜

卑、女真之进据中原以此,蒙古、曼殊之奄有天下亦以此。兴安之林莽磨砺其体格,黑水之波涛涤荡其心胸。山川寂寥、积雪凝寒之际,正值金戈铁马纵横驰骋之时,响彻白山黑水,声撼日月江河。千余年间,豪英雄秀,济济不泯。因此,彰显黑龙江流域历世绵远、恢宏灿烂之文化,继承和发扬黑水先民自强不息、团结奋进之精神,既是每个龙江人的热切期盼,也是全省哲学社会科学工作者的神圣职责。在此宏观背景下,黑龙江省民族研究所将《黑水世居民族文化》丛书列入"十一五"重点科研规划,旨在填补黑龙江流域民族文化研究之空白,无论是从边疆文化大省建设而言,还是从东北老工业基地振兴而言,都是一件可喜可贺之事,恰逢其时。

《黑水世居民族文化》丛书由12部图文并茂的专著构成,内容包括汉族、满族、朝鲜族、蒙古族、回族、达斡尔族、赫哲族、鄂伦春族、鄂温克族、锡伯族、柯尔克孜族和黑龙江古代民族的文化,涉及到传统的生产生活习俗、教育、学术、文学艺术、语言文字、新闻、广播、出版、期刊杂志、宗教等领域,全面系统地勾画出一幅色彩斑斓的黑龙江流域民族文化巨卷,亦深刻地揭示出黑水先民筚路蓝缕、以启山林的开拓之功。

目前,经黑龙江教育出版社申报,《黑水世居民族文化》丛书被列入"十一五"国家重点图书出版规划,实属难能可贵。我相信,这套丛书的出版,必将提升黑龙江省民族文化研究的学术影响力,也必将彰显黑龙江流域民族文化的无限魅力,余乐观其成,故为之序。

衣俊卿

二○○七年十二月

目　　录

图片目录

绪　论

1

赫哲族是我国人口较少的民族之一,共 4 640 人(2000 年)。康熙末年记载,三姓副都统衙门所属赫哲族 2 398 户,约 1.2 万人。咸丰年间(1856—1857)为 5 016人。民国初年左右,居住在松花江下游、混同江南岸和乌苏里江西岸的赫哲族约1 600 人。民国十九年(1930),据凌纯声调查,松花江下游、混同江南岸和乌苏里江西岸的赫哲族有 1 200 人,同时期俄罗斯境内的那乃人有 1.1 万人。由于疾病、屠杀和日本帝国主义分而治之的灭绝政策等原因,1945 年日本战败投降时,中国境内的赫哲族人口仅剩下 300 余人,濒于灭绝。1953 年全国第一次人口普查时,赫哲族人口恢复到 450 人;1964 年全国第二次人口普查为 718 人;1980 年全国第三次人口普查为 1 489 人;1990 年全国第四次人口普查为 4 254 人。

历史上,赫哲人广泛分布于松花江下游、乌苏里江流域和黑龙江中下游直至库页岛的广大地域内。17 世纪中叶,沙皇俄国侵入贝加尔湖以东地区和黑龙江流域。1689 年 9 月 7 日中俄签订《中俄尼布楚条约》,赫哲人从此跨境居住,被人为地分割成两地。1858 年和 1860 年,沙俄强迫清政府签订不平等的《中俄瑷珲条约》和《中俄北京条约》,分别强占黑龙江以北、外兴安岭以南 60 多万平方公里和黑龙江以北、乌苏里江以东 100 多万平方公里的中国土地,赫哲族世代居住的广阔土地被沙俄霸占。目前,中国赫哲族分布于黑龙江、松花江、乌苏里江构成的三江平原和完达山余脉,集中居住于三乡两村,即同江市街津口赫哲族乡、八岔赫哲族乡、双鸭山市饶河县四排赫哲族乡和佳木斯市敖其镇敖其赫哲族村、抚远县抓吉镇抓吉赫哲族村。据全国第五次人口普查,在全国 4 640 名赫哲族人口中,黑龙江省境内为3 910 人,占全国赫哲族人口的 84.3%。其语言属阿尔泰语系满—通古斯语族满语支,没有文字。

中国赫哲族分布于富饶、美丽的三江平原和完达山脉。三江平原是位于黑龙江省东北边陲黑龙江、乌苏里江和松花江三江汇流处的冲积平原,面积约为 8 万平方公里。地势低平,海拔在 50~100 米之间,分布着平原、草地、湿地、泡沼。黑土层 15~50 厘米不等,自然肥力较高。三江平原气候湿润,年降雨量为 500~600 毫米之间,属寒温带大陆性季风气候,无霜期为 135 天左右。完达山是长白山系的一部分,位于三江平原的西南部,属中、低山,边缘地区为丘陵,海拔高度一般在 800~1 000 米。

赫哲族居住的三江流域水产资源十分丰富。

完达山脉有极为丰富的自然资源。属长白山植物区系的植物类有 23 个科、39 个属。山林中栖息着各种珍禽异兽,哺乳类动物有 26 种,鸟类 34 种,两栖类动物 6 种,爬行类动物 2 种。野兽包括东北虎、豹、熊、紫貂、梅花鹿、马鹿、獐子、野猪、狍子、貉、狐狸、水獭、鼬、草兔、灰鼠、狼、獾子、猞猁等。其中紫貂是十分贵重的贡品。

赫哲族是从肃慎、挹娄人中居北的部分以及勿吉、靺鞨中的黑水部分、元代黑龙江中下游流域的生女真和明代野人女真中衍变而来。赫哲族先民与满族先民历史上属于一个宽泛的人类学含义的人们共同体,未形成严格意义上的民族认同意识。这个人们共同体在历史上经常出现分化、组合,与周边民族有着密切的交融关系。始于明初的松花江下游流域的野人女真南迁,为黑龙江中下游流域的野人女真形成为赫哲族留出了地理空间和认同意识形成的基础。

金灭亡后,早已入居中原和元初签括入关的女真人,总体数量虽然大大超过留居东北地区的女真人,但是他们长期与汉族杂居,元明时将其归为汉人,因而除少数融入蒙古等族外,绝大部分都已融入汉族之中,风俗、语言完全汉化,连姓氏也大都采用了汉姓[①]。后来关内女真人的活动很少见于记载。元代的女真人主要分布于辽东地区、松花江流域、合兰府地区(绥芬河流域及朝鲜半岛北部东海沿岸)、黑龙

---

① 丛佩远:《中国东北史》,第三卷,224 页,吉林文史出版社,2006。

江中下游流域①，后来形成为满族的核心是分布于松花江下游及黑龙江中下游流域的女真人。在元代辽阳行省北部及东部濒水而居、以渔猎为生的女真人为女直水达达(又作水达达女直)、打鱼水达达女直，简称水达达，明代称水兀狄哈、水野人或江夷。分布区域十分广阔，西起嫩江流域以东、松花江下游以东、东抵乌苏里江及合兰府、北至黑龙江下游两岸地区②。总体而言，元代女真人处于发展低潮，关内及辽东女真人逐渐融合于其他民族中，黑龙江中下游流域和松花江中下游流域成为女真人的主要分布区。这部分女真人与建立金朝的女真人没有直接的承继关系，发展水平处于较低的阶段。松花江中下游以北的生女真略事耕种；从生女真人向东，可木(今松花江口以东额图附近之科木)至乌苏里江口的女真人则"少事耕种"；松花江中上游的女真人"稍类开原旧俗"③。

　　明代把东北地区的女真人通称为野人女真，随着南迁过程，逐渐划分为建州、海西、野人三部分。建州女真原为居今黑龙江三姓(依兰)一带的火儿阿部，永乐元年，明朝在此置建州卫军民指挥使司。火儿阿部因江命名，即忽汗之转音，渤海时称牡丹江为忽汗河，金为胡里改江。火儿阿部居地濒牡丹江口，故名。建州女真另一支为居住在今依兰(三姓)附近的斡朵里部④。明初，胡里改部、斡朵里部和毛怜部(原为斡朵里的属部)分成两路南下，于明景泰年间会聚于浑河上游苏子河至婆猪江(今浑江)之间，逐渐组成了建州卫、建州左卫、建州右卫、毛怜卫联盟。海西女真原居于黑龙江中下游一带。海西女真包括山夷、江夷两部分，哈达、叶赫可能属于山夷，而辉发、乌拉则属于江夷。后迁至呼兰河流域，因该河古称忽喇温水，故有忽喇温野人之称⑤。15世纪末至16世纪初，塔山左卫、塔鲁木卫和弗提卫的一支先后向南迁徙，于16世纪30年代至70年代，先后定居于辽河上游至松花江上游之间，形成了哈达、乌拉、叶赫、辉发四部。野人女真又称东海女真，分布于建州女真和海西女真以北、以东的广大地区，即松花江中游以下，至黑龙江两岸，东达于海。东海女真又称

①　丛佩远：《中国东北史》，第三卷，225~226页，吉林文史出版社，2006。
②　丛佩远：《中国东北史》，第三卷，230~234页，吉林文史出版社，2006。
③　丛佩远：《中国东北史》，第三卷，313页，吉林文史出版，2006。
④　干志耿、孙秀仁：《黑龙江古代民族史纲》，459页，黑龙江人民出版社，1986。
⑤　干志耿、孙秀仁：《黑龙江古代民族史纲》，460页，黑龙江人民出版社，1986。

东海窝集部,其中又分四大部分,自牛满江以下至松花江、黑龙江汇合口,为萨哈连部,后又称黑龙江地方呼尔哈部。自呼尔哈河(牡丹江)至松花江下游为呼尔哈部,部称由河而得名。呼尔哈河,唐作忽汗,金作胡里改,元作忽尔哈,明作胡里改。以松花江或黑龙江为界,又分南呼尔哈部和北呼尔哈部。自乌苏里江以东至图们江地区的女真各部称瓦尔喀部。呼尔哈部是建州女真的来源,即留居原地者仍为呼尔哈部,而南迁之女真为建州女真①。因此,在呼尔哈部中,包含了满族形成的主体——建州女真以及构成赫哲族的主体部分。在这部分野人女真南迁以前,两者交错杂居在一起,因而也就不可能形成各自独立的、统一的人们共同体认同意识,而是以部落或部落联盟为基础的认同意识。黑龙江中下游、松花江中下游女真人的南迁,使得留居原地的野人女真获得了广阔的生存空间,原本细微的差别趋于明显。原来处于北端的野人女真"唯知射猎,本不事耕稼",但南迁后逐步"屋居耕食,不专射猎"。及至最后建州"土地肥饶,禾谷甚茂,旱田诸种,无不有之,绝无水田,只种山稻"②,"家家皆富鸡猪鹅鸭鱼羊犬猫之属"。这种发展差距的扩大为各自认同意识的形成创造了条件。特别是南迁的女真人接受了发达的封建文化,与"无文字笔墨,以皮条记事"的野人女真之间的人们共同体分界意识愈发明显。留居黑龙江中下游流域的野人女真在周边不存在强族、地域辽阔而偏僻的条件下,终于获得了单独形成为族体的机会。

3

赫哲族是从肃慎、挹娄、勿吉、女真一脉相承而来的,但细分之下,实则与黑水靺鞨、生女真、野人女真的渊源最为直接。北魏时勿吉分七种,其中,"黑水部,在安车骨西北,……胜兵不过三千,而黑水部尤为劲"③。唐朝文献对七部的记载更为详细,而在提到黑水靺鞨时,突出强调了劲健的特点。黑水靺鞨"分十六部,以南北称,

---

① 干志耿,孙秀仁:《黑龙江古代民族史纲》,461页,黑龙江人民出版社,1986。
② 李民寏:《建用闻见录》。
③ 《北史·勿吉传》,卷九四。

盖其居最北方者也。人劲健,善步战,常能患它部"①,"而黑水靺鞨最处北方,尤称劲健,每恃其勇,恒为邻境之患"②。

辽灭渤海后,靺鞨各部大多融入其他民族中,一直沉寂的黑水靺鞨逐渐兴起。契丹人称黑水靺鞨人为女直(真)。辽朝有熟女真和生女真之分。生女真分布于松花江中下游、黑龙江下游、东至海的广大地区。生女真分为不相统属的若干部落,形成于 11 世纪中叶的完颜部联盟就来自生女真。地处完颜部东北部广阔地域的五国部,与赫哲族有渊源关系。越里吉为五国头部,位于牡丹江与松花江汇合处;盆奴里国位于今黑龙江省汤原县大有屯附近;越里笃国位于今黑龙江省桦川县万里和通;奥里米国位于松花江与黑龙江交汇处;剖阿里国位于乌苏里江与黑龙江汇合处③。

元代赫哲先民包含在女直达达人中。其中胡里改、斡朵怜、脱斡怜军民万户府和水达达路阿速古儿千户所辖女真人,及黑龙江中下游的女真人是赫哲族先民的主要构成部分。明代赫哲族先民包含于野人女真中,核心部分是虎儿哈诸部和使犬部。

经过二百多年的孕育过程,清初赫哲民族体进入了形成过程,对其认识也开始逐步深入和清晰。在清末学者曹廷杰的《西伯利东偏纪要》中,对赫哲族的分布作了较为详细的记述:"查伯利东北行一千二百余里,至阿吉大山以上,沿松花江两岸,居者通称黑斤,亦呼短毛子,共约五六千人,其男皆薙发。""查自阿吉大山,顺松花江东北行,又西北行共约八百余里,至黑勒尔地方以上,沿两岸者通呼长毛子,共约二三千人,风俗习尚与薙发黑斤同,惟语言各异,男不薙发垂辫,染济勒弥俗。"④《东北边防辑要》:"三姓即因三喀喇为名也,自宁古塔东北行千五百里,居混同江黑龙江两岸者,曰赫哲喀喇(案:此从《满洲源流考》,《柳边纪略》作薙发黑金喀喇,《通志》作赫锦,一作赫真,一作黑斤。廷杰案:今自乌苏里江口以上,三姓以下,有人旗当差黑斤,土人呼曰旗喀喇,即此赫哲喀喇),俗类窝集,产貂。又东北行四五百里,居乌苏里江、混同江、黑龙江三江汇流左右者,曰额登喀喇(此从《通志》),《柳边纪略》,作不薙发黑金喀喇。《满洲源流考》,亦曰赫哲喀喇(廷杰谨案:今自乌苏江以

---

① 《新唐书·黑水靺鞨》,卷二一九。
② 《旧唐书·靺鞨传》,卷一九九下。
③ 中央民族学院编辑组:《中国历史地图集·东北地区资料汇编第三编　辽金元时期》。
④ 曹廷杰:《西伯利东偏纪要》。

下,阿吉以上,土人呼曰短毛子,其人皆薙发,自阿吉以下,至黑勒尔以上,土人呼曰长毛子,其人皆不薙发,当即此额登喀喇。三姓图,乌苏里江口东图勒密俄人村镇下,有科克特力赫哲坐落,当即《满洲源流考》所指)。"①"住松花江、黑龙江两岸者,曰薙发黑金喀喇,凡六,俗类窝稽,产貂,以上皆每年入贡。又东北四五百里,住乌苏里、松花、黑龙三江汇流左右者,曰不薙发黑金喀喇十数。"②"赫哲俗呼黑斤,《柳边纪略》有薙发不薙发两种,其地则自宁古塔东北行千五百里,住松花江、黑龙江两岸者,皆赫哲喀喇,又东北行四五百里,往乌苏里、松花、黑龙三江汇流左右,亦曰赫哲喀喇,即使犬国也。"③根据以上文献,可以作出如下结论:

(1)清代赫哲族分为剃发和不剃发两部分,处于北部的是不剃发黑斤,发展程度较低;处于南部的是发展程度稍高的剃发黑斤。

(2)剃发黑斤和不剃发黑斤有一个统一的称呼是"额登喀喇"或"赫哲喀喇"、"黑金喀喇"等。

(3)果尔特是乌尔奇语,意为"剃发的人",是不剃发黑斤对剃发黑斤的称呼④。

(4)俄罗斯联邦境内的那乃人及我国的赫哲人主要是剃发黑斤的后裔,乌尔奇人主要是不剃发黑斤的后裔⑤。

(5)乌尔奇人自称那尼,与那乃人同源。由于当初俄国学者误将乌尔奇人称呼奥罗克人的称呼"乌尔奇",当做了乌尔奇人的自称,后来便以讹传讹,在俄国"十月革命"后定其族称为"乌尔奇",成了不同于那乃人的一个新的民族体。乌尔奇人称那乃人为果尔特,意为"剃发的人",相对而言,自己便是"不剃发的人"⑥。由于居住地域广阔,赫哲人的自称较多。过去,居住在今富锦市大屯以上松花江沿岸的人自称"那贝";居住于今富锦市嘎尔当至街津口村的人自称"那乃";居住于今同江市街津口村以下至乌苏里江沿岸的人自称"那尼傲"。这三种称呼中的"那"都是"本地"、

① 曹廷杰:《东北边防辑要》(上)。
② 杨宾:《柳边纪略》。
③ 长顺、讷钦修,李桂林、顾云纂:《吉林通志·沿革志》。
④ 张嘉宾:《黑龙江流域的通古斯人》,82页,哈尔滨出版社,2003。
⑤ 张嘉宾:《黑龙江流域的通古斯人》,82页,哈尔滨出版社,2003。
⑥ 张嘉宾:《黑龙江流域的通古斯人》,82页,哈尔滨出版社,2003。

"当地"之意,"乃"、"贝"、"尼傲"都是人之意。此外,原居住在下八岔以下地区和乌苏里江沿岸的人被称为"赫真"或"赫吉斯勒",意为"下游人"或"东方人";原居住于勤得利以上混同江和松花江沿岸的人还自称"奇楞"。"赫哲"是从"赫真"变音而来,是"黑斤"、"黑津"、"黑金"、"黑哲"、"赫斤"、"赫金"等名称的同音异写,"赫哲"族称最早出现于康熙二年(1663)三月的《清圣祖实录》卷八中。1934年,凌纯声先生的《松花江下游的赫哲族》出版后,"赫哲"作为族称广为传播。

4

　　后金和清对赫哲地区用兵以前,赫哲人正处于从血缘关系向地域关系的演变过程中。赫哲氏族组织为"哈拉莫昆",有两个含义:"哈拉"原指氏族,后来为"姓氏"之意,"哈拉达"原指氏族长。"莫昆"是"族"之意,即家族。一个"哈拉莫昆"是由同姓有血缘关系的各个家庭公社所组成。至少在清朝对赫哲族进行管理前,其氏族社会仍然以血缘关系为主。

　　建州左卫都指挥使努尔哈赤在万历十一年(1583)至十七年(1589)间完成了对建州女真各部的统一。从万历三十一年(1603)至万历四十七年(1619)统一了扈伦四部。尔后努尔哈赤与皇太极展开了征服鸭绿江、图们江以西、松花江中下游、乌苏里江以东和黑龙江中下游流域女真各部的战争。对赫哲族地区的征服战争多达17次。"我太祖高皇帝己亥年春正月,东海窝集部之喀尔喀部来朝,戊申年九月,窝集部之虎尔喀部千人侵我宁古塔城,我驻防萨其库路兵百击败之。""辛亥年冬十一月,遣额亦都何和哩扈尔汉,率兵二千往征东海呼尔喀部扎库塔城谕降,弗从,围三日攻克其城,斩千人,俘二千人,并招降环近路长""天命四年正月庚戌,大臣穆哈连,率兵千人征东海呼尔哈部,六月己未收其丁壮二千以还,十年十月,劳征克呼尔喀部,军初,太祖遣第三子阿拜,第六子塔拜,第九子巴布泰率兵一千,由北路征东海呼尔喀部,侍卫博尔晋备御,曰伟齐,曰扎努,曰塞纽克,曰衷诺,曰通贵,曰尼堪率兵二千,由南路征东海呼尔喀部,博尔晋等,招降五百户先还,至是阿拜等,俘获一千五百人以归(廷杰案:北路即今由吉林至三姓驿路,南路即今由吉林至宁古塔

驿路)。""太宗文皇帝天聪元年,长白山迤东海滨虎尔喀部三人来朝(廷杰案:长白山迤东滨海虎尔喀部,疑即扎库塔城环近诸路也)。二年,长白山迤东滨海虎尔喀部头目四人来朝。三年秋七月,虎尔喀部头目九人来朝,四年五月虎尔喀部二十一人来朝,十一月,那堪泰路之呼尔喀人玛尔图等,携家属来归,命于宁古塔边地驻牧。崇德七年九月,太宗命沙尔琥达珠、玛喇率将士,往征松阿里江之呼尔喀部,闰十一月沙尔琥达等,遣人还奏,喀尔喀木屯、遮克特库屯、塔图库屯、福提希屯、鄂尔珲屯、斡齐奇屯、库巴察拉屯、额提奇屯、萨里屯、尼叶尔伯屯,十屯人民俱已招降,于月之初十日,自松阿里江旋师……自是虎尔喀部悉平,先归宁古塔统辖。"①"廷杰谨案:以上各部诸雷等三喀喇,归顺最先,三姓城即因此为名。其余若赫哲喀喇,于天命年招服……飞雅喀及额登喀喇、奇勒尔等,于康熙十年降服……木抢及奇雅喀喇,于崇德三年以前征服……皆三年一贡。"②对赫哲族地区的征伐,直接导致了赫哲族与满族的民族分界意识的形成,即赫哲族自身不再把满族视为同一族类,从而为赫哲族民族认同意识的形成创造了条件。而作为满族统治者,既认为赫哲"尔之先世,本皆我一国之人,载籍甚明,尔等向未之知,是以甘以自外"③,又认为赫哲族"其性暴戾,当善为防之",分界意识明显。因此可以说,赫哲族在与后金、清朝的斗争中增强了自身的凝聚力和人们共同体认同意识,是赫哲族形成的重要转折点。

在征服赫哲以后,清政府在赫哲地区实行了任命姓长、乡长和编户、编旗等管理政策,彻底瓦解了赫哲氏族制残余,使赫哲社会向以地域关系为主转变,这是赫哲族形成的重要基础。地域关系的形成是民族共同体形成的前提条件。

对于赫哲族的氏族制残余形式"哈拉莫昆",清政府设姓长、乡长进行管理,"有不法、不平诸事,则姓长、乡长集于证,公议处置。长(常)法杀人者死。余则视事大小,定班帛服物之多寡,令理屈者出之,名曰'纳威勒',至十头为止,小事纳一头二头,大事则纳十头,约值银数两,至百两以内。公议云然,两造心服,姓长、乡长始以丈叩地,遂成铁案。否则再议,有至数日数月不决者。"④最初的"哈拉莫昆达"是由全

---

①　曹廷杰:《东北边防辑要》(上)。
②　曹廷杰:《东北边防辑要》(上)。
③　《清太宗文皇帝实录》,卷二十一。
④　曹廷杰:《西伯利东偏纪要》。

体"哈拉莫昆"成员召开议事会,经选举产生的。尔后出现子承父业现象,是父系家庭公社向地域公社进一步演变的表现。而由清政府委派或任命姓长、乡长,则说明外力作用在加速推动赫哲社会进入地域关系。20世纪初,乌苏里江流域及东部沿海一带,以血缘为纽带的氏族联系基本消失其作用,而松花江中游赫哲的氏族组织的作用消失得更为明显。清末、民国初,赫哲族社会出现了富有阶层,通过占有枪支、马匹、渔具等生产资料入股分成;出现了出租土地和雇工等现象。这说明,赫哲人的父系家庭公社的遗存和农村公社已失去存在的基础,赫哲人社会开始迈入民族共同体形成的门槛。

编户、编旗不仅打破了赫哲人氏族制残余形式,而且导致了赫哲人口的流失,且大多融入满族共同体中。

编户始自顺治初年。顺治十年沙尔琥达与赫哲族葛依克勒氏族头人库力甘额夫等12人招赫哲族九姓(《康熙会典》载十姓)432户。康熙十五年编赫哲、费雅喀共1 029户。康熙二十九年、四十九年、五十一年三次对费雅喀、鄂伦春、库页编户共1 158户,康熙六十一年续增701户,雍正元年至乾隆十五年又增编340户。赫哲、费雅喀共编户2 250户,其中,赫哲族1 277户[①]。

清入关前,编入八旗的赫哲人(佛满洲)融入满族中;清入关后,大量的赫哲人被编入"伊彻(新)满洲",并逐步同化于满族之中。如清康熙十三年(1674),将"虎尔哈部"赫哲人迁至宁古塔(今黑龙江省宁安市),编为40个"新满洲佐领"(额兵2 000人);清康熙五十三年(1714),将三姓地方赫哲人壮丁1 530多名编为4个"新满洲佐领"。清雍正九年(1731),三姓协领衙门升格为副都统衙门之后,大幅度扩充兵额。除800名由三姓赫哲族补充外,在八姓地方挑兵1 000名。清入关后,仅康熙、雍正年间内迁编旗的赫哲人近60个佐领,其中31个佐领万余人迁往盛京,余者留住吉林,两者相加共2万余人。这些被编入"新满洲佐领"的赫哲人,逐渐同化于满族中,是满族入主中原的重要力量。

由于编旗政策的实施,留在黑龙江中下游流域的赫哲族愈来愈少。"道光二十年(1840),向三姓贡貂的黑龙江下游及乌苏里地区的各少数民族共计2 353人,其

---

① 赫哲族简史编写组:《赫哲族简史》,117页,黑龙江人民出版社,1984。

中，赫哲族为 1 259 人①，约占总数的 54%。虽然这里只是统计贡貂的户数，而且赫哲仍为黑龙江下游及乌苏里地区人口最多的少数民族，但是实际人数估计已不足万人。因为我们知道，康熙十五六年间，扎努喀等 2 000 多户内迁实编为三十几个佐领，连带家口不过万人。所以道光二十年黑龙江下游及乌苏里地区的 1 259 户赫哲，可能只有五六千人，即使加上未被统计在内的各人户，总数也不会超过万人。"②因此，清朝对赫哲族的编户、编旗政策，尽管推动了赫哲族地域关系的发展，有利于赫哲族共同体的形成，但却造成了赫哲族人口的大量流失，对赫哲族共同体的生存构成了威胁。

历史上，赫哲族与满族先民同处于一个宽泛的人们共同体中，野人女真的南迁，使野人女真分化为建州、海西、野人三部分，为这些留居原址的野人女真形成为赫哲族留下了地理空间和历史环境。

后金、清朝对赫哲地区的 17 次攻伐及随后实施的编户、编旗和设置姓长、乡长等管理措施，导致光绪年间赫哲族与汉、满族的大量杂居，进一步推动了赫哲社会地域关系的形成。清末，赫哲地区出现了棉线网和连珠枪等"快枪"，促进了生产的发展和渔猎产品的商品化。农业也传入赫哲地区。清末民国初，赫哲人中出现了大土地占有者和拥有大量渔猎生产工具的富人，他们通过出租土地和枪、马、渔具入股分成进行原始积累，加速推动了赫哲族社会的阶层分化。在广泛的地域关系和清朝的社会组织机构取代赫哲人自身的社会组织及其功能的基础上，统一的赫哲民族认同意识形成。这也是赫哲民族共同体进入成熟阶段的标志。所有这一切，都因野人女真的历史性南迁所致。

5

最后，简略介绍一下，赫哲族文化标志性内容，这是本书的核心。

赫哲族文化是以万物有灵为核心构成的，这也是寒温带捕猎采集民族共同的

---

① 《三姓副都统衙门满文档案译编》，71~73 页。
② 丛佩远：《中国东北史》，第四卷，485 页，吉林文史出版社，2006。

特点。

对于历史上的赫哲族而言，神灵无所不在。一切自然之物、现象和祖先等，都可以成为构成控制赫哲族行为的神灵系统。这之中，动物类有熊、虎、野猪、獭、豹、狼、鹿、马、狗、青蛙、蟾蜍、蜥蜴、蛇、鸟类、鱼类、虻蝇、苍蝇、蜻蜓、蝴蝶等等；幻想类动物有龙、猛犸等；自然物体及现象有太阳、星体、月亮、云彩、山丘、树木、石头、野草等；实体类神灵有小铜神、小铁神、小锡神、小木神等；专用神灵有男女司猎神、男女司山峡神、司婚神、司侦探神、司马神、勾魂神、指路神等；专门用于治病的神有头痛神、肚痛神等；其他还有爱米神(萨满神)、祖先神、吉星神、避邪神、女神、小孩神、娘娘神、红衣神、门神、事神等等。总之，神灵近乎无所不在，弥漫于赫哲族生存的一切空间。赫哲族还有天神的概念，视其为最大的神，但实际上并非如此，各种神灵各司其职，各显神力，天神没有统辖众神的职能。在我们已经了解的赫哲族神灵世界里，外民族的影响已经明显，比如龙王、阎王、灶君、土地爷、雷公等概念。在由神灵包围的世界里，赫哲族社会的秩序井然，没人会轻易地触犯神灵和世俗的契约，因此，在没有"法"的捕猎采集社会里，原始民主制得以很好的遵守。

为了更方便地与神灵相交合，或者是为了更好地施惠于人类，萨满就出现了。作为人神间的中介者，萨满担负着重要的角色，他是巫师，施以各种巫术，往来于人神之间，代神司职，施行重大事项决策、丧葬仪式、祭祀、治病等功能。作为万物有灵的初始阶段，图腾崇拜曾经盛行于氏族部落社会，但在我们所能看到的所有文献中，已看不到确凿的证据，只是在神话、传说、故事和禁忌中可以依稀看到图腾崇拜的影子。

在万物有灵和萨满巫术的影响下，赫哲族的生产生活和精神世界均受到深刻影响，所以我们可以这样评价，万物有灵和萨满巫术是赫哲族文化的内核，它与习惯法、禁忌一起，构成了赫哲人的早期社会形态，社会组织、文化艺术与其糅合为一体，在他们的意识中，万物既是功用性的实在，又是各式各样的神灵，内涵的转换或转移依习惯和仪式的需要而变。对于这种属性的频繁转换，他们并不持任何的怀疑，盖然性是不存在的。猎熊与祭熊并存即为一例。

在赫哲族的文化中，还应该提及说唱文学"伊玛堪"，这是北方捕猎采集民族的文化瑰宝,是文化精粹。"伊玛堪"的篇幅很长,淋漓尽致地表现了赫哲族艺人的天赋,可以说唱几天几夜。当然,我们所看到的"伊玛堪"已经离其原始性很远,即使是凌纯声先生收集到的样本也是如此,艺人的创造和外民族的影响随处可见。对于无文字的原始民族而言,对其历史的讲唱故事和神话是神圣的和不可随意添减的,那些原始的"伊玛堪"已经永远尘封于某一历时的区段,不可能复原。但不等于说现在"伊玛堪"没有民族学和人类学价值,表现于其中的神灵世界、功能和氏族、部落社会的状况仍可以使我们依稀看到原始的渔猎采集社会的痕迹。

对于今天的赫哲族而言,这些原始形态的文化因素已成过眼云烟,永远凝固于某一历时区间。

第一章　人生礼仪

第一节　婚　姻

赫哲族的婚姻习俗受不同的发展阶段影响,在不同时期的不同发展阶段具有不同的形式和特点。据此,我们以古代、近代和现代时间断限为主线,对赫哲族的婚姻习俗作简要概述。

1.古代婚俗与比武招亲

1)古代赫哲族婚姻的类型

在赫哲族"伊玛堪"故事中,有许多情节或内容对"英雄时代"男女青年的婚姻类型和形式进行了细致描述。归纳起来大致有如下四种类型。

(1)一见钟情型

在伊玛堪故事《西热勾》中,当西热勾的父亲西热木禄汗与拉木土尼德斗在西卡尔库马嘎深偶遇时,似有"一见如故"的感觉,最后因情投意合而结为生活中的伴侣。同样,西热勾与杜如都尼德斗(即英雄"木杜里"的妹妹)在船上相遇后,一会儿你注视我,一会儿我又偷看你,不久就产生了依恋之情。正是这种特殊的见面场合和特殊的感情交流方式,使很多赫哲青年男女找到了理想中的生活伴侣。

(2)媒人撮合型

当西热秋三兄弟在马尔桃法马法家避难时,马尔桃法马法一眼就看中了西热秋的人品,认为他将来能成大器,于是有心将自己的女儿许配给他。为此,马尔桃法马法求助于当地的竹深章京(地方官员的称呼),请他出面予以撮合。经过竹深章京的牵线搭桥,使他们终于走进婚姻的殿堂,成为人人羡慕的恩爱夫妻。

(3)武力劫掠型

这种婚配形式,虽然看起来有些不近人情,但在古代社会却是一种常见的婚姻形式。一些"英雄"莫日根在带兵攻城略地过程中,经常把掠夺来的女子作为自己的

妻子。比如,当西热勾率人打败对手后,将女子肯登尼"擒获"。在马尔他尼的多次劝说下,肯登尼终于答应嫁给西热勾,二人从此结成秦晋之好。

(4)比武婚配类型

比武婚配是古代赫哲人一种重要的婚姻形式,当一方相中心仪的女孩后,有的就采取比武择偶的方式,以决定自己能否如愿以偿。比如,有人向莫日根杜步秀的妹妹求婚时,他便以比武招亲为条件答复对方。杜步秀求亲时,也是依照比武招亲这种形式完成了个人终身大事。类似的比武招亲形式,在伊玛堪故事中随处可见,在时代需要英雄或英雄辈出的时代,"英雄配美人"一直是人们传诵的近乎完美的婚姻主题。

2)比武招亲的形式

在赫哲族几种主要的婚姻形式中,最有特色的是比武招亲类型。据了解,能够决定比武招亲的主要是女方的兄弟、父亲或舅父等等。当他们承诺对方后,就要尊重比武的结果,选择良辰吉日把自己的女儿、妹妹等嫁出去。尤其是那些大户人家,不但要发出比武通告,而且在比武期间要请众多莫日根来捧场。从伊玛堪故事中,我们经常会看到这样的欢乐场面。经归纳,赫哲人比武招亲的形式主要有:比摔跤、比地箭、比擒野猪、比捕金鱼、比射箭。

2.近代婚俗与包办婚姻

父母包办是在比武招亲基础上产生的又一种婚姻形式,这种婚姻的主要特点是,在个人婚姻问题上,赫哲青年男女既没有选择对方的权利,也没有拒绝对方的权利,只有听天由命、服从父母安排的义务。

1)近代赫哲族婚姻的类型

近代赫哲族的婚姻,虽然都是父母一手包办的,但在婚姻的缔结上却有多种实现形式。归纳起来主要有媒人介绍、换亲、指腹为婚、童养媳、入赘、寡妇改嫁等。

(1)媒人介绍

媒人介绍是最常见、最普通的相亲形式。当男方相中女方家姑娘后,便由男孩的父亲亲自或请本族中能说会道、作风正派的长辈等出面到女方家来提亲。当男女双方确定婚姻关系后,经过"过小礼、过大礼、迎亲以及拜天地"等几个程序后,最终完成了男女青年的婚姻大事。据了解,以媒人介绍而缔结姻缘的是那个时代婚姻的主流。

(2)入赘

入赘也是近代赫哲人婚姻的一种形式。具备入赘的基本条件是,当男孩父母双亡而孤身一人的时候,或者因家中兄弟太多,没有必要再让他来供养亲生父母,同时女方家又没有男孩,并且需要过门的女婿,日后照顾年老的岳父母,以维持家庭必要的生产、生活等等。在满足上述条件后,男方可以采取选择入赘女方的生活方式,这种情况,虽然发生概率极小,但也是非常重要的婚姻形式。

(3)寡妇改嫁

寡妇改嫁亦是近代赫哲人婚姻的主要形式之一。当自己的丈夫因故去世后,丧夫的赫哲妇女在给亡夫"撂完档子"、脱掉孝服后,就可以在条件允许的情况下另组家庭。若重新嫁人,那从今以后,不准她再迈进亡夫家的大门。据讲,寡妇改嫁不举行结婚仪式,只是邀请亲朋庆贺一番而已。为祛除晦气,她在娶亲途中要抱大树,如无大树,要到新夫家外抱烟囱等等。当然,也有个别赫哲妇女因婆媳关系非常好,加之抚养年幼孩子,还有婆家非常贫困,无力为夫弟娶妻等诸多因素,继而嫁给与自己年龄相仿的"小叔"。对此,各地婚俗不尽一致。

(4)童养媳

童养媳也是近代赫哲人婚姻的主要形式之一。由于女方家生活实在是太困难,已经没有能力把女孩抚养成人,在迫不得已的情况下,只好把女孩送给人家做童养媳。或者因为家庭变故、父母双亡等特殊因素,女孩从小就在男方家长大。当到结婚年龄后,便举行婚礼做媳妇。由于童养媳生活的家庭不同,有的待她们亲如己生,有的则对她们进行打骂。童养媳结婚时,也要举行结婚仪式,只是仪式稍微简单一些。新中国建立后,随着新《婚姻法》的颁布实施,对童养媳的合法权利依法进行了保护,对想解除婚姻关系另行改嫁的童养媳,法律上坚决予以支持,从此,童养媳这种特殊的婚姻形式基本上杜绝了。

除上述几种主要的婚姻类型外,赫哲人还有换亲或指腹为婚等形式。其中,换亲是指某家女儿嫁给某家为媳妇,某家又娶这家的女儿为媳妇,等等。

2）包办婚姻的形式

当赫哲女孩长到 15 岁或者赫哲男孩长到 18 岁左右，就到了谈婚论嫁的年龄，一些男方家就开始为自己的孩子挑选儿媳妇；女方家也要为自己的女儿物色婆家，基本没有女方主动到男方家提亲的。人们挑选儿媳妇或姑爷的标准，也基本上是一致的。比如，男方要求女方心灵手巧、聪明贤惠、能持家务；女方则要求男方能干活，是捕鱼猎兽的能手。至于双方是否门当户对，或容貌长相是否俊美则不太重要。对于赫哲族早期的婚姻形式，曹廷杰在《西伯利东偏纪要》记载道："聘娶，男携酒壶入女家，先饮，后议银两数目，上者以绸缎羔皮代，次以布。女与父母俱允，即同宿一夕，再约期送女，不亲迎。时有同妆妇女三、四，俱乘船至门前步行入户，女即执酒敬客，客以布为礼，亦敬翁姑兄嫂。"①据赫哲人讲，从说亲到拜天地大致经历如下几个过程。

（1）说亲

说亲是结婚的前奏曲之一。当男方相中女方姑娘后，便由自己的父亲或者托本家族中的叔父、伯父出面，与媒人一道前去求亲。当然，提亲时不能空手去，他们必须带着酒肉去女方家。在饮酒过程中或酒过三巡时，男方便提起求亲之事。若女方家对男孩早已了解，并相中孩子的品行，结亲之事就会顺利。未来的女婿如果离得近，就要马上前来拜见岳父母，并敬酒磕头；如果家离得远，也可在女方家留一宿，待次日再返回家。如果女方母亲不同意这门亲事，那就到此为止，如果是家中其他人不同意，媒人可能要跑上三五趟，直到说成为止。按照一般惯例，说亲只有来过几次后，方能有一个结果，女方家不会轻易答应亲事。

（2）过小礼

过小礼是结婚的前奏曲之二。当说亲定下亲事后，双方就要确定过小礼的时间。参加过小礼的人，主要有媒人、男方父母及其儿子、女方父母、亲朋好友和邻居等等，女方姑娘则要主动回避。男方一行人在媒人的引领下，带着酒肉等礼物到女方家"过礼"，重点商量彩礼数量和名目、过大礼的确切日期等等，整个协商过程都是在酒桌上进行的。在商量过程中，容易引起争议的主要是彩礼的数量，大家经过讨价还价，

---

① 曹廷杰：《西伯利东偏纪要》，34–35 页。

或友好协商,最终不会有什么大问题。其间,未婚夫始终跪在桌前,向酒桌上所有人一一跪拜敬酒。当其长辈要向谁敬酒时,他的脸就朝向谁,直到敬完酒后,岳父才能让他起来。当全部活动结束后,女方要以未婚妻名义,给公婆和未婚夫带一些鞋袜等礼物,从此两家正式结为亲家。日后当未婚夫办事路过村子时,一定要到未婚妻家问候,如天色太晚还可以住下,否则会引起岳父的不满。

（3）过大礼

过大礼是结婚的前奏曲之三。为落实或兑现过小礼时的承诺,亲家双方要择日举行过大礼仪式。参加过大礼的人,包括媒人、男女双方父母、未婚夫及双方的亲朋好友等等。当男方家人在媒人的带领下,带着"一头猪和一桶酒"来到女方家时,姑娘同样要主动回避。其间,未婚夫照样要跪在酒桌前,一一向桌上所有人敬酒。如天色太晚,男方家人可以住在女方家,但未婚夫例外。据赫哲人讲,过大礼主要有三件事:一是把双方约定的彩礼拿到女方家;二是确定娶亲的日期;三是将陪送姑娘的嫁妆送到男方(一说在迎亲时随身带去)。嫁妆多少视女方家庭经济状况而定,没有具体数量限制。有钱的人家就会多送一点,没有钱的则少送一些。陪送物品大多是衣服、布匹及其他日常生活物品。过大礼时,女方家一定要用男方带来的猪招待客人,猪的四腿必须与肚皮连在一起,并将猪头、猪尾巴留下来,以便吃饭时招待未婚夫和未婚妻。当喝完酒后,未婚夫要单独坐一小桌由人陪着,岳父要把猪头留给姑爷吃,猪尾巴留给女儿吃,以此象征男人是一家之主,女人要百依百顺。当全部活动结束后,女方家人及亲友要向未婚夫赠送礼物,并将四个猪腿带回家请客。

（4）迎亲

当过完大礼之后,在双方约定好的日子,新郎在傧相及家人的陪伴下,亲自到新娘家去迎亲(也有人说,由弟弟代迎),如果路途太远,迎亲的人要提前去,以便在结婚之日返回。在交通工具不太发达的古代,人们若走水路,多以船代步,若走旱路则使用车马或雪橇。无论是船还是雪橇,都要挂上彩棚,以突出喜庆气氛。据《黑龙江志稿》载曰:"赫哲人婚娶,离女家或数里,或数十里不等,婿自棹扁舟一叶,沿流往女家亲迎,女之母随女同来。"[1]新郎要身穿窄袖长袍,肩上斜披红布,骑马走在最前面,后

---

[1]　张伯英总纂:《黑龙江志稿》,110 页。

17

面则是接新娘的彩车,并由一位儿女双全的老年妇女押车。当迎亲的队伍来到新娘家后,新郎要先向岳父母行礼,新娘家则要以酒席相待。在欢乐喜庆的气氛中,新娘要梳洗打扮一番,然后身穿宽袖镶花长袍,头上蒙着红布,由其兄或嫂抱上彩车,之后就可辞别岳父家。新娘离开家时,必须要哭泣,否则会被人耻笑。新娘的母亲、兄嫂、弟妹等娘家人,要陪着新娘来到新郎家,一起参加新人的结婚庆典。

(5)拜天地

赫哲人拜天地多选在天刚亮、太阳未出来时进行。当把新娘接来后,新郎的父母或长辈要先向女方老人敬酒三杯,然后向其他送亲人敬酒,新娘则要由娘家人抱下车,走在用红毯或麻袋铺的院内。他(她)们在长辈的主持下,在桌前举行拜天地仪式(早年没有桌子时,新人要在门槛外拜天地),之后双双步入新房。在之前,一般新郎在前,新娘在后。当两人一个在门里、一个在门外时,新郎用准备好的木棍将新娘头上的红布挑去,然后甩到房檐上,新郎的家人则把大豆、高粱等五谷洒向新娘,并敲锣打鼓,燃放鞭炮,以示庆贺。据讲,如果迎亲队伍返回时间较晚,那么,新娘要暂住在别人家,以便次日举行结婚仪式。在此期间,新郎及其亲属要带着酒肉来到新娘的临时住所,"男方一边要燃放鞭炮,一边向娘家人叫门,而且要扔'开门钱'[①],有时为了增加喜庆气氛,娘家人让他多叫几次,同时多扔一些'开门钱'",之后打开房门让他们进来,大家摆上酒席开怀畅饮。

来到洞房时,门槛要放一个马鞍子,新郎在门内将新娘的手牵扶着迈过马鞍子,进到屋内。入屋后,他们要叩拜祖宗三代,接着由一位与新郎家没有直系亲属关系的长者,手持三根中间扎着三道红布的芦苇秆向新娘训话,说一些诸如"孝敬老人、尊重丈夫、待人和气以及勤持家务"之类的话语,之后在长者的带领下,再次拜祖宗三代和灶神等。待结拜活动告一段落后,"新娘才开始坐在炕上,脸朝着墙,背向着外"。有的赫哲人讲,在婚庆的喜宴上,新郎和新娘还要按桌给亲朋敬酒、叩头、点烟和倒水,同时要分别吃猪头和猪尾等等。至此,整个婚庆活动才算正式结束。结婚"逾三日,接女与婿共返,留一月始送归"[②]。

---

① 《民族问题五种丛书》黑龙江省编写组:《赫哲族社会历史调查》,97页,黑龙江朝鲜民族出版社,1987。
② 张伯英总纂:《黑龙江志稿》,110页。

自新中国成立后,特别是随着新《婚姻法》颁布实施后,包办婚姻、买卖婚姻等现象基本杜绝,代之而起的是自主婚姻和自由恋爱。有的赫哲族青年虽然也是经人介绍结婚的,但介绍人已不具有往日的包办色彩。正因为如此,自由恋爱逐渐成为当代赫哲族婚姻的主流,并在结婚登记、择偶标准、结婚仪式等方面实现了历史性转变。

图1　女式结婚长袍上的鸟图案

图2　绣在女式结婚长袍上的图案

第二节　丧　葬

　　在漫长的历史行程中,赫哲族形成了一系列繁琐而又神秘的丧葬礼仪。"亲衍

丧,则子翦发尖;夫丧,则妻缠白巾,衣褴褛,待安葬而终。"①当外民族丧葬文化传入后,他们在保留本民族文化精华的基础上,又汲取了他民族丧葬文化的"合理"部分,使赫哲族丧葬习俗体现出时代性和民族性的协调统一。下面,我们重点对赫哲族丧葬习俗的类型及形式进行概述分析。

1.赫哲族丧葬的类型

关于赫哲人的丧葬类型,因史无详细记载,故无从考证。但从口述材料和调查材料看,赫哲族的丧葬习俗主要有树葬、土葬和火葬三种类型。其中,树葬是比较原始的丧葬形式,土葬则是晚近时期主要的或基本的丧葬形式,火葬乃是相对于特殊"对象"所采取的一种丧葬形式。

1)树葬

树葬是赫哲族比较原始的丧葬形式之一,从目前掌握的材料看,实行树葬主要是针对两种类型的"人"。一种是在狩猎过程中因故逝去的猎人。当他们去世后,就要采取以树木为"棺",就地安葬的处理办法。即先砍一棵粗木,然后截成尺寸相当的树段,接着将一面削平,并向内凿成槽形,之后把遗体装入木槽内,上面盖上棺盖。待一切安置妥当后,再用树皮把棺木捆结实,最后挂到树上。经考证,这显然是那种非常原始的树葬形式。稍后出现的树葬多以"离得很近的四棵粗树"为基点,然后砍成丈许高做支架,再把两棵砍好的树架在上面,中间摆一些树枝等做铺垫,以此搭一个可以置放棺木的平台,之后把装遗体的棺木抬到上面就可以了。据讲,木棺在这里停放两三年后,家人可用鹿皮口袋把尸骨捡回,然后背回家安葬。另一种树葬是当小孩去世后,为使"他的灵魂"能够出来,所以不直接把他埋到地下,只能用桦树皮将其尸体裹起来,然后夹在树杈上。关于赫哲人的树葬,清代学者吴桭臣在《宁古塔纪略》一书中记载道:"其人不知岁月,不知生辰。死,以片锦下棺,以木架插于野,置棺于架上,俟棺木将朽,乃入土。"②到20世纪50年代,国家有关部门对赫哲族进行专项调查时,未发现天葬或另外几种安葬形式,这说明树葬这种丧葬形式已经在赫哲地区逐渐被人淡忘了。

---

① 曹廷杰:《西伯利东偏纪要》,62页。
② 吴桭臣:《龙江三纪》,240页。

2）土葬

土葬是赫哲人普遍采用的一种丧葬形式。据讲，最初的土葬形式很简单，就是用桦树皮把尸体裹起来埋入地下就可以了。稍后出现的土葬则相对复杂一点，即在预先选好的地点上挖一个长方形的土坑，然后用原木砌起一道木"墙"，接着在地上陆续铺一些树木、柴草和褥子等，之后把遗体放入"墓"中，同时把逝者生前用过的物品作为陪葬，最后用原木堆盖好，铺草，培土，形成坟墓。受满族和汉族丧葬文化影响，赫哲人逐渐接受了"用木板做棺木"下葬的丧葬礼仪和丧葬习俗。

20世纪初，黑龙江的赫哲族仍实行土葬。他们常常在坟墓周围围上栅栏或罩上用柳条将细木杆和木棍编在一起的木笼。苏联地质学家 B.M.波里亚科夫拍摄了一张赫哲人地面墓室建筑的照片。这个地上墓室是1922年建成的。康东村的赫哲族建有两面坡房形的地面墓室建筑。建筑物的四壁钉着刻 S 形和成对的螺旋形的雕刻板；顶盖苫着桦皮块，上用顶端带孔的细原木压在檩子上，而这些细原木再用一根固定在顶棚梁上的细木杆穿在一起。山墙板的下沿被标出断面，上面的装饰图案由成对的螺形线组成。与这个建筑物并排，还盖着一个用板钉成的类似建筑。这种建筑在格林河的存在证明，从前的赫哲族地区确有这种建筑。在康东墓室四壁的顶端横板上画着各种动物图形。动物图形多数为驼鹿。格林河流域是盛产驼鹿的地区，赫哲人正是为猎捕这些动物而从各地聚集到这里来的。这些动物图案的含义是什么呢？是装饰还是功能的目的？И.А.洛帕廷认为，在出殡时要举行焚烧纸图案的仪式。在棺木停在房子附近时，死者家属要用中国铜钱在一张红纸上印钱，先将铜钱放在纸上，然后用一段圆木敲打。纸上还要画上或剪出鸟、兽、狗等图形，所有这些和纸剪成的物品卷成一个大纸卷，用火烧掉。很显然，这些图形标示的东西，是供死者在阴间使用的。因此，画在墓室四壁的动物图案也具有这种功能。赫哲人希望死者能够使用狗狩猎，并猎获到大量的驼鹿。

3）火葬

火葬也是赫哲人丧葬的一种形式，它主要是针对那些身染天花、瘟疫的病逝者所采取的一种丧葬仪式，而且要求当日去世当日安葬，对有些非正常死亡的人有时也采取类似的丧葬形式，其他非特指的人群去世后则采取土葬形式。究其原因在于，

在赫哲人的传统观念中,人之所以死亡是由于其魂灵被妖魔鬼怪摄走,如果通神萨满能把摄走的鬼魂找回来,死人还能复活。正是在这种灵魂不灭的思想影响下,赫哲人愿意采取土葬等形式,实行火葬无疑是断了死人复活的退路。

2.赫哲族丧葬的形式

当赫哲人尤其是老年人因故去世后,要举行隆重而庄严的丧葬仪式。像入殓前遗体停放的地点、朝向、物品的摆放、祭奠的仪式、出殡的时间以及从挖坑到填埋的所有过程,还有像出魂、送魂、射箭和脱孝服等一系列与丧葬有关的活动等等,具有时间长、程序复杂等特点。我们认为,综合赫哲族全部丧葬活动,大致可划分为如下两个阶段,一个是从停尸到出殡的葬埋阶段,另一个是从出魂到送魂的祭祷阶段。

1)停尸、出殡

(1)停尸

停尸是赫哲人丧葬前的主要活动之一。按照他们的丧葬习惯,在家正常去世的人要停尸三天,非正常去世的要隔日埋葬,因瘟疫或传染疾病去世的要当日安葬。青年人因故去世后,有的只停放一二天,有的片刻不留马上下葬。据此,若有赫哲人辞世,就要根据上述情况依例行事。

当赫哲人"父母死,以白布缠长枕……合家守哭甚哀,愈七日服满而除"[①]。为此,他们先要为死者穿好新衣服或新鞋,戴好新帽子,然后把他(她)的遗体放在房间内。关于停放的房间,目前说法不一。比如,有的说是停放在他(她)生前所住的房间,也有的说是停放在西屋内。当然,停放西屋显然是基于"西为上方"的考虑。我们认为,把去世的人停放在西屋,至少是赫哲人住上"满洲正房"以后的事情,只有在外民族丧葬文化影响下,才能够产生类似的方位理念。关于屋内停放的地点,说法也不统一。比如,有的说把遗体用木板搭一张板床放在屋内中央,也有的说搭板床应搭在西屋,还有人说根本不用搭板床,人在哪个屋去世,就停放在哪个屋的炕上。关于遗体的头脚朝向,至今仍众说纷纭。比如,有的说"头朝外脚朝里","外"究竟是朝哪个方向?有的则说"头朝东脚朝西",还有的说"头朝西脚朝东"等等。20世纪50年代,国家有关部门对赫哲族进行专项调查后认为:头朝门应该是比较容易被人所接受的一种

---

① 张伯英总纂:《黑龙江志稿》,110页。

说法。当确定好停放地点和朝向后,再将遗体的两腿并拢,两头垫起与炕相平,并用绳把脚捆实,同时看好猫、狗等动物,以防止"尸体起立"。接着用黄布、黄纸或黑布、白布把遗体遮盖好。为使逝者"渴了能够喝上水",人们特意在遗体旁放一碗水,以绳为线。其中,绳的一头拴在黄盖布上(也有的说,绳的两头各拴一铜钱,一头的铜钱放在逝者的嘴里),绳的另一头拴上铜钱放到盛着水的碗里。为使逝者能够抽烟喝酒,人们同样在他(她)头前(一说脚前)摆上一张桌子,上面放一些祭品诸如食物、上香用的香炉、装上烟叶的烟袋等等(一说将其生前所用的烟袋插进衣袖中),并经常点烟。桌子旁边要摆两个瓦盆(最初为木盆),一个用来烧纸祭祷,一个用来盛"饭汤"。在停放期间,他们每天都要烧纸,并在遗体四周浇米汤或酒,以便让逝者多吃点或多喝点。亲戚、朋友、邻居前来祭拜时,随身携带酒、面粉、兽肉、鱼干等祭品,并祭酒三杯于地,行祭拜之礼,同时将祭拜者的名姓及所带祭品等在灵前叨咕一遍。祭拜的顺序一般是长辈在前,晚辈在后。期间家人要负责守灵,以表示对逝者的哀悼。

受气候和家庭经济因素影响,停尸时间一般是三至七天左右(有的说一至三天,有的则说一至七天,还有的说由于夏季天热,只能停放一二天),大部分人家停放三天就出殡。有钱的人家停放时间稍微长一点,排场大一些。当然,如果逝者的近亲诸如儿子或兄弟等不在家,则必须等他们回来,由是之故,出殡有时要拖很长时间。

(2)入殓

入殓是出殡前的主要活动之一。它多在停尸的第三天午时进行。逝者的晚辈要穿上白孝衣、扎上白腰带,"由亲友两人抬肩、两人抬脚、两人抬腰、长子捧头",在屋内由左向右绕三圈,才将其遗体装入木棺内。然后将其生前常用和喜爱的诸如木碗、激达、吊锅等生产工具和生活用品一并放入随葬。当需要放贵重随葬品时,亲朋、邻居等要暂时退出房内回避,只允许逝者子女留在屋内。当随葬品摆放完毕后,接着把一根麻绳的一头放入棺内,将棺木盖严,再招呼大家返回屋内。逝者的子女跪在地上,用手牵着麻绳,家族中年纪较大一点的长者,手拿三根用红布包裹的芦苇(替代"焚香")不停地祷告。大意是,我们现在都来送你,你自己走吧!不要惦记家里的事情。接着把麻绳剪断,最后把棺木钉好,有的赫哲人还将逝者妻子的头发剪下一些挂在棺木上。

（3）出殡

出殡是赫哲人丧葬的主要活动之一。他们多选在第三天的中午或午前起灵,抬棺者多是晚辈,由6人、8人或24人组成。他们抬着棺木前往墓地,生活困难的家庭则用爬犁或雪橇拉到墓地。整个过程既不吹鼓奏乐,也不打灵幡,更没有摔丧盆的习惯(直到民国时期才有类似的丧葬礼仪)。逝者的子孙和晚辈要穿孝服,手拿"哭丧棒"在"灵"前引路,儿媳妇们则跟在后面痛哭不已。受渔猎生产的流动性影响,赫哲人起初没有固定的墓地,他们多选在村屯西边的土岗上埋葬。按照赫哲人"以西为上"的方位理念,他们安葬遗体时多"头朝西脚朝东"。当选择山坡作为墓地时,多依照地势高低而葬,逝者头部则朝向地势高的地方。当棺木抬(拉)到指定地点后,要临时举行一个简短的告别仪式,由亲友中年事已高的长者焚香祷告,大意是"这就是你的新家了,以后要好好地住在这里吧,同时要保佑家人平安无事"等等。仪式结束后,先由长子(有的说是孝子)挖第一锹土,然后大家动手帮着挖。如没有子女,可由直系亲属替代。当坟坑挖好后,将棺木缓缓放入坑内。接着由逝者的近亲属在棺木的四角各填一锹土后,其他人才动手挖土掩埋。在此期间,晚辈们始终身穿白孝服,跪在地上号啕大哭。当坟填埋完后,在坟顶上要放一张黄纸钱。为防止黄纸被风刮掉,再往纸上放土块压实,最后将纸幡插在坟的旁边。如逝者有妻子,还要把她的头发剪下一绺,系于木棒并插在坟上,出殡活动就算结束了。入葬后,家人要把孝服暂时脱下,以便日后上坟或祭祀时穿用。在接续下来的日子里,每逢"三七"、"五七"等家人都要前来添土上坟。如果逝者是男人,妻子还要给亡夫守孝1~3年。

2）出魂、送魂

（1）出魂

出魂是赫哲人悼念已故亲人的主要活动之一。在他们的观念中,人都有灵魂,人死后灵魂不灭。当男人安葬7天、女人安葬9天后,就要在当天晚上举行"出魂"仪式。具体步骤是:先准备好一个长7尺、宽2尺的布口袋,干草、桌子、酒壶、烟袋以及食物等等,然后把干草从口袋两头装入,中间空出一段,以便于平时折叠,并放在逝者经常睡觉的炕上(一说是布褥子,一般用红布做褥心、青布做边),接着在布口袋(布褥子)上放上特制的枕头,枕头里面除放草外,上面还要用"四种不同颜色布拼成

24

的方心圆钱,其数一边是四个、八个或九个。据讲方心圆钱越多,表明家人对逝者越难割舍[1]。在此期间,晚上要将被褥铺开,以便让"他(她)"休息,白天则把被褥叠好,放在炕的一边。此外,枕头上还要放一顶帽子,炕上要摆一张桌子,桌上放着酒壶、酒杯和碗,同时放酒肉和烟袋等等,要求"碗数必须是奇数",以此让逝者多吃点、喝点和抽点,赫哲人称之为"档子"。每当家人一日三餐前,都要先给"他(她)"装烟、倒水及端饭菜,以示死魂仍在,未在阴曹地府,然后家人才可以吃饭。每日三次,日日照旧不误。在出魂这天晚上,亲友们要向逝者的灵魂敬酒告别,以此寄托对"他"的哀思。

(2)送魂

送魂(俗称"撂档子")也是赫哲人悼念已故亲人的主要活动之一。按照他们的说法,送魂就是把逝者的灵魂送入阴间(布尼),也是家人脱去孝服的日子。送魂的时间少则百日,多则三年,也有一年或两年的,这主要视该家庭的经济状况而定。据讲,在送魂前,凡去给故者上坟时,家人都要穿孝服。其中,最小的儿子要穿全身孝服,逝者的妻子头扎白布条,腰扎白布带,布带上要拴小铃铛,以便"丈夫"迷失方向时,能够跟着铃铛声走,赫哲人称此为"穿大孝"。

①置木古法

置木古法是赫哲人送魂的主要活动之一,举办地点多在逝者家的院落内(有的说不搭棚,主要在屋内进行),即先用木头搭个木棚,四周用白布或苇席圈围起来作为祭祷场所,接着制作一个人形木偶,赫哲人称之为"木古法",并给它穿上衣服和鞋,戴上帽子,代表逝者置于新搭好的棚子里。参加活动的晚辈要戴孝,以示对逝者的哀悼。除自家人和邻居外,还要把送魂萨满请到现场。他头戴神帽,身穿神衣,脚穿神鞋,腰系铜铃铜镜,手持神刀坐在木古法的旁边,击鼓祷告三天。当仪式开始后,逝者的亲人要单腿跪在炕的两边,手中拿着写有满文的布,儿女们则跪在布的前面默默祷告。萨满站在炕前先是自言自语,而后对大家说"你们的老人很快乐,他告诉我你们给他放了××好东西"[2]等等。当听完萨满"传"的话后,大家放声痛哭,以示对故人的悼念。接着进入斟酒程序,孝子们依次给故去的亲人倒酒,每轮到一位孝子倒酒

25

① 《民族问题五种丛书》黑龙江省编写组:《赫哲族社会历史调查》,272页,黑龙江朝鲜民族出版社,1987。
② 《民族问题五种丛书》黑龙江省编写组:《赫哲族社会历史调查》,100页,黑龙江朝鲜民族出版社,1987。

时,萨满就把他的名字告诉"逝者"。据讲,当所斟之酒一点都不少,说明该孝子不被"老人"喜爱;当所倒的酒很快就没有了,表明逝者生前非常喜欢他,该孝子要放声大哭。因为在赫哲人的观念中,虽然逝者已去,但灵魂仍在家中,他能够亲眼看到今天所发生的一切,只是活着的人看不到故去的人。

送魂活动要举行三天,萨满也要跳神三天。在第三天的晚上,萨满主持送魂仪式。送魂时,他要将木古法放在爬犁上,送到西北方向扔掉,送魂萨满则在一旁不住地叨咕道:"我负责保护把你送到阴间,请你放心走吧,不要留恋家。"[1]接着,他让一人手拿木刻的阔力神,要求头既不能朝上,也不能朝下。如手拿不平时,萨满要随时提示。据讲,如果逝者的妻子忠于他时,魂灵就容易送走,否则妻子就要遭受皮肉之苦。即把她的头打出血,"用刨花蘸一点血,夹在'木古法'的腋窝",这时,逝者的魂灵才肯离去。在送魂过程中,萨满要边跳边唱送魂歌。

②射箭

射箭是赫哲人送魂时的重要形式之一,它一般是在晚上进行。当萨满唱完送魂歌后,拿着"阔力"神的小伙走在前面,拉木古法的爬犁以及萨满等众人跟在后面。当走到高处时,萨满要站在那里向西北方向放三箭,以便给逝者魂灵指明去"撒因毕拉"(阴曹界河)的方向。据讲,灵魂要往第三支箭射去的方向走。为分辨箭头行走的路线,他们多把火炭绑在箭上,使大家能够看见箭头,并沿着箭头所指的方向护送逝者的灵魂。

③脱孝服

脱孝服是赫哲人送魂时的主要形式之一。当送魂活动结束后,就要把逝者生前所用的被褥处理掉,同时举行正式的脱孝服仪式。整个活动多在坟地进行,他们先把"档子"期间用过的物品烧掉,到民国时期觉得很可惜,就改为在火堆旁绕一圈,然后送给别人。据讲,脱孝服多请外人代脱,大家先跪在脱孝服人面前,只要他喊一声"脱"字,就要把孝服脱掉。有的将孝服送给别人,有的留着自己穿,但不能再做孝服。从此,寡妇可以改嫁,儿女可以结婚,其他与此有关的禁忌也相应解除。当日后上坟时,只需要在帽子或鞋上留着白边,即"穿小孝"就可以了。

---

① 《民族问题五种丛书》黑龙江省编写组:《赫哲族社会历史调查》,167页,黑龙江朝鲜民族出版社,1987。

第三节　禁　　忌

赫哲族在捕鱼猎兽中、在人与人之间的正常交往中，逐渐形成了独具民族特色的禁忌。

1.禁忌的类型

禁忌作为一种社会现象不是凭空产生的，它深深地根植于赫哲民族发展中，并在道德的范畴内来规范全体族人的思想或行为，以此要求大家不能做什么或应该怎么做。正是在这种禁忌思想的影响和约束下，使赫哲族社会能够稳定、有序地向前发展。下面，我们重点对赫哲人的禁忌类型作详细概述。

1）生产禁忌

渔猎生产是赫哲人禁忌产生的前提。在他们的思想观念中，水中的鱼或林中的野兽都有"各司其职"的神灵在主宰。为解决本族人的生计问题，他们经常把鱼、兽作为捕杀的对象。但在捕杀的同时，又怕因自己的言语不当或行为不端而得罪神灵，继而使自己日后捕不到鱼或猎不到兽。在这样一种既想捕杀又怕无意伤害的矛盾心理中，产生了一系列与之有关的生产禁忌。

（1）言语方面

在捕鱼猎兽过程中，赫哲人经常教育年轻人不能口无遮拦，想怎么说就怎么说。比如，捕鱼少时，不能说："怎么打不上来鱼呢？"捕鱼多时，也不能随便乱说："这一网怎么捞这么多鱼呢？"即便离开捕鱼场所，说话也要注意掌握分寸。诸如吃鱼子时，千万不能说"这一下子得吃多少鱼呀？"等等。如果有人敢顺嘴说出类似的话，那肯定要受到长辈的严厉斥责。与捕鱼相比，狩猎同样靠"运气"吃饭，既不能说大话，也不能说谎话，更不能说怪话，如"我明天一定要打多少野兽"等等。反之，当他们行猎真的不顺利时，首先就要回忆或检讨自己是否说过什么不该说的话。在"靠天吃饭"的古代，赫哲人非常在意这一点。为此，他们每当开江时，都要举行相应的祭拜仪式，请求神灵保佑多捕鱼。每当外出狩猎时，劳得玛发必先率众猎人祭拜"山神爷"，不但要磕头，而且要在树上系红布条，口中还不住地叨咕"请保护我们打围顺顺当当的，'快当

些',有些青年猎人,如有说咸说淡的,请山神爷要多担当些"①。

(2)行为方面

言语不当要遭到报应,行为不当同样要受到惩罚。赫哲人每次外出捕鱼猎兽,都要对同行的年轻人千叮咛万嘱咐,在行为上一定要守规矩。比如,在狩猎中,无论自己多么累,都不能坐在树桩子上,据讲这是山神爷坐下休息的地方。在做饭时,一定要把吊锅吊在树杈上,不能让它来回晃动,尤其是不能用刀子"翻锅",以免"割断狩猎"的好运气。在吃饭时,既不能用勺子敲打锅边,又不能用筷子敲击碗边,若有类似不雅之举,将来要当乞丐。吃完饭时,千万要把餐具摆放整齐,把火侍弄好,切忌跨过火堆或烧过的灰堆,以防因行为不端而得罪火神,进而捕捉不到野兽。捕鱼时,同样要管好自己的"手和脚",凡叉住的鱼切不能用刀把鱼泡割开,如果我行我素,以后可能"叉不到鱼",即便叉到也会不明不白地跑掉。另外,当有家人故去时,捕鱼前一定要在网滩上烧一堆火,然后从中跨过去,以便"熏熏晦气"。

2)生活禁忌

生活禁忌是渔猎生产禁忌的继续和发展,它不但包括了与渔猎生产有关的内容,而且还囊括了社会生活的方方面面。尤其对赫哲妇女日常行为的种种限制,包括从怀孕到坐月子前后的种种约定。

(1)生产工具方面

生产工具是捕鱼猎兽的重要利器,由于怕"败了渔猎生产的兴",因而对赫哲妇女进行种种限制。比如,孕妇等严禁到渔场走动,更不能登上渔船,以免由此得罪神灵而捕不到鱼。丧夫的妇女也要遵守上述规矩,如果擅自登上渔船或来到下网滩地等禁区,那同样会影响捕鱼数量。在日常生活中,赫哲妇女也要注意不能随便"坐或跨过"捕鱼生产工具,就连男人捕鱼时穿的衣服,也不能有"坐或跨"的行为,否则就会沾晦气。当狩猎工具在身旁摆放时,她们同样不能有上述不敬行为。即无论是猎枪还是子弹等狩猎生产工具,都不能随便坐或跨,他们狩猎时穿的衣服也不准轻易"践踏"。为避免给男人带来晦气,她们在整理被褥时,通常要把自己的被褥单独放一边,绝对不能与男人的物品混在一起,就是自己穿的裤子也不能挂在屋里。为了赫哲男

① 《民族问题五种丛书》黑龙江省编写组:《赫哲族社会历史调查》,149 页,黑龙江朝鲜民族出版社,1987.

子能够多捕鱼或多猎兽,她们必须严格遵守这些禁忌,尽管有些规定是不公平的,甚至是歧视性的。

(2)生育方面

生育方面的禁忌无所不有,几乎涉及从怀孕到生产直至坐月子等整个过程。有些禁忌规定得十分细致,赫哲妇女不该做的事情几乎到了无所不在的程度。比如,怀孕期间,既不能跨扁担或斧头等物品,缝口袋时也不能把口袋缝死,怕将来生孩子时会难产。烧柴火时,不能"倒头"烧,怕将来生孩子时会"倒生"。平时与别人开玩笑时,不能讲"某人"如何难看,以免将来孩子出生后"长怪样"。从屋内向外看人时,切不可从"窗户眼"朝外看,否则孩子出生后会斜眼。做饭时,不能劈鱼头,防止将来生畸形孩子。无事时也不能去河边砍"网挂子",以免将来生的孩子眼睛晃动。此外,孕妇既不能参加丧葬活动,也不能参加喜庆婚礼,还不能吃还愿的供品等等。坐月子期间,无论是冬天还是夏季,都必须把产房建在正房外面,以防止生孩子时的"脏气"冲神灵。产妇的所有物品也要及时扔掉,不能随便堆在一旁。只有妇女才能出入产房,任何男子不能靠近。不准到产房借物品或往外拿东西,以防止把产妇的奶带走。另外,产妇未满月不能去井台,也不能烧香,更不能回娘家或串门,甚至到门外或过路都是犯忌的。

(3)采集方面

采集是赫哲人的辅助产业之一,赫哲妇女在采集实践中,同样口头约定了许多必须遵守的行为禁忌。比如,上山采集时,若遇到神像时,一不准大家乱说话,二不准随意乱动,三要向神磕头,以请求神灵能保佑大家多采集一些山野菜,同时希望个别人有言语不敬或行为冒犯的地方,也一并请神多多原谅。当对采集的野菜进行分配时,既不能因为是小孩就少分一些或不分,也不能因为自己采得多就多分一些。当挖人参时,她们必须每天早晨给山神磕头,晚上返回住地后要再磕一遍。当发现人参后,必须先喊一声"棒槌",据讲这样能保证大家多挖一些人参。为求得山神的谅解和支持,她们在挖人参过程中,同样规定不能说大话,也不能乱喊乱叫。

3)道德禁忌

道德禁忌是约束赫哲人言谈举止和行为礼仪的社会禁忌,属家庭道德和社会公

德范畴。为增强全体族人的亲和力和凝聚力,他们先在家庭内部对道德禁忌进行了严格规范,以此为基础,形成了对整个社会具有公信力的社会道德禁忌。

(1)家庭礼仪禁忌

为使家庭成员之间形成互敬互爱和礼让有先的良好氛围,各赫哲族家庭以调整家庭成员的行为礼仪为重点,口头约定了一系列与家庭道德有关的行为禁忌。这些禁忌具体表现为:当有老人或客人进屋时,晚辈不能视而不见,或者该干什么还干什么,必须起身笑脸相迎,让长者或客人落座。当他们坐下后,应立即装烟和倒水。若见到久别的老人,晚辈必须磕头请安,不能不磕头先说话,也不能掉头就走。当老人或客人吃饭时,儿媳妇既不能一起吃,又不能坐着侍候,只能站在门槛外面,吃多少盛多少,吃多长时间陪多长时间,绝对不允许有半点怠慢之处。若有不懂事的孩子嚷嚷要吃饭时,家人多把他们安排在外屋吃。轮到儿媳妇吃饭时,只能坐在外屋吃一口,剩多少吃多少,不能重做。即便家人一起吃饭,也不允许儿媳妇与公公或夫兄同桌。晚上休息时,一定要先把老人的被褥铺好,晚辈不能置之不理或只铺自己的。当老人没有休息时,晚辈必须陪着,不能自己先睡。平时老人无论说什么话,晚辈必须认真听着,不能你说你的,我做我的。当老人发脾气时,晚辈不能反驳或犟嘴。若子女外出归来时,必须先向老人磕头,不能认为是多此一举。老人也必须以礼相报,不能无动于衷。在平常生活中,当弟妻与夫兄偶遇时,一定要注意回避,既不能满不在乎,也不能"正面相视",更不能随便说笑。即便有事相求,也要托人代办。另外,儿媳妇不能随便进公婆的屋子,当公婆需要抽烟喝水时,决不能不管不问。当外出狩猎时,在帐篷内一定要面向西北角坐着,不能想坐哪里就坐哪里。当帐篷内需要留一人时,只能是年龄最小的先留下,不能谁想留就留谁。当他们去邻居串门时,不许拿棍子进屋,否则被认为是没有礼貌。

(2)社会公德禁忌

在捕鱼前,一定要坚持"谁先占有渔场,谁就有权年年使用"的规矩,既不能破坏大家认同的捕鱼习惯,又不能在不征求主人意见的前提下擅自捕鱼。如果有人敢这样做,必将遭到族人的同声谴责。在捕鱼中,一定要遵守轮流作业制度,即按照排好的顺序捕鱼,决不能"加塞儿"或有其他不礼貌行为。狩猎过程也要讲究礼让有先,在

行猎过程中,当捕获已经被人追撵的野兽时,如果行猎者已经将猎物背在身上,那么后来者即使追上也不能讨要;如果追撵者赶到时,猎物尚未背在身上,那就要平分,假如期间另有人赶上,也要分给他一份儿。据讲,在遇到类似问题时,完全是凭个人的觉悟、良心或对道德的理解来行事的。倘若有说谎、狡诈或取不义之财的思想,极容易产生矛盾或利益之争,直至影响社会稳定。正因为如此,赫哲人才口头约定了相当严格的道德禁忌。除上面说到的情况外,如狩猎中遇到别人的脚印时,一定要绕着走,决不允许随便践踏。据说这种行为既不遵守山规又不尊重别人,有时因双方处理不当,甚至会演变成械斗。当同行在山上偶遇时,一定要请对方到自己的住处吃饭,否则被认为太小气。当狩猎没有捕获到野兽时,可以到别人的帐篷拿点盐或烟,顺便偷点运气,以便招来好运。

第二章 生产习俗

　　赫哲族一直以捕鱼猎兽为生,部分赫哲族是北方少数民族中唯一一个在一段时期曾以渔业为主业的民族。丰富的渔猎资源以及由此派生出的种类繁多的渔猎产

品,为他们提供了"取之不尽、用之不竭"的衣食之源,养育了一代又一代赫哲族。关于赫哲族的生产情况,曹廷杰记载道:"捕鱼以网以钩,驾一叶扁舟,名曰几喇……捕貂下箭如弩,貂动其绳亦射之,百无一失,射鼠鹿狐貂水獭皆然,善睐牲踪,见踪则迹之,必获。"[1]在长期的渔猎生产实践中,他们逐渐形成了极具黑土文化特色和山水文化特征的生产习俗。

图3　冬渔老人

第一节　渔业生产习俗

　　古代赫哲人多在春季、秋季和冬季进行重点捕捞,夏季则利用有限的时间来修补各种捕鱼工具。鉴于捕鱼在社会生产中的特殊地位,他们在捕鱼工具的制作、捕鱼方式的选择、捕鱼时间的确定、捕鱼规矩或捕鱼禁忌等方面都做了严格的界定,这些界定具有极其丰富的思想内涵。

图4　祈求渔业丰收的仪式——放河灯

---

　　① 曹廷杰:《西伯利东偏纪要》,59 页。

1.捕鱼工具的制作

赫哲族制作的捕鱼工具具有不同的时代特点。据年龄较大的赫哲人讲,他们制作的捕鱼工具种类庞杂、式样各异。从材质上看,有的是用木头加工制作的,有的则是以铁为原料进行加工的,还有的乃是用棉、麻或丝线织成的;从类别上分,有叉、钩、船和网等多种类型的工具。为叙述方便起见,我们以时间为主线,按照先后顺序,把各种捕鱼工具的制作习俗分述如下。

1)船具

据考证,赫哲人使用的渔船有的是他们自己制造的,有的则是通过引进外民族的造船技术或制作工艺加工制作的。从外观来看,他们制造的渔船有的结构简单,有的结构复杂,有的做工粗糙,有的制作精良。其中,独木舟是赫哲族最古老的渔船,桦树皮船则是最具特色的船,还有像以木板为原料加工制作的各种渔船等等。通过制作上述式样有别、功能齐全的渔船,从而帮助赫哲族度过了繁衍发展的困难时期。

(1)独木舟

独木舟是最早设计制造的,也是他们使用的最古老的水上交通工具。据调查,独木舟是以选好的杨木为材质,用手刨的方式一点点凿成的,其长丈许。《契丹国志》对此记载道:"混同江之地,其俗则刳木为舟,长至八尺,形如梭,旋一桨止,以捕鱼。"[①]这里所说的"舟",就是指赫哲人常说的独木舟。具体制作方法是:先将一根粗原木削去直径的1/3,接着从削平面上向里"镂空",之后把原木的两端削成上翘形状,使之呈"圆底、尖头、有翘头"的槽子,然后再经过简单的粗加工就算做成了。独木舟,虽然是古代赫哲人叉鱼时的重要工具之一,但由于船体本身笨重的缘故,人们使用起来也不是很方便。随着新式造船工具的传入,特别是随着各种新式渔船的普遍使用,独木舟逐渐被人们所遗忘。到20世纪80年代末,我们只能在赫哲族文体大会上,才能看到它的身影了。

(2)桦树皮船

桦树皮船(乌末日沉)是以桦树皮为材料加工制作的。整个加工过程大致经历从桦树上剥桦树皮、造船等几道工序。其中,造船用的桦树皮,不是现用现剥的,而是

---

① 《契丹国志》,卷二七。

选在一年的春季(一说在每年的腊月,饶河县四排乡多在每年的农历五月份)进行。据说,当时桦树正处于树浆外溢状态,用手扒桦树皮显得容易,只要用刀"在桦树主干上、下各绕树干划一圈,再由上向下划一刀",桦树皮就会自动脱落下来。听赫哲老人讲,每到春季适当时节,他们便三五成群,来到有桦树的林中剥桦树皮,然后将其置入"淤泥中谓之糟,糟数日乃出而曝之"[①]。接着将扒完的树皮"卷"成卷储存起来,当需要加工桦树皮船,或需要制作其他桦树皮制品时,他们先剥去桦树皮里层的老皮,然后采取水煮或火熏的方式,使桦树皮遇热迅速升温,再借其热"劲"将其压平就可以了。

在造桦树皮船时,赫哲族多用桦树皮来制作船的外壳,用松木条来做船的硬肋,用"刨马树"来做船的钉子。当船的外壳与船肋连接好后,再用麻线将船的缝隙堵起来,就连船的钉眼,也要用松油脂灌严实。做好的桦树皮船,外形多两端尖尖,

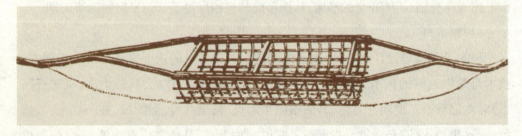

图 5　船骨

图 6　制作桦树皮船

图 7　桦树皮船

①　凌纯声:《松花江下游的赫哲族》(上册),68 页,中国科学图书仪器公司承印,1935。

船底呈圆形,并微微上翘。一般船身长 8 尺,中间宽 2 尺,高约 1.5 尺左右。由于桦树皮船具有体积小、重量轻、速度快以及易携带等特点,因而备受赫哲人的欢迎。

（3）"花鞋船"

"花鞋船"也是赫哲人经常使用的一种渔船,它外形呈两端尖尖,并微微翘起,似人穿的鞋的形状,故得名。据赫哲人讲,"花鞋船"多是选用松木板来加工制作的。在制作前,他们多是把木匠请到自家中,让他根据选好的尺寸来造船。具体步骤如下:先把松木锯成木板,然后再把木板锯成薄厚相当的船板,使之用于做船帮和船底。当船帮和船底拼凑好后,再用铁钉把船的接合处固定好,之后用石灰"掺线麻和酥油捣成泥子"来泥缝,使船的缝隙不会因渗水而影响使用效果。有资料记载,"花鞋船"有的长 23 尺,中间宽 2.3 尺左右。有的则船身稍微短些,即船长在"12 尺,宽5 尺"之间。船内根据用途不同,总共设五个舱。其中,第一个舱主要用于装鱼,人们俗称其为鱼舱;第二舱则为桅舱;第三舱乃是用于休息睡觉的住宿舱;第四舱是生火做饭用的"火舱";第五舱是划桨用的"脚舱"。由于"花鞋船"在设计理念上,注重"一船多用",因而在实践中可用于"打网、下钩和运输"等等。

（4）"快马子船"

"快马子船"是古代赫哲人重要的捕鱼工具之一。曹廷杰曾载曰:"其快马子以桦树皮为之,长丈许,宽约二尺,两头渐窄,才容一人,其快如风。"[①]根据目前所掌握的调查材料,早在清朝末期,他们便用 5 公分厚的松木板做船帮和船底,以铁(也有的是用刨码子树)做钉子,然后把船帮和船底的连接处用钉子钉牢,再用石灰掺豆油等捣成泥子,把船的缝隙处,或钉眼的部位用泥子"泥"上,以防渔船在行进中渗水。船的形状与"花鞋船"大同小异,呈两端尖尖,并微微上翘。船身长 1 丈或 1.5丈,中间宽 2 尺左右,船内再安装有二三道横梁,就可以划行使用了。由于该船船体较小,大者能坐 2 人,小者只能坐 1 人,赫哲人叉杂鱼或走快道时,多使用这种船。

（5）"三页板船"（滕木特克）

"三页板船"就是人们常说的舢板船,船长 2.5 丈,中间宽 2 尺(一说 4 尺),船帮高 1.5 尺左右。船的形状、结构与其他渔船相同,船的制作过程也与其他渔船没

---

① 曹廷杰:《西伯利东偏纪要》,61 页。

什么两样。具体制作方法是:先把松木锯成"8分至1寸厚"的薄板,用它来做船的两帮,然后再锯一块宽薄板做船底。为保证船板质量,他们经常挑选直径在2尺多粗、2丈多长、没有任何疤痕的松木来做船板。当船帮和船底做好后,用钉子把它们钉牢。船的"前头、后尾"均用板堵上,船板之间的连接处,再用旧麻线或"地毛"(藓苔植物)等"泥上"①,以防捕鱼时渗水。船的中间再安一根横梁,横梁中间则凿一眼,以备竖桅、撑帆时使用。据说,划船用的船桨也是木制的,呈扇形,船桨中间同样要凿一眼,以套在桨桩上用来划水。在平常的日子中,"三页板船"曾被广泛地应用于"下鳇鱼钩、网捕、载物、摆渡及以船代步"等生产生活中。

(6)丝挂子船

顾名思义,丝挂子船主要是用来下丝挂子网的,因其具有船体轻、划行快等特点,进而受到赫哲人的普遍喜爱。据讲,丝挂子船多是用6公分厚的松木板做船帮、船底,然后用石灰"掺线麻和酥油捣成泥子"来泥船缝。与其他渔船不同的是,它的两端是齐的,并微微上翘。一般船长在2丈(有的是1丈)左右,中间相对较宽,有2.8尺。其中,船的前边呈方头,长或宽在1.5尺左右,船的后边同样呈方头,长或宽在2.5尺左右。为使渔船更加方便适用,赫哲人在制作丝挂子船时,在船内多设四个舱。第一舱是装鱼用的鱼舱,第二舱是人们划船时用的"脚舱",第三舱是人们休息睡觉用的大舱,第四舱则是用于装鱼的"后篓"②。

据考证,古代赫哲人使用的渔船种类比较多,式样比较杂,我们这里叙述的只是其中有代表性的几种渔船。新中国成立以后,随着赫哲地区渔业生产发展水平的不断提高,他们逐渐进入了以机械力为动力,进行大规模捕鱼的新时代。为此,赫哲人经常使用装有内燃机的木船或汽船从事捕鱼生产。

2)网具

赫哲人的网具种类庞杂,有"拉网"、"抬网"、"扒网"、"丝挂子"、"趟网"、"铃铛网"等等。据史料记载,他们最初选用的织网材料,主要是柳树皮、椴树皮和黄芹等植物纤维,然后经过"扒皮、梳麻、水浸"等多道加工工序,最后"纺成"细的纤维线来

① 《民族问题五种丛书》黑龙江省编写组:《赫哲族社会历史调查》,31页,黑龙江朝鲜民族出版社,1987。
② 《民族问题五种丛书》黑龙江省编写组:《赫哲族社会历史调查》,31页,黑龙江朝鲜民族出版社,1987。

织网。当然,受原始的织网材料的综合限制,网纲和"网绦"也多是用椴树皮或柳树皮来制作的。这种用"植物纤维"做成的网纲和"网绦",虽然使用起来不是很方便,但在当时的生产条件下,实在是不得已而为之。直到清末和民国时期,这种情况才有明显改观。受俄罗斯和内地先进的织网材料影响,赫哲人开始陆续使用线网来捕鱼,织网材料也由过去的树皮等植物纤维,改为从俄国传入的麻网线,或从内地传入的棉网线。这些网线因具有耐用、抗烂、滤水快和拉网轻便等特点,因而受到赫哲人的普遍欢迎。网上的缚坠也是一变再变,相继改用石网坠、陶网坠、铜网坠或铅网坠等。建国以后,随着捕鱼工具的现代化,赫哲人普遍把尼龙或胶丝作为织网材料。其中,尼龙网线因其具有线细、耐腐、拉力强等特点,一直受到赫哲渔民的喜爱。与之相比,胶丝网线则比尼龙网线略胜一筹,它在具备尼龙网线所有优点的基础上,又具有透明度好、耐腐性强等特点,进而成为赫哲人织网时的首选材料。经粗略统计,赫哲人使用的网有大拉网、小拉网、旋网、丝挂子网、扒网、铃铛网、趟网等,目前使用最多的则是挂网、趟网。一般来讲,每张网具都是由网、网绦、网纲、网坠、网漂等

图8 陶网坠用法

图9 做陶网坠

37

图10 渔网

部分组成。下面,我们重点对以下几种有代表性的网具作详细介绍。

(1)拉网

拉网是赫哲族出现较早的捕鱼工具之一,它起初是用野生植物纤维织成的。具体制作步骤是:先把椴树纤维纺成绳,来做织网的基本材料,待渔网织好后,再用黄土和白浆土烧制成网坠,用黄菠萝树皮做网漂子,然后把网坠、网漂子分别拴系在网的上端或下端。据了解,最初的拉网宽度在2~5米之间,网长在10~15米左右。当新式网线传入后,他们陆续使用线麻,或从俄国传入的"洋麻",或从内地传来的棉线、尼龙绳等做网线。从线本身的质量看,洋麻线比线麻更加结实耐用,具有耐腐、耐磨等特点。与之相比,棉网线因具有耐腐、滤水快等特性,使用起来比前者更加轻便快捷。前面提到,网缘和网纲起初也是用柳树皮等植物纤维捻成的,后来则改用棉、麻线等加工制作。在生产力发展水平相对落后的古代,赫哲人采取就地取材的方式,通过往黄泥里掺和一些白浆土,然后烧制成陶网坠。到后来,他们多使用铅网坠。网漂最初是用椴树皮或黄菠萝树皮制作的,现在则多以松木板来替代。

大拉网一般长达数百米(一说21丈),由十余片或二十余片网相连接。小拉网也有几十米长,由三四片网相连。每片网的长度为15米(一说3丈),宽约2米(一说5尺)左右,网眼直径在2寸至5寸之间。为提高捕鱼质量,他们经常在拉网的上端或下端,用数根粗线拧成网纲。网漂则用松木板或黄菠萝树皮制作,每个"网漂长5寸、宽3寸、厚六七公分"。网漂做好后,多被人拴系在网的上纲上,中间则用线绳来连接。据赫哲渔民讲,每个网漂间隔在1.2尺左右,每隔1.1尺拴一个网坠。网坠则是铅制的,呈长方形,系在网的底纲上,以便捕鱼下网时,能够使网的底部迅速下沉。

(2)扒网

扒网是赫哲人经常使用的捕鱼工具之一,它以铅、麻线等为材料,这些材料多是从依兰或伯力等地买来的,呈顶尖底阔的锥形,没有网漂。它的制作方法、制作程序与拉网大同小异,即先用麻线纺成八股绳合一织网,网眼2寸。织这种网是80个网眼起头,顺着织到7个眼长加40个升网眼,共挂出12个升眼,加上先前的80网眼,共 560 网眼。网长 3.2 丈,每隔 6 寸左右在网的底部拴 1 个网坠,每个铅脚子是一两一分重,共 280 个铅脚子,网坠的下面有网兜,以用于兜鱼。之后用线麻纺成一分粗细合成的二股绳做网纲,网的顶端系一根"提索绳",长三四丈左右,以备起网时使用。

（3）旋网

旋网是一种网口大、尾尖并带有网兜的锥形网具,它的制作方法与扒网相近,最初也是用野生的植物纤维做网线织成的,后来则采用麻线来织网。织网的具体步骤是,先"用单股麻线织成 2 寸大的网眼,织网由 80 个网眼起头,挂七升网眼,每升添四十个网眼,共三百六十网眼。每隔两个网眼挂一个脚子(即网坠,笔者注),共一百八十个脚子,每个脚子为 9 钱重。"[1]网纲作为旋网的一部分,它同样是用线麻拧成 7 分粗细的绳,拧完后再"二股合一",形成统一的网纲。

（4）挂子网

据赫哲人讲,挂子网是在拉网的基础上所派生出的又一重要网具。与拉网相比,它的网眼显得较大,每个在 3.8 寸左右。网纲多是用 18 根棉线拧成的,网坠一般每隔 6 寸拴系一个,网漂则是用秸秆制作的,每个长 2 寸左右,每片网需要拴系 130 个上下。挂网每片长 10 丈左右,一张完整的挂子网,需要 5 片网连接起来统一使用。因使用的织网材料有所不同,故称谓也有很大差异。其中,用棉线织成的叫线挂子,用生丝织成的则叫丝挂子。

据考证,棉挂子网使用年代相对较远,它起初是以麻线为材料织成的,然后用黄菠萝树皮做网漂子,没有网坠。网的长度一般在 10 丈左右,网眼在 3 至 6 寸之间。在线网的基础上,赫哲族则以生丝为原料,制作各种丝挂子网。由于捕鱼方式有所不同,丝挂子又细分为浮挂子和底挂子两种形式。其中,浮挂子"每块高约 6 市尺上下,10 余丈长,网眼约有 4 寸左右",网的上纲要拴系无数个用秸秆做成的网漂子,两个网漂子之间的间隔在 1.2 尺左右,网的"底纲"也要拴系一个个铅网坠,两个网坠之间的间隔至少在 1.4 尺左右。相比之下,底挂网的"网苗高约 3 尺左右",网眼的大小和网片的长短,与浮挂子网大致相同。

---

① 《民族问题五种丛书》黑龙江省编写组:《赫哲族社会历史调查》,33 页,黑龙江朝鲜民族出版社,1987。

（5）趟网

趟网是赫哲族经常使用的一种网具,它最初是用亚麻线织成的单层网,后来则改以胶丝为原料织成三层网。所谓三层网,即在上下两个网的纲上,再装上三片网。它的制作步骤与其他网的加工方法基本相同。据赫哲族讲,每片趟网长约 11 丈左右,网的通高在 6.6 尺上下,网眼直径在 5 寸左右,有上下网纲。下网捕鱼时,多把 4 片网相连接,统一调配,统一使用。网纲多是用线麻捻成的,有 1.5 分粗细。网漂则是用软、硬木制作的。在拴好网漂的基础上,再把铅制的网坠系在趟网上,一般每隔 4 寸拴系一个,拴系的目的是使网能够迅速沉入水中。为确定趟网在水中的位置,赫哲族在网的外侧,多拴系一个密封的"小型铁皮大漂子"以作为标记。当趟网在水中变成三层网后,"中间的网眼小,直径约 7~10 厘米;两边的大皮网,不但线粗,而且网眼也大,直径约 25~35 厘米;中间的小眼主网比两侧的大皮网松弛一些。"①

（6）待河网

待河网也是赫哲族经常使用的一种捕鱼工具,它大约是在清嘉庆年间才开始兴起的。据了解,待河网多是以线麻或亚麻为材料织成的,网的长度在 1.5 丈、宽度在 1.2 丈左右,呈袋形,网的口部和尾部尺寸大小相同,网眼直径多在 2 寸左右。与其他网稍有不同的是,待河网没有网漂和网坠,网口的一侧则留有一个 2 米长的口子,以便下网后能够用木杆等把网口撑大,让鱼儿游入网内。网的后端形似长筒袖,留一小口,捕鱼时用绳绑紧小口,待取鱼时则把系着的绳解开。

待河网主要下在江中的大流或水深处,旁边辅以"木桩、斜桩、坡桩、半三角形木架和箔条"等,人们可以坐在船上,手持两根脉线静候,一旦游鱼触动脉线,可将压入江底的主杆迅速解开,使立杆冒出水面,水中的鱼因网口合拢而全部被堵在网内。取鱼时,可提起长筒袖,解开网口,将鱼倒出来②。到民国初年,这种鱼网逐渐被淘汰。

（7）赶网

赶网是赫哲族使用较早的一种网具,主要是在夏季没有水流的大泡子或河沟里使用。这种鱼网多是以蓖麻纤维或麻线为材料加工制作的,每片网的长度在 30

---

① 政协佳木斯市文史资料委员会:《三江赫哲》,48 页,1991。

② 《赫哲族简史》编写组:《赫哲族简史》,156 页,黑龙江人民出版社,1984。

米左右,宽度在 2 米上下。网眼大小也不尽相同,大的直径在 20 厘米左右,小的在 10 厘米上下。与其他网具相比,赶网制作简单,网的上部有网纲,网的下部则没有 "底纲"和网坠,网漂乃是用黄菠萝树皮做的。下网时,赫哲人注意把大网眼下在泡、沟的里侧,把小网眼下在大网眼的外侧。网的两端经常要拴上"插杆",拴"插杆"时一定要掌握好尺度。待赶网下好后,他们就划着船儿,到附近去敲打水面或船帮,受到惊吓的鱼儿,很容易钻进赶网内,大一点的鱼被大眼网挂住,小一点的鱼则被小眼网兜住。

3)钩具

赫哲人的垂钓历史十分悠久,在古代乃至近代,是继网具、叉具和渔船之后,他们经常使用的捕鱼形式之一。作为垂钓的主要工具鱼钩,在不同时期,其制作材料也是各不相同的。据史料记载"通混江人,皆以数寸大钩,系于径数寸长丈余木上,置之江中取之"①。赫哲族最初使用的是"木柄钩",这种鱼钩是在棍棒的基础上加工制作的,后来则使用兽骨压制或磨制的骨鱼钩。这些经过人工精心雕琢的细小鱼具,作为细石器文化的重要组成部分,在赫哲族中间长期存在着。铁制鱼钩则是 19 世纪中后期才开始出现的,随着时间的推移,捕鱼经验的积累,赫哲族多根据不同鱼的不同习性和不同特点,设计制作了一系列尺寸不一、大小不等的鱼钩。当快钩传入赫哲地区后,他们则经常使用快钩来钓鱼。

(1)鳇鱼钩(克日斯克)

鳇鱼钩是赫哲族最早使用的铁制鱼钩。据 20 世纪 50 年代国家有关部门对赫哲族进行专项调查所得出的结论:"早在 100 年前,生活在街津口地区的赫哲人就使用了这种鱼钩。"他们在加工制作过程中,多是选用 3 分粗细的铁棍做原料,先把铁棍"弯成一寸五分的钩档,一寸五分的钩尖做鳇鱼钩。在长约三寸的'钩把上',拴上'五分粗'、二尺五寸长、以线麻绳做的'钩爪子'绳","'钩纲'则是用柳树皮拧成的一寸五分粗细、三股合一的绳子,每杆子'钩纲'长约二十丈,其上拴二三十把钩"②。当鱼钩做好后,在鳇鱼钩的弯处再拴上一个鱼漂子,就可以到水面去钓鱼了。

---

① 曹廷杰:《西伯利东偏纪要》,61 页。
② 《民族问题五种丛书》黑龙江省编写组:《赫哲族社会历史调查》,35～36 页,黑龙江朝鲜民族出版社,1987。

据讲,鳇鱼钩的最大特点是钩身粗大,设有倒须,因而垂钓效果好。

同样以 20 世纪 50 年代国家有关部门对赫哲族进行专项调查为限,再往前追溯至 70 年前,赫哲族则开始使用了从俄国传入的鳇鱼钩,这种鱼钩多是用 2 分粗细的铁棍制作的,钩柄长 6 寸左右,钩尖长 1.5 寸上下(一说鳇鱼钩分大、中、小三个型号。其中,"大号鱼钩有 6 号钢筋粗,钩茎约有 20~25 厘米长,钩尖有 10 厘米长。中号鱼钩稍小一些,小号鱼钩则比现在的快钩略大一些"①。钩漂子则是用黄菠萝树皮制作的,它的大小多是根据钩的大小来确定的;钩爪子一般长 2.5 尺左右(有的则说它长约 1 米或 1.5 米左右,还有的说有 30~35 厘米长),它多是用野生植物纤维或线麻搓成的绳做成的,绳的一端系在钩纲上,另一端则拴在钩柄上。钩纲乃是用质地坚硬的铁丝做的,它一般粗 1.5 分、长 30 丈左右。据赫哲人讲,每把鱼杆一次可拴鳇鱼钩四五十把。

(2)快钩(又称滚钩)

快钩是民国年间从内地传入的,制作鱼钩的材料主要是铁丝、棉线等,这些材料多是从内地购进的。在加工制作过程中,他们先是把铁丝截成四五寸长短的钩条,接着把"钩条捻出钩尖",拧成弯钩,之后再把铁丝用炭火烧红,趁热把它捻成四菱形,最后把面粉、火硝和木炭细末搅成糨糊,置于坛中,经火烧一昼夜后,拿出坛中蘸水冷却,就制成了钓鱼用的钢钩。当这些程序完成后,再把钢钩放入装有小米的大锅中翻炒,通过小米油"煨钩",使鱼钩坚硬适中。待鱼钩炒好后,用钢锉锉钩尖,以检验"煨钩尖"是否恰倒好处,做到"有韧性、不脆断"。经过上述 70 多道加工程序后,再把鱼钩放入水锅中煮一煮,以防它日后生锈。

除鱼钩本身的加工制作外,钩漂子则是用"铁瓦"做成的,形状似圆形盒。为保证钓鱼质量,他们每隔 5 寸左右拴一把钩,每隔 20 至 30 把钩拴一个铁盒漂子。钩纲和"钩爪子绳"均是用来自南方的"糊皮"(一种树皮)加工制作的,使用前要统一把它们放入锅中煮一下,捞出晒干后,才可以放心使用。除用树皮加工制作外,有的钩纲和"钩爪子绳"则是用棉线捻成的,绳的长度约为 6 寸左右,它的一头拴系在钩把上,另一头多系在钩纲上。当赫哲人垂钓时,每把鱼杆一次可拴系 250 多把鳇鱼

---

① 政协佳木斯市委文史资料委员会:《三江赫哲》,39 页,1991。

钩。同时按照一把杆可以放 3 个锚、2 把杆放 5 个锚、3 把杆放 7 个锚的标准置备锚具。据讲，快钩钓鱼具有使用方便等特点，大小鱼都能钓。当鱼杆放好后，人们早晚只遛两遍钩。近年来，随着渔业资源的日益萎缩，人们只是把钓鱼作为消遣娱乐的一种形式而已。

图 11　滚钩

（3）鲤鱼钩（博特乌末肯尼）

鲤鱼钩是赫哲族钓鱼时经常使用的一种鱼钩，它大约是清朝末年从俄国传入的。钩的长度约为 1.5 寸左右，有倒须，以蚯蚓为诱饵。钩纲的长度在 30 丈到 40 丈左右，它起初是人们用 16 股棉线捻制而成的。随着铁丝传入赫哲地区，赫哲族多改用铁丝做钩纲。垂钓用的锚，多是以石头或铁块来固定的，每次垂钓时，他们在每把鱼杆上，拴上 30 多把或 40 来把鱼钩就可以了。据赫哲人讲，鲤鱼钩多是在农历"小满"过后才能使用，到端午节前后，达到垂钓高峰，每日垂钓量在七八十斤左右。

（4）"浪当钩"（跨提乌末肯尼）

"浪当钩"也是赫哲族钓鱼时经常使用的一种鱼钩。钩的形状、钩纲和钩锚的材质以及加工制作的方法，均与鲤鱼钩相仿，只是钩的大小与前者稍有不同罢了。其中，"钩爪子绳"乃是用蓖麻搓制而成的，它的长度约为 2.5 尺、直径约为 2 分左右。每次下钩时，为多吸引游鱼，他们多以豆饼块为诱饵，并在"钩爪子绳"上拴上一块红布条。当鱼儿吃豆饼时，势必觉得红布条和鱼钩碍事，情急之下极有可能咬红布条或鱼钩，直至落入赫哲渔民为它精心设计的陷阱。其结果只能是自投罗网，或者束手就擒。

（5）鳊花钩（开勤乌末肯尼）

鳊花钩是赫哲族钓鱼时经常使用的一种鱼钩。从鱼钩的形状上来看，鳊花钩比"浪当钩"显得稍小一些，与鲤鱼钩不相上下。钩纲和下钩用的锚，在加工制作上，也没有什么特别之处。其中，"钩爪子绳"乃是用棉线搓制而成的，它的长度在 2 尺左右。每次下钩前，赫哲族为了多钓鱼，他们经常把面粉染成红色，然后以此为诱饵，

引游鱼上当。一旦它们贪恋"美食",同样难逃被钩的厄运。

(6)"毛毛钩"(摄富)

"毛毛钩"是赫哲族使用较早的一种鱼钩,主要是夏季用来钓白鱼。与其他鱼钩相比,"毛毛钩"很有特点。比如,这种鱼钩多是用"一把或两把'鲤鱼钩'并列绑在一起,使钩尖向两侧呈 45° 角分开",有时则用较厚的铁片及铁丝加工制作的。据赫哲人讲,鱼钩钩身多设有倒须,钩柄上经常浇铸一些起平衡作用的铅,以使垂钓时钩尖朝上,再把兔等细毛动物身上的白毛,拴在钩柄上以盖住钩,使鱼钩不被游鱼发现,故有"毛毛钩"的说法。做好"毛毛钩"后,还要准备好钩绳和鱼竿。其中,钩绳长约 2.5 丈,鱼竿长约 2 丈左右。钩绳的一端拴系在钩上,另一头则拴在鱼竿上,当一切准备就绪后,就可以用"毛毛钩"来钓白鱼了。

(7)底钩(齐齐喀乌末肯尼)

底钩是赫哲族使用最早、成本最低的一种鱼钩,钩身设有倒须。据赫哲老人讲,人们制作底钩时,多把铁丝的一端,用锉锉成尖尖的,然后再把它弯成"弯"就可以了。底钩做好后,就要把它拴在钩绳上。钩绳是用线麻或棉线捻成的,一般长 7 丈到 10 丈左右。绳的一端坠上石头或铁疙瘩之类的重物,使底钩能够迅速沉入水中,另一端则拴在木杆或木板上。每次下钩时,可一次性地下三四把钩。为多钓一些鱼,赫哲人经常以蚯蚓为诱饵,把它放在构尖上。每当钓住鱼时,随着鱼儿不停地挣扎,必然引起钩绳颤动,垂钓者可用手拉动钩绳,迅速把钓住的鱼取下来,然后继续垂钓。

(8)甩钩(牙卡勒)

甩钩同样是赫哲族垂钓时经常使用的一种鱼钩。它多是由"三个三号鲤鱼钩或快钩用铅灌注(也有说是绑)在一起的,一般'钩尖'朝外,三角均等地用细铁丝绑在一起,似'锚形'"①。"钩茎"头留有铁鼻子,以便用来拴系钩绳,由之故,甩钩有"三齿挠"的说法。当甩钩做好后,就要准备拴系钩绳和鱼竿。其中,鱼竿是用柳树条制作的,长约 1.7 丈左右。钩绳起初是用线麻拧成的,后来则改用"油丝"或铁丝绳,长约 1.9 丈左右。据讲,这种鱼钩适于在水深流急处或陡滩处下钩,垂钓者或站在船上,或坐在岸边,他们不用蚯蚓等鱼饵,只是手握鱼竿,反复地拉、提钩绳,使游鱼上

---

① 《民族族问题五种丛书》黑龙江省编写组:《赫哲族社会历史调查》,38 页,黑龙江朝鲜民族出版社,1987。

钩被擒。

（9）"秋特乐"

"秋特乐"是赫哲族使用较早的一种鱼钩,它的年代相对较远,主要用来钓鳇鱼。据赫哲人讲,"秋特乐"由钩尖和钩把两部分组成。其中,钩尖多是铁(钢)制的,钩把则是用榆、柞等硬木做成的,长约 0.5 尺左右,没有倒须,垂钓时不用面食或蚯蚓做鱼饵。当钩把和钩尖做好后,就把铁(钢)制的钩尖安装在钩把上。为使钩尖朝上,他们在每把钩的弯处,拴上 1 个黄菠萝树皮做的漂子。钩纲和钩绳多用椴树皮纤维捻制而成的,钩漂子乃是用黄菠萝树皮做成的。为能钓更多的鳇鱼,赫哲人经常在鱼钩的弯处拴一块石头,以便鱼钩能够迅速下沉到水中的适当位置。因钩纲上没有鱼漂子,不能将它坠入江底,所以只能在"其附近,支上一个四角木架子,起固定作用"。每把鱼竿"钩纲"长约 2 丈左右,一次可同时拴系鱼钩四五十把(一说 20 把左右)。当"秋特乐"沉入水中后,赫哲人多在岸边或船中等候,待有鱼被钓住后,便马上划船前去取鱼。

4）叉具

鱼叉是赫哲族古老的捕鱼工具之一，他们最初使用的鱼叉多是以棍棒为原料加工制作的,稍后才使用骨质鱼叉。直到 19 世纪中期,他们逐渐使用比较先进的铁制鱼叉。其中,依兰清代墓葬中出土的铁鱼叉就是一个典型事例。据讲,赫哲人过去使用的铁鱼叉,是具有扁平面的鳇鱼叉,这是他们叉鳇鱼时经常使用的一种生产工具。

整个鱼叉由叉头、叉柄和叉绳三部分组成。制叉头用的铁,多是他们从外地买来的。叉头的长度在 70 厘米左右,有三个并排的叉尖,故有三齿叉的说法。在这三齿叉中,中间那股相对较长,有 30 厘米长,叉尖周围设有 4 根倒钩,两侧的叉齿各有 3 根倒钩。由是之故,赫哲人把它称之为"前后十三叉"。在江中叉鳇鱼时,多由二人合作,把舢板船插桩固定在水深 1 至 1.5 米的急流滩头处,待鳇鱼逆流而上时,适时投叉捕捉。

鱼叉根据用途不同,有连柄鱼叉和脱柄鱼叉两种类型。所谓连柄鱼叉就是叉头做好后,把它固定在 1 丈多长的松木杆上。脱柄鱼叉则表明叉柄和叉头是分离的,

45

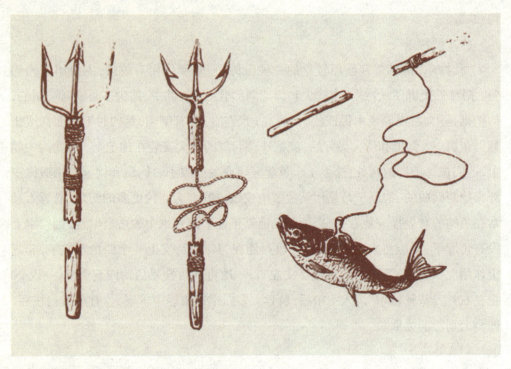

图 12　脱柄渔叉用法

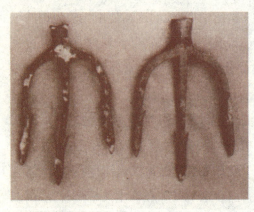

图 13　脱柄渔叉

中间用绳相连接。其中,叉头的根部留有"浅库",叉柄与叉头一样也是活动的。它一般长在 1.3 丈(一说一丈七八)左右、直径在 4 公分上下。在使用过程中,赫哲人要把叉头安装在叉柄上。在叉头和叉柄之间,同时拴上一根长长的绳子,不用时将叉头和叉柄系在一起。叉绳多是用马尾搓成的,它的长度在 1 丈左右,直径在 4 分粗细。由于叉捕鳇鱼十分危险,一旦赫哲人叉到鳇鱼后,多采取适时跟踪的捕捞方式,直到鳇鱼失去反抗能力为止。为此,他们经常在叉柄的尾部,拴一根 7 米来长的绳子,绳的一端则系上一个充了气的"干怀头鱼泡",以备叉鳇鱼时作为水中漂浮的标志。

当赫哲族捕捞较大鱼时,他们就要使用这种脱柄鱼叉,以免在叉鱼过程中,渔船被大鱼撞翻,造成船毁人亡的惨剧。在长期的叉鱼实践中,赫哲族对叉鱼技术十分熟练,他们能根据水中波纹的变化状况,来判断是何种鱼在游动,以便叉鱼时能做到百发百中。对此,曹廷杰先生在其所著的《西伯利东偏纪要》一书中记载道:"若夫坐快马,持叉取鱼,则以剃发黑斤及旗喀喇人等为最。尝于波平浪静时往江面任取鱼行水纹,投叉取之,百无一失,虽数寸鱼亦如探囊取物。从旁观之,不知何神异若此也。"①与脱柄鱼叉相比,连柄鱼叉则是用来叉捕小鱼的,叉头的叉尖长约20厘米,它多是用"6号粗的钢筋,把一段锻出尖,并在其两侧制成两个倒须,另一段固定在约2~3米长的木杆上"②。自新中国成立以来,随着赫哲地区捕鱼生产工具的不断进步,特别是随着当地渔业资源的日益减少,赫哲族已经很少使用鱼叉到江中捕鱼了。

2.物候的选择

在长期的捕鱼生产实践中,赫哲人经常以时间为主线,并根据一年中季节的变化、每月中节气的变化以及每天中早、午、晚的时辰变化,以确定与之相对应的捕鱼形式,在此基础上,逐渐形成了独具渔业文化特色的物候生产习俗。

1)四季观

有资料统计,从春天开江到端午节前后,赫哲人称之为"春季鱼汛期",这是他们一年中捕鱼的旺季之一。在这段时间里,他们多使用钩、鱼叉、网等捕鱼工具,采取网捕、钩钓和叉鱼等多种形式,适时捕捞鲟、鳇等鱼,由此拉开了赫哲族春季捕鱼的序幕。近几十年来,随着鲟、鳇鱼等珍贵渔业资源数量的日益减少,他们将捕捞的重点放在吃活食、小鱼以及草根、蚌壳等杂鱼上。这些鱼在江中呆了一个冬天后,由于起初对周围环境不太适应,因而行动相对迟缓,有些游鱼只能随着冰排顺水往下淌。针对开江后鱼儿的生活习性,有的赫哲人顶着冰凌,将丝挂子撒入江中,以下底网的方式适时捕捞。有的赫哲人则趁刚开江、鱼找食吃的有利时机,在稳水涡子处"打朦网",有的赫哲人则把鳇鱼钩,下到"江的二流上横着水"③处,还有的赫哲人专

① 曹廷杰:《西伯利东偏纪要》,33页。

② 政协佳木斯市委文史资料委员会:《三江赫哲》,37页,1991。

③ 《民族问题五种丛书》黑龙江省编写组:《赫哲族社会历史调查》,36页,黑龙江朝鲜民族出版社,1987。

找"回水岔子的稳水陡楞滩",撒拉网或用扒网捕鱼,一些赫哲人甚至在"稳水涡子"处,用旋网专捕觅食的鱼。对此,凌纯声先生写道:"渔人择江滩背水流处下网,一人在滩边持网的一端,另以一小舟载网,三人在船上划桨,一人掌舵,网在船梢自动地掉入水中,成一半圆形,至网尽乃登岸持纲之另一端,然后两端同时拖纲,每端两人,一人拉纲漂绳,一人拉沉纲……"①按照赫哲族对春季捕鱼规律的理解,当水小滩多时,需要用12小网连成的大网来捕捞,当水大滩少时,则使用30余丈长的小网。

夏季是捕鱼的淡季,也是赫哲人的"休伏"期。在这个季节里少捕鱼,主要基于两点考虑。其一,由于夏季天气炎热,网线、钩线及"钩爪子绳"等容易遇热腐烂,加之该地区缺乏必要的贮存设施,过多捕鱼没有办法保存。其二,夏季是鱼类繁殖期,为保护重要的渔业资源,以便日后能够多捕鱼,所以他们多在这个季节"休伏",平时重点修补网、船等捕鱼工具,以便为秋季的大规模捕鱼做好准备。当然,"休伏"并不意味着一点鱼也不捕,相反他们经常根据该时期的季节变化以及各种游鱼的活动规律,针对那些喜欢吃草根的鱼,到沟、泡、河边产卵,或觅食的有利时机,采取钩钓、叉鱼以及挡亮子等形式适时捕捞,有时也采取"甩钩"、"挡小草沟亮子"等形式捕一些杂鱼。还有的采取以蚯蚓为鱼饵钓鲤鱼,或者先用豆饼喂鱼窝子,然后用旋网伺机捕鱼等等。据赫哲人讲,当每年的农历五月到来后,随着江水的水温逐渐升高,各种鱼儿也开始四处觅食,运用上述几种形式,同样可以捕获更多的鱼。

秋季是一年中捕鱼最忙的季节之一,赫哲人把秋季称之为秋季鱼汛期。据讲,从白露开始的一段时间里,他们就采取钩钓、网捕等多种方式,适时捕捞鲟、鳇鱼和其他各种杂鱼,尤其是日夜捕捞由海里洄游的大马哈鱼。捕捞的地点与春季相同,主要是选在漫滩或稳水涡子等地,通过撒旋网或下底挂子等形式捕鱼。即便是到了立秋或霜降前后,他们仍愿意到"江中二流"地方下钩捕鱼,或者在村屯附近打"秋边子"鱼。考虑到所有吃活食、小鱼以及草根、草籽、蚌壳的杂鱼,都要在封江前回游到江的深水处过冬的缘故。尽管当时江面已开始结冰,但赫哲族仍不顾危险,乐此不疲地下江捕鱼。

① 凌纯声:《松花江下游的赫哲族》(上册),82 页,中国科学图书仪器公司承印,1935。

冬季虽然气候寒冷，但丝毫挡不住赫哲族捕鱼的脚步。据讲，冬季捕鱼多在封江之后，尽管冰面已是冰封雪裹，但他们仍采取用网打"水趟子"、"鱼涡子"、冬钓、叉鱼以及网捕等多种形式适时捕鱼。为此，他们带着必备的捕鱼生产工具，或者来到"稳水涡子"处，用拉网、底挂子网和铃铛网进行捕鱼，或者采取下蹶达钩等形式进行冬钓，或者选择用鱼叉叉鱼，或者选择"打水趟子"及打"鱼窝子"。其中，打"水趟子"至少需要两人参加，他们先在选好的冰面上，用冰镩凿数量不等的冰眼，每个冰眼之间相距在五六丈左右。当所有冰眼镩好后，就要把带来的挂网或趟网摆好，然后用"水线（苏木）一个接一个冰眼顺序传递，随即把网抽入水中固定好"[①]。当网下入冰下后，捕鱼者不必在现场看着，他们每隔一段时间遛一下网就可以了。与之相比，打"鱼窝子"就显得纷繁复杂。比如，他们每次都要准备好大拉网，需要备齐水线、冰镩、冰蹦子等各式冬捕工具，而且每次至少需要20人忙前忙后，捕鱼场面非常壮观。在此期间，要求至少有2人负责撒网，4人负责"走杆子"和"扭锚"，其余人则按照各自分工做好分管工作。

49

图 14　凿冰眼　　　　　　　　　　　　　　　　　　　　　　　　图 15　起网

　　从目前掌握的情况看，在一年四季中，赫哲人经常使用网、钩、叉和船等捕鱼工具适时进行捕捞。在这些工具中，鱼叉是大家经常使用的捕鱼工具之一，其他工具则受捕鱼时间、捕鱼地点以及捕鱼种类的限制而有所侧重，有所选择。当然，就捕鱼本身而言，有些捕鱼形式已经完全跳出了季节限制，时间跨度在两个季节左右。比

---

　　①　舒景祥：《中国赫哲族》，76 页，黑龙江人民出版社，1999。

如，赫哲族有时"伏天或秋天挡亮子"，直到冬季才开始取鱼，正是源于捕鱼形式的多样化，才使他们的捕鱼生产活动更加丰富多彩。

2）节气观

节气相对季节而言，虽然时间跨度较小，但对长期从事捕鱼生产的赫哲族来说，则具有重要的现实指导意义，人们一刻也离不开它。基于这样的历史文化背景，赫哲族在借鉴内地以农业生产为核心的《节气歌》的基础上，也逐渐形成了自己的以捕鱼生产为核心的《节气歌》。

在全部 24 个节气中，他们对每一个节气应该做什么，诸如捕什么鱼，或者应该做什么，都有一个明确的说法。其中，"立春棒打獐，雨水舀鱼忙"。《节气》的大意如下：当立春节气到来后，赫哲族便放下手中的其他活，集中精力"打獐"。到雨水前后，他们就要为即将到来的捕鱼生产劳动做准备。"惊蛰忙织网，春分船验上"。到惊蛰前后，他们将利用难得的空闲时间，着手织网或修补各种渔具。到春分前后，则要把重点转移到修补渔船上，以防止将来捕鱼时渔船漏水，进而影响捕鱼质量。"清明河流水，谷雨开大江"。当清明前后，冰封雪裹的江（河）面开始淌水。到谷雨前后，随着气候的变暖，厚厚的冰面逐渐变薄。到春季开江淌冰排的时候，正是捕鱼的好时节，赫哲族以节气为令，抓紧捕捞开江鱼，从此揭开了春季捕鱼的序幕。"立夏鱼儿欢，小满鱼来全"。当立夏前后，由于天气转暖，气温回升，各种鱼儿开始"欢跃"起来。到小满前后，在江河中生长的各种鱼儿，基本上来齐全了。赫哲族可以根据不同鱼儿的生长习性或活动规律，相应地安排捕鱼生产。"芒种鱼产卵，夏至把河拦"。芒种前后是鱼产卵的季节，从保护渔业资源角度考虑，这个时节尽量不捕鱼。到夏至前后，则可以采取"拦河"等形式适时捕鱼。"小暑胖头跳，大暑鲤鱼跃"。小暑前后，胖头鱼开始在水中跳动，这是捕捞该鱼的极好时节。到大暑前后，鲤鱼也有点不"安分守己"，时而在水中跳跃起来，从而预示着新一轮捕鱼活动的到来。"立秋开了网，处暑鳇鱼鲜"。当立秋前后，赫哲人开始撒下大网，尽情地捕捞江中的各种游鱼。处暑则是捕鳇鱼的好时节，每当处暑到来的时候，他们经常争分夺秒，适时捕捞鳇鱼和其他杂鱼。"白露鲑鱼来，秋分鱼子甩"。当白露前后，鲑鱼开始大规模地在江里游动，赫哲人多在有限的时间里，集中力量捕捞鲑鱼。到秋分前后，则是鱼儿甩子的好时节,他们根据不同鱼儿的各自生活习性,有重点地安排捕捞时间。"寒露哲罗翻,霜降打秋边"。寒露前后是捕捞"哲罗"鱼的好季节,他们抢前抓早,不放过任何捕捞"哲罗"鱼的机会。到霜降前后,他们多采取"打秋边"等方式下网捕鱼。"立冬下挂网,小雪打冰障"。当立冬前后,赫哲人多使用挂网捕捞杂鱼,到小雪时节,他们则靠"打冰障"等形式适时捕鱼。"大雪钓冬鱼,冬至修渔具"。当大雪前后,赫哲族多习惯于用冬钓的形式捕捉冰下的游鱼。到冬至时节,由于冬季寒冷,他们只好躲在家中,重点检修各种渔具,为来年捕鱼做好准备。"大寒、小寒修理船,鱼楼鱼满迎新年"。小寒大寒前后,已经是冰封雪裹的寒冷季节。这个时候,赫哲人多利用空闲时间,继续修理船等各种渔具,同时欢欢喜喜地迎接新的一年的早日到来。

图 16　整修渔船

图 17　补渔网

3)时辰观

由于鱼儿在一天中的活动规律也有很大不同,因而捕鱼时也应考虑到时辰因素。在这方面,赫哲族总结了一系列的捕鱼生产经验,有些经验甚至很有见地。比如,用旋网捕鱼时,每天应在早、午、晚三个时辰下网捕鱼。其中,早晨多在黎明时节,中午时分下第二遍网,晚间日落后再撒一次网。在此期间,赫哲族还有趁黑夜"打影子"网的习惯。即把网撒在"稳水涡子"或小河的"陡楞"处,趁夜间鱼儿觅食的有利时机适时下网。有时为了吸引游鱼上钩,他们提前在选好的水面喂鱼涡子,然后插上草把子做记号。当夜幕降临后,他们依照水中留下的标记撒网,有时甚至撒两遍网。据讲,夜间下网,能够捕捞比白天多几倍的鱼。

用趟网捕鲑鱼时,也多在夜间进行。为了捕鱼方便,他们在下"趟网"时,先在网的两端放一个"铁盒漂子"做标记,然后在"漂子"上面放一盏灯,以便随时观察水中网的动静,待时机成熟后,便适时捕捞。鲤鱼钩是赫哲族经常使用的垂钓渔具之一,垂钓时多选在小满前后,趁鱼儿四处觅食的有利时机,迅速把鱼钩下到水中。据赫哲人讲,这种鱼钩最大的特点是不用人看着,每天可遛八次钩,一般上午四次,下午四次。为使钩住的鱼逃不掉,他们多在鱼未出水前,用"绰罗子"将它绰上来。到端午节前后,由于鱼儿喜欢在江边游动,所以赫哲人经常踏着夜色,来到游鱼易出没的水面适时捕捞,如果时间掌握得好,就能捕到"吃活食的成个子鱼"。

3.捕鱼的方式

赫哲族的捕鱼方式非常灵活,钩钓、网捕、挡亮子等应有尽有。在对捕鱼工具的制作、捕鱼时间的选择等进行全面概述的基础上,有必要对他们的捕鱼方式做粗浅分析。为条理清楚起见,我们按照网捕、叉捕、钩钓等几种形式分别概述之。

1)网捕

赫哲人捕鱼时使用的网多种多样,耳熟能详的有拉网、扒网、旋网、挂网、趟网、待河网、铃铛网、咕咚网和抬网等。由于每种渔网的撒网时间、下网方式、人员数量等有所不同,因而捕鱼过程也各具特色。

(1)拉网

拉网捕鱼有两种形式,一种是拉网,一种是撒网。二者的区别在于,前者不用人下网,只是将网放在舢板船的船板上,在划行过程中,使网自动落入水中。后者则是把网放在船舱内,每次下网时,都需要分成几组,即有数人负责划船,数人一边提着网纲一边撒网,数人则在岸边负责拽网绦。据讲,每次下拉网时,少则3~5片,多则10余片。

图18　撒渔网

春季从开江开始,赫哲人便挑选"回水岔子"或"稳水陡楞滩"处撒网捕鱼。

撒网一般从江河的上游开始,然后顺流而下,当漂到确定水面后,及时把渔船划靠岸,接着组织大家起网。起网期间要求把网的两头同时拉出水面,同时安排两人脚踩拉网的底纲,两人提紧两侧网的上纲,以防止游鱼在起网过程中跑掉。

为提高单位时间内的捕鱼质量,赫哲族在长期实践的基础上,注意总结捕鱼经验,重点在以下三个方面下工夫。一是对拉网底纲和漂纲进行特殊处理,尤其是让底纲比漂纲小 3 寸,以利于多捕鱼。二是在捕明水鱼时,注意多拉底缰,以防止鱼儿从网底跑掉。三是出网时注意脚踩底纲,以免因人为操作不当而功亏一篑,使鱼儿趁机溜掉。

除严格把握好上述三个捕鱼环节外,撒网本身也很讲究。比如,用拉网捕鱼,船上至少有两人或两人以上,以便搞好分工协作。其中,划船掌舵的活多落到年长的赫哲人身上,其他人有的负责扳桨,有的掌管撒网。在此期间,撒网一定要掌握好火候,要求在短时间内撒得越快越好。如果网撒下后,"网漂"堆在一起,划船的人就要急划船,以使网能够迅速"圈"住水中的鱼。当撒完网后,要及时把网绕从船头拉下。除船上的人各司其职外,岸边拉套子的人,也要集中精力搞好配合。据赫哲族讲,拉网捕鱼的重头戏在拉套子的人,他们配合得好坏,直接决定着捕鱼的数量。在捕鱼过程中,拉套子人的数量没有具体规定,一般少则五六人,多则二三十人。

当炎热的夏季到来后,赫哲人多在"泡子里"用拉网捕捞吃食、产卵的鱼;当秋季到来后,他们则在"慢滩或稳水涡子里",撒"秋边子网"来捕鱼,有时甚至用拉网来捕鲢鱼,捕鱼方法和捕鱼过程与春季基本相同,这里不重复叙述。

冬季用拉网捕鱼与其他季节有所不同,捕鱼地点同样选在"稳水涡子"处。由于捕鱼环境的变化,撒网捕鱼的方式也有很大区别。比如,赫哲族冬季捕鱼时,经常采取打涡子网或起涡子里的鱼的方式来解决。他们在下网前,注意把好以下三个关口:

一是把好下网关。在此之前,他们先准备好水线、冰镩、冰蹦子等辅助工具,接着在水深 1 米左右的冰面上,用冰镩等凿好两行冰眼。冰眼分撒网眼和出网眼两种。其中,撒网眼多为椭圆形,一般长度在 3 尺左右、宽度则在 1.5 尺上下。出网眼的形状多呈三角形,一般长度在 5 尺(有说 7 尺)左右、宽度在四五尺上下,每个冰眼之间的间隔在 2 丈(有说 3 丈)左右。当冰眼凿好后,就用一根 10 米多长、8 厘米粗细的木杆做"穿梁杆"。粗的一端要拴上一条40多米长的水线,水线的另一段则拴在网上。接着大家把网片子连在一起,把"穿梁杆"从下网的冰眼插入水里,"每穿到一个冰眼就提出一次水线,然后再把上一个冰眼的水线放入水中。另外,每穿一个冰眼都要把拉网大绳提出冰眼,由人把网拉到冰眼下面",如此反复多次,直到"传到出网眼"。另一端同样以此类推,将拉网"下"入水里。

二是把好起网关。按照赫哲族的说法,起网时,一定要注意"拉开一片,解开一片",然后把起的网折叠起来放好。为防止鱼儿趁起网时从网底跑掉,他们专门安排两人,手拿木棍"按实"网的底纲。当网的最后部分即"口袋形网兜"被拉出水面时,如果兜内鱼多,就用"绰罗子"把它捞上来。如果起网时发生意外,比如网被冰面以下的硬物挂住,就要及时排查原因,在确定被"挂"的准确位置后,采取重凿冰眼的方式解决。

三是把好水深关。冬季用拉网捕鱼,水深一般控制在2尺左右。据赫哲老人讲,水太浅容易"出不来网",水太深则容易让游鱼跑掉。在整个冬季捕鱼过程中,赫哲族除使用大拉网外,还经常使用小拉网捕鱼。由于小拉网长不过2丈左右,宽不过8尺上下,拉运十分方便,因而很受他们的喜爱。

图19 下网

图20 拉网

（2）扒网

扒网捕鱼是赫哲族经常使用的一种捕鱼形式,捕鱼地点多选在江滩的"二流稳水"处,两人一组。每次下网前,他们先把"三页板船"划到指定水域的上游,然后让船"横着顺水往下淌",接着把扒网挂在船的两头固定好。当船淌到有鱼的水域后,两人齐心协力,把网的底纲放入水中,同时留一部分挂在船上。之后用桨奋力划行,并把剩下那部分网全部撒到水里。当扒网沉入水底后,两人开始拉网绠起网,落入网中的游鱼随之被打捞上来。

（3）旋网

据赫哲人讲,旋网捕鱼主要有两种形式,一种是打朦网,一种是喂窝子网。其中,打朦网多选在"稳水窝子"或小河的"陡楞"处,因这里水流平稳,是鱼儿经常"光顾"的地方,把旋网撒在这里,容易捕捞到更多的鱼。喂窝子就是在水深2尺的地方,以豆饼为鱼饵,利用豆饼散发的香气让游鱼上当。为此,他们先把豆饼切成"四块叠成三角形拴在柳条上"①,然后置于"稳水流"处。至于每次投放多少豆饼,这里面说道也很多。比如,如果投放太多,鱼吃饱后就游走了,达不到多捕鱼的目的。假如投放太少,又吸引不了更多的游鱼。凭借多年的捕鱼经验,赫哲族喂涡子多在十六七处左右,喂鱼窝子的地方,水深则控制在3尺之内。为防止起网时误把豆饼捞上来,他们多在距离柳条2尺的地方,再插一根柳条做标记。除喂鱼窝子外,用"旋网"捕鱼也有许多讲究。比如,当渔船接近鱼窝子时,尽量不要弄出任何声响,以免鱼儿受惊而跑掉;当"旋网"被水下的障碍物挂住后,可以先用木杆把网挑起来,如果效果不好,只好采取破坏性的方式,把网硬拽上来;赫哲族用旋网捕鱼,多在每天的早晨、中午或晚间三个时段进行,他们趁鱼儿觅食的有利时机,撒下旋网,能够捕捞到更多的游鱼。

（4）挂网

赫哲人使用的挂网,分线挂子和丝挂子两种。其中,丝挂子多在春季、秋季或冬季使用,每次下网时,他们都把网下到"稳水"处或"小水流"处。据讲,赫哲族在捕鱼时,主要采取两种下网形式:一种是"下底网",一种是"下浮网"。当春季开江后,他们趁江面淌冰排的有利时机,将挂子网撒入江中。由于冰排流淌时,经常发生相互撞击,迫使鱼儿蜷缩到水底游动。这个时候采取"下底网"的形式,将使更多的游鱼被网挂住。为使挂网能迅速下沉,赫哲人在撒网前,对挂网上的网漂和网坠进行了适当调整,即将网漂每隔两个摘掉两个,网坠每隔一个增加一个,两端拴上"网榔

---

① 《民族问题五种丛书》黑龙江省编写组:《赫哲族社会历史调查》,32页,黑龙江朝鲜民族出版社,1987。

头"就可以了。

用挂网捕鱼,赫哲族多选在三个时段来进行。一是跑冰排过后到端午节之间,由于鱼儿多在"回水岔子"或"稳水窝子"一带游动,因而可以用挂网多捕鱼。二是秋季到来后,他们多在"稳水"处,不失时机地用挂网来捕鱼。三是在隆冬时节,他们同样在"稳水"处、水流平稳处以及江岔子、水泡子附近,通过凿冰眼的形式下网捕鱼。每个冰眼长约2.5尺左右,宽约1.5尺上下,呈长方形,冰眼与冰眼之间相距在2丈左右。下挂子时,他们经常将水线拴在走杆上投过去,带网纲一同穿过去,同时在挂网的两端拴上石头,使网入水后,轻易不能移动。

图21 冬季用丝挂网捕鱼

"下浮网"多在每年的春、秋两季进行,他们多把网下到"有滩流"、"回水岔子"或"水泡子"附近,有时甚至"横江"下10多片挂网,顺流而下,蔚为壮观。为使渔网能够尽快浮上来,撒网前,让人把下底网时摘掉的网漂和网坠重新加上。当有鱼儿被挂住后,挂网上的木漂子就会不时地摆动,赫哲族以此为标记,迅速划船到有"鱼情"的水面,把被挂住的鱼儿摘下来,或者用"绰罗子"将鱼舀到船舱里。

线挂子主要是在夏季使用,它经常被赫哲族"横着"下到"没有流的河口上",然后划船到附近水域,采取敲船帮等几种形式,把水下的游鱼往下网的地方赶,有些鱼因受不了惊吓,或者撞到网上,或者钻进网眼,待时机成熟后,可立即取出网住的游鱼。

(5)趟网

据讲,趟网是民国年间从内地传入赫哲地区的,直到20世纪50年代才被赫哲族广泛应用。在使用过程中,他们多根据鱼是在江底游动,还是在水的上层游动,来

决定下网的方式。趟网有浮网和底网两种,每次下网时,要尽量把网下到稳水流上。

当需要下浮网或底网时,就要在增减网漂子或铅坠上下工夫。其中,下浮网时,赫哲族往往采取多系几个网漂子,或者通过减少网坠数量的方式,使网撒入水中后,不至于沉入水底。若要下底网时,他们则采取多拴系几个网坠子,或者相应摘下一些网漂子的方式,使网能够沉入水底。当然,每次下网时,究竟应该拴系多少网坠,有时还要依水流的大小来确定。按照赫哲族的说法,如果水流大就要在趟网上多系几个网坠子,倘若水流小则要从网上取下几个网坠子。每次下网后,当网淌到一两公里后,就要起网收鱼。由于单片网捕鱼数量不多,赫哲族则采取大眼网、小眼网、三层网一齐撒的方式,以期增加单位时间内的捕鱼数量。因为在他们眼中,即便有些游鱼能够侥幸躲过大眼网这一劫,但很快就会钻进小眼网所设计的圈套中。通过采取类似的捕鱼方式,赫哲族的捕鱼数量较前有明显增加。

(6)待河网

与其他网具有明显不同的是,下待河网捕鱼时,赫哲族多把捕鱼地点选在湍急、水深的水域。在选好捕鱼点后,他们先用柳木等木质材料,在江中插木桩子。每根桩子之间相隔在六七尺左右,一直把它们竖到流急的地方,接着再往下游约3米处,竖一根回头木桩。按照要求,所竖木桩均要高出水面2米左右,每根木桩竖好后,要从下游"饯一根桩子",上端再与木桩绑在一起,以防木桩被水冲走。

当木桩插好后,就用多根手指粗细的柳条做箔条,扎成数块箔,每块"箔宽1.5~2米左右,长度不限"。两块箔之间的间隔,约为8厘米。当柳木箔做好后,将其横放在箔桩上,以便使整个桩架的水下部分,全部用箔挡上。紧接着,他们用柳木杆子做成一个三角形支架,让待河网依照三角形张开大口。为使沉入江底的网不上浮,并始终保持一个姿势,赫哲人经常把"直木"插入江中,再把网绑在"直木"上。如有鱼游到箔上,必顺箔下游,直流入网内。

桩架在春、夏、冬三季都可使用,同时根据江水的丰和瘦,随时调整或起落"柳木箔"的高度。为多捕鱼或捕大鱼,他们多在网上,拴两根细"消息脉线",一端系在网上,另一端则由捕鱼者自己控制。一旦有鱼游到箔条附近,或遇到阻碍,就会顺流而下,游进网内,捕鱼者手中的"脉线",同样必有感应。当确信网中有鱼后,人们可

迅速地把"压下江底的撑网杆子解开,使网口合拢",鱼随之落入网内。这时,可把网后端的长筒袖取出,然后解开出鱼小口,把鱼"提到船中"。据讲,用待河网捕鱼,可轮班作业,每天最多时,可捕鱼100多公斤。

(7)铃铛网

铃铛网是一种比较现代的捕鱼工具,它大约是在20世纪50年代末,从内地传入赫哲地区的。网的形状如葫芦,用线麻或棉线织成。与其他网相比,铃铛网主要是在冬季使用,重点捕捞狗鱼、"亚罗鱼"。

当赫哲族选好捕鱼位置后,便以此为中心,在冰面上凿一个宽2尺、长五六尺的冰槽子,然后用组合式木板支起一个木板房。紧接着,他们用"闷杆子"把铃铛网下入水中,网的一头"扯上7根线",与两节干电池和板房内的电铃相连接。之后,他们把一根木杆拴在网口上,使网能够"顶水流"张开网口,以便吸引水下游鱼。

为了多捕鱼,他们在板房内,临时搭一个睡铺,铺上铺狍子皮或被子,以便于休息时铺盖。他们平时坐在铺子上,一旦网中有鱼游入,两性电笼子就会相互接触,致使与电笼子相连的铃铛发出响动,人们通过铃声提示,可迅速起落"闷杆子",并拉上"封口绳",以便把网封口提鱼。

(8)咕咚网

咕咚网同样是赫哲人冬季捕鱼时,经常使用的一种网具。在下网前,他们先要在选好的冰面,用冰镩等破冰工具,凿一个3米长、2米宽的冰槽子,然后把咕咚网下到冰面的"二流"处。为确定网中是否有鱼,他们同样在网上拴一根"脉线",线的一端系在网上,另一端则系在岸边的树上。当一切准备就绪后,他们手拿一根1尺来长的木杆,到水的上游"土楞子处"轰鱼,当受惊的鱼游入网后,就会触动岸边的"脉线",人们以"脉线"为信号,及时解开网兜绳,把鱼倒出来。

(9)抬网

在赫哲族眼中,"抬网"多用于捕捞一些杂鱼。这种渔网呈长方形,一般长2丈左右、宽8尺上下。他们使用"抬网"捕鱼时,先用木棍把网支开,再往网中放少许鱼饵,然后把网沉入水中,当有鱼觅食游进网后,可迅速拽起"拴在撑杆上的拉绳",使鱼不至于跑掉。

除上面介绍的几种网捕方式之外,赫哲族还使用挂网、圆锥网和扒网等其他网具捕鱼。因捕鱼方法相近,捕鱼过程多有重复类同之处,故这里不一一叙述。

　　2)钩钓

　　钩钓是赫哲族比较传统的捕鱼形式,到目前为止,他们使用的鱼钩有鳇鱼钩、快钩、大马哈鱼钩、"蹶达"、底钩、"秋特乐"、甩钩、"刻格勒"等等。在这些鱼钩中,有的制作时间比较久远,有的形成时间比较晚近;有的是自制的,有的则是从俄国或内地传入的;有的是以铁做鱼钩、以木做"钩柄",有的则完全是铁制的。无论是春、夏、秋季,还是寒冷的冬季,无论是水上还是冰下,赫哲人都可以用鱼钩把鱼钓上来。

　　(1)鳇鱼钩

　　鳇鱼钩是赫哲族古老的垂钓工具之一。用它钓鱼前,先要把钩纲固定好。所谓钩纲就是把用椴树纤维,或柳树纤维捻成的 40~50 米长的粗绳(一说铁丝),横江下在深水中,然后在"钩纲的两端,拴系用杆子做成的三脚架,并压有 50 斤左右的石头做锚"。接着"将石头用柳树皮拴牢,固定在锚上"[1]之后,每隔 40 厘米就要拴一把鳇鱼钩,"并在距每个'钩尖'约 1 厘米处,拴一个用黄菠萝树皮做成的'漂子',漂绳长约 10 厘米左右。把钩下到江底后,粗纲绳贴地,钩被漂子托起,形成弯钩在上,钩尖向下的样式,离江底约 20~40 厘米"[2]。当"钩杆"下好后,他们不必留专人照看着,只需每天早、晚各遛一次钩。"遛钩"的具体办法是,每次两人一组,用桨划着船儿,来到下钩的水域,由一人负责划船,另一人则坐在船尾起钩。当有鱼被钩住后,就用特制的"勒钩"把鱼提到船里,摘钩取鱼。如捕到大鱼,就要慢慢地往上"捣钩纲",切不可直接把"钩纲"提到水面,直到万无一失后,再摘钩取鱼。为延长钩纲的使用寿命,提高钩纲的垂钓质量,他们每隔 10 天就要把它提出来,拿到有阳光的地方晒一晒,同时用锉把钩尖锉一锉,使之更加锋利无比。

　　冬季下鳇鱼钩也是赫哲族重要的垂钓形式。为此,他们先在选好的冰面上,用冰镩等工具凿一个直径约 1 米的冰眼,每个冰眼间隔在 10 丈上下。当冰眼凿好后,

---

①　《民族问题五种丛书》黑龙江省编写组:《赫哲族社会历史调查》,36 页,黑龙江朝鲜民族出版社,1987。

②　政协佳木斯市委文史资料委员会:《三江赫哲》,39 页,1991。

他们就要把长10丈左右的鱼杆,连同鳇鱼钩一起下到冰眼里。为使鳇鱼钩能够在冰眼之间来回传动,根据水线杆的长短,再凿若干小冰眼,然后"在水线杆子上拴一个'拉锚钩',由前一冰眼伸到后一冰眼,钩在用石头坠着的竖直水线上,往前拉走,直拉到最终的大冰眼,把钩露出来,拴上石头坠入江底"①。

由于鳇鱼体大、身重、力大,因而"遛钩"或摘钩时,千万要谨慎行事,切不可麻痹大意。当确定钓到鱼后,要及时把鱼取出来,摘完鱼钩后,又要把鳇鱼钩迅速送回到原来的位置,以不耽误冰下钓鱼。为此,他们要做的第一件事就是,应马上找到鱼钩的准确位置,然后"在钩网后面穿上水线,一人从后面慢慢地往下放,遛钩的人则往前拉钩网,以便摘钩后再行倒回,下到原处"。

图22 捕获大鳇鱼

与下钩相比,"起钩"摘鱼具有一定的危险性,一定要做到小心谨慎。尤其是摘钩时,人尽量要离鱼钩远一点,以免鱼乱蹦乱跳而钩住人。当钓住大鱼时,切不可一人行事,或者轻易用手摘钩,千万要多请几个人帮忙,直到确信安全无误后,再摘鱼也不迟。据赫哲人讲,当快钩传入赫哲地区后,鳇鱼钩逐渐被淘汰了。

(2)快钩

快钩是赫哲族一年四季重要的垂钓工具之一。在一年中,从开江起到入伏前的一段时间里,由于鱼儿经常在"江的二流"处来回游动,所以赫哲族出于垂钓的需要,经常到这里"横着水下钩"。为保证能多钓到一些鱼,他们先把垂钓的水面选好,挑选的标准是"坡滩中突然下陷较深的炕洞子沟",把它作为钩趟子。然后,用"柳木"绑成一个三角形锚架,锚架再拴上一块重达20公斤(一说5公斤)左右的石头做"锚石",将其夹住绑紧,沉入适当深度的江中,在江底起锚的作用。为防止"锚石"在江底来回滚动,赫哲人同时把一根1米多长的木棍拴在上面,以起固定作用。有

① 《民族问题五种丛书》黑龙江省编写组:《赫哲族社会历史调查》,138页,黑龙江朝鲜民族出版社,1987。

这种"锚石"做支撑后,他们下钩时,可由一人慢慢划船,另一人则趴在船尾下钩。在此期间,他们要准备一根4丈长的铁丝,或相同长度的绳子,一端拴在岸边起固定作用,另一端则拴上一根干圆木做漂子,使其漂浮在水面,以便遛钩时能够准确找到下钩的位置。在拴系快钩过程中,他们经常在"钩纲"上每隔一个漂子就拴一个鹅蛋大小的砖头或石块做坠子。坠绳的长短依水流而定,一般水流大,坠绳就要短一些;水流小,坠绳则要长一些。每次下钩时,可下一杆子钩,也可下三杆子钩。当快钩下好后,不必全天照看着,一般每天早、晚遛一次钩,每六七天调换一次钩。据赫哲族讲,他们遛钩时,可由一人划船,另一人负责遛钩,两人分工明确,相互配合,十分方便。相对比较而言,生活在街津口附近的赫哲人,多使用重达几十斤的石头做"锚石","锚石"的一端拴在钩纲上,同时在鱼钩的两端,拴上"木漂子"或"铁盒漂子",以此作为下钩和遛钩的标志。当钓到小鱼时,他们就用"绰罗子"绰上来,倘若钓到大鱼,他们先用木棒把鱼打死,再把它提到船上来。

秋季钓鱼多在"立秋"和"霜降"之间进行,垂钓地点同样选在"江的二流"处。按照赫哲族的说法,因秋季雨大,若将鱼钩下到江水的"大流"上,快钩很容易被江水冲走。鲑鱼是生活在乌苏里江流域的一种鱼,赫哲人下钩捕鲑鱼前,他们多根据当天的气候情况,选择不同的钓鱼形式。比如,当天气寒冷或有风时,他们考虑到鲑鱼在江底游动的特点,多采取下底钩的方式捕鱼。具体下钩方法是,即把底钩下到距离江底5寸、2寸或1寸高的地方。当天气晴朗、风和日丽时,他们则把快钩下到距水面2尺的地方,待鲑鱼游过时,将其钩住。

冬季下快钩与春、秋两季有所不同,

图23　在冰上用快钩钓鱼

在选好冬钓的冰面后,赫哲族则根据水线杆子的长度,用冰镩等工具将冰面凿成若干个距离相等的冰眼,有的说要凿4个,还有的说要凿七八个。两个冰眼之间的距离在1.5丈左右。当冰眼凿好后,先把拴有石块或砖块的水线,下入指定的冰眼中。具体操作方法是:先由一人拿着水线,另一人则将拴有若干快钩的穿梁杆子,从"下一个冰眼插入,钩住水线,并拽到第二个冰眼",如此反复"依次传递到头,由一人拉水线,把钩纲传到终点"。在此期间,他们"边下水线边下钩,每隔一个'钩漂子',就在上面拴一个坠子。之后,在'快钩'的两端,各拴一块用细铁丝绑的,约有5~6公斤重的坠石放入江中",铁丝的另一端"则拴在江岸的桩子上"①。每次冬钓时,可下二三杆子钩,每天可遛一次钩。

由于冬季天气寒冷,他们每次"遛钩"时,都要先凿开一个冰眼,然后把快钩拉出来查看,如果发现钓住了鱼,就要把旁边的水线解开,由一人拉住钩纲,另一人则把鱼摘下来。接着把拉出的钩纲尽快弄好,以免因冻成堆而影响继续下钩。为提高钓鱼质量,他们每隔四五天时间,就要把快钩从水中拽出来,以便清除一下杂物,然后再把鱼钩下入水底。

（3）"蹶达"

"蹶达"赫哲语称之为"刻由",是冬季垂钓的钩具之一。据赫哲族讲,这种鱼钩主要是老年人和妇女使用。他们在制作"蹶达"时,多用2个或4个钩尖有倒须的大鲤鱼钩,要求钩尖向上,对称着放在小鱼形模子里,经浇铸熔铅而成。钩绳的长度在

图24　蹶达

图25　用蹶达从冰上钓鱼

---

① 《民族问题五种丛书》黑龙江省编写组:《赫哲族社会历史调查》,37页,黑龙江朝鲜民族出版社,1987。

四五米左右,绳的一端多拴在"鱼形钩体"中间预留的小铁环上,另一端则拴在粗木棒上,木棒长50厘米、直径在2厘米左右。当赫哲族冬季垂钓时,他们先要选好冰面,然后用冰镩等工具凿一定尺寸的冰眼,之后站在冰面上把"蹶达"下入水中,用手来回不停地拉动钩绳,大鱼误以为是小鱼在游动,经常因"贪吃"而被钩住。

(4)底钩

底钩同样是赫哲老人、妇女和儿童垂钓时用的鱼钩,这种鱼钩多以蚯蚓为鱼饵,待把鱼钩甩入江中后,他们则用手扯住钩绳,不停地来回拉动。待有鱼咬住钩后,钩绳必有反应,垂钓者可随时把钩绳拉上来,用手摘钩取鱼。除上述几种主要的钩具外,赫哲人还经常使用"秋特乐"、甩钩、"刻格勒"以及"克日斯克"等多种钩具钓鱼。其中,"秋特乐"的特点是,当鱼钩沉入江中、处于垂钓状态后,在江边慢慢等候,若有鱼被钩住,他们便划着船摘钩取鱼。与之相比,甩钩钓鱼则具有一定的危险性。由于人经常站在石砬上或木船上,将鱼钩甩入江中,手则不停地来回拉动钩绳,使鱼钩钩到鱼身上。如果钩住大鱼,垂钓者极有可能被拖入水中,进而造成人员伤亡。"毛毛钩"和"刻格勒"均以兔毛、羊毛、白布、"铅勺"等做掩护,当需要垂钓时,他们不在鱼钩上放鱼饵,而是划着船来到江中的"二流"漩涡处,通过手来回拉动钩绳的方式,诱使大鱼上当,直至束手就擒。

3)叉捕

叉鱼是赫哲族古老的捕鱼形式,他们只要能看到"鱼行的波纹,或鱼在水底翻花",就能知道水下游动的是何种鱼,鱼在水中的大致位置等等,然后根据游鱼的生活习性举叉叉之,基本上能做到百发百中。

赫哲族叉鱼主要有如下三种形式:一种是在死水泡子里叉鱼,他们多趁鱼儿吃草、游戏或产卵时,顺势投叉;另一种则是在有滩或水流急的地方,当鱼游到一定距离后,趁机把鱼叉住;再一种则是采取喂涡子的形式叉鱼。为叉到更多的游鱼,他们大多根据不同鱼的不同生活习性,采取喂涡子的形式,使之上当。为此,他们多在水浅的地方,用刀割一捆羊草,然后把它绑在木棍上,并放入水中的适当位置,以此吸引游鱼来吃草。一旦鱼儿游来后,他们便轻划快马子船,来到附近水域,当看到有鱼

吃草时，便举叉叉之。一种是在寒冷的冬季，尽显叉鱼本色。夏季叉鱼惊险刺激，冬季叉鱼同样别有一番体验。为此，赫哲族多在水深1米左右的冰面上，先盖一座尖顶锥形的简易房，外面罩上草。然后在"简易房内凿一个圆形冰眼，直径在2.5尺左右"，之后把门关严，以防阳光射入屋内。他们多逆流站在漆黑一片的小屋内，手持鱼叉静待游鱼。由于屋外亮、屋内黑，若有游鱼游过，很容易被人发现，只要一露头，人们就举叉叉之。

　　叉鱼是一项非常危险的生产劳动，既要有勇有谋，又要讲究技能技巧，切不可蛮干。在叉鱼前，赫哲族通常要准备两种鱼叉。一种是活柄鱼叉，另一种是连柄鱼叉。当要叉捕鳇鱼等大鱼时，为防止大鱼伤害人的性命，他们多使用活柄鱼叉。具体的叉鱼办法是：先将绳索收紧再抛鱼叉，连柄带绳投入水中，待鱼叉叉中大鱼后，鱼叉和叉上的漂子，将同时浮在水面，与鱼一道顺流而下，捕鱼者可尾随其后，跟踪追逐。待受伤的大鱼没有挣扎的力气，尤其是叉柄浮在水面不动后，可迅速收紧绳索，再用特制的钩子把鱼钩住，直至拖出水面。有时他们也可以将受伤的鱼，先提出水面，然后再用第二把鱼叉，把它叉到鱼脑后的分水鳍之间。当遇到小鱼时，他们多使用连柄鱼叉。据讲，赫哲族除叉鳇鱼外，他们还根据不同鱼的不同习性，叉捕鲤鱼、鲇鱼等多种鱼。

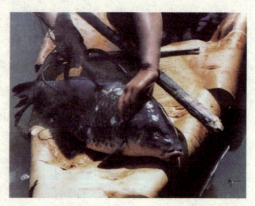

图26　脱柄叉鱼　　　　　　　　　　　　　　　　　　　　图27　叉鱼

　　4) 挡亮子
　　挡亮子也是赫哲族经常采用的一种捕鱼形式。挡亮子的材料主要是木桩和箔条。为做好这方面工作,他们每到开江前,都要事先备足所需的木桩和箔条,然后运到欲"挡亮子"的江河汊子附近。当需要挡亮子时,他们先把箔条或木桩削尖,插到三四米深的水面上。箔条多是用 1 寸粗细的柳树条制作的,形成"一片一片的帘子"。之后,他们把晒干的柳树皮拧成细绳,勒在箔条上,要求每间隔 1.1 尺左右,就要勒一道细绳。每块箔做成后,一般长 3.2 尺左右,高 1.5 丈上下。"箔桩"乃是用六七寸粗细的柳树或柞树制成的,"每隔八尺至一丈的距离竖一根,再用六七寸粗细的柳树做压梁子,不能倒下。"水小的时候,每隔"一个箔桩支一个撑杆",水大的时候,"每个箔桩各支一个撑杆"[①]。当把箔支好后,要在其上"绑上筏子",使木箔能够"下沉到江底",再用"筏子"或石头,把箔根压住。木箔挡好后,不必每天看着,一般每隔三四天遛一次箔。

到目前为止,挡亮子主要有三种形式:一是挡伏水亮子。他们多在河口大、水深的地方立桩、竖箔,但有一点,挡伏水亮子多在冬季取鱼。二是挡草芽水亮子,主要是在草沟子附近立桩、竖箔,它的特点是随挡亮子随取鱼。三是挡土亮子,即用土把水堵上,然后取鱼。

图 28　放箔

图 29　水下装网

第二节　狩猎生产习俗

赫哲族多生活在江河交错、青山环绕的僻远地区,茂密的山林为野猪、熊、鹿等

---

① 《民族问题五种丛书》黑龙江省编写组:《赫哲族社会历史调查》,40 页,黑龙江朝鲜民族出版社,1987。

多种野兽提供了栖息场所,江岸和草甸子则为貉子、"鼬鼠"等动物提供了天然的活动空间。面对丰富的猎业资源,赫哲族很早便把狩猎业作为主要产业之一。其中,居住在松花江流域的赫哲族,多以猎取鹿茸、鹿胎及其他野兽为主,生活在乌苏里江流域的赫哲族,则以捕猎鹿茸、鹿胎、"貂鼠"等为主。

关于一年四季的狩猎情况,凌纯声先生曾有详细记载:"入山狩猎,一年约分四次:在正月初五出发,二月十五左右回来,打火狸、獾、黄鼠狼、狍等兽;夏季四月初至六月底,打茸角、黑熊、野猪等兽……秋季八月十五至九月十五,猎狍、鹿、熊、野猪等兽;冬季十月初旬或中旬动身,十二月十五至迟年底归来,猎貂、獭、火狸、獾、黄鼠狼、狍、熊、野猪等兽。"从前还有"夏打茸角,春秋打火狐、黄鼠狼、水獭,冬打貂"的惯习①。貂作为朝廷贡物,曾成为赫哲族对清政府应尽的义务,一度成为主要的狩猎活动。对此,清代吴桭臣在《宁古塔纪略》一书中记载道:"黑斤人留发梳髻,耳垂大环四、五对,鼻穿小银环。所产貂皮为第一。富者多以雕翅盖屋,貂皮为帐为裘,元狐为帐,狐、貉为被褥。非牙喀亦留发,男、女不着裤,耳垂大环,鼻穿小环,所产貂皮略次,以桦为船,只容一人,用两头桨。如出海捕鱼,则负至海边,置水中,遇风则归。呼儿喀则剃度,男人带环者少。所产貂鼠为次,惟黄狐、黄鼠、鱼肉干颇佳。"②当然,狩猎经济在为赫哲族提供必要的衣食之源的同时,也在他们中间,渐次形成

图30 手握激达枪的猎人   图31 生食狍肝

① 凌纯声:《松花江下游的赫哲族》(上册),87页,中国科学图书仪器公司承印,1935。
② 杨宾:《柳边纪略》,239页。

了独具民族特色的狩猎生产习俗。尤其在狩猎工具的制作、狩猎时间的选择以及狩猎方式的确定等方面,都有总结概括的必要。

1.狩猎工具的驯化、制作和使用

与捕鱼工具相比,赫哲族的狩猎工具,具有种类多、式样杂、范围广等特点。仅据有限的典籍资料记载,就有棍棒、石器、弓箭等原始猎具;有猎犬、马等猎人的"好帮手";有火绳枪和"别拉弹克"等枪具;有卡子、夹子、碓板、累刀、捕貂网等机关类猎具,有的赫哲人还使用"崩药、苦药"等药物猎捕野兽。下面,我们重点以猎犬的驯化、枪的使用以及狩猎工具的制作与使用为主线,突出了解赫哲族狩猎工具的演变过程。

1)猎犬的驯化

赫哲族称猎犬为"音达",在猎捕野兽过程中,它所起的作用丝毫不逊色于猎枪或马,是猎人行猎时必不可少的狩猎工具之一。据讲,一条好猎犬一天所猎获的野兽,甚至比一匹好马要多得多,由是之故,他们非常重视对猎犬的驯化,也从来不用一条好猎犬来换一匹马。

猎犬要成为猎人的"好帮手",必须接受严格的强化训练。为此,赫哲族从猎犬很小的时候起,就有重点地对它进行基本功训练,包括"寻踪、认路、嗅兽洞、分辨野兽气味"以及追撵野兽等等。在所有训练"科目"中,臂力训练是一项必不可少的内容。为增强猎犬的臂力,他们经常用"脖套"把猎犬拴在自家院内,借猎犬想"挣脱"脖套的机会,不断增强犬的臂力,以适应未来的捕猎需要;为使猎犬尽快熟悉捕猎环境,赫哲族在幼犬未学会追逐野兽前,就尝试与"猎犬一道挽雪橇走",通过人与猎犬之间的"行为"沟通,让猎犬明白猎人发出口令的真实含义,以便知道"自己"应该做什么,或者怎么做。通过上述模拟训练或实战训练,使猎犬能够迅速进入狩猎角色,主动到草丛、江边和树林中追寻野兽,或者不断提高自身嗅觉和视听器官的灵敏性;当熟悉狩猎环境后,猎犬就要替猎人承担若干行猎责任。诸如夜间露宿时,它要趴在距猎人远一点的地方休息;当外出狩猎时,要注意节食,最好每天只吃两顿饭,尤其是早晨那顿饭不能吃得太饱,以免吃多了不捉野兽;当与猎人一路追踪、查找野兽下落时,就要发挥自身的嗅觉优势,以判断洞中有无野兽,并以嗅闻或爪

挠等动作告知猎人;当猎人需要离开洞口时,或到别处取挖洞工具时,猎犬要尽职尽责地看好洞口,以防被困的细毛兽趁机溜掉;当在野外捉野兽时,为不破损它的毛皮,猎犬多"用嘴含"死野兽,即便猎人不在猎捕现场,它也不会轻易吃捕获的野兽肉;当遭遇野猪等较大猛兽时,也要设法及时告知猎人。

2)猎枪

赫哲族使用的猎枪种类很多,有火绳枪、洋炮、"别拉弹克"、连珠枪、套筒枪、毛瑟枪和"三八式"枪等。其中,除"别拉弹克"枪弹他们能够自己制造外,其他枪支都是从汉族地区或俄罗斯购进的。这些猎枪对赫哲族来说,虽然不存在制造问题,但却存在一个如何使用问题。当然,有关"别拉弹克"枪弹如何制作,或者火绳枪、洋炮、毛瑟枪和"三八式"枪的如何使用问题,为避免重复起见,我们只对连珠枪、套筒枪等猎枪的如何使用进行具体概述。

(1)连珠枪

连珠枪是从俄国传入赫哲地区的,由于一次可同时装五发子弹,具有射程远、穿透力强、射杀效果好等特点,由此而得名。与其他猎枪相比,连珠枪子弹起初是圆头的,赫哲族买回后,都要在子弹头上锉一个"十"字。据讲,经过如此简单加工,子弹一旦射中目标,即刻就会发生爆炸,在爆炸的瞬间增强了子弹对野兽的威慑力。

(2)套筒枪

套筒枪是从内地传入赫哲地区的。虽然该猎枪一次也可以同时装五发子弹,但它所使用的子弹是"钢子弹",并且还有"子弹卡"。与连珠枪等猎枪相比,套筒枪的优点或缺点十分突出。从优点来看,它具有轻便快捷、发火迅速等特点。从缺点来看,套筒枪的稳定性极差,具体表现为后坐力大、穿透力不强、常出火焰等等。尤其是雪天使用,枪膛因受潮将直接影响射杀效果,甚至危及狩猎者的生命。

3)机关类猎具

猎枪虽然是赫哲族狩猎时必备的重要猎具之一,但其他猎具也同样是必不可少的。比如在各种陷阱中经常使用的"机关"猎具,像碓板、卡子、下闸等等,凡此种种,不一而足。

（1）碓板

碓板是赫哲族经常使用的一种比较原始的捕猎工具，在实践中它专门用于捕貂和鼬鼠等，赫哲语称之为"库力迷刻"，它由 3 寸长、5 寸宽和 5 分厚的两块板和机关组成。据赫哲族讲，碓板的内部构造相对简单，制作起来也不复杂。即"将木板切成一横缺口，将另一块板削成一面薄、一面厚、中间一道横线缺口。用木条子做成销栓，尖端刻有六分长、半分深的缺口。在碓板后面设一个半尺长的小房，里面放鱼肉做饵，诱使貂、鼬入内。碓板上压一大木，底下横一枕木。貂或鼬触到销栓，大木便落下压在兽脖子上或其腰间"①。

（2）卡子

卡子也是赫哲族捕鼬鼠时经常使用的一种工具，赫哲语称之为"霍发"。制作卡子的具体方法是：它多以木板为材料，先用 3 块 50 毫米长的薄板，制作一个"中间空的凹字形木匣"，凹口大小以能钻进所捕动物为准，"再用两块木板封住凹字形上口，在这两块木板之间，预留一个 10~15 毫米宽的口，然后做一个木闸放进扁口里"，卡子就这样制成了。

（3）捕貂网

捕貂网是赫哲族经常使用的一种比较古老的狩猎工具，它主要是用来捕捉貂等动物，赫哲语称之为"乌库"。据讲，捕貂网多以麻线为材料，由人织成长 5 尺、网口直径约 5 寸左右的线网，网内再用 4 根圆木圈将其撑起来，就可以把它摆在貂经常出没的洞口。待时机成熟后，他们采取由人轰撵的方式，或者采取在网内放诱饵的形式，把貂等动物赶（引）入网内，将其捕获。用捕貂网只是赫哲族捕貂的形式之一，清代张缙彦对捕貂形式记载很详细："貂鼠出乌棘山中，穴居。取之者，雪地看其踪迹，跟寻得其巢穴，或用弓弩，或用木夹，潜置行处，以火熏之……冬皮毛长而苍，秋皮毛短而

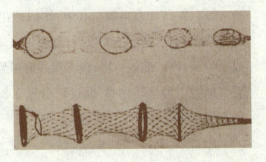

图32　捕貂网

① 《赫哲族简史》编写组：《赫哲族简史》，177 页，黑龙江人民出版社，1984。

图33　捕兽的闸

软。"①

（4）下闸

下闸是赫哲族经常用来捕貉子等动物的一种工具，赫哲语称闸为"胡发"。它多是以"空筒树"为材料，先将其切成两个半圆弧形木块，一个在中间凿上眼，上面支闸桩，使销栓能够直接伸到前面。另一根立木则做支撑。若捕捉貉子等动物，就要把闸下在洞口附近，当貉子从洞里走出、无意触动销栓时，压在上面的大木将迅速掉下，掉落过程中恰好砸在貉子的腰部。

4）药物类猎具

赫哲族猎捕细毛皮动物时，他们有各种各样的办法，除上面提到的几种形式外，还有一种狩猎形式更加新颖别致，就是用崩药或苦药来炸死各种细小动物，在实践中屡试不爽。

（1）崩药

崩药是一种烈性炸药，是赫哲族专门用来炸狐狸的。崩药的制作材料主要是炸药、玻璃、瓷碗和香料等。其中，炸药是花钱从外地买来的，一次用量在"1钱或1.5钱"左右。当炸药准备好以后，就要把玻璃或瓷碗弄成碎玻璃碴，或碎碗碴，然后用线麻缠紧，用蜡纸包一层，接着用线麻缠紧，外面再用油脂或肉包裹好就可以了。当需要捕捉狐狸等动物时，就要把事先准备好的"崩药"，放在狐狸经常出没的地方，当它闻到香味吞食时，就会被崩药炸死。

（2）苦药

苦药则是赫哲族用来毒狐狸的一种药，它的制作材料，主要是由苦药、黄蜡和

① 张缙彦：《宁古塔山水记·域外集》，30页。

玻璃瓶等几部分组成。其中，苦药多是从俄国买来的，呈白色粉末状，它多被装在半个拇指大小的玻璃瓶中。当把苦药买来后，先用黄蜡做一个蜡皮筒，然后把一定剂量的苦药倒入皮筒内，所倒药量按小瓶的1/7来掌握。之后用黄蜡把皮筒两头封好，再用油脂或把肉包在外面就可以了。当需要捕捉狐狸等动物时，就要把人工配好的苦药，放在狐狸经常出没的地方，当它闻到香味吞食时，就会被毒死。

5）辅助类猎具

除直接用于捕捉野兽或动物的猎具外，有些辅助猎具则是赫哲族在行猎过程中必不可少的，像滑雪板、枪架、马以及海东青（鹰）等等，正是有了这些辅助猎具做基础或保证，才使他们的狩猎过程更加丰富多彩。

（1）滑雪板

滑雪板（也有叫踏板）是赫哲族冬季狩猎的辅助工具之一，故有"骑木马（滑雪板）蹿山跳涧"的说法。滑雪板多是用稠李子木、桦木、柞木等硬木加工制作的，它的形状多为两端翘起且较薄，中间突出且较厚，前端翘度大而窄，后端正好相反，呈翘度小而宽的形状。据赫哲族讲，滑雪板一般长5~6尺、宽5寸，厚2分左右。板下面有的包皮（有的不包皮），包皮也多是狍皮、鹿皮等胫皮，毛尖朝下，前进时是顺茬，后退时则为戗茬。为防止包皮在使用过程中遇外力而发生脱落，经常用鱼鳔粘在板的底部。另外，为防止滑行时出现意外，他们多在板中间钻"二对孔"，板的前端也钻一个孔，"二对孔"要穿上皮条，以便绑在脚上。当不用滑雪板时，则用绳穿在板前端的孔里，用手拖着走。

在制作滑雪板时，还要同时准备两根滑杖（有的说是一根），上山时起到助力作用，下山时则用于掌握方向。但在整个滑行过程中，他们多使用一根滑杖来滑行，尤其是遇到崎岖的山路，或在密林深处，用两根滑杖滑行多施展不开。按照赫哲族的说法，滑雪板是他们追逐野兽的主要工具，尤其在雪大且深的途中，他

图34　滑雪板

71

们从杂乱的野兽蹄印中，能准确地判断出野兽的种类，或者离自己远近。如果在野外狩猎时，由于野兽遇雪越陷越深，脚踏滑雪板反倒更加得心应手，有时甚至出现十几个人一起划着滑雪板，追逐野兽的壮观场景，在《黑龙江志稿》中，有"赫哲人捕兽之器曰踏板"的记载。当被追赶的猎物筋疲力尽，或者趴在地上喘粗气时，猎手们便挥动手中的扎枪，使野兽束手就擒。

（2）马

马是赫哲族狩猎时重要的辅助工具之一，他们把马称之为"莫林"。在平时的狩猎生产过程中，他们既可以用马来追赶鹿等较大野兽，又可以用它来拉运马爬犁，还可以用它来追撵狐狸等动物。尤其是在雪地上，即便狐狸跑得再快，也会因雪深而影响奔跑速度，人们骑马很容易追上它。由于马的用途广泛，因而在赫哲族眼中，它实在是他们不可多得的"全能型"狩猎工具之一。据史料记载，赫哲族使用马的历史很悠久，早在辽金时期，就有赫哲先人"以马贡于朝廷"的记载。自清末至民国初年以来，随着猎枪等狩猎工具的普及与推广，马也被广泛地应用于狩猎生产活动中。当然，由于两极分化的缘故，赫哲族能够养得起马的人并不多，个别富裕户有马十余匹左右，一般家庭有马不过一两匹，绝大多数赫哲家庭则没有马，有时狩猎需要马时，他们多采取租借或入股的形式来解决。

（3）枪架

当火绳枪、洋炮、"别拉弹克"、毛瑟枪等传入赫哲地区后，为提高枪弹射杀野兽的命中率，"枪架"便成为赫哲族狩猎时必备的辅助工具之一。据讲，"他们使用的枪架多是木制的，具体制作方法是，先把一根木条从中间劈开，然后在其上端穿以中轴为枢纽而固定住。其中一根截去一段，在长木条顶端再装一个'激达'枪头……以二根木条所开合的角度来调节高低"[①]。平时不用时，将其两根木条折合成"激达"枪。

2.狩猎时间的选择

赫哲族在一年中，因季节不同而采取不同的狩猎方式。其中，他们多在阴历四、五月间，猎取鹿茸、鹿胎和鹿尾，俗称"打红围"。在晚秋和初冬时节，捕捉貉子和貂等细毛兽，统称打"秋围"或"冬围"。由于在雪地上易于发现野兽的踪迹，因而赫哲

---

① 《民族问题五种丛书》黑龙江省编写组：《赫哲族社会历史调查》，47页，黑龙江朝鲜民族出版社，1987。

族又喜欢打冬围。另外,他们还根据不同野兽的生活规律,有重点地加以捕猎。比如,狍子是赫哲族经常狩猎的对象,它的活动规律是,春、夏、秋季多在草甸子上吃草喝水,冬季则喜欢在山坡朝阳的地方觅食。在掌握了狍子的生活习性后,他们就有的放矢地采取与之相对应的捕猎方法。为使狩猎过程条理更加清晰,我们以季节为主线,对赫哲族的狩猎生产进行必要的概述。

1)春季

春季是赫哲族狩猎的主要季节之一,他们多根据冰雪融化、气候乍暖还寒的特点,结合本地区或周围地区的猎业资源优势,想方设法捕捉各种野兽。在所有捕猎对象中,狍子则是赫哲族追逐的重点之一。于是,每天清晨早起后,他们便带着猎犬,脚穿滑雪板滑行于薄冰上。一旦遇到外出觅食的狍子,他们或命猎犬拼命追撵,或骑着高头大马奋起急追。被追的狍子在冰面上不但跑不快,而且蹄子经常被薄冰卡坏,用不了多长时间,猎犬或猎人就会把狍子捉住。即便在积雪融化的雪地上,由于雪表面结一层硬盖,狍子狂奔时同样很不习惯,它的双腿不是被卡破,就是被磨光毛。赫哲猎人趁狍子不能快跑的有利时机,用棒子把它打死。

2)夏季

夏季则是赫哲族捕捉狍子或野鹿的主要季节。当该季节到来后,他们或以船为工具,或采取围猎形式,有针对性地捕捉狍子或野鹿等。下面,我们以猎狍子或猎鹿为重点,突出体现该民族夏季狩猎的文化特征。

(1)猎狍子

与春季不同的是,赫哲族夏季根据狍子的生活习性,采取划船围猎的方式捕捉狍子。为此,他们多在江水泛滥时,划船来到被江水围困的高地上,趁机捕捉被围困的狍子。具体狩猎办法是:他们经常以四人为一组,划船来到狍子被围困的“孤岛”。当来到捕猎地点后,先由两人上岸,把狍子从岸边撵入水中,另两人则留在船上,当狍子四散而逃时,他们便划着船紧紧追赶,待追到跟前时,就挥动手中的木棒把它打死,或者把它用水灌死。

(2)围鹿

鹿也是赫哲族夏季狩猎的主要对象之一。在炎热的夏季, 他们主要采取“群

73

围"、"蹲碱场"或"卡鹿道"等几种围猎形式。其中,"群围"(也叫圈围或赶围)多采取合伙围攻的方式来进行。即先让两名神射手埋伏在指定的位置,然后让其余人把野鹿往"埋伏圈"里撵,当野鹿进入有效射程后,便由神射手开枪将其打死。蹲碱场(也叫打"红围"),在每年的农历四月末或五月初进行。赫哲族根据野鹿喜欢吃"碱"的特点,有意识地来到碱场附近实施猎捕。为此,他们先在碱场附近搭一个架子(有的说挖一个坑),然后确定好当日的风向。紧接着,他们从三个方向摆好枪架、选好射杀的位置,待野鹿晚间吃"碱"时,伺机捕杀之。为防止鹿受惊,赫哲人蹲碱场时,多挑选在有月亮的夜晚,大家穿好狍皮衣服,戴好狍皮帽子,潜伏期间绝对不许有任何响动,或者有咳嗽、打喷嚏、喘粗气以及拍打蚊子等行为。当野鹿进入有效射程后,他们便选择有利时机扣动扳机。卡鹿道也是赫哲族夏季猎鹿的重要形式之一。他们同样根据鹿喜吃碱草的习惯,经常在早晨或夜晚时分,潜伏在野鹿经常走的道旁,待野鹿走过时,便用枪射杀之。除此之外,他们还采取观察鹿走过的脚印、尾随跟踪的方式捕杀之,或者采取划"杨木雕船"的方式,到江河有青菜或藓苔的水域捕杀之。

3)秋季

赫哲人把秋季狩猎称之为"打秋围"。秋围一般从霜降开始,到立冬为止(一说从寒露到小雪之间)。秋围又依节气变化细分为水秋和大秋。其中,水秋从霜降开始,到小雪为止;大秋则指从小雪到立冬之间。由于秋季毛皮质量也不错,赫哲族经常把秋围期间捕获的皮子叫"秋皮"。

据讲,秋围多在夜间进行,以猎犬捕猎为主,猎人配合为辅。为此,他们经常在夜间,顺流或逆流划着快马子船,来到江、河或泡泽附近。为捕猎野兽,他们多把猎犬单独放在岸边,让它顺着船的方向跑。由于天黑视线模糊,为准确掌握岸边情况,他们经常在猎犬的脖子上套一些铃铛,如果一切正常,猎犬脖子上的铃铛就会发出有节奏的响动。一旦发现情况异常,或奋力追撵野兽,其脖子上的铃铛就会发出急促的响声,同时伴有猎犬的大声狂吠,或被咬野兽的惨叫声,猎人据此声音迅速把船靠上岸,与猎犬一道将野兽捉住。

春季或夏季猎狍子别有情趣,秋季猎狍子同样很有特点。赫哲族在捕猎过程

中,多乘狍子吃草或睡眠时,用猎枪将它打死。当然,用猎枪打狍子,一定要讲究分寸,即乘它不注意时,急"溜"它身旁至不能再接近时再举枪射击,这样打狍子,基本能做到百发百中。基于此,赫哲族有"七分打手,八分溜手"的说法。

卡狍道同样是赫哲族秋季狩猎的重要形式之一,他们多根据狍子的生活习性,经常在草甸子附近寻找它们。当发现狍子的行踪后,他们先确定好狍子的行走方向,然后抓紧时间,提前赶到狍子可能出现的地方隐藏起来,待它们如期走近后,再射杀之。如果狍子中途改变行走路线,则再按照先前的做法重新排兵布阵。除此之外,赫哲族还经常采取在靠近江河的树林中,或者在白菜地里下套子的方式捕猎狍子。

野猪生性凶猛,容易伤人,捕捉时一定要小心提防。有鉴于此,他们多选在刮风天外出,趁树叶哗哗作响的有利时机,到野猪经常出没的山里,或草甸子上去寻找目标。当发现野猪的踪迹后,他们多在没有被野猪发现的情况下迅疾追赶。据有经验的赫哲族猎人讲,野猪是否发现有人跟踪,看它是否摆尾就清楚了。如果野猪摆尾,就说明它没有发现异常动静,猎人在作出正确判断后,应迅疾向它靠拢。如果野猪发现情况或听到附近有动静,尾巴很少动,或者四散奔跑。当接近最佳效果后,就可以举枪射杀。除枪杀外,有的赫哲族还在野猪经常出没的地方,采取挖地窖子的方法捕猎之。为此,他们先在选好的地方挖一个地窖,然后在其上面盖一些树枝或茅草,之后在适当位置留一个门,以此做遮掩,诱使野猪进入,直至掉进挖好的地窖内。赫哲猎人发现后,可用"激达"把它扎死。当冬季到来后,他们多趁雪大、野猪不易跋涉的良机,追到它的近处,用枪将野猪打死。

相对野猪和狍子而言,鹿也是赫哲族秋季狩猎的主要对象之一。每当金秋时节(即农历八月前后),赫哲族就不失时机地猎取野鹿(俗称"打干权子")。在行猎过程中,他们多采取遛围或叫鹿围的方式捕猎之。其中,遛围是指赫哲族先来到野鹿出没的地方,然后以匍匐前进的方式,悄悄来到鹿的最近处,直到实在不能靠近时,再用枪射杀之。据讲,如果野鹿多时,则采取先打头鹿,再射其他鹿的遛围方法,这样可以多捕几只。叫鹿围多在鹿的发情期,以桦树皮做鹿哨,在野鹿易于出没的地方,将自己隐藏起来,然后吹起鹿哨,以便把公鹿吸引过来,当公鹿跑到猎人跟前时,就

可以举枪射击了。另外，赫哲族还有骑马(或滑雪板)猎鹿的方法，直到把野鹿追得无力奔跑时，再用猎枪射杀之。对此，《黑龙江外纪》一书记载道："鹿哨以桦树皮为角，吹作呦呦之声，呼鹿射之……其哨以木为之，长二尺余，状如牛角而中空。"与猎野猪相仿，赫哲族也经常在野鹿出没的地方，挖一个 1 丈多深、3~4 米宽(长)的土窖，中间插多根柞木当扦子，上面用树条、枝叶或草盖好，接着把含有碱和盐的土块放在上面，有的还按一些假的野兽蹄印做伪装，一旦鹿前来吃土，极容易掉入坑中，进而束手就擒。

4)冬季

赫哲族把冬季狩猎称之为打冬围，冬围多从立冬开始，到来年春天为止(有的说从小雪开始，到次年的清明节)。由于冬围期间捕获的毛皮质量最好，所以他们多把该时期捕猎的毛皮，称之为"成皮"或"春皮"。与其他季节相比，赫哲族打冬围并不是一件容易的事情，他们需要携带猎枪、猎犬、粮食、锅碗以及帐篷等，再乘坐马拉爬犁赶往目的地，一路非常辛苦。尤其是晚上睡觉，要住在以草(布)搭成的圆锥形帐篷中，吃的是自带的鱼毛、鱼条子等，盖的则是狍皮被，有时一住就是十天半个月或者更长时间。打冬围的时间长短很不固定，这主要是受粮食或猎获物的多少来确定。在此期间，尤其是进入农历十月末至十二月间，赫哲族便投入很大精力来猎貂。对此，他们则采取碓板、捕貂网、地箭和狗撵等多种捕猎方法。比如，当在野外发现貂的踪迹后，他们便在貂经常走的路上，架设碓板或小伏弩等猎具，一旦貂触动猎具开关，将很难逃脱。再如，当发现貂藏匿于洞中后，可用捕貂网猎而捕之，有时也可以采取狗撵的方式来捕捉。由于貂皮是朝廷贡物，加之自身具有重要经济价值，因而在广大赫哲族中间，一度兴起捕貂热。另外，在寒冷的冬季，当遇上野猪等凶猛野兽时，他们经常穿上滑雪板一路追踪，直到把野猪追得无力奔跑时，再用扎枪把它刺死。有时，他们还采取用钢丝或铁丝拴成活结圆圈的方法，来套狍子或兔子。

3.狩猎方式

赫哲族外出狩猎，所捕动物有大有小，对貉子、鼬鼠、狐狸、獾子等动物，他们多采取猎犬追撵，或架设机关陷阱等方式适时捕猎，故有"撵皮子"的说法。对熊、鹿和野猪等凶猛野兽，他们则采取猎枪射杀或挖土窖等方式。从目前掌握的材料看，赫哲族实行的狩猎形式有多种多样,归纳起来主要有如下几种。

1)猎犬追撵

过去,赫哲族在使用原始弓箭或火枪狩猎时,由于传统猎具本身穿透力差,有时即便射中野兽,也不会马上死,这就需要猎犬冲在前面,以帮助猎人追捕野兽。当主人与野兽搏斗遇到危险时,它同样会奋不顾身地扑向野兽。鉴于猎犬所起的举足轻重的作用,赫哲人把用猎犬捕猎的方法叫"围狗"。在整个"围狗"过程中,他们充分发挥猎犬的"追撵"作用,以捕捉更多的野兽。据讲,猎犬的嗅觉十分灵敏,有时它的鼻子,能嗅到几里之外的野兽气味,尤其当发现野兽的脚印后,立即顺踪寻找。

具体寻踪步骤是:首先,他们根据鼬鼠等动物,喜欢夜间吃"老鼠、家鸡和小鱼"、白天在洞里休息的特点,有重点地让猎犬到草丛、江边或树林等地方,伺机捕猎上述野兽。尤其是当秋季到来后,一旦发现有鼬鼠等动物活动,猎犬就会拼命地奔跑和追逐,直到捕获为止。当冬季到来后,有经验的猎人则通过辨认鼬鼠等动物留下的足迹,以此作为下一步行猎的依据。特别是根据鼬鼠留下的脚印大小,初步判断它究竟是公还是母,大约离开多长时间,现在捕猎能不能追得上它,经判断认为有追赶必要的话,猎人就会与猎犬一道,顺着脚印来到鼬鼠可能躲藏的洞口。其次,让猎犬配合猎人控制"兽洞"。如果确信洞中有可捕捉的动物后,猎犬就会狂吠不止,并伴有"用前爪向洞里乱抓"等进攻动作。于是,猎人先把帽子、手套等塞进洞里,然后使用斧头或锹镐等工具继续挖洞,直到把鼬鼠挖出来为止。当然,在挖洞过程中,因时间太晚而不得不中止的话,猎人可以起身返回住地休息,猎犬则要留在那里继续把守洞口。有时,当确定鼬鼠钻进树洞后,猎人也可以用猎犬来吓唬它,或者采取锯树及"点草火熏"等方法捉住鼬鼠。最后,猎犬单独外出狩猎时,它们有的可以先把野兽咬死,然后再返回住地"告知"主人,并领着主人把野兽取回。据赫哲人讲,如果猎犬驯服到这个程度,基本上就算合格了。

貉子也是猎犬追逐的对象之一,这种动物多以吃"蛤蟆、小鱼、老鼠、草根、苞米以及大豆"等为主。在秋季乃至下雪前的一段时间里,赫哲人趁貉子白天到草地、晚上到江边寻找"泥鳅、蛤蟆"吃的有利时机,让猎犬前去捕猎之。当发现目标后,猎人

便与猎犬一道一前一后奋力追赶,直至把貉子捉住为止。有时他们划船于江面上,让猎犬在岸边四处寻找,一旦发现貉子的踪迹后,猎人可就近把船靠岸,然后捕猎之。如果发现貉子进洞了,他们就像捉鼬鼠那样,采取挖洞的方法,把貉子挖出来。有时甚至采取在洞口下"夹子"或卡子的方式适时捕捉。

2)机关布控

赫哲族在狩猎时,使用机关布控的方法有很多,其中比较常用的机关有碓板、夹子、卡子、窟窿箭等,这些机关经常会放在动物易于出没的地方,在捕猎实践中发挥了很好的作用,成为赫哲族狩猎的重要形式之一。

图35 伏弩

（1）伏弩

伏弩是赫哲族狩猎时经常使用的机关之一,它多是采用一种树为基本材料,箭杆则以硬木为材质,箭镞多是铁制的,弓弦乃是用皮筋或棉线做成的。伏弩有大、小之分。当需要捕捉较大野兽时,赫哲族多使用大伏弩,当要猎取貂等小动物时,他们则使用小伏弩。具体摆放办

图36 伏弩装置示意图

法是：若想捕猎大野兽，他们一般把大伏弩平设在野兽经常出没的路上，然后用架子把它支起来，支起高度与野兽的胸腰部相近，之后用一根绳子做牵引，横在野兽经常走的路上。绳子的一头系在伏弩的销栓上，另一头则系在树枝上。当路过的野兽触动销栓开关时，铁镞就会自动射向野兽。

（2）地箭

地箭的构造和使用原理与弓箭基本相同，赫哲族在下地箭时，他们多根据野兽的高矮和大小，把它架设在野兽经常出没的树干或支架上，然后把弓拉开，把弓弦挂在扳机上。其间用一根拉线做牵引，线的一头系在弓弦上，另一头则系在树上。一旦野兽路过此处，或身体的某个部位碰到拉线，箭镞就会自动弹射出去，以射杀被困的野兽。据讲，赫哲猎人摆好地箭后，他们不必在这里久留，每天只需遛一遍就可以了。

（3）碓板

碓板是继猎犬和猎枪之外的又一主要狩猎方法，在具体狩猎实践中，它主要是借助机关陷阱的方法来捕猎的。比如，当碓板做好后，可在其后面搭一小房，房里摆放"鱼或肉"做诱饵，然后把它放在鼬鼠（貂）容易出现的路上，以诱使它落入"陷阱"。据赫哲族讲，当鼬鼠（貂）看到食物后，便会不顾一切地蹿到碓板的一块板上，这个板往下一压，其他两块板倒塌，树杆瞬间塌下来，砸在鼬鼠（貂）的腰部或胫部。当然，用碓板捕鼬鼠（貂），关键要看小房摆的位置是否适中。如果摆得太近，鼬鼠（貂）就会直接取到食物，如果放得太远，鼬鼠（貂）就会从树杆上越过去，只有使鼬鼠头刚好够着肉，脚恰好踏在板上，腰部正在树杆下，正好砸中它。

（4）夹子

夹子是赫哲族经常使用的一种机关类的铁制捕猎工具，它是近代从外地传入赫哲地区的。制作夹子的方法比较简单，它多以木头做弓子，用狍皮绳或鹿皮绳绑在弓子上，用柞木条子围两个圈，在弓绳中间插上，两个小弓对起来上下一般大。夹子有大、小之分，有单发条和双发条两种，它们多在冬季使用。其中，大夹子多用于捕猎貉子、狐狸以及獾子等动物，小夹子则用于捕捉野鸡、麻雀等。当冬季到来后，赫哲族经常在雪后把夹子下到它们来回往返的兽洞口、路上、沟塘边、水泡边以及

山沟等地方。夹子下好后,在其上面再放一些遮盖物,以便伪装起来,只待鼬鼠(貉子)等动物上钩。为防止夹子夹住野兽后,被野兽带走,他们经常用链子把它拴在树上。由于冬季寒冷,赫哲族下完夹子后,每天清晨来查看一次就可以了。

(5)窟窿箭

窟窿箭亦是赫哲族经常使用的一种机关类猎具,它主要是用于捕捉鼬鼠(貂)等动物的工具,多用木板加工制作。"一头有一个5寸长、6寸宽的大窟窿,把弓接到这个木板上,箭头元钢的,有8到10个,带尖头。"[1]据赫哲族讲,他们下窟窿箭时,多把它平放在鼬鼠的洞口,或其他动物经常出没的水泡边,使用方法与夹子大同小异。当把窟窿箭下好后,就等鼬鼠(貂)等动物"上钩"。一旦它们出洞,或身体其他部位碰动机关,窟窿箭就会借助发条的弹力射向鼬鼠(貂)。由于平时携带窟窿箭不太方便,而且对动物毛皮破坏很大,因而赫哲猎人很少使用它,只有少数老人偶尔试一下。

(6)水秋夹子

水秋夹子也是赫哲族经常使用的一种机关类猎具,它主要是用来捕捉貉子、狐狸等动物。为此,他们经常把特制的铁夹子放在沙滩上或洞口旁,然后用土埋起来。当貉子、狐狸等动物出入洞口或者来回走动时,很可能会被夹子夹住。为吸引貉子、狐狸等动物的注意,他们有时在夹子销栓上插上鸡毛,或者在销栓上面(埋)放一些肉,路过的貉子、狐狸看到(闻到)后必想取之,继而被夹子牢牢夹住。有的赫哲族则把肉等挂在树上,然后将夹子放在树下,上面遮盖一些树叶或草等,当貉子和狐狸准备吃肉时,很容易被夹子夹住。有的赫哲族还把夹子放在"陡崖子"旁,在其前面或后面故意放一些树枝或蒿草,以诱使貉子和狐狸从其上面跳过去,然后再伺机将它们夹住。有的赫哲族甚至把夹子下在洞口处,然后在其周围摆放一些鱼片,当貉子吃鱼片时,很容易被夹住。

(7)水中夹子

水中夹子也是赫哲族经常使用的一种机关类猎具,它主要是用来捕捉貉子、狐狸等动物,由于下夹子地点选在水中,故得名。考虑到貉子、狐狸经常"光顾"水中捕

---

① 尤金良:《赫哲族拾珍》,87页,佳木斯市文联,1990。

食鱼的缘故,赫哲族多把夹子放在河边或江边的水中,然后在夹子周围摆放鱼来做诱饵,当貉子或狐狸吃鱼时,极容易踩到水中的夹子上,进而束手就擒。

(8)捕貂网

网本来是用来捕鱼的,赫哲族专门制作了一种用麻线织的袖筒网,这种网大约有1米长,呈小圆筒形口袋网,主要用来捕捉貂等小动物,赫哲语称之为"乌库"。当赫哲族看见貂进洞后,便把网支在洞口,以网布穴口,然后用烟熏驱撵的方法,使貂被迫从洞中跑出,进而误入网内,他们随后用木棒把貂打死,或者"纵犬守穴口,伺其出"①而捕之。有时他们张网于"一窟口,以朽木碎成粉末,燃之使生烟……貂在窟中受烟熏难过,出窟则堕入网中,貂入网向前乱窜,使网末端扣绳收紧,愈动愈紧,不易逃脱"②。有的人还采取在网中投食的方式,以诱使貂落入网内,直到被猎人擒获。

(9)累刀

累刀是一种专门用于捕获野猪等较大野兽的机关类猎具,赫哲族称之为"依哈特"。它的制作方法比较简单,就是在特制的木槽上安上一把刀,要求刀刃和刀尖必须朝上。当需要捕猎野猪等大野兽时,他们就要把累刀放在野猪经常出没的路上,一旦野猪的身体碰上刀刃,它的肚皮就会被划开,并最终被猎人所擒获。当有野猪群路过时,他们多采取轰撵的方法,让野猪受惊,野猪在奔跑过程中,极容易被累刀划伤。据赫哲族讲,采取类似的围捕方法,一次可猎获多头野猪。

(10)卡子

卡子也是古代赫哲族经常使用的一种机关类猎具,它主要是用来捕鼬鼠等细毛皮动物。据讲,在下卡子时,"它经常被摆放在鼬鼠经常出没的洞口附近。当卡子放好后,他们多在其木闸上面放置重物,并用机关把木闸卡住。当动物出洞穿过木闸,必用爪扒动阻碍它行走的木板,两块木板就会散开,由于失去平衡,木板就会落下来,正巧砸在木匣中要穿行的鼬鼠"③,进而使自己束手就擒。当然,在赫哲族眼中,虽然卡子与碓板有相近之处,但它同时具有制作简单、使用方便、不放诱饵就能捕

81

① 杨宾:《柳边纪略》,82页。
② 凌纯声:《松花江下游的赫哲族》(上册),90页,中国科学图书仪器公司承印,1935。
③ 《赫哲族简史》编写组:《赫哲族简史》,177页,黑龙江人民出版社,1984。

获鼬鼠等优点,因而受到赫哲族的普遍欢迎。

3)瞄踪

瞄踪也是赫哲族经常使用的一种捕猎方法,当他们瞄踪鼬鼠、貉子等动物,尤其是当猎犬或"陷阱机关"均派不上用场时,就要发挥猎人自身的主观能动性,既要根据以往的捕猎经验进行科学判断,又要结合鼬鼠、貉子等动物的活动特点,不失时机地进行瞄捕。当然,在瞄踪过程中,先要对鼬鼠等动物留下的足迹进行细致观察,以此来判断它们离开的大致时间。按照赫哲族的说法,他们主要是以雪的松软来作为辨别兽踪印迹新旧的标准和依据,即"把手伸到脚踪下面去摸,如果脚踪下面冻得较硬,并且雪团较大,就证明脚踪是旧的"[①],反之则证明是新的。在判断新旧的基础上,他们进一步来确定是隔天脚踪还是隔夜脚踪。对隔夜脚踪,多采取继续瞄踪抓捕的方式,一路尾随追至洞口。当来到洞口时,他们则以洞口光滑与否来判断洞内有无鼬鼠。当确信洞里藏有瞄踪的动物后,他们便采取科学的捕捉方法。在此期间,他们基于多年的猎捕经验,考虑到鼬鼠在洞里藏身的姿势,可能是头朝里尾朝外。他们取鼬鼠时,一手扣住洞门上部;另一手要抓住鼬鼠尾巴往外拉,然后提起它的头部,直至将鼬鼠打死。为防止手被鼬鼠咬伤,在捕捉时,多要戴一副手套,或者先用斧子把洞砸塌,把鼬鼠压死。有时他们在洞口使用捕貂网,用网把鼬鼠捕获。有时还采取"树冻"的方法,使鼬鼠的脚冻僵,自动从树上掉下来。与之相比,瞄踪貉子多在下雪之后,瞄踪的方式与鼬鼠基本相同。只是鼬鼠多喜欢要"单帮",而貉子则喜欢成对成双。为分辨貉子的踪迹,同样在雪地里仔细辨别雪中的印迹,尤其要注意把貉子及乌鸡的足迹区分开来。科学的方法是,只要把印迹上面的浮雪轻轻拨开,再分辨是何种动物的踪迹就容易多了。在确定是貉子的印迹后,他们再依照雪下面草根倒的方向,以确定貉子的走向。当瞄踪到洞口后,他们便轻而易举地捉住公貉子。由于母貉子胆小,经常钻入洞中躲藏。猎人多采取在洞周围,由外向里以螺旋式的脚踩方式,把母貉子一步步踩出来,直至捉住为止。

4)枪猎

用猎枪捕杀各种野兽,是赫哲族经常使用的一种狩猎方法。由于每种猎枪的属

[①] 《民族问题五种丛书》黑龙江省编写组:《赫哲族社会历史调查》,48页,黑龙江朝鲜民族出版社,1987。

性和特点不同,因而捕猎的方法也有很大区别。其中,"激达枪"是一种比较古老的猎具,它多被用于猎取熊、野猪、虎等凶猛的野兽。当冬季到来后,赫哲族经常穿着滑雪板,手拿"激达枪",坐着狗(马)拉爬犁,带着猎犬外出狩猎。当遇到熊、野猪等凶猛野兽时,在确保个人安全的前提下,他们习惯于使用"激达枪"来与野兽搏杀,直到捕获为止。据赫哲族讲,当他们来到熊躲藏的洞口时,先要让猎犬上前嗅一嗅,看看洞里是否有熊。如果确定熊呆在洞里后,他们就往洞内扔擦枪油的破布,熊受不了破布的气味,便使劲往洞外钻,赫哲猎人则乘机用"激达枪"来刺它的胸部。考虑到熊生性凶猛,若一枪扎不死,它极有可能反扑伤人,所以用"激达"猎熊,一定要做到万无一失。即便"快枪"传入赫哲地区后,他们担心枪卡壳或打不准,所以轻易不敢用它来猎熊。有时出于安全角度考虑,他们则采取多人一组的方式共同来猎熊。

火绳枪也是捕杀各种凶猛野兽的重要枪具之一,在捕杀野兽前,他们先要把火药放入枪筒内,然后再装一些铅弹或铁砂子,当需要开枪射杀时,先要用火绳点燃火药捻子,借火药引燃产生推力的瞬间,将铅弹或铁砂子推射出去射杀野兽。毛瑟枪是继火绳枪之后出现的又一主要猎具,它的优点是可以同时把10发子弹装入弹盒内。当野兽进入有效射程后,他们先扣动扳机,顶出撞针,使弹壳尾部炮子发火,致使枪弹内火药爆炸,借火药爆炸产生的推力射杀野兽。

第三节　手工制作习俗

与其他民族相比,赫哲族的手工业一直没有从渔业或猎业生产中分离出来,成为一门独立的行业,而是始终与家庭手工业紧密结合,并作为渔猎生产和家庭生活的附属形式长期存在着。为适应不断变化的渔猎生产、生活需要,赫哲族男女之间进行了简单分工。其中,赫哲男子既要从事捕鱼、猎兽生产,又要掌握

图 37　桦树皮悠车

制革、造船、铁制品加工和编织等手工制作技术;赫哲妇女既要学会操持家务,又要掌握桦(木)制品加工、裁剪和缝制衣服或被褥等技术。在纷繁复杂的生产劳动中,他(她)们逐渐掌握了制革技术、木制品及铁制品加工技术,形成了一系列各具特色、富有个性的手工制品。

1.皮制品的熟制加工

赫哲族的皮制品加工,主要包括鱼皮或兽皮制品加工两方面内容。由于遮体御寒、挡风挡雨的生产、生活需要,在布匹远没有被赫哲族广泛使用的前提下,她们只能就地取材,因陋就简,以鱼皮或兽皮为基本原料,通过熟制细毛皮、獾皮、狼皮和狍皮等多种皮质,加工制作出各种色彩艳丽的服饰,或其他必需的生产、生活用品。

1)熟制时间的选择

赫哲族熟制皮张有时间限制,据赫哲妇女讲,她们从春季开始,一直到冬季到来前的一段时间里,重点做好鱼兽皮的熟制工作。随着春季开江捕鱼旺季的到来,赫哲族妇女们便开始忙碌起来,除了忙于一日三餐外,还要争取在未来的几个月时间里,把赫哲男子捕捞上来的鱼皮抓紧进行熟制,以便加工制作各种衣服。兽皮的熟制加工也将根据猎业生产情况,与鱼皮熟制同步进行。考虑到赫哲男子长期在野外从事捕鱼、猎兽活动,为保证他们穿得暖和,赫哲族妇女多把她们做衣时所需的鱼、兽皮熟制好。

2)熟制工具的制作

赫哲族的熟皮工具种类不多,式样也很简单,仅就目前掌握的材料看,主要有

图38 空库

木槌、木床及木铡刀等。客观地讲,正是这样几种简单实用的熟皮工具,不但减轻了赫哲族妇女们的劳动强度,而且大大提高了她们的熟皮质量。下面,我们重点对这几种熟皮工具进行简单介绍。

(1)木槌

木槌(赫哲语称"空库")是赫哲族主要的熟皮工具之一,它多是用色木等硬

84

木加工制成的,整个槌似斧头形状。木槌由槌头、槌柄和槌刃三部分组成,木槌长约7~8寸左右,厚1.5寸上下;槌柄长约6寸左右,直径约1寸上下;槌刃则呈月牙形。在加工制作过程中,有的槌头和槌柄是连接在一起的,有的则是分开制作,然后把槌头安在槌柄上。

（2）木床

木床(赫哲语称"亥日坎")也是赫哲族主要的熟皮工具之一,它同样是选用质地坚硬、不易开裂的桦木或柳木为原料,然后依照相应尺寸加工制作的。据赫哲族讲,整个木床呈长元宝形,一般长约2.5尺左右,宽约0.5寸左右,厚约0.5寸上下。

（3）木铡刀

木铡刀亦是赫哲族不可缺少的熟皮工具之一,它同样是用柳木、桦木等硬木加工制作的,形状类似于铡草用的铡刀。它一般长4尺左右,宽6寸左右,高7寸上下,木槽中间有木齿,铡刀也有木齿。当她们需要熟鱼、兽皮时,就要一人压铡刀,一人坐在木床前端,将鱼、兽皮卷起来塞进铡刀下。随着木铡刀的提起落下,

图39　木铡刀

鱼、兽皮也随之不停地转动,直到皮子轧好为止。轧完皮子后,再用木槌等工具反复捶打,当皮质柔软后,就可以加工制作各种衣服了。当然,由于鱼、兽皮皮质有所不同,皮张的熟制方法也略有差异。为使鱼、兽皮熟制的过程更加条理化,故分开叙述之。

3）兽皮的熟制加工

赫哲族猎获的兽皮分粗毛兽皮和细毛兽皮两种。其中,粗毛兽皮是指野猪、鹿、熊、狍等野兽的皮张,细毛兽皮则指鼬鼠、狐狸、貉子以及貂等多种小动物的皮张。由于细毛皮皮质好、价格高,赫哲族妇女熟完后多数外卖。平时做衣服时,她们经常选用粗毛皮,来加工制作自己所需的服饰。据资料记载,熟制兽皮大体经历剥皮、晾晒和熟制等几个阶段。其中,对细毛皮动物皮张的熟化,其熟制方法比较简单,具体

步骤是,当把捕获的细毛皮动物拉回家后,赫哲族要做的第一件事,就是把皮张剥下来。在剥离过程中,她们先要用刀把毛刮掉,然后把皮张撑开,接着去掉皮张表面上的脂肪,之后再拿到屋内通风处,或在屋外的适当位置进行晾晒。待皮张晒干后,考虑到皮质表面坚硬,做衣服穿起来也不会舒服的缘故,所以对皮张表面进行软化处理。常规的软化方法是:把糟烂木头末或锯末子碾成粉状木屑,拌上水抹到皮子有油的地方,以便让皮子潮湿起来;如果没有木屑,可直接往皮张上喷适当的水,使皮子闷上一宿或半天,当水分完全浸入皮质后,再把皮子铺开熟化。还有的赫哲族把皮张放在缸里,泡上三四天或六七天,然后用木刀刮去其表面的肉,待刮干净后,再适时晒干。据讲,有的皮张晒干后,放几年也没有问题。

当皮张软化后,她们针对不同的皮子,采取各不相同的熟化方法。经归纳,主要有如下五种:一是木铲刮划法。有的赫哲族将皮子放在一根圆木上,圆木底部安装两根木腿,木腿的一头用身体顶着,另一头则顶在地上,然后将皮子撑开刮铲。有的为了达到理想的熟化效果,直接把皮子的一头挂起来,另一头则用手拿着,用木铲来回刮划,直到皮子柔软为止。二是木铡刀"挤铡"法。有的赫哲族以木铡刀为工具,把卷有木屑的皮子来回"挤铡",以便把皮子铡软。三是木槌捶打法。有的赫哲族把木床垫在皮子下面,用木槌反复捶打。当皮子柔软似棉后,再把木屑抖搂干净,皮板上的油脂也随之一同除去。四是木锯熟化法。有的赫哲族坐在炕上,然后用"两脚夹住皮子的一角,用左手抓住皮子和木锯的一端,右手抓住木锯的另一端,在皮板上刮拽,反复进行,使皮张被木锯凿刮得发热而熟化"[1]。五是弯刀木叉熟制法。有的赫哲族"把半月形弯镰刀镶在直径约4厘米粗的木叉里,木叉留一股1米长的段,下端拴上一个绳套。然后把皮子的一角拴牢在一根立桩上,大约与熟皮者高度相等即可。熟皮人把右脚套在绳套上,右手抓住安装弯刀木架的顶端,左手扯住皮子,提上来,蹬下去,直到把皮子熟好为止"[2]。熟完皮子后,她们要往皮子上再抹一层稀泥,或发酵的苞米面,放到屋里闷一宿,次日再用手揉搓,或用木齿刮一遍。经过上述熟制后,再把皮张放在开水锅上,利用热气边熏边抻,使皮张能够充分地铺展开来。在

① 政协佳木斯市委员会文史委:《三江赫哲》,59 页,1991。

② 政协佳木斯市委员会文史委:《三江赫哲》,60 页,1991。

此基础上,她们再用糠把残留在皮张上的潮气吸干,就可以用于制作各式皮衣了。考虑到狐狸皮或鼬鼠皮有异味,赫哲族妇女在熟皮时,有意用碱水或肥皂水清洗一下,使皮张上散发的邪味完全被清除掉。

制革是兽皮加工的重要环节之一。按照赫哲族的说法,能够制革的兽皮主要有鹿、牛、马、野猪、熊和狍等皮。在所有加工环节中,给兽皮脱毛乃是加工的重中之重。对那些不易脱毛的兽皮,她们采用的加工方法是,“先把兽皮用水浸透、摊平,再把烧尽的木柴硝灰用水和成糨糊状,涂抹在皮毛上达 2 厘米厚,然后把皮子卷好,放在潮湿阴凉处。如果三天后,毛还脱不下来,则继续沤,直到全部脱毛为止”[1]。

当皮张全部脱毛后,可把重点转移到熟制环节。在此期间,先把皮子摊平,晾成八分干,然后把革卷成长卷进行加工处理。具体方法有以下三种:一种是用木铡刀“挤铡”。这里所说的木铡刀类似铡草的铡刀,“刀床约 1.2 米长,木刀约 1.5 米长。刀床内槽两侧和木刀均刻有很多的大锯凿。一个人压铡刀,一个人坐在刀床前端,将皮卷塞到铡刀下,随着木刀的提起不停地转动”[2],直到把皮子熟软为止。一种是木柱挤转揉搓法。即把一根约 20 厘米粗、1.8 米长的桦木,一端砍成 60 厘米长的车轴形,在其中部凿成 20 厘米长、4 厘米宽的长方形眼孔,再把这根桦木桩的根部埋入地下夯实,其高度为长方形眼孔大致达到人的乳头部位,即可使用。接着,用两块长3 米、宽 40 厘米、厚 3 厘米的木板,做成双翼飞机的翼形,板的两端用硬木棍固定,在长板中间凿成一个大圆眼,使之能套进立桩轴杆,并在大圆眼的周围,安上 4 根小木柱,与轴桩的间隔约 10 厘米。这 4 根小木柱固定上下两块大板,起到挤压皮革的作用。当把这两块大板固定牢固后,套在轴桩上,就可以熟皮了。熟皮时,她们把稍带潮湿的兽皮的一角插入长方眼内,用人推转翼板,直至把一张皮革全部缠在轴桩上,再反推。由于“皮革的一角固定在轴桩上,其余部分则由 4 根小木柱挤转揉搓,很快就会使皮张熟化”[3]。三是抓脑子熟革法。对鹿皮等皮张的熟化,则采取与众不同的办法。在整个熟化过程中,先要用铲刀把青皮和皮上的油脂铲掉,然后把鹿

①　政协佳木斯市委员会文史委:《三江赫哲》,59 页,1991。
②　政协佳木斯市委员会文史委:《三江赫哲》,60 页,1991。
③　政协佳木斯市委员会文史委:《三江赫哲》,60 页,1991。

皮放进一个容量较大的缸或木桶内,根据季节不同,浸泡3至8天不等。当鹿皮泡到皮毛烂掉的程度时,就要将它拿出来,用木刮刀除去皮毛和肉,晒干并用木铡刀轧软后,再放入容器内浸泡二次。在此期间,把狍脑浆水倒进去,并用手反复搅拌,使之均匀分布,直到出白泡为止,说明脑浆水已经完全渗透到皮子里。当鹿皮拿出后,可由多人分抓一角,向不同方向扯拽揉搓,直到皮质柔软,就可以根据需要制作各种柔软保温、结实耐用的鹿皮衣服了。有的赫哲族为除去鹿皮里的水分,先用特制的"绞杆"把浆水绞干,然后再进行熟制。与鹿皮相比,狍皮的熟制过程同样复杂繁琐。在熟化前,先在狍皮表面上撒一些硝灰,然后用水把皮张弄湿,接着卷起狍皮闷一宿,之后用铡刀刮去青皮和油脂,有条件的赫哲家庭还可以用苞米糠揉搓。据赫哲族讲,经过轧或搓等几道工序后,狍皮不但手感柔软,而且既干净又白。此外,狼皮、野猪皮、熊皮等皮张的熟制方法与之大同小异,故不重复叙述。

图40 捶制鱼皮

图41 加工鱼皮

4)鱼皮的熟制加工

据讲,生长在黑龙江、松花江和乌苏里江等三江流域的鱼类有几十种,但赫哲族常用于熟鱼皮的主要有大马哈鱼、鳇鱼、鲇鱼、狗鱼、鲤鱼等。为把鱼皮加工成一件件漂亮的鱼皮服饰,大体要经历剥皮、晾晒、去鳞以及熟制加工等几个过程。具体方法步骤如下。

(1)剥皮

当把捕获的鱼拉运回家后,赫哲妇女就要为剥鱼皮做好各项准备工作。在此期间,她们先要把鱼"放干",然后准备一把专门用于剥鱼皮的木刀,接着操刀将鱼肉和鱼皮慢慢地剥离开来,一直剥到鱼的"脊骨"为止。当剥离得差不多的时候,再用手把鱼皮撕下来。据赫哲妇女讲,剥鱼皮要求做到手慢心细,切不可心不在焉,或者马马虎虎,如果粗心大意,木刀就有可能把鱼皮划破,致使整张鱼皮报废。

（2）晾晒

当鱼皮剥下来后,她们先用刀割去鱼头和鱼尾,然后把鱼皮平整地铺开,经过简单处理后,再拿到屋外或屋内通风处晾晒。当鱼皮晾干后,再对鱼皮进行软化处理。考虑到鱼皮晒干后,皮质表面将变得质地坚硬,即便做衣服穿起来也不会舒服的缘故,赫哲妇女需要用手反复揉搓鱼皮,直到它柔软似棉为止,之后再把准备好的鱼肝捣碎,均匀地涂在鱼皮上,鱼皮表面则显得既柔软又不干燥。按

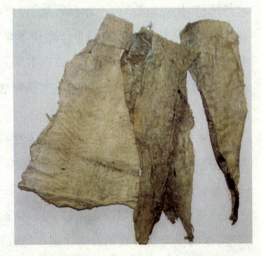

图42　鱼皮

照赫哲妇女多年的熟皮经验,鱼皮晾晒得越干,熟制起来就越容易。

（3）去鳞

去鳞也是熟鱼皮的一个主要步骤,赫哲妇女经过多年的加工实践,总结积累了许多去鱼鳞经验。比如,她们可根据鱼鳞大小或有无鱼鳞,将鱼皮分为无鳞、小鳞或大鳞三种类型。其中,鲟、鳇鱼和鲇鱼等鱼皮属于无鳞鱼皮,狗鱼、鲢鱼等鱼皮则属于小鳞鱼皮。对无鳞或小鳞鱼皮,她们采用把鱼皮晒干,卷成卷,用铡刀挤轧或木槌捶打的方法熟制。对草根、鲤鱼等大鳞鱼皮,她们则需要借助木铡刀等工具,以去掉鱼皮上的鱼鳞。具体操作方法是:先把木铡刀刃插进晒干鱼皮的鳞下,然后用拇指把鳞片按在刀片上,之后连鳞带刀一齐提起来,如此反复几次,就可以去掉鱼皮上的鳞片了。去掉鳞片后,即可采取上述熟制方法。

（4）熟制

使鱼皮软化是熟鱼皮的一道重要工序。在遥远的古代,赫哲妇女多采用手工方式来熟制鱼皮。然而在加工实践中,这种方式既耗时又费力,一天忙活下来,人显得很疲倦,又熟不了几张。相比之下,使用木槌、木床等专用工具来熟制鱼皮就方便多

了。对此,凌纯声先生在其所撰写的《松花江下游的赫哲族》一书中有详细描述:"剥取鱼皮后,置皮在火旁烤干,将皮卷紧,放在……木槽中,用无锋的铁斧,或特制的木斧捶打,使皮质变软。"[①]据赫哲族讲,当需要熟鱼皮时,赫哲妇女就手拿一个小木凳,然后在屋内或屋外选一个合适位置坐下,把木床放在两腿之间压住,一手拿着木槌,一手拿着卷起来的鱼皮,放在木床上反复敲打。有的鱼皮经过木槌或木床熟制后,质地非常柔软。与传统的手工熟制法相比,用上述工具熟制鱼皮,一天可熟十多张。

在木槌、木床的基础上,赫哲族还发明了用木铡刀来熟制鱼皮的方法。当然,用木铡刀熟制鱼皮,虽然比木槌或木床还快,但在实际操作中需要讲究两人配合。即一人来回翻动鱼皮,一人就像用铡刀铡草一样轧鱼皮。由于木槌或木床每次只能熟一张鱼皮,而木铡刀每次则可以熟三四张,不但提高了工作效率,而且降低了劳动强度,因而很受赫哲族妇女的欢迎。尽管熟制鱼皮在技术上有了实质上的突破,但在加工过程中,仍要注意掌握以下几点火候。一是不能用力过猛,二是要边捶边均匀地转动鱼皮,三是应随时翻动鱼皮,以防止因敲打过热而使鱼皮烫坏。

2.木制品的加工制作

由于捕鱼猎兽的生产需要和日常生活的需要,赫哲族经常以桦树皮、树木为原材料,加工制作一系列与渔猎生产和日常生活密切相关的生产工具和生活用品。特别是在陶瓷器和铁器没有传入或者没有广泛应用之前,赫哲族正是借助这些简单实用、式样各异的木制品,帮助本民族度过了经济和社会发展的困难时期。下面,我们重点对赫哲族木制品加工的类型、特点等进行简要的概述。

从散见的历史文献资料看,古代赫哲族加工制作的木(桦树皮)制品,具有式样多、品种全、范围广以及实用性强等特点,几乎覆盖了渔猎生产、日常生活、宗教祭祀及文化娱乐等方方面面。若按

图43 木镯

---

① 凌纯声:《松花江下游的赫哲族》(上册),72页,中国科学图书仪器公司承印,1935。

用途划分,大致可分为以下 5 种类型。

1)餐饮用具

餐饮用具种类很多,包括煮菜(肉)用的锅,盛饭或吃菜用的碗、盆、碟,喝水用的杯,舀汤用的匙以及勺、铲等木制餐饮具应有尽有。这些餐饮具的制作方法如下。

(1)木盆

木盆是赫哲族用于盛储食物的重要器具之一,它多以独木为材料加工制作,呈长方形。据赫哲妇女讲,当她们选好独木后,先用刀将木料中间一点点地剜空,然后在木料的边缘处留 4 厘米 ~5 厘米左右的宽边,边缘形状多为波浪状。木盆有大有小,尺寸不一,其中,大一点的长 35 厘米,宽 21 厘米,深 5 厘

图 44 木盆

米,小一点的长不过 18 厘米,宽 14 厘米,深 4 厘米。为使木盆清洁干净,她们经常在盆的周围左右钻小孔,中间穿上皮带,以便不用时随手挂在墙上。为把美的设计和美的风格体现出来,他们经常往木盆上雕刻一些赏心悦目的图案,给人以美的享受。

(2)木盘

木盘是赫哲族用于盛菜肴的餐饮具之一,它同样是以独木为材料加工制作的。据资料记载,木盘的制作方法与木盆基本相近。当赫哲妇女选好木料后,她们先用刀将中间一点点地剜空,然后精雕细琢,最后形成一个个深浅不一的木盘。其中,大木盘多为深盘,盘子直径在 19 厘米、深 4 厘米左右。小木盘则为浅盘,盘子直径在 14 厘米、深 2 厘米左右。在有条件的情况下,她们经常在盘子周围雕刻各种图案,以达到美的效果。

(3)木碗

木碗也是赫哲族吃饭时经常使用的餐饮具之一,呈口大底小的形状,有底座。它的制作方法与木盆或木盘基本相同,考虑到成人或儿童的年龄特点,她们在碗的

图45　木碗、木勺

大小上,更加注重人性化设计,体现以人为本的设计理念。其中,大碗口径多在12厘米、深4厘米左右,小碗则在9厘米、深3厘米左右,木碗的四周亦雕绘有各种美的图案。

（4）木杯

木杯则是赫哲族用于喝酒或饮水的重要器皿之一,呈口大底小的形状,有底座。它的制作方法与木碗相近,一般口径在6厘米、深3厘米左右。当赫哲族举行重大喜庆活动需要开怀畅饮时,他们经常端起这样的木杯,以酒助兴。当他们口渴时,也经常使用它来饮水。

（5）木碟

木碟亦是赫哲族吃菜时常用的餐饮具之一,呈口大底小的形状,有底座。它的制作方法与木碗相近,一般口径在6厘米、深1厘米左右。与碗、杯稍有不同的是,木碟碟口的边缘甚薄。

（6）木铲

木铲乃是赫哲族煮菜用的主要器具之一,它同样是由独木加工制作的,铲形如掌,中间高,两面稍低,一般长55厘米左右。木铲由铲和铲柄两部分组成,铲与铲柄之间虽然连为一体,但成钝角,铲背则凸出一些,以便做菜时能够放在锅边,不至于轻易滑落下来。铲的四周亦刻有多种图案,铲柄多刻有不等边三角形,柄端则刻有镂空花纹。

（7）木勺

木勺是赫哲族煮菜或盛菜时使用的餐饮具之一,呈椭圆形。整个木勺由勺和勺柄两部分组成,勺的长度长短不一。从已知的资料看,有的勺长35厘米,有的只有25厘米。勺的背面多为半圆形,柄端的背面或者钻一半圆形孔,或者让它凸起一个三角图形,以便于搁置或者悬挂。为突出高雅设计,赫哲族多在木勺上刻有直线纹,以此来体现她们对美的追求。

（8）桦树皮碗

桦树皮碗是赫哲族吃饭常用的餐具之一，它是以桦树皮为材料加工制作的，多为方形或长方形。具体制作方法是：先准备一块方形的桦树皮，然后拿到火上熏或放入热水中浸泡。当树皮变软后，折其四角，使之呈方形，再用线把连接处缝严。为防止桦树皮碗破裂，延长它的使用寿命，赫哲族多把2~3厘米宽的桦树皮，缝在碗口的外边缘。有时缝隙处出现破损，可以涂一些松脂，使碗更加坚固耐用。据讲，桦树皮碗即使盛上汤等液体，也不会从接合处淌出来。为使碗的外观设计更加宜人，她们多在碗的四周绘有花纹，以此起到装饰作用。

（9）桦树皮杯

桦树皮杯是赫哲族喝酒（水）用的餐饮具之一，它同样是用桦树皮加工制作的，有长方形和圆形等多种形状。其中，桦树皮杯的制作方法稍有不同，她们在加工前，先把桦树皮切成方形，然后在其上面画一方形做底，之后以此为杯底，将桦树皮折起来，接着用线将四角缝严实，杯口的边缘再用2厘米左右的桦树皮包起来，外缘再剪成波浪形就可以了。圆形桦树皮杯的制作方法与之大同小异，即先把桦树皮制

93

图46　桦树皮酒壶

图47　桦树皮杯

成圆筒,然后再手工上底,杯口处则用3厘米左右的桦树皮包边。为喝酒(水)方便起见,她们在杯上再附有把手,使水杯更加方便适用。据讲,由于圆形杯连接处不易缝合,所以赫哲族经常用松脂来密封。

(10)桦树皮桶

桦树皮桶是赫哲族日常提水的主要工具之一,它亦是以桦树皮为原料加工制作的,一般高40厘米、直径在29厘米左右,呈圆柱形。制作桦树皮桶时,她们先要挑选一张长一点的桦树皮,然后将其环成圆柱形,连接处用麻线或其他线缝好,之后再选一块桦树皮做桶底,与圆柱桶相衔接,桶底和桶之间则用麻线等缝结实。为防止桦树皮接合处漏水,她们多涂一层松脂,使水桶更加坚固耐用。为增强桶口的耐磨性,赫哲族多用2厘米左右宽的桦树皮里外包起来,再用麻线缝好。当水桶做好后,她们另准备两条3厘米宽的桦树皮互绞成把,然后用麻线缝扎在桶口的两端,以便提水时使用。此外,赫哲族还往水桶上雕绘一些花卉,使桦树皮桶更加美观。

2)生活用具

木(桦树皮)制生活用具同样品种齐全,凌纯声在深入赫哲地区调查时,发现的生活用具有照明用的油灯、装烟用的烟盒、存放衣服用的箱子或盒子、挂衣服用的树枝挂钩,盛放其他生活物品的柳条筐、柳条提篮,叉草球用的木叉、雕刻各种图案用的雕刀、记时用的木日历、戴在女孩手腕上的木镯以及戴在人们头上的树皮帽子等等,令人眼花缭乱,目不暇接。

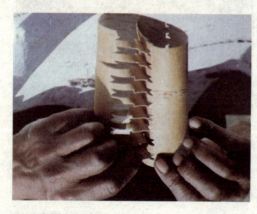

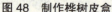

图48 制作桦树皮盒

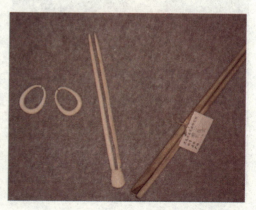

图49 鱼骨筷子

（1）桦树皮帽

桦树皮帽是赫哲族夏季用于遮阳，或阴雨天挡雨的重要工具之一，它多是以桦树皮为原料加工制作的，呈锥形。一般高30厘米左右，直径在40厘米上下。据讲；制作桦树皮帽时，先要准备一块桦树皮，然后把它卷成锥形，接着用麻线将接合处缝严实，并涂一些松脂，以免下雨时渗雨。为使帽边不易破损，她们多用桦

图50　桦树皮帽

树皮里外贴边，再用桦树皮加工一帽箍套在里面。帽面多用人工雕绘一些花纹，以体现桦树皮帽的艺术美。

（2）桦树皮盒

桦树皮圆盒是赫哲族用来盛装物品的重要工具之一，它多是以桦树皮为原料加工制作的，呈圆柱形。一般通高17厘米、直径在21厘米左右。具体制作方法是：先用桦树皮卷成一圆柱形，连接处用麻线缝合，桶的两口分别用2厘米宽的桦树皮贴边，使桦树皮盒结实耐用。与其他桦树皮制品稍有不同的是，桦树皮圆盒多以木板为底，以桦树皮为盖。为方便开启和提携，她们多在盒盖上拴系一皮条，或者在盒的左右拴系一根长皮条，盒的四周和盖面均绘有美观大方的个性花纹。

桦树皮长盒是赫哲妇女用来盛装饰品或针线的工具之一，它也是以桦树皮为原料加工制作的，呈长方形。一般通高

图51　桦树皮盒

图 52　桦树皮盒

在 6 厘米、长 27 厘米、宽 12 厘米左右。具体制作方法是:先把一长形桦树皮剪开四角,然后折成长方形,接合处用麻线缝结实。为防止长盒变形,她们把 4 根特制的半圆柱形木棒前后相抵,用线缝在盒子里面。盒盖的制作方法与前者基本相近,为防止盒盖边缘出现破损,他们多用 2 厘米宽的桦树皮贴边缝实。为体现长盒的美感,赫哲族经常在盒的四周或盒盖上,绘制各种淡雅花纹。

(3)桦树皮衣箱

桦树皮衣箱是赫哲族用来盛装衣物的重要工具之一,它同样是以桦树皮为原料加工制作的,呈长方形。一般通高在 20 厘米、长 31 厘米、宽 31 厘米左右。具体制作方法是:先把一张大桦树皮剪开四角,然后折成长方形,接合处用麻线缝结实。为防止衣箱变形,她们一改用桦树皮做贴边的习惯,把 4 根 6 毫米厚、3 厘米宽的条形木板,贴在箱底里面的四周。箱盖亦是用桦树皮制作的,"盖底前边有一小木条为子口木,盖的后面用桦树皮 3 道为搭,缝合在箱口的后边。箱的锁闭处亦都用桦树皮为搭扣及扣"[1],箱的四周与箱盖表面,均绘有各种动植物花纹,以示美观大方。

(4)柳条筐

柳条筐是赫哲族用来盛物的重要工具之一,它多是以柳条为原料编成的。从已知的筐具来看,它的尺寸有大有小,规格不一。比如,它们有的直径在 21 厘米左右、筐深在 7 厘米上下,有的直径则达到 30 厘米、筐深 8 厘米,还有的直径长达 40 厘米、筐深在 10 厘米。编筐的具体步骤是,先把柳条排成两十字形交叉,再旋转编成筐底,然后再编筐的四周,如此反复循环,直到编好筐为止。

除上面介绍的几种木(桦树皮)制品外,赫哲族制作的生活用品还有很多,像火药瓶、木镯、火柴盒、树枝挂钩等等。考虑到篇幅限制,这里不一一详述。

---

① 凌纯声:《松花江下游的赫哲族》(上册),97 页,中国科学图书仪器公司承印,1935。

3）生产用具

生产用具包括渔具、猎具和革具等多个系列。其中，捕鱼用的桦树皮船、快马子等船具，划船用的桨具，装鱼用的鱼篓以及网纲、鱼叉架等都是木制的；猎具中的箭矢、弓箭、伏弩、碓板、累刀等也是用不同质地木料做成的；制革具中的木槌、槌床、木铡刀、木齿以及木梳等加工工具，也是用木头制作的。因其他章节对此已有详细介绍，这里不再重复叙述。

4）交通用具

由于特殊的交通环境和交通特点，赫哲族的交通用具具有三位一体的属性。在实践中，它既是生产工具又是生活用具，还是外出时用的代步工具。基于此因，人们很难做出具体区分。像冬天用的"拖日乞"（滑雪板）、马拉爬犁以及踏板，夏天用的桦树皮船、快马子、独木舟等船具，都是古代赫哲族经常使用的交通工具，它们平时既可以用于运送渔、猎产品、柴草等，又可以用于走亲访友、亲朋聚会及从事其他社会活动。在交通工具极不发达的古代，赫哲族几乎天天离不开它。由于其他章节对这部分内容有所涉及，这里同样不一一叙述了。

5）宗教用具

在原始宗教一统天下的古代，萨满教对赫哲人的影响，可以说是根深蒂固的。围绕看病、求子、庆丰收以及必要的家庭祭祀等宗教活动，他们以树木为基本材料，制作了神鼓、鼓槌、神刀、神杖、龙头杖、爱米、使者、避邪神以及男女神偶等一系列神具，一些神具甚至到新中国成立后，在赫哲地区仍然能够看到。因宗教章节对其进行详细介绍，这里故不多加叙述。

3.铁器的加工制作

与木制品加工业一样，赫哲族既没有形成专门的制铁业，也没有专门的铁匠队伍。有鉴于此，他们平时使用的铁制品数量少、范围窄，仅限于制作鱼叉的叉头，激达的枪头，各种简单的刀具以及鱼钩等等。比较而言，鱼钩的制作过程稍微复杂一些。下面，以鱼钩的制作为例进行阐释说明。

1）烧制材料及用途

赫哲族烧制鱼钩的材料主要有铁丝、穿山甲、透骨草、地丁、木瓜、火硝、坛

子、水槽子、铁夹子、铁锅、木炭、小米以及铁炉子等等。其中,铁丝是制作鱼钩的基本材料;穿山甲、透骨草、地丁、木瓜等是烧制配药;火硝是为了使鱼钩坚固耐用,软硬适宜,只能断不会弯折;坛子是烧制鱼钩的重要加工工具;水槽子是对通红的鱼钩起冷却作用的;铁夹子是用于夹坛子的;铁锅是用来炒鱼钩的;铁炉子是用来烧火生温的;木炭是用来封堵坛子口的;小米则是起调色作用的。

2)加工过程

烧制鱼钩是一项过程复杂、具有一定技术含量的艰苦劳动。当制钩技术从内地传入赫哲地区后,又添加了赫哲族自己的东西。为使该技术不外传,他们在烧制鱼钩时,多在人少的村外进行。具体加工过程主要有以下三个步骤。

(1)烧制

在烧制鱼钩前,先要按一定比例把铁丝剪断,每段铁丝的长度在4寸(一说13厘米)左右。接着对铁丝进行简单加工,即把铁丝的一头砸成尖尖的四棱状,然后把尖部弯成刃部直角、背部弯形的钩形,当加工成500~600把鱼钩后,可一次性地把它们放进坛子里。在放钩的同时,随手把二三钱重的穿山甲、透骨草、地丁、木瓜等药扔入坛子里,用木炭屑封好口,在坛口上用铁丝拴上提环,穿上木棍或铁条,然后放进熊熊燃烧的特制炉中。这些药在加热过程中,与鱼钩融在一起(据讲,当日后钓鱼时,手或身体其他部位一旦被鱼钩划破或钩坏不至于发炎)。为增强鱼钩的韧性,他们在烧制前,还要往坛子里放三四钱的火硝。当坛子被完全烧红、烧透后,鱼钩也同时被烧得通红,坛口在高温作用下露出了绿火苗,当火苗由绿变白后,即证明鱼钩已经烧到火候。为确定钩烧的程度,可以采取如下办法进行检验,即先取一根鱼钩做实验,如果鱼钩经冷却后,其折断的钩碴是白的,说明鱼钩已经烧成了;如果断碴是黑的,则说明火烧大了,应马上取出来。

(2)取钩

为把鱼钩安全取出,赫哲族先要准备好一个装有凉水的水槽子,当坛子被人用铁夹子或横担棍从火炉中夹(抬)出来后,应立即把它放在水槽子上,然后由人用木棍等把坛子敲碎,使钩落入槽子里。

（3）加工

当鱼钩冷却后，还要把钩取出放入铁锅中炒，直到鱼钩被烧红为止。接着抓一把小米扔入锅里，借助瞬间升起的白烟，将鱼钩熏得又黑又明，不脆不软，最后把鱼钩从锅中取出，把钩尖再锉一锉就可以了。除加工鱼钩外，赫哲族还经常制作鱼叉、扎枪以及刀具等。其中，活柄鱼叉主要锻成"倒须和叉库"，连柄鱼叉则将铁筋锻成尖和倒须，然后绑在木柄上就可以了。扎枪多把铁锻成菱形，双边有刀口，以备日后安木柄等等。

第四节　采集习俗

采集业是继渔猎业和手工业之后，在赫哲地区出现的又一重要行业。在以鱼、兽肉为主食的古代，当捕猎的鱼、兽肉严重不足时，赫哲妇女多带着孩子上山，去采集一些可以食用的野果或野菜，然后把它们的根、茎、叶、果等进行加工"当饭吃"，有时还把一时吃不了的山产品晒干储存起来，以备青黄不接时食用。采集业正是作为渔猎经济的重要补充形式，在维系该民族的生存发展过程中起到了拾遗补缺的作用。

1.采集种类

赫哲族多依山傍水而居，面对漫山遍野的植物，她们知道哪些能吃，哪些不能吃。在积累了丰富的采集经验后，她们对各种植物的生长特性、用途等有了全面地了解，采集的种类越来越多，范围越来越广。经归纳，她们能够采集的植物有五大类几十种：一是野菜类。赫哲人经常

图53　采集

采集的野菜,主要有柳蒿芽、萌芽菜、枪头菜、山白菜、米叶菜、蕨菜、荠荠菜、黄花菜、小根菜、四叶菜、野韭菜、马蹄菜、老芹菜、山葱、山花椒、江葱和寒葱等。二是野果类。野果类同样种类繁杂,经常采集的野果有稠李子、樱桃、山丁子、山里红、山葡萄、山梨、都柿、草莓果、牙格达、榛子、松树籽、山核桃、海棠果等。从类型来看,野果有大有小,有干果有水果,果味有甜有香,有即采即食的,也有用干锅炒熟后吃的。三是菌类。赫哲妇女对采摘菌类植物同样感兴趣,当时令季节到来后,她们便三三两两地结伴上山采集一些食用菌。比较出名的菌类有木耳、花脸蘑菇、黄蘑菇、榛蘑、猴头、榆蘑、柳蘑、冬蘑等。四是印染类。印染类的植物种类不多,主要有兰花草、杜鹃花、山丁子树皮、楂条等,这些具有印染功能的植物经过加工后,可以作为印染鱼、兽皮的基本染料。其中,"蓼蓝花可作青黛色染色,马兰花可染色;槐籽可染色;柞的籽壳研末可染皂色;老鹳眼木皮可染色;柞树的朽木屑或煮荆条树皮,用其淡黄水汁染色"①。五是药用类。当赫哲族身体出现不适时,她们经常把那些具有药用价值的植物采集回来进行加工,然后医治相关疾病。这些植物有人参、五味子、"马尿臊"的树芯子、黄芩、"巴古牛"(一种野生植物)的根粉、柳蒿芽、芹菜根等。

2.采集时间

因每种植物的生长特点不同,成熟时间各不相同。受此影响,采集时间自然也不能强求一致,应根据每种植物的生长特性而有所侧重、有所取舍。其中,柳蒿芽多在春季采集,当它长到一二寸时,赫哲妇女便来到"柳条通"或江边的沙地上,用刀把那些能够食用的柳蒿芽割回家。或者把长到 6 寸至 2 尺之间的柳蒿芽,掐其嫩尖,经开水煮后晒干,然后储存起来,以备日后食用。采摘枪头菜多在每年阴历的四月下旬进行,这个时候,它的茎叶已长到 5 寸左右,正是掐其嫩尖的好时候,她们可以来到离家不远的柞树林中,不失时机地采摘枪头菜并储存起来。山白菜同样是生长在柞树林中的一种植物,它一般是在阴历的四月中旬成熟,当赫哲妇女采摘枪头菜时,可顺便把长到五六寸长的山白菜一同采回家去。米叶菜多生长在树丛中、荒地里和平甸子上,它的成熟时间同样在每年的阴历四月间,当它长到五六寸高时,可摘其茎叶,拿回家加工食用。蕨菜的生长环境与米叶菜相近,它同样是生长在树

---

① 吕品:《赫哲美术探寻录》,7 页,哈尔滨出版社,2002。

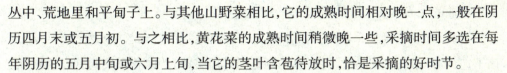

丛中、荒地里和平甸子上。与其他山野菜相比,它的成熟时间相对晚一点,一般在阴历四月末或五月初。与之相比,黄花菜的成熟时间稍微晚一些,采摘时间多选在每年阴历的五月中旬或六月上旬,当它的茎叶含苞待放时,恰是采摘的好时节。

如果说山野菜采摘的时间多在每年阴历四月至六月间的话,那么野果的成熟时间则相对较晚,采摘的时间也相应滞后。据赫哲族讲,稠李子多生长在江沿、河边的树丛中,它一般在每年阴历的七月成熟,当果的颜色变成黑紫色后,才可以适时采摘;樱桃多在每年阴历的六月成熟,当红彤彤的樱桃布满枝头的时候,人们就可以着手采摘了。都柿、草莓果和牙格达等野果均在每年的阴历六月(有的说五月)成熟,在这一个月里,人们可以成帮结伙地采摘这些野果。榛子、山丁子和山葡萄等多在阴历七月(有的说八月)才进入成熟期,当山丁子变红、山葡萄变成黑紫色后,人们同样乐此不疲地来到江沿、河边的树丛中,把它们摘回家去加工食用。相比之下,山里红和山梨成熟较晚,直到阴历的八月间,果实才可以食用,人们或者来到江沿、河边的树丛中,或者来到山上、草甸子中进行采摘。染料类植物虽然数量不多,但采集的时间则相对较集中。其中,兰花草和杜鹃花均在每年阴历的六七月间才进入采摘期,赫哲妇女若要染鱼、兽皮做衣服,必须抽出时间适时进行采摘。另外,人参、木耳和蘑菇主要生长在山林中,采摘时间不像野菜或野果那样急,夏秋两季可以随时采集。

3.采集的方式

赫哲妇女是采集的主力军,由于她们每天忙于一日三餐,对家里鱼、兽肉的储备数量了如指掌。有时家中肉储备不足时,她们就需要上山或到附近地区采集一些能吃的野菜;有时为了使鱼、兽肉口感更加鲜美,她们也有意识地去采集一些蘑菇或猴头;有时为了以酒助兴,她们也经常去采集一些野果来酿造果酒;有时为了使鱼、兽肉色香味俱佳,她们则去采集一些山花椒、江葱和寒葱等进行调味;当家中有人患病后,她们时而去采集一些具有药用价值的植物来治病;当做衣服需要染色时,她们便要去采集山丁子树皮、楂条等植物。从这里我们可以看到,生活的需要是促使赫哲妇女上山采集的直接动力。她们采集的各种植物,有的即采即用,有的储存起来以备将来使用,正是这种现实需要和未来需要的有机结合,从而推动了赫哲

族采集业的大发展。

据赫哲族讲,她们采集时人员不固定,人数有多有少;有老年妇女也有年幼的孩子;有的是亲属之间临时结伙;有的则是与邻居搭伴。为防止采集到有毒植物,危及家人性命或身体健康,她们多由年纪较大、经验丰富的妇女带队,以随时对所采集的植物进行辨别。采集范围多限度在居住地附近的草甸子、江沿、河边或树林中,同时根据季节变化及各种植物的生长习性,有针对性地前往目的地,重点对时令植物进行集中采集。比如,要采集柳蒿芽等野菜,就要去江边、河沿等潮湿有水的地方;要采集蕨菜等野菜,则要到树丛、草甸子等地方;要采集山白菜等野菜,必须到柞树林中;要采集山里红等野果,则要到江边、河沿附近的树丛中;要采集海棠果等野果,就要到草甸子旁边的树丛中;要采集猴头菇,必须找有柞树的地方;要采集木耳等,只有到山林中去寻找;要采集花脸菇,应挑选有深绿色草丛圆圈的地方;要采集黄蘑,最好到树根下去寻找;要采集榆蘑,需要到榛柴丛中去转悠;要采集人参,要去的地方有花碰子、金场、臭松子树以及暖泉子等。她们采集各种植物时,经常是徒步进行,有时采集野果,则要大家一起坐船前往。采集的分配原则是谁采集就归谁所有,如果是合作采集,则要平均分配,对年纪较小的孩子,也要分给一份,对那些没有参加采集劳动、家里又没有吃的赫哲族人,也要分给他们一份。

采集过程主要以手工劳动为主,辅助工具有刀子、铲子、斧子、锯、篮子、木筐或口袋等。对那些长在树上的野果或“干果”等,有时要用长木杆敲打,然后再把落下来的果实装进篮子或口袋里。有时则用锯把树伐倒,然后把树枝扛回家去,再把果子摘下来。对一时拿不回来的果子,则采取用马驮运的方法驮回来。近年来,随着赫哲族保护树木、爱护山林意识的增强,他们很少采取伐树取果的办法。

4.采集加工

加工是把采集回来的野菜、野果等进行量化处理的一个具体步骤。从目前掌握的资料看,赫哲妇女的加工形式主要有如下四种方法。

首先,直接加工食用。野菜类中的柳蒿芽、枪头菜、山白菜、米叶菜、蕨菜、荠荠菜等,都是通过去除杂质、用水洗净、热水煮熟,然后再与鱼、兽肉一起进行加工,直至做成美味菜肴。其中,柳蒿芽被采集回去后,经过净化处理,然后放在水中煮熟,

接着要反复清洗,以去掉苦味之后再用手把菜攥成团,吃时用刀切碎,或炖或拌均可。枪头菜则是掐其嫩尖,然后再按照上述办法处理。米叶菜既可生吃,又可以煮熟吃,口感光滑,味道像菠菜似的。黄花菜则是属于那种即采即食的野菜,江葱多用于调味或当咸菜吃。各种菌类像木耳、猴头、黄蘑等等,既可以与鱼、兽肉一起煮着吃,又可以吃干菜。野果类食品像稠李子、樱桃、山里红、山葡萄、山梨、都柿、草莓果、海棠果等均可直接食用,有的野果用水煮后再吃,口感会更好,比如像山丁子、牙格达等野果就属于这一类食品。

其次,晒干后食用。对于采集回来一时吃不了的山产品,赫哲妇女多把它晒成干菜,然后用口袋等装好放在鱼楼子里,以备日后食用。比如,野菜中的柳蒿芽,取其五六寸长的嫩尖,先用热水煮熟,晒干后储存起来,吃时再用开水煮就可以做菜了。枪头菜、米叶菜、蕨菜、黄花菜等野菜也都可以晒成干菜,并按上述方法加工处理。木耳及其他蘑菇同样可以晒干储存,待吃时先用水泡,然后加工制作各种食品。据了解,野果类能晒干食用的品种不多,比较有代表性的是稠李子,当把它从树上摘下来后,可以晒成干果,待冬季食用时可以用开水泡,吃起来味道的确与众不同。

第三,坛装或腌制保存。野菜类采取坛装或腌制保存的品种不多,只有寒葱等有限的几个品种。其中,寒葱被采集回来后,多用于腌咸菜,或者腌其他咸菜时,添加寒葱来调味。相比之下,野果类多采取坛装的方式来保存。比如,对吃不了的稠李子可以放进“鱼毛坛”中长期保存,待过年时拿出来吃。山丁子、海棠果、牙格达等野果放入坛子后,再加一些白糖,将坛子口封好,以备冬天吃。山葡萄剔除籽后,可以先煮成果酱,然后再放进坛子里,用泥密封,以便冬天食用。

第四,直接使用。对于染料类植物,人们采集回家后,可直接用于染色。比如,兰花草的花瓣不用任何加工,可直接涂抹在熟好的鱼皮上,使之成为蓝色。杜鹃花的使用方法与之相同,只是涂抹时在花瓣中需添一些白矾,然后染在鱼皮上,使颜色不褪色。染布的方法与前者有所不同,要把布染成黄色或灰色,就要把山丁子树皮、楂条连同布一起放入锅煮,当水变成黄色或灰色后,布的颜色也发生明显改变。

第三章　生活习俗

第一节　服　饰

赫哲族以捕鱼猎兽为生，在布匹没有传入赫哲地区前，她们多以鱼兽皮为材料，缝制各种皮质衣服或被褥，故有"衣帽多以貂为之"或"男女衣服皆鹿皮鱼皮为之"①的说法。其中，在混同江沿岸同江市勤得利以上至松花江下游的赫哲人多穿狍、鹿等兽皮衣服，"男女衣服皆鹿皮、狍皮为之"②。在混同江下游乃至乌苏里江流域生活的赫哲人多穿鱼皮衣服，"用鱼皮而缘以色布"③。对于赫哲族的服饰佩饰特点，曹廷杰是这样描述的："衣服亦悉如制度，惟喜用紫色，袖口束以花带二三寸，足着鱼兽皮乌喇，自膝至踝，或蒙色布，或蒙鱼皮为花，下连乌喇为靴，男人亦多戴耳环，稍形其奇异。"④由是之故，他们有了"狍皮鞑子"、"鹿皮鞑子"或"鱼皮鞑子"等带有民族歧视的它称，还有"鱼皮女真"或"鱼皮部落"等别称。随着时间的推移，这些称呼逐渐由一个服饰概念演变成了一个民族的代名词。

古代赫哲族之所以没有像内地那样，以布匹为材料，加工制作各种式样的布衣服，相反却以鱼、兽皮为材质，裁制加工各种皮衣服，主要是与该民族当时所处的社会文化背景有关。具体原因是：首先，古代赫哲人主要生活在黑龙江、松花江和乌苏里江等三江流域，这里生活闭塞、与世隔绝、信息不灵、交通不发达。由于该民族长期不从事农业、种麻业、养蚕业和家庭纺织业，使他们没有种麻、养蚕、纺纱、织布和做衣服的概念。其次，三江流域冬长夏短，气候寒冷，昼夜温差大，加之捕鱼猎兽的客观需要，要求人们穿一些保暖、御寒的衣服。在没有布匹的条件下，鱼、兽皮恰好满足了人们的穿衣需求，自然成为赫哲族制作衣服的首选材料。对此，古代文献多

① 《皇清职贡图》，卷三。
② 《皇清职贡图》，卷三。
③ 《皇清职贡图》，卷三。
④ 曹廷杰：《西伯利东偏纪要》，59页。

104

有记述。譬如,清代张缙彦在其《宁古塔山水记》中,有"鱼皮部落,食鱼为生,不种五谷,以鱼皮为衣,暖如牛皮"[1]的记载。《吉林通志》同样记载道:赫哲部落"俗以其人食鱼鲜,衣鱼皮,呼为鱼皮达子……衣服用布帛者十无一二,寒时著狍鹿皮,暖时则以熟成鱼皮制衣服之……至鱼皮熟成,则软如棉,薄而且坚"[2]。《黑龙江志稿》不但对服饰有详细记述,就连妇女头饰也有记载:"赫哲人衣服用布帛者少,寒时着狍鹿皮,暖时则以鱼皮制衣服,鱼皮成熟则软如棉,薄而且坚,又妇女善制荷包……俱用鱼皮缝就,镶以云卷,染成红绿色,亦鲜明,妇女好装饰,头上编发为群辫,四围盘绕,复以红绳缠之……以为美饰。"[3]

1.材料的挑选

当一件件鱼、兽皮熟制好后,制作各种鱼、兽皮衣服就显得十分必要了。在有限的时间内,她们要把一家老小一年所需的衣服全部做好,显然不是一件容易的事情。当然,在加工制作过程中,还有许多细致工作要做。比如像鱼、兽皮的挑选、皮子的染色、条绦的剪裁、衣线的揉搓、衣服式样的设计、复杂的拼缝等等。这里,我们重点对材料的挑选和服饰的加工作以详细论述。

1)鱼兽皮

在赫哲妇女看来,用何种鱼、兽皮来制作什么样的衣服或生活用品,都是有

图54　鹿皮兜

一定的说道。当确定要做的衣服后,就需要对鱼、兽皮进行筛选。比如,当要做一件兽皮大衣时,她们多挑选鹿皮或狍皮;当要做一顶皮帽子或一副皮手套时,她们则

①　张缙彦:《宁古塔山水记·域外篇》,30 页。
②　长顺,讷钦修:《吉林通志》,卷二七。
③　张伯英总纂:《黑龙江志稿》,112 页。

首选狍皮。当要做鱼皮衣服时,同样需要对鱼皮进行遴选。在她们眼中,制作一件"乌提提"多选用大马哈、鳇鱼、胖头、赶条、草根、鲤鱼等鱼皮;制作鱼皮套裤则挑选怀头、哲罗或狗鱼等鱼皮;制作鱼皮帽,可选择哲罗、草根和鲇鱼皮。由于鱼、兽皮都可以做靰鞡,当挑兽皮时,她们多选熊、野猪和鹿等兽皮;当选鱼皮时,她们则挑怀头、哲罗、细鳞、狗鱼或鲢鱼皮。当制作皮被褥时,她们多使用狍、狼、熊和野猪等皮子。

2)皮线

除鱼、兽皮外,缝制皮衣所需的皮线也要精心挑选。经过多年的裁缝实践,赫哲妇女认为,缝兽皮衣服应使用柔软的狍、鹿筋掺麻线搓成的细绳,缝鱼皮衣要用胖头鱼或鲢鱼皮搓的线。她们之所以要区别对待,优中选优,主要是考虑到鱼、兽皮本身的质量特性并不完全一样。比如,有些皮子抗刮耐磨,有些皮子抗寒保暖,有些皮子防湿防潮,有些皮子则轻便舒适。正是由于每种皮子的特性差异较大,所以在缝衣服前,她们一定要选好称心的皮线。

在赫哲妇女眼中,皮线分鱼皮线和兽皮线两种。其中,加工鱼皮线有两种方法:一是趁鱼皮湿时切线。当杀鱼时,她们专门挑选皮薄且能够制作细线的胖头鱼,先将鱼皮剥下来,然后去掉鱼鳞,接着用刀将鱼皮慢慢地切成一根根细线,之后拿到屋外或屋内通风处,就像晒鱼皮那样把鱼线晾干,最后用手把鱼线搓软就可以了。二是用晒干的鱼皮切线。当胖头鱼皮熟好后,她们先往鱼皮上涂一些狗鱼肝,借助鱼肝的油性,使鱼皮变得十分柔软。然后把鱼皮铺平,去掉多余部分后,像切面条一样把鱼皮切成细线。当需要用鱼线缝衣时,再把鱼线往细勒一勒,这样缝起来更加方便适用。

为使鱼线变得五颜六色,赫哲妇女把从山上采集下来的各种野花或枝条,通过水煮或直接染等方式,把鱼线染成红、黄、蓝、绿和灰等颜色,一些鱼、兽皮衣服上精美的动、植物图案就是这样用彩线缝制的。与兽皮线相比,鱼皮线的缺点是既不结实又不耐用。

兽皮线多是用狍筋或鹿筋制作的,制线的程序和方法与鱼线相似,即把狍筋或鹿筋剥下来后,先拿到屋外或屋内通风处晒干,然后用工具将其砸成细丝,再用手搓成细线。当缝兽皮衣服或其他衣物时,多使用狍筋或鹿筋细线。

3）条绦

条绦则是赫哲妇女做衣服时经常使用的一种皮条，对皮衣起到一定程度的美化作用。当做妇女或儿童衣服时，她们经常在皮衣的襟口、袖口、托领、前胸和后背等显眼位置，嵌镶各种彩色图案，然后用彩线来缝合。为此，她们先要用剪刀把选好的兽皮或鱼皮，剪成各种式样的皮条，以备做衣服时使用。从掌握的资料看，皮条有大有小、形状各异，有的染上了各种颜色，有的则使用原色。比如，为了使鱼皮衣服更加鲜艳，赫哲妇女有的先把鹿皮染成所需的颜色，然后把它剪成鹿形、鱼形或其他图形，有的甚至染成鱼鳞花。其中，若是用鳇鱼皮制作的，就染成金色鱼鳞花，若是用草根鱼皮制作的，则染成草根鱼鳞花。在此基础上，她们用彩线把这些皮条绦缝在指定位置，由于皮条绦的铺垫作用和彩线的缝合，使皮条绦缝合处“外凸隆起”，十分抢眼；有的则把鱼皮剪成各种云纹、花、草、虫等图案，然后附于衣服的边缘处，再用彩线缝起来。如果将彩线拆开，看到的只不过是各种鱼皮条纹，如果用彩线缝好后再看，皮衣则变成了一件精美的艺术品，给人以鲜亮耀人的美感。据赫哲妇女讲，她们在各种衫、裤、披肩乃至帽子上，曾普遍使用皮条绦来加工制作各式衣服。

4）饰物与纽扣

赫哲妇女为突出衣服的整体美，经常在衣边上并排缝一些海贝壳、铜钱、小玻璃珠、铜铃以及“缨络珠琉绣穗”之类的饰物。从某种意义上讲，那悦耳的铜铃声，贝壳、铜钱、小玻璃珠的相互撞击声以及耀眼夺目的绣穗等，不但具有美的装饰，而且体现了赫哲妇女对美的追求，起到了画龙点睛的美化作用。据讲，这些饰物多缀于女孩或儿童的服装，老人或成年男子的服装则是看不到的。

赫哲族早年穿的衣服上没有纽扣，他们平时穿衣时，喜欢用皮带打结，系在腰间以束腰。后来赫哲妇女逐渐认识到纽扣的作用，开始陆续使用各种质地的纽扣，像骨质的、木质的、皮质的等等，而且形制多种多样。其中，骨纽扣有的是用鱼脊椎骨做的，皮纽扣则是用狍皮板缝成圆绳，打成结做成的，后来则普遍使用铜纽扣。在依兰永和赫哲墓中出土的七枚骨纽扣，“扣作圆球状，圆球之上有一小环为鼻。骨扣大者径长 1 厘米，中者直径 0.8 厘米，小者直径 0.5 厘米”[1]。纽扣虽小，如设计得当

---

① 吕品：《赫哲美术探寻录》，77 页，哈尔滨出版社，2002。

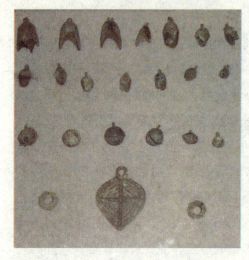

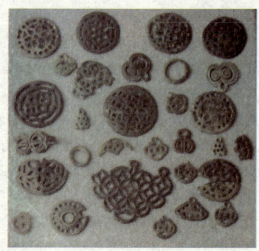

图 55　铜佩饰　　　　　　　　　　　　　　　　　　　　　　　　图 56　铜佩饰

或质地精良,同样对服饰的整体美起到"以小搏大"的作用。

2.服饰的类型

关于赫哲族的服饰,"男以桦树皮为帽,冬则貂帽狐裘,妇女如兜……衣服多用鱼衣,而沿以色布,边缀铜铃,与铠甲相似"①。若按材质划分,有鱼皮衣服和兽皮衣服,还有与布搭配制作的混合型皮衣;若按用途划分,有日常服、宗教服、婚服和丧服;若按季节划分,夏季多穿鱼皮服,冬季则穿兽皮服;若按性别来划分,男人多穿兽皮服,女人则穿鱼皮服;若按屋内屋外划分,外出多穿兽皮服,家内则穿鱼皮服;若按年龄划分,则有老人装和儿童装等等,不一而足。

1)按材质划分

所谓材质是指加工皮衣时, 是用鱼皮还是用兽皮来做衣服。按照赫哲族的说法,他们穿的衣服有的是用鱼皮做的,有的则是用兽皮做的,还有的是用鱼兽皮混合加工制作的。当布匹传入该地区后,她们经常把鱼、兽皮和布混合起来加工各种服装,从而使赫哲族的服饰设计和风格,具有浓郁的渔猎民族特色。

(1)鱼皮服饰

鱼皮服饰即赫哲族经常穿的鱼皮上衣、鱼皮套裤、鱼皮绑腿、鱼皮靴、鱼皮衣

---

① 　舒景祥:《中国赫哲族》,285 页,黑龙江人民出版社,1999。

帽、鱼皮手套及鱼皮靰鞡的统称，就连他们晚上睡觉休息的被褥，有的也是用鱼皮来缝制的。鉴于"男主外、女主内"的天然分工，制作鱼皮衣服自然落到赫哲妇女身上。她们在熟完鱼皮后，就要忙里偷闲地赶做各种鱼皮服装。考虑到赫哲男子常年在野外捕鱼猎兽，所以每年都要把他们穿的衣服先做好，然后才能做老人或孩子的。由于鱼皮衣物做工精细、穿着舒适以及样式别致，因而很受赫哲族的欢迎。

图57　鱼皮女套装

图58　穿鱼皮衣的女孩

①鱼皮上衣（赫哲语称"乌提提"）

鱼皮上衣是赫哲妇女经常穿的一种衣服，受满族服饰的长期影响，其设计式样多为过膝长衣，形如旗袍，具有无领、偏襟、长身、窄腰、肥袖、大摆等特点。其中，两

肩之间有领窝无衣袖,赫哲妇女穿起来显得脖子修长,进一步体现了女性的高雅;腰身稍窄则衬托出女性的形体美;下身肥大呈扇形,意在避免过多的线条起伏;衣袖宽松而短小,完全是出于家庭生活的客观需要。鱼皮上衣起初同样没有纽扣,她们穿上后多用皮带系好,或者把皮带系在腰间来束腰。后来,她们用鱼骨磨制纽扣,分别置于领口和衣襟处。鱼骨纽扣既可用来系衣服,又以其特有的色泽、形状做衬托,对鱼皮上衣起到画龙点睛的作用。凌纯声先生在深入赫哲地区调查时发现,鱼皮衣服"皮染蓝色、紫色",衣服边缘有"红、紫、白"三色镶边,制作过程中"先拼成背心形,四周以鱼皮制成的堆花边"镶边,"最后上衣袖"、"前胸后背,均有堆花装饰"[1]等等。总之,正是源于简洁、大方、得体、朴素的设计思路,使鱼皮上衣能够一花独放,成为鱼皮服饰的上乘之作。随着服饰面料的更新换代,鱼皮衣服的穿着功能在明显退化,并日益被收藏功能、展览功能和表演功能所取代。

②鱼皮套裤

鱼皮套裤也是备受赫哲男女喜爱的一种皮裤,从式样上看,它分为齐口和斜口两种。其中,赫哲男子多穿上边斜口、裤腿齐口的套裤,没有裤裆,有衣带系在腰上,裤脚下边镶有黑边,以示美观;赫哲妇女则穿上口月牙形(一说齐口)、裤腿齐口的套裤,裤的上下边缘均锈有花纹和镶金边。在夹鱼皮套裤的基础上,她们又设计制作了棉套裤。当冬季到来后,她们里面穿夹裤,外面穿棉套裤,最后再穿上棉长袍。由于鱼皮套裤具有抗寒耐磨、防水护膝之功效,每当赫哲男子外出捕鱼猎兽时,多穿这种套裤,赫哲妇女外出或劳动时,也习惯于穿类似的鱼皮套裤。

③鱼皮靰鞡

鱼皮靰鞡则是古代赫哲族经常穿的一种鞋,它主要是用怀头、哲罗、细鳞等鱼皮,少部分用熊皮或野猪皮加工制作。整个靰鞡由鞋身、鞋脸和鞋勒三部分组成。其中,鞋身的前段和鞋脸经抽褶呈半圆形,鞋勒则由薄鱼皮或去毛的狍肚皮做的,多缝在鞋的"上口",一般高约30厘米左右,然后在"鞋耳子"上再穿细绳,或用兽皮条做鞋带,便可以穿用了。当寒冷的冬季到来后,每当赫哲男女外出时,他(她)们先套上狍皮袜子,再往鞋里絮一些柔软似棉的靰鞡草,接着把鞋的勒子裹在小腿上,之

---

① 凌纯声:《松花江下游的赫哲族》(下册),72页,中国科学图书仪器公司承印,1935。

后用鞋带勒紧。据讲,鱼皮靰鞡具有保暖抗寒、灵巧轻便、防潮防滑等特点,因而受到赫哲族的普遍欢迎。在看到优点的同时,这种鱼皮靰鞡也有致命的缺点,就是遇热容易烫坏,因而切不能用火烤,或用脚踩过热的东西。夏季捕鱼时,他们多穿用鲤鱼皮制作的靰鞡,据讲,穿之前一定要先用水把鞋浸软,脱后要马上挂起来保存。当布匹传入赫哲族地区后,人们开始穿用布做的鞋。

图59　缝制鱼皮靰鞡

（2）兽皮服饰

兽皮衣服主要是赫哲男子外出捕鱼或狩猎时穿的,赫哲妇女出远门或拉柴草时,也经常穿这种带毛的兽皮衣服以御寒。基于特殊的气候环境和生产特点,兽皮自然是赫哲族做衣服时必选的服饰面料之一。每当他们猎获一些动物或大型野兽后,先把兽皮剥下来,然后经过晾晒、熟制等几个加工程序后,再由赫哲族妇女根据家庭需要,裁剪各种款式不一的衣服。

①狍皮大哈

狍皮大哈是赫哲族男子经常穿的一种皮衣,这种皮衣是用熟化的兽皮加工制作的,衣服外套多被染成青色,衣服花边则染成青蓝色,有衣领、镶青色云字边,围脖乃是用狐狸皮或貉子皮做的。

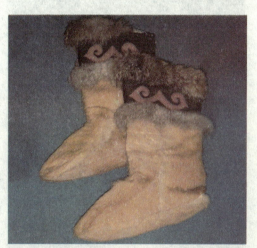

图60　鹿皮靴

图61　女靴

因以狍皮为原料,且身长过膝,故得名。据讲,狍皮大衣有两种式样,一种是对襟大衣,另一种是偏襟大衣。其中,冬季因天气寒冷,他们多穿绒毛长、皮子厚的大衣,以达到保暖御寒的目的。其他季节则穿用初冬皮、大秋皮和夏季皮制作的短毛大衣。夏季由于天气炎热, 他们多穿去毛平板的皮大衣, 这种衣服的最大特点是前后开衩, 外出行走时能够轻松自如。考虑到季节性因素限制,她们有时设计制作可以两面穿的皮大衣,即天冷时毛朝里,天热时毛朝外。为防止穿衣或脱衣时把狍皮撕裂,赫哲妇女经常用狍皮来"缘边"。狍皮大哈起初没有纽扣,有"皮带三道,用以代纽"。后来她们则使用以狍皮做的纽扣,之后采用小铜扣来替代。

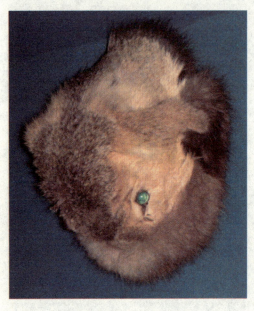

图62　皮帽子

②狍皮帽子

狍皮帽子也是古代赫哲族冬季御寒的重要物品之一, 因是用狍皮制作而得名。相对其他服饰而言,缝制一顶狍皮帽子,加工工序不是很复杂。具体步骤是,当赫哲妇女剥狍子皮时, 她们先将狍子头皮完整地剥下来,经过晾晒、熟制等几个熟化程序后, 再用针线把狍子头皮的耳朵、眼睛等部位缝好,用光板狍皮挂里子,接着把一对耳朵缝在帽子上,再把狐狸或者貉子尾巴皮缝上就可以了。为防止帽子脱边,她们同样给帽子镶一圈"缘边",使狍皮帽子更加美观耐用。

③皮手闷子

皮手闷子也是古代赫哲族冬季御寒的重要物品之一,因用途不同,其样式也小有差别。比如,为冬季狩猎开枪方便,她们在缝手套时,先用熟好的带毛狍皮缝成筒式手套,然后把手背上的皮子抽褶,与手掌和拇指皮抽褶缝连在一起,在手腕处留一横口,用细毛皮缝在横口沿边,以防止灌风。横口的主要作用是打枪时,能把手伸出来扣动扳机,或者是用来握枪的。为保暖起见,她们还给手套缝上皮带,当外出戴上这种手套后,再系上皮带封好口,既不透风又不脱落,给人感觉非常方便舒适。当布传入后,赫哲族开始用布做布手闷子。

④兽皮被褥

兽皮被褥是古代赫哲族用于睡觉休息的。据赫哲妇女讲,她们多是用熟好的狍皮做被子,以狍皮、狼皮做褥子,多为圆筒形。当他们外出狩猎时,要随时准备好狍皮筒被子,这种被乃是用多张绒毛较长的成皮拼缝成的,有 2 米多长,呈半截筒式,一端开口的口袋状,上面缝几根皮条,以备卷捆时结扎。无论在寒冷的冬季还是其他季节,当人们需要睡觉时,可以从开口处把两腿伸进半截皮口袋里去,然后把开口扎好,戴上帽子就可以睡上一个安稳觉了。与口袋被相比,赫哲族铺的褥子也都用兽皮制作,像狍皮、熊皮、狼皮和野猪皮,都经常被用来缝褥子。由于用兽皮做的被、褥让人感觉既暖和又舒服,既防潮又轻便,因而很受赫哲族的喜爱。

⑤水獭皮冬帽

水獭皮冬帽是赫哲族冬季外出时经常戴的一种帽子,因用水獭皮制作而得名。这种皮帽有男女之分,但式样相同。帽顶多是用数块小皮子拼缝成的,一般皮毛朝外,用布料做帽里。帽子旁边缝皮两块为暖耳,天冷时可把帽耳垂下,天热时则把帽耳上翻以为装饰。帽顶的样式设计也很特别,即用大皮一块,四面剪缝四条,经手工缝制后而成现在的式样。

⑥防蚊帽

防蚊帽是赫哲族夏季外出或狩猎时戴的一种帽子,因主要是防止蚊蠓叮咬,故得名。这种帽子制作简单,它是在普通帽子式样的基础上,在帽子外面再加一护颈,前面使面部露出即可。据讲,防蚊帽起初为革制,后改为布料缝制。

除上面提到的几种服饰外,赫哲族以兽皮为材质,加工制作的服饰还有许多种。比如,鹿皮男长衫主要是春秋两季穿的,它以鹿皮为原料,故得名,其服装

图63　防蚊帽

式样多为长衫。鹿皮女衣则是为赫哲妇女设计的,她们以鹿皮为材质,毛朝里,皮板在外。领口、襟上、腋下三处用纽扣,衣服四周均镶有花边或拼接各种花纹图案,此衣的长短与今日的短旗袍相仿。狍皮短袄也是赫哲族冬季经常穿的一种服饰,因用狍皮制作而得名。它一般毛向内,为对襟式样。胸前有结带二道,腰身甚大。此外还有狍皮裤、狍皮套裤、鹿皮背心、鹿腿皮长靴、鹿腿皮靴、鹿胫皮短靴、鹿皮快鞋、野猪皮靴以及牛皮鞋等等。

(3)混合式服饰

所谓混合式服饰是指用鱼、兽皮或布混合搭配裁制加工的各种服饰。在这方面,赫哲妇女结合自己多年的裁剪经验,尝试制作了多种舒适耐用、美观大方的服饰。一种是用兽皮与布混合搭配缝制的衣服,像人们熟知的狍皮裤子就是这样加工制作的。据赫哲族讲,这是一种前后都能穿的便裤,一般春、夏、秋季都可以穿。在加工制作过程中,她们多用狍皮做裤,用薄皮或用棉布做裤腰(有些也用狍皮代替),然后用捶软的狍、鹿筋搓成的细线缝制。为使狍皮帽子肥大而暖和,她们加工时常以布为面,以狍皮做里,然后做成布面狍里的帽子。鱼皮手套的制作方法也与之相仿,即先用棉布做里,然后把做好的鱼皮手套套在外面,这样的手套用起来既耐磨又抗水,非常方便适用。另一种是用鱼皮和兽皮混合搭配做的衣物。比如,鱼皮衣服"乌提提"上的鹿形图案,就是以鹿皮为原料加工制作,然后用人工缝在衣服上的。经过如此搭配,使鱼皮衣服看起来更加艳丽。再如皮手套,为使它轻便实用,赫哲妇女制作时,多以狍皮做手套,在手套的上口则挑选好的鱼皮来缝制。

做衣服注重混合搭配,穿衣服同样

图 64　女装

讲究内外搭配。从目前掌握的材料看，穿衣服混合搭配的形式主要有三种：一种是鱼皮或兽皮衣服混合穿，即上身穿狍皮大哈，下身穿鱼皮套裤，脚穿鱼皮靰鞡，使鱼、兽皮衣服穿起来大方得体，相得益彰，从而弥补了两种皮质的不足。另一种是布衣和鱼、兽皮衣混合穿，即外衣穿皮衣，内衣是布衣。其中，内衣

图65　鹿皮服饰

大多是用布料制作的汗衫和短裤，穿起来感觉十分舒适。最后一种完全是用布做成的。据赫哲族讲，布匹传入赫哲地区相对较晚，它多是从内地或俄国传入的。尤其是自清代后期乃至民国以来，随着贡貂赏乌绫制度的实行，内地商人随之将大量布匹运入赫哲地区，特别是随着中俄分江分界后，赫哲地区猎业资源数量急剧减少，呈日益萎缩态势。赫哲妇女开始改变用鱼、兽皮做衣服的习惯，逐渐用布做各式衣服。

起初，她们设计制作的服装都是长身的，并采用制作鱼、兽皮衣服的加工方法，在衣服的袖口、襟口、托领等处剪成云纹镶边。后来，她们的衣服款式有所增多，分单衣、夹衣或棉衣等几种。一般冬季穿棉布袍，下穿棉套裤；夏季则穿单布衣，脚穿布鞋；秋季经常制作绒裤、毛裤或单(棉)坎肩等衣物。至此，他(她)们在穿着方面与汉族已经没有什么区别。到新中国成立后，赫哲族几乎不穿鱼、兽皮衣服了，他们陆续穿用棉布、涤纶、针织、绸缎、呢子和毛料等做成的衣服。只有当举办乌日贡大会或庆祝重大节日等喜庆活动时，才穿用鱼、兽皮制作的民族传统服饰即兴表演一番，以体现该民族的服饰特征。

（4）桦树皮帽

桦树皮帽是赫哲族夏季戴的重要物品之一，赫哲语称之为"博如"。它形如斗笠，顶尖檐大，既能遮光又能挡雨。具体制作方法是：以桦树皮为材质，把它卷成锥形，用麻线缝实。帽的边缘均用桦树皮贴边，接缝处用松脂涂抹，帽内有帽箍，同样以桦树皮来加工制作。为体现桦树皮帽美的设计和美的风格，她们经常把波浪纹、

云纹等纹饰图案绘于帽上,有时把鱼或鹿等图形刻在帽子上面。一些赫哲姑娘甚至把桦树皮帽作为信物,送给自己的心上人,以表爱慕之情。

2)按用途划分

穿衣除遮体、御寒等主观动机外,还有追求美、展示美的良好愿望。当然,在平常的日子里,人们可以根据个人爱好随意选择所穿的衣服,或装束简单,或朴实无华。但在特定的场合或特殊的活动中,人们就要适应环境的变化,对所穿衣服的颜色及式样等有所约束。这里,我们依照用途,着重介绍与喜庆婚姻及丧葬活动有关的几种服饰。

（1）婚服

婚服是赫哲族青年男女结婚时穿的具有喜庆色彩的服装,其式样与普通服装差别不大。为使新郎英俊潇洒,新娘美丽动人,双方父母都要为新人做几件像样的衣服,这些衣服多是根据他(她)们的身高、体重、身形等裁剪的,因而非常合身,还有的则是陪送的。据赫哲老人尤连仲介绍,他的岳母结婚时,在索要的彩礼或陪送的嫁妆中,仅新衣服就有绸缎大袍、布衫、夹袍、汗衫、棉袄和夹袄等等。

①迎亲

迎亲是结婚的前奏,赫哲男青年迎娶新娘时,一定要讲究"披红挂绿"。为此,新郎要穿一件窄袖长袍,肩上斜披一块红布,身上还要扎腰带,佩戴烟荷包等,以突出迎新气氛。新娘的装束与新郎相近,也是穿一件长袍、扎腰带、佩烟荷包等。与新郎稍有不同的是,为衬托新娘的女性美,她穿的长袍多是宽袖镶花,使她看起来更加婀娜多姿。

②拜天地

拜天地是结婚的重要活动之一,为强化婚庆的欢乐、祥和、吉祥和祝福气氛,赫哲族多把红色作为喜庆、热烈的颜色。新娘要身穿红袄、红裤,头顶红方巾,与新郎一起拜天地。他们用鲜红的颜色,来象征这对新人日后的生活红红火火。婚服虽然是结婚期间穿的具有喜庆色彩的服装,有的新婚夫妇婚后还要再穿上一段时间。但在平常生活中,他(她)们则很少穿这样的大红大绿的衣服。尽管如此,我们仍然把它作为一种特定的服饰突出出来,以体现婚庆文化的服饰特征。

（2）丧服

丧服是赫哲族举办丧事活动期间穿的服装或披挂饰物的总称，它多以白布为主色调，来加工制作各种的丧服，像人们熟悉的对襟白褂就是其中的一种。

丧服分寿服和孝服两种。其中，寿服是给故去的人穿的。据已故的赫哲老人尤金良生前所讲，丧服一般为青色长袍，白布蒙全身，头戴三角布帽，脚穿布鞋。孝服则是逝者的亲人必须穿的衣服或披挂的饰物，以此来寄托对他（她）的哀思。比如，如果故去的人有妻子和孩子，妻子就要给丈夫戴孝，一般装束为"头上要扎白布条，在身后拖着，腰间扎白布带，布带上还有铃铛，这是怕丈夫的魂灵迷失方向，以便听到铃声跟着走"[1]。有的赫哲地区还有这样的习俗，即一旦丈夫走了，妻子和最小的儿子要穿全身孝服，妻子身上还斜着拴一条细线，以表示夫妻的命运永远连接在一起。当出殡时，死者的子孙或其他晚辈都要穿孝服，以表达对逝者的哀思之情。另外，在"撂档子"前，家人凡去上坟，就必须身穿孝服，赫哲族称之为"穿大孝"。"撂档子"后，家人可以脱去孝服，只在帽子和鞋上留着白边，他们称之为"穿小孝"。

与婚服相比，丧服同样是在特定时期穿的一种服饰或披挂的饰物，它穿用的时间较长，而且穿的范围比较广，妻子、儿孙等近亲属等都要穿戴，其他晚辈或亲友也要佩戴用于寄托哀思的饰物。我们把丧服作为一种特定的服饰类型体现出来，同样是为了体现赫哲族丧葬文化的服饰特征。

3）按性别年龄划分

赫哲族的衣着服饰，无论是服装式样还是颜色搭配，均具有明显的性别特征和年龄特点，像老人服装、儿童服装、女孩服装和成人服装等都具有类似的差异。

（1）成人服装

在设计制作赫哲男子服装时，赫哲妇女主要是考虑他们捕鱼猎兽的生产实际，因而将服装式样设计得简洁、大方、得体和适用，服装颜色多体现自然、和谐的主题，把男性的阳刚之气和勇敢性格通过服饰体现出来。在此基础上，她们把美的思想、美的设计和美的风格用各种图案衬托出来。于是，我们在赫哲男子穿的狍皮大哈、鱼皮套裤等鱼、兽皮服饰的沿襟、袖口、托领、下摆和裤脚上，经常会看到镶在上

---

① 《民族问题五种丛书》黑龙江省编写组：《赫哲族社会历史调查》，167页，黑龙江朝鲜民族出版社，1987。

面的各种云纹及其他图案,使男子服装衬托出端庄素雅、古朴美观的自然美。

（2）女孩服装

爱美是每个女孩的天性,针对赫哲女孩的爱美心理,她们将服装设计得清新明快、色彩斑斓。在加工制作过程中,赫哲妇女多在衣服的显眼位置,用五颜六色的彩线缝起来,为使缝的部位凸现隆起,她们多用鱼、兽皮条纹做铺垫,将其附在衣服上,然后用彩线缝严实。此外,她们还把鹿、鸡等野兽和家禽图案,浮云、水纹等自然图案,花朵、莲藕等植物图案以及三角形、方形等几何图案绘(附)于衣服上,有时还把海贝、铜钱等饰物缀在衣服上。对此,有史料载曰:"其所衣鱼皮极软,熟可染,喜五色,糯米珠并铜钱,响铃缝于衣旁,行动有声。"①赫哲女孩穿上这样的服装,自然体现出绚丽多姿的青春美。

（3）儿童服装

天真烂漫是儿童的天性,赫哲妇女在设计加工儿童服装时,同样把孩子的童趣与服装的式样和颜色搭配起来。她们借鉴女孩服装的设计理念,一是在服装的颜色上,多以鲜艳的颜色为主,使之与孩子的年龄特征相近;二是在服装的图案上,多挑选绣纹蝴蝶、雄鸡衔花等赋予儿童个性的艳丽图案,使之与孩子的认知能力相接近;三是在彩线的拼缝上,把衣服的显眼部位用彩线和条纹拼接好,使之与衣服的整体风格搭配起来,让赫哲儿童穿起来更加漂亮。

第二节　饮　食

饮食是一个民族得以延续发展的物质食粮,赫哲饮食无论是内容还是形式,都曾经历过大的历史性变革。最初,赫哲族吃的鱼有鲤鱼、草根、细鳞等,兽肉有鹿、狍、野猪、山兔等,谷物虽然以小米或黄米为主,但数量不多。《吉林通志》载曰:"其地土性寒浆,春晚霜早,不产五谷。"②他们多把鹿尾、鹿筋、熊掌、猴头、木耳、白米和白面等视为珍贵食品。在继承和创新的基础上,赫哲族传统饮食呈现出多元发展的

---

①　吴桭臣:《宁古塔纪略》,95页。

②　长顺,讷钦修:《吉林通志》,卷二七。

态势。深刻把握赫哲饮食的发展脉络,总结提炼赫哲饮食的发展特点,对于我们全面了解赫哲食饮所具有的博大精深的历史文化内涵,无疑具有深远的历史意义。

1.赫哲族的饮食类型

自古以来,赫哲族的饮食习俗很有特色,"春夏取河鱼为食,秋冬捕野兽为食。鱼干鹿肉,家家堆积为粮焉"①。从目前掌握的资料看,赫哲族的传统饮食分生食和熟食两大类。其中,生食包括刹生鱼、拉布塔哈等,熟食包括烤鱼肉片、鱼肉松、炖鱼等。在经历了刹生鱼、晒肉等几个发展阶段后,逐渐进入了煎、烤、炸、炖、炒、蒸、煮等多种烹调方法并存发展的新时代。经考证,该民族具有渔猎文化特色的饮食品主要有以下若干种。

1)生鱼类

生鱼类食品是赫哲族饮食中久负盛名的食品,尤其是远近闻名的刹生鱼,几乎成为该民族食品中的极品。生鱼片同样以其独特的吃法,而深受各族人民的喜爱。即便进入 21 世纪,生鱼类食品仍然是赫哲人招待宾客的压桌菜,并让客人第一个品尝,以示对客人的尊重。

(1)刹生鱼

刹生鱼是赫哲族食生鱼的一种。他们是何时制作刹生鱼的,因史无记载,故无从考证。但在赫哲族之间,至今仍流传着这样一个与刹生鱼有关的古老传说。相传在遥远的古代,一位刚过门的新媳妇聪明伶俐,似有"巧妇能做无米之炊"的过人之处,老公公让她做一道鱼菜,要求做好后鱼看似生的,吃起来口感又是熟的,新媳妇毫不犹豫地答应了。但见她把两条活蹦乱跳的活鱼开膛破肚,清洗

图66　刹生鱼时放血

① 长顺,讷钦修:《吉林通志》,卷二七。

图 67　加工生鱼

干净，然后把生鱼切成丝，放在桦木盆里，用醋泡上。接着把鱼皮往火上烤，使之烤得焦黄脆香。之后把鱼皮切成丝放进盆里，最后再放一些作料，并搅拌均匀，一道刹生鱼菜就这样做好了。老公公吃过几口后连声说："做得好。"从此，刹生鱼这道名菜逐渐在该民族中流传开来。

　　就像传说所讲的那样，刹生鱼所用的鱼必须是活鱼。因为在赫哲族的观念中，鱼既然能够活着，就说明鱼本身没有什么毛病。起初他们选鱼时，多以鲟、鳇鱼为主，现在则改用鲤鱼。据讲，他们加工刹生鱼时，先用刀从鱼腮处放血，清洗干净，后把鱼头切下。接着把连着皮的鱼肉皮朝下切斜刀，之后再把鱼肉片切成肉丝，最后把肉丝从鱼皮上剔下来。

　　将生鱼肉切成肉丝，是制作刹生鱼的重要步骤，里面说道很多。比如，鱼肉丝是横切、顺切还是斜切，直接决定着肉丝的粗细。如果肉丝切得太粗，吃不出生中有熟的味道。只有斜着切肉，才能切得精细，或者切得恰到好处。之后再拌上各种作料就可以食用了。

　　赫哲族最初吃刹生鱼时，主要以吃鱼肉为主，很少添加蔬菜。所选的鱼除鲤鱼外，还有草根、鲟、鳇、胖头等多种鱼。当捕鱼、猎兽数量少的时候，赫哲妇女经常上山采集一些山野菜来充饥。在采集实践中，她们发现，江葱、姜以及山辣椒都可以作为刹生鱼的拌料，一旦往生鱼中添加上述拌菜，吃起来特别爽口。从此，江葱等具有调味功效的山野菜，逐渐成为刹生鱼中不可或缺的一部分。

　　江葱虽然起到调味作用，若同时往菜中添加一些野果酱，效果会怎样呢？赫哲妇女大胆实践，她们把山上酸甜可口的山樱桃等野果采回家去，然后挤出果中的汁液，倒入拌好的刹生鱼中，借助果中的酸甜味来调和菜的口味。经过这样处理，不但使刹生鱼色泽鲜艳，而且味道更加酸甜爽口。在此基础上，她们把山梨、山葡萄等采下来，清洗干净后放在锅里煮，拿出后用重物挤压，随之制作甘甜可口的果酒。当人们举行祭祀、宴会、迎宾或送行等重大庆祝活动时，大家一边吃着刹生鱼，一边喝着纯天然自酿的果酒，好不惬意。

自清末至民国以来，随着盐、糖、酱油、醋、味素、香油等调味品陆续传入赫哲地区，可供食用的调味品数量越来越多。在鱼类资源越来越少、价格越来越贵的今天，拌菜在刹生鱼中的分量比重越来越大，种类越来越多，像黄瓜、水萝卜、土豆丝、绿豆芽、生菜、芹菜、香菜、粉丝、辣椒油等都可以拌入生鱼中。其中，土豆丝、绿豆芽和粉丝拌前要用热水焯一下，黄瓜、水萝卜等切丝后可直接拌入，豆油烧开后再拌入菜中等等。自此之后，刹生鱼由以鱼肉为主逐渐变为以菜为主，由赫哲族独自享用变为当地各族人民共同享用。

（2）"拉布塔哈"

"拉布塔哈"是赫哲族春、夏和秋季的一种生鱼菜品，汉语为"生鱼片"的意思。"拉布塔哈"也是以活鱼或最新鲜的死鱼为加工对象，先把鱼血放净，刮净鱼鳞，然后将鲜鱼肉剔下来，切成薄薄的肉片，鱼皮也一同剥下来并切成片，不加任何蔬菜，可直接蘸着醋或盐吃，或者拌辣椒油，吃起来脆生生的。据赫哲族讲，吃"拉布塔哈"时，要一片一片地蘸着吃。如果蘸辣椒油吃，再喝一口酒，感觉特别舒服。

图68　生鱼片　　　　　　　　　　　　　　　　　　　　图69　刀切冻鱼片

（3）"苏日阿克"

"苏日阿克"则是赫哲族冬季的一种生鱼菜品，汉语虽然也是"生鱼片"的意思，但因加工方法不同，故有"刨花"的说法。即把狗鱼、白鱼、哲罗、细鳞等冻鱼（最初用

鲟、鳇鱼)拿出来,先剥去冻鱼皮,然后用刀子切成薄薄的冻鱼片,如同刨花一样(一说用刨子把冻鱼肉推成一片片的刨花),故有"生鱼刨花"的说法。与"拉布塔哈"相比,"苏日啊克"是冻鱼不是活鱼,切薄鱼片的方法也与夏季有很大不同。当做好生鱼刨花后,同样放一些拌菜,然后再添一些调味品或蘸盐吃。随着时代的发展,赫哲族吃冻鱼片时,也要添加一些米醋、辣椒、盐、味素等调味品,这样吃起来既凉爽又简便,口感特别鲜美凉脆。如果再喝上几口白酒,真是鲜美至极,难以言状。

2)晒肉类

在气候干燥、凉爽宜人的春、秋季节,在没有盐及其他防腐材料的前提下,赫哲族把捕捞或猎获到的鹿肉、狍肉等兽肉,或者脂肪较少的鱼肉,以及其他一时吃不了的鱼、兽肉,采用把肉晒成肉干的方法加以储存,以备日后淡季时吃。

(1)晒兽肉干

赫哲族晒兽肉干很有一套办法,他们对捕猎的鹿、狍、野猪、熊等野兽,先把兽皮剥离下来,然后将四肢等部位的肉割下来,或者先煮熟后晒干,或者切成小块穿在木棍上,接着用木头搭个架子点着火,把肉放在火上烤,待烤熟后切成"骰子块",之后拿到外面晾晒加工,晒干后存放在鱼楼子里。据讲,当兽肉多时,赫哲族多采取类似的方法加以储存。当兽肉少时,他们也直接把兽肉晒成肉干。由于肉干外感坚硬,吃时必须先用开水浸泡一下,然后用锅炖着吃。

(2)晒兽肉条

晒兽肉条也是赫哲族储存兽肉的一种方法,加工方法与前者相同。即对捕猎的鹿、野猪、狍等野兽,先把兽皮剥下来,然后将四肢等部位的肉割下来,切成类似"苞米棒"粗细的肉条子,再用柳木杆穿起来,直接拿到外面的木架上晾晒,晒干后储存起来。吃时可先用开水浸泡一下,然后加盐用锅煮熟。或者做小米粥时,就着鱼干和肉干一起吃。

(3)晒鱼肉干

晒鱼肉干亦是古代赫哲族储存鱼肉的方法之一。据讲,晒鱼肉干多在春、秋两季进行,当把鲫鱼、鳊花、狗鱼、大马哈鱼等各种活鱼运回家后,赫哲妇女便抓紧去头、破膛并清洗干净,然后把较瘦的鱼或鱼的瘦肉部分,切成方块(有的切成菱形)

穿在木棍上,用木头搭个架子,把鱼肉块放在明火上烧烤,烤好后拿到外面晒干。还有的直接把鱼肉生晒之,之后剔除鱼骨就可以储藏了。当盐传入赫哲地区后,她们有时把大马哈鱼用盐腌好,然后制作所谓的"大马哈鱼皮子"。当然,由于每个人的喜好不同,赫哲族吃鱼肉干的方法也不尽相同。比如,他们吃鱼肉干时,有的先用开水浸泡一下,然后用柳蒿芽炖着吃,有的则给孩子当干粮嚼着吃,有的乃用明火烤着吃,还有的则用火蒸着吃,一些赫哲老人因牙口不好,甚至用木槌将肉捶软后再吃。

(4)晒鱼肉条

晒鱼肉条也是古代赫哲族储存鱼肉的方法之一。她们多在春、秋两季,把捕捞上来一时吃不完的鲇鱼、怀头等鱼,去头破膛,清洗干净,然后把瘦鱼或鱼的瘦肉部分切成一指宽的肉条,经明火烤熟后,再去除鱼骨,之后拿到外面晒干并储存起来,以备将来食用。吃鱼肉条时,她们同样采取开水浸泡、烧、炖、炒鱼毛等几种方法,还有的则拿给孩子当干粮嚼着吃。

(5)晒大马哈鱼子

晒大马哈鱼子同样是赫哲族储存鱼肉的方法之一,他们称之为"查发"。据赫哲族讲,在捕捞大马哈鱼的旺季,她们多把豆粒大小、红彤彤的鲜大马哈鱼子晒干并储存起来。平时做饭时,她们有的把鱼子干放进锅里煮着吃,有的则把它弄碎,掺到粥里拌着吃,还有的把鱼子干和"鱼毛"混放在一起吃。近年来,随着大马哈鱼数量的锐减,大马哈鱼子已经成为赫哲族招待贵客的珍品。

图70　鱼子

3)煎炒炸烤类

煎炒炸烤是赫哲族加工鱼、兽肉的主要形式之一,与晒(鱼、兽)肉条(块)、刹生鱼等相比,这类加工形式因具有香气袭人、脆酥可口等特点,故受到广大赫哲族的

喜爱,逐渐成为他们一年四季的大众菜品。

(1)烤鱼肉片(块)

烤鱼肉片是赫哲族的一种烧烤类食品。据讲,烤鱼肉片可不分时间、地点,即便在捕鱼的滩地上,赫哲族可因陋就简,进行简单加工。具体加工方法是:他们先把新鲜的鱼去头去鳞,然后清洗干净,开膛破肚,接着用刀把精瘦的鱼肉片下来,切成连在鱼皮上的薄薄鱼片或鱼块,用削尖的鲜柳条,把肉片(块)穿起来,放在旺火上烤。为使鱼肉烤得外焦里嫩,他们经常把鱼片和鱼皮连着烤,待烤熟后(有的说烤到三四分熟时)趁热蘸盐或蘸醋吃,口感香香的。也有的赫哲族则反其道而行之,他们先把鱼放在火上烤,待烤熟后再切片食用。

(2)炒鱼毛

炒鱼毛是赫哲族烧烤类食品中的一种,也是他们一日三餐必不可少的菜品。据赫哲人讲,能够加工鱼毛的除小鱼外,鲤鱼、草根、怀头、鳇鱼、白鱼、干条、胖头、细鳞等肥鱼(或其他鱼肉肥的部分)也能加工制作。在炒鱼毛前,她们先是去掉鱼头,然后剖腹除去内脏中的废物和鱼鳞。待清洗干净后,把鱼肉切成大块放入锅中,用旺火煮熟。捞出后,再去掉鱼骨和鱼刺,凉后将鱼肉再放入锅中翻炒,边炒边挑鱼刺。炒时一定要掌握火候,直到鱼毛焦黄不粘锅,酥肥而喷香时取出,并倒入罐、篓等容器中储存。其间加盐,或用鱼油浸泡,有的甚至放一些稠李子饼或山丁子,经扎口密封后埋入地下,或置于阴凉处,外边涂泥放干,现吃现取,味道十分鲜美,是赫哲族招待贵客的上等食品。

(3)炸鱼块

炸鱼块同样是赫哲族烧烤类食品中的一种。她们在加工时,多挑选鳇鱼肥的部分,分别切成寸许的方肉块,经过鱼油炸酥,然后再放入密封的容器内,中间添加一些鱼油浸泡。

4)蒸煮焖类

蒸煮焖鱼、兽肉也是赫哲族加工饮食的重要形式之一,尤其是当新式餐饮工具频繁问世后,他们蒸煮焖鱼、兽肉的种类越来越多,范围越来越广,为丰富赫哲族的日常饮食起到了推动作用。

（1）蒸鱼干

蒸鱼干实质是赫哲族在晒鱼干的基础上发展起来的一种菜品加工方法。每到春、秋两季到来后，她们便把捕获的鳊花、鲑鱼等鲜鱼洗净晒干，然后储存起来。吃时一改"干吃"的习惯，先用开水泡一下，然后用刀切成块，放入锅中蒸熟后就可以食用了。

（2）清炖鱼

清炖鱼也是赫哲族吃鱼的主要方法之一，加工起来并不复杂。当鱼从水中捕捞上来后，她们经过去鳞、剖腹及去除杂物等工序后，先把鱼油放入锅中。待油开后，把洗干净的鱼放入锅内煎好，然后放各种作料，同时添足够的水，用火轻炖，直到鱼熟为止。有的赫哲族在网滩上，支上锅，收拾好鱼，然后用江水清炖，再放一些江葱、山花椒等等。清炖鱼口感好，营养价值高，吃后让人回味无穷。

（3）焖鱼

焖鱼亦是赫哲族烹鱼的一种方法，能焖鱼的主要鱼种有鳊花、鳌花等。在焖之前，她们先去掉鱼鳞以及鱼腹中的杂物，然后清洗干净，接着把鱼放入锅中用火煎，当鱼外焦内嫩时，往锅里再添一些水，之后放盐及其他调料，直到用旺火把汤"焖"干。鱼焖到这个时候，给人以味道鲜美、香气宜人的感觉。

（4）清蒸鱼

清蒸鱼同样是赫哲族烹鱼的一种方法，能够清蒸的鱼主要是鲤鱼、大马哈鱼等鱼。在清蒸前，她们先要去掉鱼鳞或者鱼腹中的杂物，然后清洗干净，接着把鱼切好放在一个小盆里，再把鱼油（有的用豆油）、盐、调料及少量的汤等一一放入盆内，最后放在锅里清蒸，直到鱼熟为止。

2.赫哲族的餐饮具

自古以来，赫哲族的餐饮具始终是与其生产力发展水平相适应的，大体经历了木（桦树皮）制、铁制以及电器等三个发展阶段。由于每个时期餐饮具的质地、用途及特点有很大不同，因而使用的方式、方法也有很大区别。为叙述方便起见，我们对上述三个时期所使用的餐饮具分别作以简要概述。

1）木制餐饮具

木制餐饮具可谓种类庞杂，有锅具、碗具、盆具、碟具、杯具、勺具等。从质地来

看,有木制的,也有桦树皮制的。其中,木锅是最有代表性的一种炊具。在铁锅没有传入前,它"使肉熟食"的功能得以淋漓尽致地发挥出来。为防止木锅煮肉时,锅底被火烧坏,赫哲族经常采取使锅底潮湿的方法,以达到肉煮熟而锅底不坏的目的。或者"用极大的木盆一个,内盛水,将肉放在其中,以石块烧红,立即浸入大盆水中,如是数次即水沸肉熟"①,客观解决了火烧锅底的问题。

　　使用木锅煮肉,初步解决了赫哲族吃熟肉的问题,在此基础上,她们制作了一系列与餐饮有关的生活器皿。像盛肉或盛其他食物的木盆,吃肉或喝汤用的木碗,盛菜用的盘子,喝酒或喝水用的水杯或酒杯,喝汤用的小勺,提水用的水桶,像烧菜用的木铲以及盛汤或盛肉用的木勺等。可以毫不夸张地说,几乎我们现在使用的各种餐饮具,那时基本上都有了。由于木制餐具使用时显得十分笨重,加工制作又耗时费力,外出捕鱼猎兽携带又非常不方便,所以赫哲族便以桦树皮为原料,加工制作了若干适合家庭特点和野外生活的餐饮具。由于桦树皮餐饮具具有质量轻、体积小、制作及携带方便等特点,因而受到赫哲族的普遍欢迎。此外,赫哲族还以兽骨为原料,加工制作了极富个性特征的骨筷,这种筷子多用狍子或鹿骨加工制作,呈圆柱形或方柱形,一般长 26 厘米左右,短则 21 厘米,是赫哲族餐饮具中的精品。

　　2)铁制餐饮具

　　铁制餐饮具是木制餐饮具的替代品, 它给赫哲族的日常饮食和饮食加工带来了革命性的变革。毫不夸张地说,铁锅代替木锅,不但省去了许多不必要的麻烦,而且煎、炒、烹、炸、煮和蒸等样样皆能。从此,赫哲族的饮食种类扩大了,加工式样增加了,食饮品的口感更加清香宜人了。

　　在铁制餐饮具中,给人印象最深的当是在野外做饭用的吊锅了。在流传至今的《木都力莫日根》故事中,总有这样的欢乐场面:忙碌一天的赫哲人点燃篝火,支起吊锅,烧煮猎获的兽肉,然后大家一起开怀畅饮。据考证,早在辽金时代,生活在街津口地区的赫哲族,就开始使用吊锅了。对于它的形制特点,凌纯声先生在《松花江下游的赫哲族》一书中是这样描述的:吊锅由锅、锅钩和挂钩三部分组成。其中,"锅

---

　　① 凌纯声:《松花江下游的赫哲族》(上册),65 页,中国科学图书仪器公司承印,1935。

为圆形,左右各有一铁环。锅钩有二,上下阔狭不等,且各成一平面。下端平面向内凸出成钩形,上端狭小,有一小孔,用以穿绳,连接两个锅钩。挂钩木制,上端刻成三钩,挂在树枝上,得上下升降。不用时,将锅放置在用皮带结成的口袋中"①。吊锅是用熟铁制成,轻便耐用。赫哲族外出捕鱼或狩猎时,经常要带一吊锅。当需要做饭时,就把一根木棍斜插在地上,一端斜在火堆上,然后把铁锅吊在木棍上生火做饭。吊锅多在野外使用,家内则安一口大一点的铁锅。为此,赫哲妇女先要搭一个锅灶,然后把铁锅放进灶内,当做饭时,先用柴草在灶内点火,待锅热后就可以煎炒烹炸了。除日常做鱼、兽肉及加工其他菜肴外,赫哲族有时还把一时吃不了的鱼,用铁锅炒鱼毛,以备淡季时享用。

铁锅替代木锅拉开了赫哲族餐饮具变革的一个序幕。自此之后,盆、碗、盘、杯等餐饮具也随之发生了变化。其中,盛饭或盛菜用的盆,多是铁制的,碗、盘、碟等多是瓷制的,喝水(酒)用的杯有的是玻璃制的,也有的是瓷制的,勺、铲、匙等餐具有的是铁制的,有的是铝制的,还有是钢制的,吃饭用的筷子多是竹子制的。由于这些餐饮具制作精良、轻重适中、大小不一、使用方便,因而受到赫哲族的喜爱。

进入 20 世纪末和 21 世纪初,赫哲族的餐饮具又发生了重大变革,以电为核心的各种餐饮电器陆续进入了赫哲家庭。

第三节 居 住

在很长一段时间内,受渔猎生产条件的制约,赫哲族的住房多因时而定,因地而别。在辗转迁徙、漂泊不定的流动过程中,他们的住房类型同样具有各自不同的时代特点。曹廷杰在《西伯利东偏纪要》一书中写道:"冬夏所止之处,取树皮,或草为小屋,有安口、搓罗、傲荀、胡莫纳、麻依嘎、刀伦阿吉嚷莽诸名,平房皆草房,在江沿有暖炕。"②《黑龙江志稿》则把赫哲族的住房形制和居住特点概括为:"赫哲人无庐舍,以木为架,覆以茅或盖以桦树皮,四周亦以木皮裹之,大如一间屋……谓之曰

---

① 凌纯声:《松花江下游的赫哲族》(上册),65~66 页,中国科学图书仪器公司承印,1935。
② 曹廷杰:《西伯利东偏纪要》,59~60 页。

图 71　树居

搓落,居无定处,或一月一迁,或终岁数迁。"①直到解放前后,该民族实现永久定居后,他们的住所才逐渐稳定下来,住房质量也有明显提高。

古代赫哲族的住房,从横向划分,既有依渔猎生产场所的变化所搭建的季节性或临时性住房,也有为抵御寒冷的生活需要而修建的专门住房或固定住房。这些住房主要有"撮罗安口"、"卓"、"希日免克"等多个种类,具有构造简单、易于搬迁等特点。通过对古今赫哲族住房类型演变过程的归纳整理,不难看出赫哲社会递进发展的历史文脉。

赫哲族的住房有的是夏季居住的,有的则是用于越冬居住的。这些住房多因生产需要或环境需要搭建的,以此作为遮风挡雨、护体御寒、驻足歇息的生活居所。在光线不好的住所或漆黑的夜晚,他们为取光取暖的生活需要,多以鱼油为燃料,用木制油灯来照明。从目前掌握的资料看,他们的临时住房多建在江河岸边,固定住房则修建在高岗处,这些住房主要有以下几种类型。

1."撮罗安口"

"撮罗安口"别称"撮罗昂库",俗称"撮罗子"。其中,"撮罗"赫哲语称"尖"的意思,"昂库"则有"窝棚"的含义。"撮罗安口"因其形状像一顶"尖式帽子",故可直译为"尖式窝棚",但从本质上讲,它不过是一种临时性的草房。

与修建其他住房相比,搭一个"撮罗安口"比较容易。在搭建前,先到林中砍若干根 1 丈多长、直径约 7 厘米的原木杆子。按照上尖下圆的锥形,或上尖下方的塔形支上架子,然后绑上多道横条子,把它固定住。当支架搭好后,由人自下而上一层一层地往上苫草,一直苫到尖顶。为防止苫草脱落,每苫一层就要用草绳或树皮把

---

① 　张伯英总纂:《黑龙江志稿》,113~114 页。

它捆结实。据讲,这种以草为材料搭建的"撮罗子",多是赫哲族夏季捕鱼时使用的。在苫草的同时,他们有时也以桦树皮作为苫房的材料,以搭建具有桦树皮文化特征的桦树皮窝棚(赫哲语称"塔拉安口")。当稍冷一点后,他们还以兽皮或布帐为材料,搭建"兽皮窝棚"(赫哲语称"按塔安口")和"布帐窝棚"(赫哲语称"保斯安口"),有时则根据季节需要,搭建木板窝棚(赫哲语称"温特合")等等。

"撮罗子"是赫哲族的栖息场所。当初搭建时,四周没有窗户,门多朝南开,夏季则用草帘子遮挡。天气转冷后,他们就挑选保暖性能好一点的兽皮做门帘子。此外,"撮罗子"没有炕,晚上睡觉时,人们常把碗口粗细的木杆平铺在地上,上面再铺一些茅草,然后铺上兽皮就可以了。如果老少三代同住一处"撮罗子"里,木杆要分别摆在"撮罗子"里的北、东、西三个方向,中间部分常用于吊锅做饭。其中,老人多住北面正位,年轻人或孩子往往住在东、西两面。

2."阔恩布如昂库"

"阔恩布如昂库"又称"昆布如安口"。其中,"昆布如"汉语为"圆"的意思,"昆布如安口"即"圆顶窝棚"的意思。与"撮罗安口"相比,"昆布如安口"不但在形状上有很大区别,而且在内部结构上也有细微差异。比如,"阔恩布如昂库"是以直径约3厘米的柳条为材料弯制而成的。在搭建过程中,他们有的是把长柳条两头插地,使之成为半圆拱形;如果柳条较短,则先把用火烤弯的柳条一头插在地上,然后把另一根已插入地下的柳条绑在一起,使之呈半圆拱形,然后以此类推,一般每隔50厘米绑一根拱形柳条。考虑到柳条不稳的缘故,故赫哲族在插柳过程中,同时把若干柳条横着绑上,使其更加坚固耐用。当支架绑好后,就用茅草苫盖,边苫边用柳条勒,直到苫好为止。据讲,大的"阔恩布如昂库""长5米、宽3米、高2米,小的则长2米,宽1米,高1米"[①]左右。"阔恩布如昂库"的门一般朝南开,出于安全角度考虑,他们很少在屋内生火做饭。另外,由于搭建"阔恩布如昂库"耗材费力,赫哲族很少搭这种窝棚。随着棉布传入赫哲地区后,他们开始搭布制窝棚。

3.地窨子

地窨子是赫哲族搭建的用于冬季居住的房子,赫哲语称之为"希日兔克",它是

[①]　舒景祥:《中国赫哲族》,294 页,黑龙江人民出版社,1999。

图 72　地窖子

赫哲族中比较古老的居住形式。当寒冷的冬天到来时，赫哲族就要暂时离开现有的居所，重新选址修建一处比较暖和的越冬住所。人们在修建过程中，先利用天然的地貌，往地下挖一个 3 尺深（有的说 70 厘米深）的长方形土坑，土坑的长度或宽度多依家庭人口而定。挖好坑后，他们在地面上砌起一米高的土墙，再把准备好的木柱子立于土坑中间的两端，接着把檩子架上，椽子的两端一头架在檩子上，一头撂在坑边约 60 厘米的土里，使地窖子呈"人"字形状。架子外面铺上苕条或茅草，并覆以土就可以了。

与"撮罗子"相比，地窖子虽然也是南北朝向，门朝南开，但在门的旁边，他们多安了一扇简易窗户。由于当时没有玻璃，人们只好用去鳞未熟化的鲢鱼皮来糊窗户。为使鱼皮更加坚固耐用，他们糊完窗户后，多往其上涂一层鱼油。据说通过上述处理，冬天的地窖子能够透过一些亮光。与其他住房相比，屋内同样没有里外屋，晚上休息时，他们有的搭铺睡觉，有的则搭火炕就寝，火炕一般连着锅台。为生火做饭或烧炕取暖方便，他们在屋内搭了直通房顶的烟囱。

由于地窖子具有冬暖夏凉的特点，平时既可搭床又可搭铺，因而很受赫哲族的喜爱。据讲，这种住房使用寿命多则两年，少则一个冬天。由于屋外培土厚度在 20 厘米左右，即便夏季居住也不会漏雨。

4.马架子

马架子赫哲语称"卓"，它是在地窖子基础上发展起来的一种居住形式。房子的形状与现在居住的土房没什么两样。在修建过程中，赫哲族多把房址选在平地上，然后以土坯作为墙体材料，一层一层地垒起来。当垒到预定高度后，就把椽子或檩子架成楔形，上面再苫一些茅草就可以了。与其他房子相比，马架子多按南北朝向修建，房屋面积依人口多少而定。房门一般开在南山墙上，门的两侧通常各安有一个小窗户，有的人家为使阳光多照射进来，还在房墙开窗户。糊窗户的材料是用胖头鱼皮做的,据讲,用这种鱼皮做窗纸又亮又结实。房屋内部结构不太复杂,没有间壁墙,有火炕,搭炕的位置也不固定。比如,火炕有的搭在北面,有的则搭在东面或西面,厨灶则与火炕相连接。为防止小孩掉入锅内,他们多在炕与厨灶之间或砌一道矮墙,或用木板来遮挡。烟囱常建在屋外,并用木板钉成方形或三角形长筒,然后立起。为冬季取暖需要,他们

图73　马架子

以泥为原料做火盆,把烧红的火炭装入盆里,屋内很快就暖和起来。

5.满洲正房

满洲正房早在二三百年前就在赫哲地区出现了,它是草苫屋顶起脊的楔形住房,最初山墙是用粗木一层一层垛起来的,然后用木杆穿牢固,缝隙之处用泥抹上,从外面看好像是"木刻楞"房。当汉族人移入后,他们学会了用土坯或者用泥土浆和草辫子拧成"拉哈辫子"垒墙,房顶则用椽子或檩子做支架,然后用泥把房顶抹好,之后再用草苫上。

与马架子相比,满洲正房多为坐北朝南走向,屋内用间壁墙隔出两三间。如果是两间房,一般东屋为外间,用做厨房或过道,摆一些灶具、水缸等生活物品,西屋则用于家人居住。如果是三间房,东、西两屋多用于居住。其中,老人住西屋,其他人住东屋,中间那间用做厨房。住屋一般搭南北火炕,火炕面是石头砌的。如有老人,他们多住南炕,其他人则住北炕。在南、北炕之间,他们还要搭一处西炕直通烟囱。由于赫哲族有"西为贵"的说法,所以西炕多用于摆放家具,西墙则用于供奉祖先牌位,那里多半不能坐人。烟囱多是在房子的东、西两侧用空心树或"拉哈辫子"垒成的,房子正面安有窗户,有的东、西山墙也都安有窗户。当玻璃传入后,他们多在窗户上安上玻璃,使屋内更加亮堂。为使正房美观起来,他们在屋内搭了天棚,然后用纸糊上,在炕沿、墙壁以及窗户上都雕绘有各种美丽图案。门窗则刷油漆或鱼油,以野花瓣当染料染色。房门一般朝南开,以阳光直射南窗为中午。除正房外,赫哲族还

建有厢房、仓房,以用于碾磨、仓库或雇工临时居住场所。另外,他们还在正房的东、西两侧修建了鱼楼子,并在房前屋后圈上院落。到民国时期,一些富裕赫哲户甚至用砖砌墙,门窗上刻有花纹,窗户镶上玻璃,室内天棚或地板均涂上油漆,就连炕沿也刻有各种纹饰。

6.砖瓦房

砖瓦房是近年来才在赫哲地区兴建的一种住房,房子的式样与满洲正房大同小异,只是建筑材料有了质的变化。即砖瓦替代了土坯,土暖气替代了火盆,铁皮或石棉瓦代替了茅草。屋内结构变化很大,房前院落也是大变模样,他们有的圈上木栅栏,有的把鱼网搭在栅栏上,还有的圈上铁栅栏。为防止栅栏生锈或腐烂,他们经常往栅栏上刷油漆或银粉。

7.鱼楼子

鱼楼子(赫哲语称"塔克吐")是赫哲族用来存储鱼干、肉干、粮食、干野菜、各种捕鱼猎兽工具及其他物品的桩式建筑,多建在正房的东南侧或西南侧,具有防潮、防鼠和防家畜祸害等特点。它一般离地约1.5米(有的说2尺高),常用4根(有的用6根)粗木做柱脚,底部用板或圆木搪起来,四周则用细木圆杆圈围(有的用柳条编墙)。鱼楼子的形状多为长方体(一说顶盖是尖的),顶端用木杆搭盖,上面苫一些茅草或桦树皮,有的人家用木板钉顶棚。内部面积不大,没有窗户,旁

图74 鱼楼子

边设一角门,以方便家人进出取东西。由于鱼楼子建在木柱上面,赫哲族为此专门制作了一个活动式梯子。当需要上去时,就把梯子支好;不用时,则把它放到一边。由于鱼楼子里面非常凉爽,人们夏季觉得屋里太闷热,晚上也经常到上面过夜。

8.温特合

温特合是赫哲族冬季外出狩猎时临时搭建的锥形木棚。在搭建前,他们先把碗口粗细、7尺左右的原木劈开,然后依圆形立起来。考虑到做饭时的排烟需要,他们

在搭建过程中,特意在其房顶留下一个两尺宽的出口(有的叫"气眼")。为使木房暖和一些,他们常在房的四周苫上茅草,然后再培上四五尺高的土。若冬季取土困难,他们有时用雪来替代。由于房子中间多挂吊锅做饭,或烧火取暖,所以人们多靠棚边睡觉歇息。

第四节 交 通

交通是作为家庭成员或亲朋之间相互交往,也是作为渔猎生产和社会生活的重要手段而存在于赫哲地区的。由于居地分散的缘故,赫哲族的交通习俗以"夏航大舟,冬日冰坚,则乘冰床,用犬挽之"[1]而著称,具有明显的季节性或地域性特征,并掩映于该民族波澜壮阔的伟大变革之中。

1.古代赫哲族的交通习俗

在长期的捕鱼猎兽实践中,赫哲族靠什么把渔猎生产工具及渔猎产品运回去,当需要走亲访友时,他们又是以什么做代步工具的呢?《吉林通志》对此有详细记载:"赫哲地濒北海,天气早寒,重阳后即落雪花……土人以木板长五尺贴缚两足跟,手持长杆,如泊舟之状,划雪上前进,则板乘雪力,瞬息可出十余里……其引重之器曰狗爬犁,形如小车而无轮,以细木性软者削两辕,前半翘起上弯,后半贴地处置四柱与四框,铺之以板,如运重物则上弯处驾犬二,人在上以鞭挥之,其速逾于奔骧。"[2]张缙彦在《宁古塔山水记》同样载曰:"黑筋部落有狗,能驾车行冰上,名为扒犁,日行五百里。"[3]由于赫哲族冬季"俱用狗车,所谓使犬部也"[4]。根据上述文献资料,不难看到,古代赫哲族四季出行的交通工具,主要有船、"拖日乞"和滑雪板等。

在赫哲族传统的交通工具中,依用途主要分为两种类型。一种是用于水上通行的交通工具,另一种则是用于冰雪上的交通工具。当人们夏季外出时,或者徒步而行,或者以船代步。当冬季到来后,"拖日乞"和滑雪板则被派上用场,人们或驰骋或

---

① 《皇清职贡图》,卷三。
② 长顺,讷钦修:《吉林通志》,卷二七。
③ 张缙彦:《宁古塔山水记·域外篇》,29页。
④ 曹廷杰:《东三省舆地图说》,55页。

滑行,穿梭往来于冰天雪地上。在乍暖乍寒或乍寒乍暖的交替季节,步行仍是唯一有效的交通形式。

1)船具

船是古代赫哲族普遍使用的一种交通工具。由于傍水而居的居住特点,所以从春季开江到冬季封江前的这段时间里,他们多划着船儿往来各地,或运送渔猎产品,或运送柴草,或走亲戚,或参加重大喜庆活动等。由于造船选用的材料不同,故有的船体显得较重,不利于携带;有的船体则显得有些轻便,可随时人背肩扛带到身上。其中,独木舟是赫哲人夏季使用最早、也是最古老的交通工具之一。《黑龙江志稿》解释说:"威呼,独木舟也……长二丈余,阔容膝,头尖尾锐……荡漾中流,驶行如箭,初乘此舟者,瞑目不敢视,其险可想。"①这种船只能坐一人,除用于叉鱼外,还可用于行快路。当有急事需要外出时,他们便划着独木舟前往目的地。

独木舟虽然解决了水路交通问题,但由于它是用整棵杨木凿制的,因而显得有些笨重。尤其在划行过程中,如果中途遇到陆路,既不能背又不能扛。为此,赫哲族开始以桦树皮为材料,设计制作了桦树皮船。这种船"船骨以杨木构成,外包以桦树皮。船之头尾形尖,船身又轻,故行驰甚速"②。与独木舟相比,它的最大特点是船体轻,当外出办事需要走一段土路时,一人便轻而易举地把它背在身上,或扛在肩上。故此,赫哲族非常喜欢这种轻便快捷的交通工具。

2)"拖日乞"

"拖日乞"是古代赫哲族冬季常用的交通、运物工具之一,它最早出现于元代。在冰天雪地的寒冷季节,他们根据自身的生产、生活特点,设计制作了代步而行的雪上交通工具。对此,《皇清职贡图》记载道:赫哲人"冬日冰坚,则乘冰床,用犬挽之"③。《满洲氏族源流考》则用"狗车、雪车"称呼之,并对狗车的形制作了具体描述:"狗车形如船,以数十狗拽之……只可冰雪上行","雪车,木制形似舟,上铺柳条,坐人或载物,普通用五狗拖车,人多物重,狗数亦增加。"④这里所说的"狗车、雪车"显

---

① 张伯英总纂:《黑龙江志稿》,55 页。
② 凌纯声:《松花江下游的赫哲族》(上册),80 页,中国科学图书仪器公司承印,1935。
③ 《皇清职贡图》,卷三。
④ 凌纯声:《松花江下游的赫哲族》(上册),80 页,中国科学图书仪器公司承印,1935。

然指的是"拖日乞"。狗是赫哲族早年使用的重要畜力，也是他们冬季最早使用的交通工具之一。

据考证，"拖日乞"汉语为狗爬犁的意思。赫哲族早年使用的狗爬犁，多是用柞木、榆木或桦木等硬杂鲜木加工制作的。对于狗车的材质，光绪年间所撰的《三姓志》记载曰："狗车以木为之。"对于狗车的形制，曹廷杰曰："以数犬驾舟形，木架长一丈二尺，宽一尺余，高如之，曰狗扒里。"[①]在制作前，他们先要挑选两根直径在1.5厘米左右、长3米的柞、榆等硬杂鲜木做底，考虑到行进过程中路面可能凹凸不平，所以多把爬犁的底部削成平直的方形，木的前后两端同时被削得薄薄的，并微微上翘，呈两头上翘的弓形，远看似一张床。接着在上翘的两端各凿一个横槽，然后以这两根硬杂木为骨架，在其上面各安两根平行立柱，作为狗爬犁的支架，之后再用相互平行的横木，将爬犁前、后端和中间部分穿起来，最后把柳条铺在上面，就可以坐人或载物了。狗车的形制特点是"形如小车而无轮，以细木性软者削两辕，前半翘起上弯，后半贴地，处置四柱与四框，铺以板"[②]，是赫哲族冬季主要的运输工具。

狗车一般长3米、宽80厘米、高40~60厘米左右。每车少则拴一两条狗，多则拴七八条狗。"群狗之中，必有一头狗在最前行，听驾驰人的命令，以定行止转弯，头狗大多为雌狗，受过特别训练。"[③]一条狗可以拉三四十公斤重的东西，七八条狗则能拉二三百公斤重的物品。为防止狗掌在拉运过程中磨坏，赫哲族就像给马蹄钉掌一样，给狗制作了鱼皮"靰鞡"，然后套在狗的脚上。据讲，狗拉爬犁具有轻便灵活的特点，很适合在雪地上驰行，因而速度飞快。冬季可日行

图75　制作雪橇（拖日乞）

135

---

① 曹廷杰：《西伯利东偏纪要》，59页。

② 张伯英总纂：《黑龙江志稿》，115页。

③ 凌纯声：《松花江下游的赫哲族》（上册），81页，中国科学图书仪器公司承印，1935。

100公里,清代学者张缙彦甚至认为,狗车最快可日行500里。

当外出狩猎返回时,狗爬犁就要负责运送猎产品,有时因猎获物太重,赫哲族也要与狗一道拉拽。为此,一些赫哲猎人经常在狗车的前柱上拴一根拉杆,倘若狗拉不动时,人拉"拉杆"帮着拖拽。有时为控制狗车的行进速度,他们在遇到紧急情况时,用"拉杆"起制动作用。

3) 滑雪板

滑雪板(有的叫踏板)同样是赫哲族冬季常用的交通工具之一,故有"足踏木板,溜冰而射"的说法。曹廷杰曾描述说:"雪甚则施踏板于足下,宽四寸,长四五尺,底铺鹿皮,或堪达韩皮,令毛尖向后,以钉固之,持木篙撑行雪上不陷,上下尤速。"[1]光绪年间所撰的《三姓志》同样记载道:"木马形如弹弓,长四尺,阔五寸,一左一右,系于两足,激而行之,雪中冰上可及奔马。"[2]《黑龙江志稿》更是把踏板称之为:"捕兽之器……值雪深数尺,以木板长五尺贴缚两足,手持长杆如泊舟之状……瞬间可出十余里,雪中乏食,则觅野兽往来求食之迹扑而食之,凡逐扑貂鼠各物,十无一脱,运转自如,虽飞鸟有不及也。"[3]

136

据赫哲人讲,滑雪板多是用稠李子木,或水曲柳木加工制作的,它一般长在2米左右,宽约10厘米,厚约3分,两端薄、中间稍厚,前端尖形翘头大,后尾稍上翘。板的中间两边钻眼,用厚兽皮做成脚套子,把穿着靰鞡的脚尖套进去,脚后用皮条兜住即可行走。为使滑行过程中速度顺畅,他们在设计制作时,多让踏板前端微微尖翘,端头再凿一木眼,以便不用时拉绳拖拽。为控制滑行速度,赫哲族常在踏板底部包一块狍、鹿等野兽的腿皮,然后用鲟、鳇鱼鳔毛朝外粘住。据说爬山时包上兽皮,踏板就不会往下滑。当外出办事或狩猎时,他们经常穿上它,在雪

图76　滑雪板

①　曹廷杰:《西伯利东偏纪要》,59页。
②　舒景祥:《中国赫哲族》,119页,黑龙江人民出版社,1999。
③　张伯英总纂:《黑龙江志稿》,115页。

地上蹿山跳涧,疾驰如飞。

2.近代赫哲族的交通习俗

1840 年的鸦片战争及随后签定的一系列丧权辱国的不平等条约,使中国一步步地沦落为半殖民地和半封建社会,特别是随着中俄分江分界后,地处偏远的赫哲族不能像以前那样往来于界江两岸了,传统的渔猎生产因而受到严重挑战,特别是随着猎业资源的锐减,交通工具的变革自然被提上议事日程。从当时来看,近代赫哲族的交通工具,虽然继续维持传统的工具类型不变,但交通工具的质地、种类和内涵等均发生了质的变化。特别是四轮车的传入,填补了赫哲族夏季陆路没有相应交通工具的历史。

1)船类交通工具

进入近代以来,赫哲族在沿袭传统的水上交通工具的同时,来自内地的花鞋船、丝挂子船陆续成为赫哲族生产、生活的重要交通工具。特别是随着锯、斧等加工工具的传入或使用,使锯木、加工木板等成为可能。在此基础上,作为生产工具和运输工具的各式木船,在赫哲地区雨后春笋般地使用开来。关于木板船的应用时间,因缺乏必要的文字资料,故史无具体记载,我们只是参考 20 世纪 50 年代,国家有关部门对赫哲族进行专题调查时,所采集的时间断限作为立论的依据。据调查,三页板船和快马子船早在"50 年前"就已经传入了,花鞋船则是"近 30 年的事情",丝挂子船出现时间相对较晚,大约只有"25 年"左右。以 20 世纪 50 年代为起点,如果往前推移 50 年,大约是在清朝后期,如果推移 30 年,当是清末至民国初年。由于新式船只的不断出现,到 19 世纪下半叶,三页板船已经不多见了,快马子船到民国三十年左右也已被淘汰。可以说,木板船的广泛应用,表明了赫哲族捕鱼生产能力和运输能力的普遍提高。尤其是随着渔猎产品商品化,一些赫哲人开始用船把貂皮运往三姓等地,以交换生活必需品,许多人甚至是结伙泛舟而行,往来时间在一个月左右。一些外地商人也用木船把盐、酒、糖等运往赫哲地区,赫哲族的水上交通线路日益繁忙起来。为提高船只的划行速度,赫哲族开始使用快马子船来送信。"快马子"顾名思义是"划得飞快"的意思。它多是用 5 公分厚的松木板做船帮或船底,板与板之间用"地毛"等抹缝,以防行进中渗水。整个船长丈许、宽两尺,两端尖尖并微

137

微上翘,每次可坐一两人。当有急事赶路时,其划行速度极快。

2)雪地交通工具

雪上交通工具变化不大,唯一有特色的当属马爬犁了。关于马爬犁的传入时间,一种说法是从俄国传入的(一说是从内地传入的),到 20 世纪 50 年代已有 90 多年历史了。当俄国人来到黑龙江北岸后,赫哲族便仿照他们的爬犁式样自己做,之后凡是乘骑、驮运物品等均用马,几乎很少用狗爬犁的。据讲,爬犁的式样构造简单,形制基本同于"拖日乞",在制作前,先要挑选两根直径在 12 或 15 厘米粗细的柞木、榆木或桦木等硬杂鲜木根部砍薄,然后用火烤,使柞木和桦木根部遇热变形,形成上翘 70 厘米左右的弯度,之后把这两根硬杂木做爬犁底,在其上面安五六根 20 厘米高的立柱(根据爬犁大小,安装数量不一致)作为爬犁的支架。再把细柳树或柞树,根据爬犁的宽度砍成长口,用火烤软后,夹挤在爬犁腿的上端绑紧。接着在爬犁腿的上端,再安上两根长木板条,并凿眼固定好,最后把各接口绑实绑紧就可以了。马爬犁一般长 3~5 米、宽 1 米。为使马拉爬犁时能使上劲,他们多在爬犁的上翘处各安装一根套杆,使马拉运时能够轻松自如。赫哲族使用的马多是蒙古马,这种马具有个头小、奔跑灵活等特点,很适合于拉爬犁。

马拉爬犁的出现,给赫哲族冬季运输或出行带来新变化。比如,狗拉爬犁只能用于冬季,而且狗不能单独驮运物品。马拉爬犁不但可以拉运柴草、粮食、渔猎产品等,猎人还可以骑在马上往来狩猎。当狩猎结束后,再用爬犁把猎物拉回去。

马拉爬犁的最大特点是载重量大,每个爬犁可拉 500~1 000 公斤重的东西,是狗车载重量的 2~4 倍,因而很受赫哲族的欢迎。马拉爬犁除用于狩猎外,还常用来拉运木劈柴。据讲,清朝末期,由于往来于黑龙江、乌苏里江以及松花江流域的俄国轮船多以蒸汽为动力,对木劈柴需求量较大,一些赫哲族便亲自上山砍柴,然后用马拉爬犁运到码头。一般每辆爬犁多套一匹马,一人则赶一两辆马爬犁来回拉运。然而,由于赫哲族两极分化十分严重,加之兵荒马乱的缘故,许多赫哲人无力买马,能够养得起马的只有少数富裕户,绝大多数赫哲人只好仍使用狗爬犁,以维持正常的生产、生活。

3)陆路交通工具

长期以来,赫哲族始终以水上和冰雪上运输为主。自清末至民国以来,随着水路和冬季交通工具的创新发展,陆路也开始使用四轮畜力车,作为代步或运输工具。这种四轮车是从俄国(一说内地)传入的。由于该车是铁木结构,以大牲畜为动力,使用起来非常笨重,只能在夏季或无雪的路上使用。即便如此,由于大多数赫哲族生活贫困,无力置备或购买,只有少数赫哲富裕户才能买得起。尽管如此,我们仍把它看做是近代赫哲族陆路交通工具的典型。

自新中国成立以来,随着赫哲族生活水平的提高,道路交通基础设施的完善,赫哲族的交通工具开始进入了一个突飞猛进的发展时期。传统的木船、狗爬犁和马爬犁乃至四轮车等均已被淘汰,代之而起的是各种机械化、电器化乃至智能化的交通工具。

第四章　语　言

　　语言是人与人之间交流思想和感情的纽带和桥梁,赫哲语也不例外。在现实生活中,它同样起到平台和载体作用。近年来,随着赫哲语的使用范围越来越窄,它逐渐由大众用语转为家庭用语,甚至在家庭内部,能够听说赫哲语的人也越来越少了。许多赫哲青少年对此不感兴趣,赫哲语到了濒危程度,如若任其持续下去,很可能成为人们心目中的"死语言"或"活化石"。为此,一些赫哲族有识之士及研究赫哲语的专家学者,曾四处奔走呼号,希望通过全社会的共同努力,为赫哲族保留传承或接续该民族传统的历史文脉。当然,如何对赫哲语实施抢救性挖掘或有的放矢地保护,仍是需要探讨和切实解决的大问题。

第一节　赫哲语产生的宏观背景

　　赫哲族有语言、无文字,早年以"削木、裂革、插草、结绳"[1]来记事。赫哲语属阿尔泰语系满—通古斯语族满语支,属黏着语,在"语音、词汇和构词方法以及语法结构等诸方面"与"古女真语有渊源关系"[2]。从赫哲语产生的宏观背景看,它是该民族渔猎生产、社会生活、宗教思想和原始文化交互作用的产物,在与其他民族交往过程中,间接吸收了相同语和借入词,形成了以渔猎文化为主体的语言发展体系。

1.渔猎生产与赫哲语的形成

　　自古以来,赫哲族以捕鱼猎兽为生。由于生产过程中的交流需要,使一些与生产过程密切相关的词汇应运而生,并在年复一年、日复一日的生产实践中反复运用,达到熟能生巧,人人皆知,成为常用语。

----

[1]　政协佳木斯市委员会文史资料委员会:《三江赫哲》,32 页,1991。
[2]　政协佳木斯市委员会文史资料委员会:《三江赫哲》,32 页,1991。

1)捕鱼生产中的常用语

在捕鱼生产过程中,赫哲族经常使用的词语有以下几种。首先是与捕鱼生产工具相关的词语。这类词语有舢板船(赫哲语称"特木特肯")、快马子船(赫哲语称"威乎")、网(赫哲语称"阿低勒")、鱼叉(赫哲语称"卓布固")、大帆船(赫哲语称"地啊科")、坠子(赫哲语称"乌日格分")、漂子(赫哲语称"阔库屯")、待河网(赫哲语称"孟根")、滚钩(赫哲语称"克热其克")和冰镩(赫哲语称"波乌")等,这些词汇在口语交流中多用于名词,以指代具体的捕鱼生产工具。其次是与捕鱼对象相关的词语。这类词汇主要有鱼(赫哲语称"伊玛哈")、鱼子(赫哲语称"查夫")、白漂子鱼(赫哲语称"鸦如洪")、草根鱼(赫哲语称"夫霓力")、鲢鱼(赫哲语称"达乌")、怀头(赫哲语称"怀衣吉")、狗鱼(赫哲语称"郭怀衣吉")、鳌花(赫哲语称"敖其科")等等,该类鱼有大有小,生活习性不同,捕捉方法不一样,赫哲族不但要熟记鱼的名称,还要对所捕鱼类的生活规律有一个全面掌握。第三是与捕鱼辅助工具相关的词汇。这类词汇涉及方方面面,像运输工具有爬犁(赫哲语称"发热"),装鱼用的鱼楼子(赫哲语称"他克吐")和网兜(赫哲语称"哈虫哈林")。第四是与捕鱼行为相关的词汇。这类词汇多以动词形式出现,比较常用的动词有下钩(赫哲语称"克热其克挪都")、打网(赫哲语称"布他")、叉鱼(赫哲语称"伊玛后卓不固格勒")、补网(赫哲语称"阿地勒桑讷")等等,这些动词词汇在捕鱼实践中,能够很好地表达行为者的意图,使人心领神会,为多捕鱼、快捕鱼奠定语言基础。第五是与捕鱼环境相关的词汇。这类词有名词、动词和形容词等,比如像表达水的深度的深(赫哲语称"松他")和浅(赫哲语称"阿日毕"),表达冰层的薄(赫哲语称"讷木坤")和厚(赫哲语称"地拉木"),表达距离的远(赫哲语称"郭如")和近(赫哲语称"咖勒切"),表达颜色的黑(赫哲语称"萨科勒克")和白(赫哲语称"现给恩"),表达水域的江(赫哲语称"茫莫")、河(赫哲语称"毕日阿")、湖(赫哲语称"霍月")和岛子(赫哲语称"布咖陈")等。

2)狩猎生产中的常用语

与捕鱼一样,赫哲族在长期的狩猎生产实践中,同样使用一些大家熟知的词汇。这些词语主要有:首先是与狩猎生产工具相关的词语。像射杀类的弓(赫哲语称"玻伊")、箭(赫哲语称"鲁库")、火绳枪(赫哲语称"浮旦苗辰")、快枪(赫哲语称"苗辰")

和子弹(赫哲语称"夸其")等;机关类的窟窿箭(赫哲语称"舌利尼纳")、伏弩(赫哲语称"舌利米")、铁夹子(赫哲语称"咖扑克讷")、对板(赫哲语称"库力米克")和捕兽套(赫哲语称"胡日咖")等。其次是与捕兽对象相关的词语。这类词语主要有大野兽老虎(赫哲语称"他斯合")、熊(赫哲语称"玛夫科")、野猪(赫哲语称"聂科特")和鹿(赫哲语称"库玛克")等;有细毛兽像貂(赫哲语称"涩玻")、水獭(赫哲语称"珠坤")、鼬鼠(赫哲语称"索锐")和狐狸(赫哲语称"苏拉克")等;天上飞的有老鹰(赫哲语称"洪信")、大雁(赫哲语称"达乌嘎斯克")、仙鹤(赫哲语称"牙达尼")和天鹅(赫哲语称"胡夏")等;地上爬的动物有蛇(赫哲语称"莫克衣")、蟒蛇(赫哲语称"莫兹扎布真")等。第三是与狩猎辅助工具相关的词汇。这类词汇有子弹袋(赫哲语称"夸其")、滑雪板(赫哲语称"刻伊禾俄勒")、枪架(赫哲语称"苏恰库")、猎袋(赫哲语称"乌阔勒")、猎绳(赫哲语称"索纳")等。第四是与狩猎行为相关的词汇。这类词汇同样以动词形式出现,比较常用的有打猎(赫哲语称"毕汉胡力")、追踪(赫哲语称"霍克吐乌加")等。此外,还有许多与狩猎行为有关的动词,这里不一一列举。第五是与狩猎环境相关的词汇。这类词有名词、动词和形容词等,比如像表达山形的词汇有山坡(赫哲语称"霍克吐乌加")、山峰(赫哲语称"乌热肯阿日衣恩");表达山中树木的词汇有核桃树(赫哲语称"阔其咖莫")、红松(赫哲语称"阿西科特莫")、白桦树(赫哲语称"岔勒笨莫")、椴树(赫哲语称"伊儿德合莫")、树叶(赫哲语称"阿达布查尼")等;表达方位的词汇有东方(赫哲语称"额吉吉格")、西方(赫哲语称"苏俩吉格")、前方(赫哲语称"珠勒黑")等;表达数量或长度的有三(赫哲语称"依兰")、九(赫哲语称"乌云")、两(赫哲语称"言")等;表达状态或性质的有粗(赫哲语称"布的文")和细(赫哲语称"鄂木鄂")、宽(赫哲语称"大日米")和窄(赫哲语称"黑邪")等等。

2.日常生活与赫哲语的形成

日常生活是一个展示词汇的大舞台,赫哲族在生活的方方面面,浓缩了大量简洁、适用、易懂的词汇,为绚丽多姿的生活平添了一点喜色。这些词汇包罗万象,富于浓浓的生活气息,主要有如下几种:首先是天文方面的词汇。天文有天(赫哲语称"巴")、日(赫哲语称"西温")、月(赫哲语称"毕阿")和星(赫哲语称"务下克特")等方面的词汇;天象有风(赫哲语称"俄地恩")、雨(赫哲语称"替格德")、雷(赫哲语称

"阿格地")和闪(赫哲语称"他林克衣")、虹(赫哲语称"刷仁")等自然现象方面的词汇。上述天文方面的词汇,对丰富赫哲族的宇宙知识,形成天体观和宇宙观,客观认识自然现象具有很大的帮助。其次是关于人或亲属方面的词汇。亲属方面的词汇很繁杂,有民族之间的称谓词汇像民族(赫哲语称"顾荣")和汉族(赫哲语称"尼堪顾荣")等;有对人的笼统称谓词汇像大人(赫哲语称"萨格地尼卧")、孩子(赫哲语称"黑特")、小伙子(赫哲语称"撮撮")和姑娘(赫哲语称"莫托")等;有男女之间的性别词汇像男人(赫哲语称"哈哈尼卧")和女人(赫哲语称"阿森尼卧")、男孩(赫哲语称"哈哈黑特")和女孩(赫哲语称"阿森黑特")等;有邻里之间的称谓有乡亲(赫哲语称"霍勒其黑")、朋友(赫哲语称"巴日衣")等;有根据职业形成的称谓有渔民(赫哲语称"伊玛哈娃科其尼卧")、猎人(赫哲语称"毕汉胡力尼卧")、兵(赫哲语称"阿勒笨")等;有根据身份地位形成的称谓有皇帝(赫哲语称"额真")、长官(赫哲语称"图献")、头人(赫哲语称"丹图")、穷人(赫哲语称"牙德热尼卧")和奴隶(赫哲语称"阿哈")等;有根据个性特征形成的称谓有聋子(赫哲语称"阔革斗卧")、瞎子(赫哲语称"克阿勒库")和秃子(赫哲语称"火图")等;有按亲缘关系形成的称谓有曾祖父(赫哲语称"玛发热")、祖母(赫哲语称"奶讷")、父亲(赫哲语称"阿玛")、哥哥(赫哲语称"阿格")等等。第三是关于人体器官方面的词汇。像头发(赫哲语称"女库特")、额头(赫哲语称"贺伊")、眼睛(赫哲语称"萨勒")、脸(赫哲语称"斗吉")、脖子(赫哲语称"梅分")、肩膀(赫哲语称"密热")和手(赫哲语称"那勒"),许多身体的重要器官包括心、肝、胆、肾和胃等重要内脏器官,他们都有对应的词汇。第四是食品类词汇。像很有地域和民族特色的食品有拌菜生鱼(赫哲语称"他勒克")、鱼松(赫哲语称"他斯恨")、肉(赫哲语称"乌勒涩")、干饭(赫哲语称"伊勒克恩布达"),此外还有生鱼片、鱼肉干和冻鱼片等词汇;第五是衣着类词汇。衣着类词汇同样种类繁多,有布料词汇像绸子(赫哲语称"涩乌热")、缎子(赫哲语称"郭克西")、布(赫哲语称"博苏")、线(赫哲语称"斜科特")等;有长袍(赫哲语称"恰墨切")、旗袍(赫哲语称"佛科图")、鞋(赫哲语称"萨布")、皮大衣(赫哲语称"咖什克")等穿的物品;有铺盖的被子(赫哲语称"胡勒萨")、褥子(赫哲语称"胡勒萨")、枕头(赫哲语称"替弄库")等起居词汇;有木梳(赫哲语称"愚固顿")、耳环(赫哲语称"西看")、戒指(赫哲语称

"嘎衣克涩")等佩饰类词汇。第六是房屋用具类词汇。以房屋为核心,他们常用的词汇有房子(赫哲语称"卓")、门(赫哲语称"乌日科")、窗户(赫哲语称"发")和墙(赫哲语称"发低仁")等;有桌子(赫哲语称"德热")、凳子(赫哲语称"腾库")、盒子(赫哲语称"特银")等摆放物品;有筷子(赫哲语称"萨皮克衣")、勺子(赫哲语称"锁坤")、盆子(赫哲语称"多如扑库")等餐饮用品;有锤子(赫哲语称"哈勒科")、锯(赫哲语称"霍恩")、绳子(赫哲语称"火日坤")等生活用具词汇。第七是时间类词汇。有早晨(赫哲语称"图玛克额日德")、中午(赫哲语称"伊您托坤")、晚间(赫哲语称"西科涩日衣恩")以及春(赫哲语称"宁捏")、夏(赫哲语称"宁捏")、秋(赫哲语称"玻鲁")和冬(赫哲语称"拓淋")等词汇;第八是人称或指代类词汇。该类词汇不是很多,主要有我(赫哲语称"毕")、你(赫哲语称"西")、他(赫哲语称"你阿尼")和大家(赫哲语称"格人姑如恩")等。第九是行为、性质和状态类词汇。这类词汇辐射面广,涉及社会方方面面。像描述物体大小、高矮、长短和粗细的词汇,描写远近、宽窄、深浅和厚薄的词汇,描写颜色的词汇,描写咸淡、酸甜、苦辣、香臭的词汇,描写好坏、美丑、勤懒的词汇等等。第十是采集类词汇。这方面词汇多与日常生活有关,像树木类词汇梨树(赫哲语称"出列克特默")、稠李子树(赫哲语称"英合特莫")、山丁子树(赫哲语称"乌列科特默")等,柳蒿芽(赫哲语称"恩比")、米叶菜(赫哲语称"胡混出")、木耳(赫哲语称"莫尔")等。花草类词汇有棒槌花(赫哲语称"窝鲁呼达银嘎")、塔头草(赫哲语称"海亚格特")等。第十一是手工类词汇。像木扎(赫哲语称"葛车库")、熟皮刀(赫哲语称"吐从")、木槌(赫哲语称"空库")和木铡刀座(赫哲语称"亥牙勒肯")等。

3.萨满神祇与赫哲语的形成

在赫哲族日常生活中,受萨满教思想影响,赫哲族也总结凝练了大量的与萨满跳神治病、祈祷等有关的词汇,进一步丰富了赫哲语的文化内涵。在所有萨满词汇中,有以动物图形命名的神,像豹神(赫哲语称"雅日格")、鳇鱼神(赫哲语称"里额恩木热")、水獭神(赫哲语称"朱昆")、蛇神(赫哲语称"穆衣嘎")等;有依职能确定的神灵词汇,像猎神(赫哲语称"呼如马林")、鱼神(赫哲语称"卡日嘎玛")、护身神(赫哲语称"萨日卡")、送信神(赫哲语称"托布通")、保护神(赫哲语称"额其和")、

管人间事的神（赫哲语称"腾尼莫蹲特"）、带路神（赫哲语称"博尔布克"）、守门神（赫哲语称"查尼"）和保卫神（赫哲语称"西瓦如玛玛"）等；有治病的神灵，像天花瘟神（赫哲语称"德斯库"）、管肚子疼的神（赫哲语称"阿都"）、管腿疼的神（赫哲语称"阔勒吉勒蹲特"）等；还有用于祭祀的石头老头（赫哲语称"卓鲁玛发"）和石头老太太（赫哲语称"卓鲁玛玛"）等。萨满在祭祀或治病过程中，要着神衣、戴神帽、穿神鞋、持神器、击神鼓，由此形成了一系列与萨满活动有关的词汇。像神鼓（赫哲语称"温替恩"）、鼓槌（赫哲语称"格以信"）、神帽（赫哲语称"胡由科衣"）、神裙（赫哲语称"都西必替恩"）、腰铃（赫哲语称"哈俊"）、铜镜（赫哲语称"托力"）、神杖（赫哲语称"布拉芬"）和神刀（赫哲语称"西日俄阿芬"）等等，为赫哲语汇增添了些许神秘色彩。另外，在跳神治病、跳送魂神、跳舞神以及跳鹿神等重大活动中，赫哲族都用不同词汇来表达。像跳神治病（赫哲语称"萨门得衣尼"）、跳送魂神（赫哲语称"达科苏鲁特衣尼"）、跳舞神（赫哲语称"得日科衣得衣尼"）和跳鹿神（赫哲语称"温吉衣尼"），这些具有特定文化内涵的词汇，对了解赫哲族的萨满教很有帮助，并在日复一日的补充完善中成为赫哲族文化的重要组成部分。

4.民族交往与赫哲语的形成

赫哲族不是孤立存在的，在与满族、锡伯族、汉族和俄国人接触过程中，各民族词汇作为外来语不知不觉中融入赫哲语汇中，成为赫哲语的重要组成部分。从目前掌握的材料看，这些借入词主要有：从满语和锡伯语借入的词汇有：父亲（赫哲语称"阿玛"）、母亲（赫哲语称"额捏"）、窗户（赫哲语称"发"）、牛（赫哲语称"伊罕"）、炕（赫哲语称"那罕"）、三（赫哲语称"依兰"）、十（赫哲语称"转"）和鱼（赫哲语称"伊玛哈"），此外还有章京、牛录和拨什库；从汉语借入的词汇有：饺子（赫哲语称"扁西"）、奶奶（赫哲语称"奶油"）、醋（赫哲语称"处"）、爷爷（赫哲语称"业也"）、青酱（赫哲语称"庆江"）、土豆（赫哲语称"吐都"）等，上述词汇均具有汉语直接音译的特点。近年来，随着汉族与赫哲族交往的扩大，尤其是随着赫哲人通晓汉语文，借入的汉语词汇更是数不胜数。从俄语借入的词汇有：面包（赫哲语称"合列巴"）、钟表（赫哲语称"岔色"）、火柴（赫哲语称"皮什克"）、机器（赫哲语称"马什讷"）、小机船（赫哲语称"马多罗"）和铁丝（赫哲语称"丝勒鲁克"），还有像西红柿、胡萝卜等词汇。凌

纯声先生在对赫哲语进行调查后认为,"今日赫哲语,实以本来赫哲语称主干,而加入满洲语、蒙古语、古亚洲语及一小部分汉语,另成为一种混合语"①。另据 20 世纪 50 年代国家有关部门对赫哲族的专项调查统计,"赫哲语与满语有 30%相同,与鄂温克语、鄂伦春语有 20%~25%相同"②,与达斡尔语有 10%相同。赫哲老人尤志贤则认为:尽管赫哲语有一些"相同语和借入词",但"完全是一种独立的民族语言"③。从借入词来看,以名词为主,动词为辅,涉及农作物、调料、食品、生产工具、社会组织、度量计量等许多方面。

5.地域方言与赫哲语的形成

在遥远的古代,由于赫哲族居地僻远分散,在语言上同样具有地域概念和方言色彩,并根据地域差异分为奇嫩语和赫真语。其中,操奇嫩语的多指生活在今同江市勤得利以上至松花江下游的赫哲族,操赫真语的则指生活在今同江市八岔乡以下至乌苏里江流域的赫哲族。在奇嫩人中,他们"对'人'称为'贝'、'那乃','没有'称'扣肯'";或者称"'人'为'尼卧'、'没有'称'安其'"。与之相比,赫真人"对'人'称'那伊'、'没有'称'阿巴'"④。据赫哲族权威人士推断,奇嫩语和赫真语有 80%的语言不相同,像"坤珠"奇嫩语为"水桶",赫真语为"勺子"。还有像男孩,奇嫩语为"哈哈",赫真语为"胡色"等等。在俄罗斯境内,赫哲语同样分为"阿穆尔方言、古尔乌尔米方言和松花江方言"。在两岸赫哲族方言中,我国赫哲族方言以"松花江方言"为主,以奇嫩"次方言为基础";俄罗斯境内以"阿穆尔方言"为主,"以那辛次方言为基础"⑤。尽管赫哲族方言差异目前越来越小,但在古代对丰富赫哲语的文化内涵,拓宽赫哲语的使用范围和途径,无疑具有重要的历史意义。

6.赫哲语的分类

对赫哲语的词汇进行分类,对一个有语言、无文字的民族来说是十分困难的。对此,我们只能从现有的文字资料入手,进行循序渐进、深入浅出的分析。早在 20

---

① 凌纯声:《松花江下游的赫哲族》(下册),231 页,中国科学图书仪器公司承印,1935。

② 《民族问题五种丛书》黑龙江省编写组:《赫哲族社会历史调查》,287 页,黑龙江朝鲜民族出版社,1987。

③ 政协佳木斯市委员会文史资料委员会:《三江赫哲》,33 页,1991。

④ 舒景祥:《中国赫哲族》,390 页,黑龙江人民出版社,1999。

⑤ 张嘉宾:《黑龙江赫哲族》,39 页,哈尔滨出版社,2002。

世纪 30 年代,凌纯声先生在深入赫哲地区进行细致调查基础上,对赫哲语的数量及其类型做了分类。根据调研得到的一手材料,他共收集到赫哲语词汇有 925 个,依照词的性质、用途等分为 29 类。其中,"人物类 75 个、身体类 48 个、社会类 15 个、饮食类 27 个、服饰类 53 个、房屋类 31 个、器用类 52 个、渔猎用具类 15 个、工具类 17 个、武器类 9 个、交通类 15 个、动物类 107 个、植物类 94 个、矿物类 10 个、天空类 12 个、地面类 16 个、鬼神类 45 个、萨满神具类 18 个、时候类 21 个、方位类 11 个、颜色类 6 个、嗅觉类 2 个、味觉类 5 个、性行为类 12 个、数目类 38 个、代名词 21 个、形容词 41 个、动词 97 个"①。到 20 世纪 80 年代,赫哲语专家安俊先生系统地研究了赫哲语的语音、词汇、语法和方言,当时记录了 953 个赫哲语词汇。1987 年,由黑龙江省民族研究所出版的《简明赫哲语汉语对照读本》共收集赫哲语单词、词组和短句 2 651 个,共分 17 类。其中,"天文地理类词汇有 85 个,矿物和亲属类词汇有 18 个,社会类词汇有 14 个,人物和亲属类词汇有 202 个,人体器官类词汇有 118 个,动物类词汇 174 个,植物类词汇 140 个,食品类词汇有 91 个,衣着类词汇有 111 个,房屋和用具类词汇有 320 个,宗教和意识类词汇有 111 个,方位和时间类词汇有 121 个,数量词汇有 108 个,指代和人称类词汇有 44 个,动作和行为类词汇有 731 个,性质和状态类词汇有 178 个,虚词有 85 个"②。与凌纯声时期的调查相比,《简明赫哲语汉语对照读本》所收集的词汇数量是前者的近两倍,但所归纳的词汇种类只是前者的一半多一些。通过比较我们发现,在双方自行确定的类别划分标准中,有些类别是相同的,像人物类词汇等二者都有;有的词汇内容相同,但类别称谓有差异,像身体类词汇,前者则叫人体器官类;还有一些词汇在前者划为两项,到后者则变为一项;也有一些词汇类别是新设的。双方在词汇种类划分问题上存在较大差异,关键是对种类划分的标准不统一,进而在归纳时有详有略,有取有舍,有增有删,体现出统一性和差异性。20 世纪末,《中国赫哲族》一书共收集赫哲族词汇 800 个,并依照属性把它分成 20 类,其中,天文地理类有 49 个,矿物金属类有 10 个,社会类有 4 个,人物亲属类 80 个,人体器官类有 48 个,动物类有 92 个,

---

① 黄泽,刘金明:《赫哲族黑龙江同江市街口乡调查》,175 页,云南大学出版社,2004。
② 黄泽,刘金明:《赫哲族黑龙江同江市街口乡调查》,175 页,云南大学出版社,2004。

植物类有 48 个,花草类有 21 个,食品类有 17 个,衣着类有 29 个,房屋用具类有 60 个,狩猎工具类有 27 个,方位时间类有 35 个,数量类有 29 个,人称疑问类有 16 个,性质状态类有 68 个,动词行动类有 52 个,渔猎术语类有 68 个,萨满神祈类有 34 个,日常用语类有 19 个。

第二节　赫哲语现状及存在问题

自清末尤其是民国以来,随着赫哲地区经济和社会的不断变化,维系赫哲族历史文脉的赫哲语,开始由发展的顶峰逐渐转向濒危。到 21 世纪初统计,该民族语言已经成为濒危语言,今后如不加以正确引导,或进行抢救性挖掘,后果不堪设想。

1.赫哲语现状

赫哲语的濒危不是一朝一夕形成的,据赫哲老人讲,大致从民国开始,赫哲语便开始走下坡路。有资料记载,早在 20 世纪 30 年代,赫哲语中已经掺和了一部分汉语,但掺的成分不是很大,比例也不高。到 20 世纪 50 年代,国家有关部门在对赫哲族进行专项调查时,发现赫哲族"男女老幼都通晓汉语,汉语早已成为赫哲族人民运用自如的交际工具。赫哲族儿童从小就掌握了汉语,学校中完全用汉语文进行教学"[1]。由此我们认为,从 20 世纪 50 年代起,汉语就逐渐替代赫哲语成为赫哲族的日常用语。到 20 世纪 80 年代初,汉语几乎成为赫哲族群众口头或书面唯一的交际工具。"55 岁以上的人还能用本民族语言进行交流,55 岁以下至 40 岁以上的人只能听懂,或说一些本民族简单的话语,30 岁以下的人对本民族语言则知之甚少,甚至一无所知。"[2]以此推断,对赫哲语一无所知的赫哲人,多是在 20 世纪 50 年代出生的。与之相反,解放前出生的赫哲族都能懂得一些,或较好地掌握赫哲语。到 20 世纪 80 年代中期统计,"50 岁以上的老年人尚能用赫哲语对话和交往,但也不常用。由于在日常生活中不常用赫哲语,所以,比较完整、熟练地用赫哲语讲话的人为数不多。近 50 岁的人,能听懂一部分,会说一少部分赫哲语。40 岁左右的人只能

---

① 黄泽,刘金明:《赫哲族黑龙江同江市街口乡调查》,175 页,云南大学出版社,2004。
② 黄泽,刘金明:《赫哲族黑龙江同江市街口乡调查》,175 页,云南大学出版社,2004。

听懂个别单词。30 岁以下的人,既不会讲也听不懂赫哲话了。赫哲民族的语言,已处于自然消失的边缘"①。两次调查间隔时间虽然不长,但得出的调研结论基本上是一致的。总的来看,建国初期,赫哲族基本通用赫哲语;60 年代出生的赫哲族,多以汉语为主、赫哲语为辅;80 年代出生的赫哲族基本不会使用赫哲语。据了解,在赫哲地区,目前"只有 10%的赫哲人会赫哲语,精通的只占 2%~3%"②。2001 年到 2004 年间,何学娟研究员以户为单位,以发放问卷和入户调查形式,对生活在街津口、八岔、四排三个赫哲族乡以及佳木斯市敖其村和抚远县抓吉村的 258 户赫哲族的 644 人进行了专项调查,共回收有效资料 565 人。其中,街津口村共发放调查表 59 份 155 人,约占赫哲族总户数(76 户)的 77.63%;八岔村共发放调查表 54 份 94 人,约占赫哲族总户数(108 户)的 50%;四排村共发放调查表 50 份 153 人,约占赫哲族总户数(58 户)的 86.21%;敖其村共发放调查表 51 份 129 人,约占赫哲族总户数(65 户)的 78.46%;抓吉村共发放调查表 44 份 113 人,约占赫哲族总户数的 100%。调查发现,在所调查的赫哲族中,掌握赫哲语的只有 18 人,不掌握赫哲语的则有 531 人,掌握赫哲语的人数约占所调查总人数的 3%弱。在归纳分析过程中,她以是否掌握 300 个赫哲语单词为限。其中,掌握 300 到 3 000 单词的视为掌握赫哲语的人,相反则列为不掌握赫哲语的人,这一调查结论基本符合赫哲语的当今实际。比如,在赫哲族聚集区,"没有发现用赫哲语交流的群体或家庭。……掌握赫哲语的人,在说赫哲语单词时,常有想不起词汇意义的现象发生"③。有些赫哲族虽然掌握若干赫哲语词汇,说起来也无非是"吃饭"、"喝酒"之类的词。

2.赫哲语的困惑

语言是民族文化的重要组成部分,也是传承接续民族文化的载体和平台,如果民族语言日渐濒危,民族传统文化将成为无源之水、无本之木,这对一个只有语言、没有文字的赫哲族来说更是如此。那么,赫哲语发展到今天,究竟存在哪些制约发展的实质问题呢?

---

① 政协佳木斯市委员会文史资料委员会:《三江赫哲》,33 页,1991。
② 张嘉宾:《黑龙江赫哲族》,40 页,哈尔滨出版社,2002。
③ 何学娟:《濒危的赫哲语》,47 页,黑龙江教育出版社,2005。

1）交流范围越来越窄

自古以来，赫哲语始终是赫哲族的大众语言，人们无论是户内户外，无论是渔猎生产还是社会生活，无论是萨满祭祀还是文化艺术，都需要以赫哲语为载体，进行思想交流和情感沟通，使古代赫哲社会有序发展。到民国前后，随着汉语的传入，赫哲语的主体交流地位没有太大变化，人们除在家庭或赫哲族之间使用民族语言外，与汉族人或有些对外场合开始使用汉语进行对话，但当时无论男女老少都精通赫哲语。新中国成立后，赫哲语传统的语言环境被打破了，随着汉语成为大众交流用语，赫哲语的交际范围逐渐由社会转向家庭成员或者赫哲族之间，预示着赫哲语开始走向衰退。尤其是那个时代成长起来的赫哲儿童，他们在家可以听说赫哲语，在外多熟练使用汉语，用双语来应付不同的语境。到 20 世纪 80 年代以后，随着家庭人口结构的变化，赫哲语在家庭内部交流的机会也越来越少，一些赫哲青少年对使用赫哲语不感兴趣，只是偶而能说出几个单词，或者听懂个别词汇的含义。近年来，随着赫哲族旅游业的发展，尤其在文艺表演或说唱伊玛堪时，人们才能听到那熟悉的话语，赫哲语几乎成了"死语言"。

2）交流人数越来越少

赫哲语的辉煌时期是在民国以前。据资料统计，1856 年，赫哲族有人口 5 016 人。到清朝末年，赫哲族人口达到 7 000 人。对此，魏声和在《鸡林旧闻录》中载道：民国二年，"我界之黑斤种人，四年前调查：桦、富、临、绥四属，男女凡七千余人"①。若以民国二年为起点，往前追溯四年，当是清末民国交接之际。当时赫哲族人口相对较多，他们居地虽然偏远闭塞，但由于外民族人口不多，因而赫哲语仍是大众交流的主要用语，赫哲族必须学会它，这为赫哲语的传承发展提供了广阔的空间。民国期间，由于兵荒马乱，胡匪四起，疫病横行，赫哲族人口呈下降趋势。到 1912 年统计，赫哲族人口已经降到 2 100 人左右，到 1930 年凌纯声先生调查时，生活在松花江下游和混同江沿岸的赫哲族人口仅有 780 人左右，在短短 20 年间减少了 920 人，减少 54.1%。若把乌苏里江流域的 400 多赫哲人统计在内，赫哲族人口只剩下 1 180 人。与赫哲族人口减少的同时，汉族人口呈上升趋势。从 1927 年至 1929 年

---

① 魏声和：《鸡林旧闻录》，吉林文史出版社，1986。

间,黑龙江地区移民人口达到 112 万人。在人口数量此消彼长过程中,赫哲语传统的交流环境逐渐遭到破坏。日伪时期,受日本侵略者的践踏和迫害,赫哲族人口直线下降,到 1945 年统计,赫哲族人口只剩下 460 多人。这些人口广泛分布在大屯、同江、街津口、八岔等地,语言交流的外在环境遭到重创。在赫哲族人口急剧减少的情况下,要想把赫哲语的地位和语言环境恢复到鼎盛时期无疑是非常困难的。

新中国成立后的几十年里,赫哲族人口数量猛增,到 2000 年全国第五次人口普查统计,共有赫哲族人口 4 640 人。在赫哲族人口快速增长的同时,懂赫哲语的人口数量并没有呈现增加的态势,相反急剧下降。掌握赫哲语的人只有 10%,充其量有 400 多人,精通赫哲语的人只占 2%~3%,最多也不过百余人。

3)学习积极性不高

古代赫哲族学习赫哲语既是为了渔猎生产和社会生活需要,也是为了人与人正常交往的心理需要,因而当时学习的人多,学习的积极性高,交流的范围也广。近年来,随着汉语成为人们交流思想和感情的主要工具,赫哲族对处于濒危状态本民族语言的未来发展前景表示极大的关注。2001 年至 2004 年间,有学者曾以问卷和入户调查形式,对是否应该掌握赫哲语进行了专项调查。在接受调查的 1 209 人中,有 1 060 人表示赫哲人必须掌握赫哲语,有 96 人表示无所谓,有 52 人没有发表意见,在对赫哲语的未来发展发表看法时,有 951 人表示赫哲语有必要保留并发展,有 204 人持无所谓态度[①]。即便大多数赫哲族对赫哲语的未来发展持积极的肯定态度,但在现实生活中,人们对学习的积极性不是很高,许多人只是停留在嘴上,而没有落实在具体的行动中。个别赫哲青少年更是对学习积极性不感兴趣,认为将来没有什么用处,学不学无所谓。四排乡中心校曾于 1984 年开设赫哲生活用语课,到 2001 年因故停止,停课的原因是多方面的,其中一个原因显然与此有关。另外,许多人虽然支持学习、保留和发展赫哲语,但他们多是从民族感情出发的。就像有学者在进行问卷调查时所经历的那样,有些人可能对赫哲语知道不多,但考虑自己本身就是赫哲族,"一句赫哲语都不会说有点过意不去"[②],所以在登记时也填写懂得若干赫哲语。

---

① 何学娟:《濒危的赫哲语》,129 页,黑龙江教育出版社,2005。
② 何学娟:《濒危的赫哲语》,50 页,黑龙江教育出版社,2005。

3.制约赫哲语发展的症结性因素

语言的发展不是孤立的,它是以一定的语境、一定的人群和一定的社会文化为背景的,赫哲语也不例外。当人类跨入 21 世纪后,我们发现,赫哲语的语境越来越小,说赫哲语的人越来越少,支撑赫哲语成长壮大的文化背景几近消失,除了民族节日期间人们穿民族服饰外,他们与当地的汉族人没有什么区别,赫哲语已经走到了濒危的边缘。那么,制约赫哲语发展的因素到底有哪些呢?我们认为,应从以下几个方面进行深层次分析。

1)定居为赫哲语境的变化埋下伏笔

赫哲族原来多依山傍水而居,具有大分散小聚居的特点。自民国以来,随着赫哲地区生产力的发展,赫哲族与汉族逐渐杂居在一起。比如,在民国初期,万里霍通有住户 20 余户,赫哲族和汉族住户各占一半,居住在大屯、齐齐喀、卡库玛和吉布扎拉等地的赫哲族住户和汉族住户同样达到 1∶1,苏苏屯、嘎尔当等地的赫哲族与汉族户数比例则达到 3∶1。到建国初期,赫哲族经历了一次有组织的民族迁徙过程,他们以街津口、八岔和四排为中心,实行聚屯而居。在由分散向集中聚居过程中,赫哲族与汉族杂居在一起,他们在日常交流时,对外多用汉语交流,家庭内部有时用赫哲语交流。到 2004 年统计,街津口乡有人口 3 400 人,赫哲族人口为 489 人,赫哲族人口约占全乡总人口的 11%;八岔乡有人口 3 115 人,赫哲族人口为 328 人,赫哲族人口约占全乡总人口的 10%强;四排乡有人口 1 774 人,赫哲族人口为 216 人,赫哲族人口约占全乡总人口的 12%强。由于汉族等民族人口在三个赫哲族乡人口中占绝对优势,赫哲语的交流语境逐渐被打破了,汉语不但成为大众交流的主要语言,赫哲语在家庭的语境也受到严重影响。

2)族际婚成为赫哲语交流的"防火墙"

赫哲族以前曾实行氏族外婚,自解放以来,赫哲族和汉族适龄青年通婚现象普遍。许多汉族女青年嫁给赫哲族男青年为妻,一些赫哲族姑娘也愿意与汉族小伙结为美好姻缘。据 1990 年统计,赫哲族族际婚率平均在 70%左右。从年龄段上看,50岁以上的族际婚率为 19%左右,40~49 岁之间的在 75%左右,30~39 岁之间的在87%左右,20~29 岁之间的在 81%左右,从 20 岁到 39 岁之间的赫哲人族际婚率已

经超过 80%。2004 年,在八岔村 79 对已婚赫哲族家庭中,只有 5 对夫妻都是赫哲族,有 70 户是赫哲族与汉族通婚,有 4 户是赫哲族与其他民族通婚,赫哲族与外民族通婚率为 94% 左右。在四排村 54 户赫哲族家庭中,夫妻都是赫哲族的 3 户,有 47 户是汉族和赫哲族通婚,有 4 户是赫哲族与其他民族通婚,赫哲族与外民族通婚率同样在 94% 左右。当赫哲语由社会范围转入家庭内部后,由于族际婚率的提高,加之其他民族父亲或母亲的存在,使家庭成员之间的语言交流也出现了障碍,这对赫哲语的传承发展产生消极影响。

3)户型变小对赫哲语交流有阻碍

在民国前后,赫哲族家庭多半三世同堂,一些家庭甚至可以四世同堂,这样的户型结构对赫哲语的传承发展有好处。到 20 世纪 50 年代,赫哲族户型仍保留有传统的生活习惯。据 1958 年统计,街津口村有 26 户赫哲族,有人口 133 人,户均 5 口人左右;八岔村有 31 户赫哲族,有人口 131 人,户均人口 4 口左右;四排村有 25 户赫哲族,有人口 98 人,户均近 4 口人。在那个时代,赫哲族家庭多有老人,而且孩子多,这样的家庭背景或环境对赫哲语的发展很有好处。随着人们生活观念的变化,户型结构也随之发生变化,他们大多以两代 3 口人组成一个家庭,过去七八口人住在一起的现象很少见。有学者调查,2003 年,街津口村“以一代户和两代户居多,三代户少些,没有发现四世同堂现象”①。一般是青年夫妇自己独住,老年夫妇搬出去住,也有老年夫妇带孙子、孙女生活的,只有个别丧偶老人才与子女等生活在一起。户型减少虽然是观念转变和社会进步的表现,但对赫哲语的交流是极其不利的,在这样的家庭背景下,年轻的父母都不会讲赫哲语,又怎么进行语言交流呢? 赫哲语到了今天这个程度,逐步成为濒危语言,显然是上述大环境所决定的。

4)思想观念对赫哲语交流的影响

从主观上看,赫哲族家长对其子女学习文化知识十分重视,有的怕孩子跟不上,搞课外补习,有的怕学校教育质量低,想方设法把孩子送到好学校,家长在外租房陪读。然而,让孩子占用时间学习赫哲语,一些家长便想不通。他们认为,赫哲族地区教学质量与先进地区相比本来就不高,如果让孩子再多学一门语言课,无疑增

---

① 何学娟:《濒危的赫哲语》,50 页,黑龙江教育出版社,2005。

加学生的学习负担,在他们的观念中,各种升学考试包括考大学都不考这门功课,平时学不学习无所谓,由此造成一些赫哲族青少年不愿学习赫哲语。从客观角度看,在目前赫哲群体中,精通赫哲语的人不是很多,他们大都年事已高,有些人虽然能听说赫哲语,但因自身文化水平低,难以承担讲课任务,有的人即便有一定的业务知识,但因口齿不清、发音不准而不能"传道、授业和解惑"。另外,在没有本民族文字的情况下,赫哲族从小主要是通过言传的形式接受赫哲语的熏陶,在渔猎生产或社会生活实践中学习赫哲语。而今,年轻的父母亲对赫哲语一窍不通,他们的子女也很难从他们身上学到什么。他们若学习赫哲语,只有通过后天的努力才能学好它。

5)载体平台的消失割断了赫哲语发展的血脉

任何语言的发展都需要借助一定的载体平台,对赫哲语来说,它的载体平台就是根植于民族深处的历史和文化。由于这些极富民族个性的文化特征同样面临着濒危的处境,它们自身已很难发挥媒介的作用,从而为赫哲语的抢救性发掘蒙上了一层阴影。第一,赫哲族传统的渔猎生产方式已不复存在,与传统渔猎生产密切相关的词汇也逐渐失去了存在的必要,像渔猎生产工具、渔猎生产技能以及渔猎兽名称等,人们现在已经很少提及。加之赫哲族均通用汉语,即便生成与现代渔猎生产形式相关的词汇,都可以用汉语词汇相代替,而没有必要再仿照古代造新词。退一步讲,由于赫哲族经济已实现多元化,他们发展经济的路子宽了,假使从事捕鱼生产也是注重捕养结合,而不是自然捕捞。第二,赫哲族的生活环境已经发生质的变化,他们不用做鱼兽皮衣服,不用再晒鱼干或肉干,不用再划桦皮船等往来各地,不用再用狗爬犁拉运东西,不用再采集枝条等作为染料等等。相反,他们可以穿买来的各种式样的新衣服,可以吃面食、糕点、水饺以及许多以前没有听说过或见过的食物,可以坐汽车、骑摩托车或电动船往来各地,可以用汽车等拉运东西。由于生活方式的多样化和生活环境的变化,赫哲族传统的生活语汇已很难被派上用场,在日常生活中,只能随着时间的流逝和老人的离去而自然消失。第三,赫哲族在古代信仰万物有灵和萨满教,对传统的占卜和祭祀也是深信不疑,对萨满治病更是积极配合,对萨满跳鹿神等活动同样乐此不疲。茶余饭后之时,他们愿意听"伊玛堪"和"嫁令阔",也愿意玩叉草球等游戏。现在,萨满教思想已经在新一代赫哲族身上消失

了,他们休闲娱乐的方式多种多样,像电视、广播、电脑等许多大众娱乐方式蜂拥而
至,人们的精神生活丰富多彩,他们没有必要再回复到过去。故此,那些传统的与人
们精神生活和传统娱乐相关的词汇同样被人们所淡忘。除了在"乌日贡"大会等赫
哲族传统节日上,人们再回忆过去、追思往昔外,人们已经看不到赫哲语的辉煌了。
从这个意义上讲,载体和平台的消失无疑割断了赫哲语发展的文化血脉。

4.赫哲语的未来

赫哲语发展虽然困难重重,但在是否掌握、保留和发展问题上,有 2/3 的赫哲
族对母语有很深的感情,他们出于对本民族文化的热爱,或者不承认语言濒危的事
实,或者认为失去语言是不完整的,或者从国家政策扶持角度出发,认为应保留赫
哲语。为此,他们态度坚决,行动积极,认为赫哲语既能抢救又能恢复。我们认为,从
抢救性挖掘角度出发,不能任凭赫哲语再这样持续下去,应采取多种行之有效的措
施把它保护好。

1)开展赫哲语保护的必要性

赫哲族认为,如果失去赫哲语言,那赫哲族就是不完整的。为了保持该民族的
完整性和连续性,赫哲人在抢救性保护方面做了大量工作。

第一,在民族中心校开设赫哲语,准备从小抓起,从娃娃学起,提高赫哲族学习
赫哲语的兴趣。二是通过举办赫哲语短期培训班的形式,让大家学习掌握赫哲语,
以唤起大家学习本民族语言的热情。从赫哲族未来发展考虑,学习和掌握赫哲语是
十分必要的。

第二,赫哲族是跨国民族,在俄罗斯境内有万余人。伴随黑龙江省与俄罗斯远
东地区的频繁接触,民族交往作为国家交往的重要组成部分已势在必行,赫哲族和
那乃族曾做过多次文化交流。基于国际交往的大背景考虑,有必要加强对赫哲语的
学习掌握,以期适应两岸赫哲族日益增加的经济文化交往需要。尽管赫哲语使用范
围由社会转入家庭,由家庭全体成员转为一般成员直至老年成员,由生活用语转为
研究用语,但随着两岸赫哲族的不断交往,赫哲语濒危状态可能因此出现转机,逐
步恢复。从这个角度讲,也应该学习掌握赫哲语。

第三,赫哲族有语言、无文字,若要研究该民族历史诸如经济史、政治史、宗教

史和文化史,除现有文献资料外,口碑资料很关键,而口碑原始资料多靠与老年人进行口语交流形式来获得。比如像整理伊玛堪资料,先要由赫哲族老人用赫哲语把伊玛堪内容复述下来,然后译成汉语或国际音标。虽然整理困难一些,但对研究赫哲族历史等十分必要。因此,从研究角度说,也应该学习掌握赫哲语。另外,随着赫哲族旅游的持续升温,需要大批懂赫哲语的人参与接待、资料介绍以及民情表演等等,这无疑为赫哲语的恢复发展提供了条件。

2)开展赫哲语保护的几点建议

为了适应赫哲族跨境交流和民族地区旅游开发的形势需要,开展赫哲语保护目前势在必行。针对赫哲语发展现状,我们认为,应从以下几个方面入手。

首先,通过学校教育补习赫哲语。若从源头上保护赫哲语,必须通过正规教育形式,对赫哲族适龄青少年进行语言知识教育。在这方面,四排和八岔赫哲族乡均在中心校开设赫哲语课。其中,四排乡早在 1984 年,就恢复了赫哲生活用语课,到 1989 年短短 6 年时间,已经有包括满族、汉族、朝鲜族和赫哲族在内的各民族学生接受了赫哲语训练。考虑到赫哲语没有文字,为解决教学中遇到的实际困难,教师采取以汉语拼音、汉字对译的方式进行辅助教学。比如,汉语"刀"赫哲语称"克约特奥",教学时用拼音标示,即"ke yue te ao"。由于一年级小学生对拼音不太熟悉,所以在讲授赫哲语时,多在二至六年级之间进行。规定每周学习一次,并纳入教学计划,列入必修课。为解决学习课本问题,他们以《简明汉语、赫哲语对照读本》为基础,自编 8 本赫哲语课本,作为学生学习时的参考资料。文中包括字、词、句、对话和歌曲等方方面面,涉及生产、生活、宗教等各个领域。学校希望小学毕业生通过 5 年的学习,初步掌握赫哲语,以便为今后的继续学习打下坚实的基础。在这之后,八岔乡中心校也设立了赫哲语课,每周 2 次课,主要教简单的单词。街津口乡中心校不但设立赫哲语课,而且教授内容广泛,涉及历史、体育、语言、文化艺术、地方特产和旅游等,每学期 12 学时。其中,语言课程根据不同年级不同学生的不同特点有所侧重,小学阶段注重日常礼貌用语,初中阶段注重生产生活用语;历史课程突出历史演变、风俗及传统节日等进行知识传授;体育文化课程强调传统体育项目诸如叉草球以及各种树皮、鱼皮等工艺制作等;歌舞课程以民族歌曲或民族舞蹈为主;地方

特产以讲授"三花五罗"等为主;旅游则以突出地方风光和美丽风景为主。由于赫哲族聚居区突出强调赫哲语的学习,注意从孩子抓起,打牢语言学习的知识基础。尽管学习效果不太理想,许多学生还没有达到学以致用,最先开展赫哲语教学的四排乡中心校因故于2001年停课,但我们仍然不能否认学校在保护传承赫哲语方面所起的积极作用。今后,在条件允许的情况下,还应以学校为核心继续完善和发展赫哲语教学。

第二,应把汉字注音学习法和国际音标学习法结合起来。我们认为,汉字注音学习法主要适用于小学阶段,通过借助汉字、汉语拼音,既学习了赫哲语又巩固了汉字和拼音,既提高了赫哲族学生识读汉字的能力,又复习了从前学过的拼音,起到温故知新的作用。初中阶段,随着赫哲青少年学习英语,他们可以借助国际音标进一步掌握赫哲语,这种形式也是当今学术界所采取的重要保护形式之一。只有这样,赫哲语教学才能逐渐走出赫哲族聚集区,才能走向全国乃至世界。当然,由于民族地区英语教师水平有待提高,采用国际音标学习掌握赫哲语有一定的难度,但这不失为一种行之有效的教育教学法。故此,我们大胆地提出,在小学阶段,学习赫哲语应以教师讲、学生听为主,着重讲解语言的基础知识、训练学生的听说能力,使学生真正学会赫哲语;初中阶段,应把学习使用英语、国际音标和赫哲语等结合起来,使赫哲族学生既掌握了英语知识,又学习了国际音标,把赫哲语学习推向一个新阶段,为日后的自学奠定坚实的基础。

3)把赫哲语学习与赫哲地区的对外开放结合起来

目前,赫哲地区面临着对那乃族和国内外旅游的两个历史性发展机遇,赫哲语无疑将起到至关重要的载体或平台作用。应强化对赫哲族以及赫哲青少年机遇意识和发展意识教育,尤其是强化对赫哲语的学习,无论是与那乃人进行经济文化交流,还是向国内外宾客说唱伊玛堪、嫁令阔,在博物馆向游人介绍赫哲族的历史、风光,在舞台上向游人表演赫哲族歌舞或风情等,都需要有赫哲语做基础。从把握机遇、迎接挑战来讲,学习掌握赫哲语不但是语言保护的需要,也是民族发展的需要,更是赫哲地区全方位、宽领域、多层次对外开放的需要,赫哲语应该在这千载难逢的历史机遇中得到很好的保护和恢复。

第五章　教　　育

赫哲族有语言、无文字,历史上曾以"削木、裂革、插草"①及"大马哈鱼心"来记时记事。为全面提高赫哲族的繁衍发展能力和抵御风险能力,提高赫哲民族的综合文化素质,他们以口耳相传、言传身教的原始教育为前提,以家庭教育、军事教育、游戏教育和天文、历法知识教育等极富个性的社会教育为手段,对全体族人进行经常的、持久的知识教育和技能技巧教育,在"寓教于乐"的过程中,使广大赫哲族潜移默化地接受了生产知识、生活知识、道德知识、礼仪知识以及其他社会知识,初步建立了具有北方渔猎民族文化特色的社会教育体系,为该民族度过教育发展的"童年"时期奠定了基础。他们适应赫哲社会政治和经济的转变,借助私塾教育、学校教育等现代教育形式,使赫哲族的整体文化素质和教育水平有了质的提高,在普及九年义务教育方面走在黑龙江省乃至全国的前面,民族教育真正实现了历史性的大跨越。

第一节　古代社会教育

由于赫哲族没有文字,若想在浩如烟海的文献中,找到有关该民族社会教育的详细记载无疑是困难的。然而,循着赫哲族的历史脚步,听着耳熟能详、或悲或喜的"伊玛堪"故事,翻着用汉语及其他民族语言文字记载的文献材料,在去粗取精、去伪存真、总结归纳的基础上,不难找到该民族社会教育发展的历史文脉。

1.古代赫哲族的社会教育类型

按照传统的教育内容,我们把赫哲族的社会教育分为生产教育、军事教育、道德教育、宗教教育、文学艺术教育、历史文化教育和天文历法知识教育等多种教育类型。下面,我们重点对生产教育、军事教育、道德教育和天文历法知识教育等四种

① 《民族问题五种丛书》黑龙江省编辑组:《赫哲族社会历史调查》,274 页,黑龙江朝鲜民族出版社,1987。

社会教育形式进行概述分析。

1)生产教育

归纳散见的历史文献资料,尤其是通过整理赫哲族的《伊玛堪》、《特伦固》、《说胡力》以及《嫁令阔》等口碑资料,不难看到,古代赫哲族的生产教育有一个基本特点,就是教育本身与该民族年复一年、日复一日的渔猎生产活动相伴而生、相沿而随。在渔猎中传授生产知识,在游戏中提高生产技能,这种边渔猎、边传授,边游戏、边提高的生产教育形式,构成了赫哲族古代社会教育的基本链条。当然,渔猎生产的艰辛、民族生存的需要、族人素质的提高、社会秩序的稳定,都要求以渔猎经济做后盾,以渔猎生产为支撑,通过提高族民自身捕鱼猎兽的本领,以便为民族的生存和发展服务,生产教育恰好适应了这种社会需要。他们在传授生产知识过程中,把如何多捕鱼、多猎兽作为教育重点,把如何提高渔猎生产技能作为核心教育理念,使生产教育和渔猎劳动能够有机地结合起来, 成为赫哲族渔猎生产不可分割的一部分。从这个意义上讲,生产教育无疑是古代赫哲族生产劳动的延续。

古代赫哲族的生产教育,主要包含两部分内容:一部分是突出知识积累,对赫哲族青少年进行渔猎生产知识教育;一部分则强调技能技巧,对适龄青少年进行渔猎生产技能教育。但在整个教育过程中,他们本着"缺啥补啥"或"缺啥练啥"的原则,强调"因人而异"或"因材施教",二者之间并没有严格意义上的界限分工。

(1)生产知识教育

知识教育处于打基础阶段,赫哲青少年接受生产知识教育,主要是为了学习和掌握与渔猎生产密切相关的基础知识。据赫哲族讲,赫哲族儿童在六七岁之前,几乎不接受生产或生活类知识教育。六七岁之后,男孩才有意识地跟随长辈熟悉狩猎环境,并在大人的帮助下,学习一些打野鸡之类细小动物的基本方法;女孩则跟随母亲操持家务,重点学习女红知识、采集知识和其他家务知识。年长者通过言传身教等通俗易懂的教育方式,向年轻一代传授捕鱼猎兽的基本常识、经验做法以及防身自救知识。通过知识学习和实践,使赫哲族青少年在消化吸收的基础上,对生活地区山川河流的名称走向、游鱼猛兽的种类特点以及周边地区的资源状况等有一定的了解,对各种鱼、兽的生活习性和活动规律有了一定的掌握,对各种生产工具

的制作和如何使用有一定的理解,对生产过程中应该遵守的道德规范、行为准则、天文历法和气候物候等有了一定的知识储备。

由于知识教育阶段以传授基本的渔猎生产知识为主,在普及提高的基础上,注重知识的量化积累,因而具有很强的针对性和实践性,初步达到了既学习知识又培养能力的目的。比如,通过学习捕鱼知识,许多赫哲族掌握了不同季节和不同鱼类的生活习性和活动规律,同时能够根据季节的变化和游鱼的不同种类,确定不同的捕捞方法。其中,春季鱼汛期重点捕捞各种杂鱼,秋季鱼汛期则侧重捕捞鲑鱼、鲟鱼或鳇鱼等。狩猎业是继渔业之后,赫哲族一年四季赖以生存的重要产业之一。通过学习狩猎知识,人们逐步掌握了貂、狍子、鹿和熊等各种野兽的生活特性和活动特点,学会了简单实用的捕捉方法。除学习掌握必要的渔猎生产知识外,对各种生产工具的制作和使用,也是赫哲族年轻人必修的"课程"。在实践过程中,他们通过眼观、口问和亲手制作等多种形式,或者通过由浅入深、循序渐进的学习过程,使大家逐步掌握了各种渔猎生产工具的制作方法,这为以后的渔猎生产劳动打下了坚实的技术基础。

160

为增强学习的主动性和趣味性,减少盲目性和随意性,一些赫哲族老人还把相关的渔猎生产知识,编成各种谚语或歇后语,以便于年轻人灵活掌握。总之,生产知识教育尽管停留在比较原始的教育阶段,但恰恰是这种浅显易懂的教育形式,锻炼了赫哲族的肢体,磨炼了赫哲族的意志品质,调节了赫哲族的大脑机能,强化了赫哲族反应能力和应变能力,使他们能够尽快适应未来的渔猎生产和野外生活,为今后的渔猎生产劳动打下坚实的知识基础。

(2)生产技能教育

技能教育是生产知识的再教育,处于渔猎生产教育的提高阶段。通过系统地开展渔猎生产技能教育,意在熟练掌握或巩固先前所学的知识内容,以便能够在十分恶劣的渔猎生产环境下,既能接受危险的挑战又能在保全自我的前提下达到渔猎生产的目的。据考证,赫哲族的生产技能教育,内容相当宽泛,几乎涵盖渔猎生产的各个方面。目前已知的技能教育项目有,一是以演练"叉草球"游戏为背景,旨在提高青少年的叉鱼(兽)技术;二是以练习射击、射箭为背景,意在提高参与者的射击

（箭）水平；三是以滑雪、赛"拖日乞"（赛狗爬犁）为背景，重点提高赫哲族的雪上适应能力；四是以划船等为背景，进一步提高赫哲族的水上生产能力等等。

为全面提高赫哲族青少年的渔猎生产技能，许多年轻人经常跟随老人上山狩猎或下水捕鱼，把口头学到或平时演练的生产知识应用于渔猎实践中。一些年长者在闲暇之时，还手把手地教年轻人掌握技能技巧，让他们尽快改正知识错误，正确掌握生产技能，不断提高实战水平。经过渔猎实践的磨炼和检验，许多赫哲青少年逐渐实现了由知识积累到技能掌握质的飞跃，进一步深化了对捕鱼猎兽生产规律的认识。比如，他们能够熟练使用捕貂网和烟熏方法猎貂，或者采用围猎、卡鹿道等方法猎鹿。对其他野兽的捕捉，他们同样掌握了一系列行之有效的方法。

2）军事教育

在编入八旗前，古代赫哲族并不存在近现代意义上的军事组织，只有原始意义上的"兵民合一"体制——即战时是勇士，闲时是渔猎能手。所谓军事教育，只不过是生产知识教育和技能教育的拓展和延伸。战时使用的军事武器，同样身兼双重职能，闲时为渔猎生产工具，战时为保家卫国的武器。编入八旗以后，赫哲族开始接受正规的军事知识教育，进行正规的军事训练，部分赫哲兵丁逐渐成为大清帝国军队的一部分了。

在遥远的古代，有两种外部力量对赫哲族的生存发展构成严重威胁，一是来自于大自然中的饥饿和死亡，二是出自于各部落间的你争我夺或外族入侵。为应付部族战争和可能出现的外族入侵，赫哲先人有意识地在全体族人中开展军事教育，以期增强民族自身的凝聚力和战斗力。尤其在持续地反抗政治的、经济的、军事的或者在反抗原始的、奴隶的和封建的暴力掠夺和军事战争中，及至在持续地反抗沙俄入侵的伟大战争中，军事教育作为社会教育的一部分潜滋暗长了。

赫哲族的军事教育包括武器的制作与使用教育、军事组织和军事训练教育。从武器的分类看，赫哲族的军事武器有弓箭、"激达"等原始武器，有火绳枪、洋炮以及"别拉弹克"等诸多枪具。从用途来看，许多军事武器既是搏击杀敌的利器，又是方便实用的生产工具。为熟练掌握上述兵器的制作技术与使用方法，以应对可能出现的各种突发事件，必须对赫哲青少年进行相关的军事知识教育。

3)道德教育

道德教育作为社会教育的重要组成部分,它形成和发展的前提或基础,是人们沿袭多年并约定俗成的规矩。这些规矩凝聚着无数代赫哲族的心血,要求人们在渔猎生产和日常生活中,严格按照规矩办事,不准随意践踏或破坏,并把"循规守矩"上升到影响赫哲社会稳定和经济繁荣的高度来认识。结合赫哲族的渔猎生产实践,他们给自己制定了一系列的日常规范和行为准则,教育大家尤其是赫哲族青少年,遵守自古以来形成的道德规范,便成为该民族道德教育的重要内容。

(1)生活中的道德教育

自懂事时起,赫哲青少年便自觉或不自觉地接受来自家庭或家族内部的道德教育。在这方面,父母无疑是向子女进行道德教育的第一任老师,他们循循善诱、率先垂范、以身作则,使赫哲青少年从小就养成了尊敬老人、孝敬父母的良好习惯。对于赫哲族的礼仪习俗,曹廷杰记载道:"子弟远行,或自外归来,皆右手执壶,左捧杯,请父母兄嫂坐,依次跪进一巡,再酌,则父母兄嫂仅各一沾唇,令子弟自饮,以嘴亲子弟两脸为欢,亲戚往来以抱见为礼。"[1]此外,赫哲族青少年还养成这样的生活习惯:年长者进屋,他们必须站立或让座;老年人未睡下,他们不能先睡;年长者与年幼者见面,晚辈要向长辈叩头问好,不能不磕头就说话,也不能掉头就走;子女外出远行,必须向父母或长辈跪拜告别,回来后要向家人请安;当有客人光临时,小孩既不能与老人同桌,又不能与客人一起吃饭;当晚辈对老人彬彬有礼时,长辈也要用相应的礼仪来回报。比如,当年幼的子女外出归来向父母请安时,父母等长辈要吻子女的双腮,以表达对子女的爱抚之情。当外出狩猎时,年纪最小的人往往留在帐篷里,做一些煮饭等力所能及的事情。分配捕获的猎产品时,则不分老幼一律平均分配。

家庭是社会的基本细胞,家规是形成社会规范的基础。当赫哲族步入社会后,他们面对的往往是邻里及其他社会成员。在与他们沟通交往过程中,赫哲族多以通行于家庭内部的道德规范,作为约束自身言行的前提,强调与人为善,与人为友,互相帮助,宽以待人。借助族人认同的交往形式,赫哲族把家庭教育的传统美德扩展

---

① 曹廷杰:《西伯利东偏纪要》,61页。

到整个社会,在实践的基础上,逐渐形成了对赫哲社会所有成员具有广泛约束力的社会道德规范,以此作为赫哲内部人与人之间相互交往的行为准则。比如,对于无船(网)的赫哲人,不论亲疏远近,只要能够帮得上忙,就会无偿地将自家的渔猎生产工具借给所需的人;对那些没有能力制造或修补渔猎生产工具的贫困赫哲人,他们同样不出分文,就可以将那些懂木匠活的邻里请到家中,出工之人不计报酬,义务为大家服务,至多提供吃喝而已。在外出渔猎期间,无论遇到什么困难,无论相互熟悉与否,人们都会凭着古老淳朴的乡音乡情,热情豪放、乐于助人的性格品德救助有求于己的人。

(2)生产中的道德教育

由于渔猎生产与日常生活关系密切,因而及时建立与捕鱼猎兽活动相适应的道德规范,对规范赫哲族的生产行为、稳定社会秩序具有极其重要的导向意义。为此,赫哲青少年从很小的时候起,就有意识地接受类似的生产道德教育。

捕鱼是赫哲族的传统产业,自古以来约定俗成的捕鱼规矩是,谁最先占有渔场,谁就有权年年使用,如果别人也想到这里捕鱼,就必须先征得主人同意。假如有人违背类似的捕鱼生产规矩,不经主人同意就擅自捕鱼,势必引起矛盾纠纷,甚至因双方矛盾激化而导致发生不必要的流血冲突,长此下去直接影响到赫哲地区的社会稳定。因此,教育大家严格遵守轮流作业制度,为捕鱼营造优良的生产秩序就显得十分必要。

禁忌同样对人们的思想和行为具有强制约束力,尤其对那些不太守规矩的年轻人来说,更应教育他们严格遵守。比如,捕鱼少时,不准说"怎么捕不到鱼呢?"捕鱼多时,也不能讲"怎么捕捞到这么多鱼呢!"另外,在狩猎前,劳得玛发(带头人)必先率众猎人祭拜山神爷,请求山神爷保佑狩猎顺利。在行猎期间,他经常提醒大家,不许随便敲打器物,不许乱晃动吊锅,不许随意说怪话,不许妇女接触各种猎具,不许随便坐在木桩上休息等等。如果有人违背上述规矩,可能就会得罪相关神灵,最终影响捕鱼猎兽结果。由是之故,违规的人自然要受到大家的同声斥责。

生产中的道德教育涉及生产前、生产中和生产后的各个环节,对于渔猎生产中遇到的特殊情况,同样要做到有规可循,有据可依。比如,当捕获正被人追赶的野兽

时,如果猎物已经背起来,即便其他行猎者随后赶到,那也什么也不分给他;假如其他行猎者赶到时,猎物尚未被背起来,若按照当时的规矩,他就要分得一份,假如在此期间,另有行猎者同时赶到,亦要分给他一份。

赫哲族正是把生产中可能遇到的,容易引起纠纷的各种因素考虑在内,然后定下合情合理,又能够被全体族人所接受的规矩,使大家知道应该做什么,应该注意些什么。从这个意义上讲,传统的生产道德规范尽管不是成文的法律,但它在约束赫哲族生产行为方面起到举足轻重的作用。世代生活在三江流域的赫哲族,正是借助上述内涵极其丰富的生产道德教育,走过了该民族漫长的过去的岁月。

自清代以来,随着清王朝不断强化对赫哲族的政治统治,尤其是受"貂皮商品化"等交换观念的影响,赫哲族传统的生产道德观念逐步解体,以交换意识和剥削思想相统一的新的生产道德理念越来越发挥重要作用。比如,原来以人为单位分配猎获物,而今枪、马等猎具都以入股形式,直接参与猎产品分配,有些富裕人家甚至将枪、马等猎具出租给贫困赫哲人。其中,一把枪多作为一股或半个股,马则作为一股直接参与分配。捕鱼生产受大环境影响,同样含有剥削的成分,一些富裕赫哲户打破传统的捕鱼规矩,开始圈占泡泽和水面,将渔场占为己有,或者以网具、渔具等出租的形式,以获取更大的经济效益,传统的渔猎生产道德教育逐渐走到了历史的尽头。

4)文化知识教育

文化知识教育是一个相对宽泛的知识范畴,涉及天文、地理、文学、艺术、历史和图案雕刻等方方面面内容。全面掌握上述文化知识,对于指导赫哲族的渔猎生产和社会生活具有很大的帮助。所以,赫哲青少年从很小的时候起,就有针对性地接受这方面的知识教育。

(1)天文历法知识

在不知"岁月为何物"的古代,"赫哲人是以数食达巴哈鱼头"[①]来纪年的。对此,李重生先生在其《赫哲风土记》中写道:"见河中有搭巴哈鱼过,方知为一年。"[②]然

---

① 曹廷杰:《西伯利东偏纪要》,96 页。
② 长顺,讷钦修:《吉林通志》,卷 27,486 页,吉林文史出版社,1986。

而,辗转于山川林地和江河湖泊间,不掌握相关的天文、历法、历史、地理知识显然是行不通的。日复一日的渔猎生产活动,使赫哲族懂得,仅懂得相关的纪年知识,并不能解决渔猎生产中所遇到的"时空"问题,何况"数食达巴哈鱼头"纪年尚有许多不足,需要在纪年的基础上,进一步把它细化到月、日。由是之故,取而代之的木制圆盘日历便应运而生。

呈现于我们面前的木制日历圆盘,虽然设计上有些简单粗糙,但它却折射出朴素的科学道理。"整个日历代表月亮,圆圈内上列木圆块代表 12 个月份,下列短木条代表日子,长木条为旬的开始,以中间最长木条为界,在界条之左,为一年中已过去的月日,界右为未来的月日……十日为一旬,拨一条为一日,初一、十一、二十一为每旬的开始。纪月,月大月小视月光而定,月小初三始得见,月大初二即见。月小见月光时即拨三根木条,拨至 29 根为止,月大则先拨二根木条,拨完 30 个为一个月。一年中的某月、某旬、某日,一望就知。"①年、月、日相对相随,周而复始地运动,记载着赫哲族的过去。

在纪年、纪月和纪时的基础上,他们又把一年分为春季、夏季、秋季和冬季等四个季节,故有赫哲族根据"气候草木而定四时"的说法。其中,春季以阳坡积雪融化为主,夏季以树木封门、雀鸟齐全为特征,秋季以草木变色为准,冬季以江河封冻为兆。相对比较而言,他们多用"上午、晌午、下午、北斗星、大毛朗星以及一袋烟功夫"等不太精确的语言来纪时,有时以月亮圆缺预测天气。

"天行有常"。在渔猎生产实践中,某些自然现象的周期性出现,对指导赫哲族的生产、生活帮助极大。比如,江蛾本是丛生于江中的一种飞蛾,他们经过长期的捕鱼生产实践逐步认识到,江中的飞蛾完全可以作为赫哲族捕捞大马哈鱼的物候性坐标。对此,有史书记载曰:赫哲族"不知岁月,特以江蛾为捕鱼之候,每于江面花蛾变白蛾时,时值五月麻勒特送乌互路鱼入江;江面青蛾初起时,时六月,至七月半送七里性鱼入江;江面小青蛾再飞时,时至七月半,至八月底,送达莫嘎鱼入江。"②几百年来,赫哲族正是借助江蛾的物候变化,在每年的秋季,一次次掀起捕捞大马哈

① 凌纯声:《松花江下游的赫哲族》(上册),199 页,中国科学图书仪器公司承印,1935。
② 曹廷杰:《西伯利东偏纪要》,50 页。

鱼的高潮。除此之外,他们同样根据身边植物的变化规律来相应确定捕鱼时间。其中,"稠李子开花,'七里付子'咬汛,是打'七里付子'的季节;山丁子树开花,草根鱼咬汛,是打草根鱼的季节;野玫瑰开花,鲤鱼进草甸子产卵,是捕鲤鱼的季节","江面上飞白蛾子,山上的树叶变黄变红成为五花山,这时候是打大马哈鱼的最好时机"[1]。看来,在天文、历法知识不太普及的古代,依照物候的变化规律,同样能够准确地给赫哲族传达捕捞"大马哈"鱼的信息,以达到"曲径通幽"的捕鱼目的。

(2)地理知识

凌纯声先生在其所著的《松花江下游的赫哲族》一书中,对赫哲族所通晓的地理知识进行了归纳总结,他个人的观点是,赫哲族当时"不仅限于东北四川流域,东之库页岛,南之长白山,中国之燕郡、黄河、洛阳在数百年之前均已知道了"[2],并向我们展示了松花江、黑龙江、乌苏里江、混同江沿岸其他各处数十个山河、城屯的名称。那么,赫哲族是通过什么渠道掌握上述地理知识的呢?我们认为,除自身的渔猎生产实践外,说唱"伊玛堪"故事则给他们提供了接受地理知识教育的机会。

事实上,凌纯声先生正是根据赫哲地区已知的 19 个故事中所记载的地名、山名、水名,经归纳整理而得出上述结论的。赫哲青少年也正是通过听唱"伊玛堪"故事的机会,部分地了解了该地区的山川地貌、秀丽山河、风俗习惯以及令人向往的山外世界的。

(3)历史知识

"伊玛堪"是一部反映赫哲族历史、文化、风俗、美学、语言、考古以及宗教等多学科知识的百科全书。说唱"伊玛堪"故事,不但会给人以知识启迪,而且以故事为平台,一次次地向赫哲青少年提供了解祖先和民族历史的机会。从已知的二十多部"伊玛堪"故事中,不难看出,穿插一个个饱蘸着血和泪的辛酸故事,无疑是一部充满战争色彩的悲壮史诗。每部史诗的背后,都真实地反映了该民族在由原始社会向阶级社会过渡过程中,诸赫哲部落征和战的历史。诸如一方掠夺一方,一方兼并一方,小部落变成大部落,几个部落结成部落联盟等等。作为战争的主帅英雄"莫日

---

① 王胜利,邓文宽:《赫哲族天文历法调查报告》,《中国天文学史文集》(第二集),73~74 页,科学出版社,1981。
② 凌纯声:《松花江下游的赫哲族》(上册),200 页,中国科学图书仪器公司承印,1935。

根"，自然成了勇敢者的化身，青少年崇拜的偶像和学习的榜样。另外，在美学、语言、考古、宗教和风俗等许多方面，"伊玛堪"故事都给赫哲青少年留下了许多与渔猎生产和日常生活密切相关的知识，留下了饱含浓郁民族特色和古老淳朴的民俗知识。

2.古代赫哲族的社会教育形式

依据有限的历史文献资料和口碑材料，我们认为，古代赫哲族社会教育的形式是多种多样的，归纳起来有口头教育、游戏教育和家庭教育三种类型。

1）口头教育

由于古代赫哲族生产力发展水平相对落后，赫哲青少年为熟悉渔猎生产环境，很早便跟随年长者上山狩猎或下水捕鱼。为预防渔猎生产中可能出现的危险，他们往往做一些煮饭、拾柴等辅助性的劳动。年长者在生产实践中的言传身教，给赫哲青少年留下了深刻印象。他们充分利用这一次次难得的口头教育机会，把那些捕鱼猎兽的技术要领学到手，牢记在心。面对一个个求知若渴的年轻人，年长者也经常把自己总结提炼的渔猎生产经验，毫无保留地传授给他们。尤其是那些惊险刺激、险象环生的生产场面，通过年长者惟妙惟肖的描述，让大家及时掌握一些避险防范的自救知识。

2）游戏教育

所谓游戏教育是指赫哲青少年以"寓教于乐"的游戏形式，将渔猎生产知识学到手。如果口头教育是通过长辈向受教育者口头传授，或者受教育者通过向长辈讨教的方式完成的话，那么，游戏教育应当是以模仿娱乐形式进行的。从这个意义上讲，游戏教育是口头教育的进一步丰富和发展。在赫哲青少年中，印象最深、影响最大的游戏项目是"叉草球"游戏。从某种意义上讲，"叉草球"游戏既是赫哲族闲暇之时，或茶余饭后的消遣娱乐项目，又是该民族渔猎生产活动的浓缩和再现。长时间地以游戏的形式，来切磋"叉草球"技艺，或者模拟捕鱼猎兽的实战场面练习"叉草球"，对赫哲青少年很有吸引力。他们在寓教于乐的游戏过程中，把活龙活现的"草球"看做是水中的游鱼、林中的走兽，久而久之，便熟能生巧，练就一身捕鱼猎兽的过硬本领。据讲，这种游戏多在每年的春、夏、秋季举行，大家就近取材，每人手拿一

167

把数尺长的柳木叉,然后再制作一个供游戏用的"草球",就可以按照一定的游戏规则,进行一场对抗激烈的"竞技"比赛。许多赫哲人通过这种接近实战的技术演练,叉鱼或叉野兽的技术明显提高。摔跤也是一项备受赫哲青少年喜爱的游戏项目,通过人与人之间身体的接触和力的较量,意在锻炼他们的大脑和四肢,以增强身体的协调性和灵活性,为日后捕鱼猎兽积攒后劲。夏季射"草靶"、冬季射"雪人"同样是赫哲青年不可多得的游戏项目,通过日积月累的模拟苦练,许多人都成为百步穿杨的射击能手。滑雪、赛"拖日乞"(狗爬犁)等冰雪项目,以帮助年轻人掌握穿山越岭的本领为主,通过练技术、比耐力和增体力,不断提高赫哲族冬季生存和发展的能力。相对比较而言,"杜列其"、拔河等游戏项目是一种特殊形式的比赛项目,它不但是集体力量的较量,而且培养了赫哲族的集体意识。尤其是"杜列其"游戏项目,集跑、跳和摔于一身,融技巧、力量和合作精神于一体,难度之大、参与人之多以及竞争之激烈,堪称诸游戏项目的典范。

3)家庭教育

家庭是社会教育的基本单位,也是赫哲青少年接受知识教育的重要场所。围绕以家庭为背景所进行的启蒙教育和知识教育,对提高赫哲青少年的综合素质,培养赫哲社会急需的合格人才意义重大。据有限的文献资料,赫哲族的家庭教育包罗万象,涉及生产、生活、道德、宗教、文化、艺术、采集以及手工制作等方方面面。这里仅以手工制作和家庭采集为重点进行叙述分析。

(1)手工制作

赫哲族的手工制作,核心是向广大青少年传授集生活用具的制作、皮制品的熟制、裁剪及缝制为一体的加工技术。由于当时社会生产力发展水平十分低下,社会分工不明显,许多赫哲人迫于生计,不得不学习和掌握与家庭生活有关的知识技能,以应付来自社会各方面的挑战。其中,赫哲男子多以熟练掌握渔猎生产技术,尤其是熟练掌握造船及木制品加工技术为主;赫哲妇女则以熟练掌握熟皮子、缝制衣服、制作生活器皿等知识,作为社会教育的重要内容。

(2)采集加工

赫哲族过去曾把鱼、兽肉作为主要食粮,当鱼、兽肉不足时,只好采集一些山野菜做补充。为学习相关的采集知识，赫哲女孩在母亲或年长者的带领下，学习识别或采集山野菜知识。在采集过程中，她们对各种山野菜、野果以及菌类的习性、特征、用途和作用等有了一定程度的了解，对一时弄不懂的问题则随时向大人请教。在教与学的互动中，学习和掌握了与山野菜采集、野果或菌类的识别等有关的知识。由于每种山野菜、野果及菌类的生长习性、用途和采摘时间不同，赫哲女孩则根据季节的变化，按照不同的采摘时间，针对不同的采摘对象，采取与之相应的采摘方法。

第二节　古代私塾教育

私塾教育是作为社会教育与学校教育的一种过渡形式，自清代后期开始传入赫哲社会，成为该民族地区适龄青少年接受教育的又一重要形式。尽管相关的文献或口碑资料，证明赫哲青少年接受私塾教育的人不多，尽管学校教育也开始在赫哲地区确立下来，尽管社会教育依然是赫哲青少年接受教育的主要形式，但我们仍然不能忽视私塾教育，对他们产生的潜移默化的影响。即便是间接的，但也很重要。

1.私塾教育在赫哲地区的发生发展

相对赫哲族社会教育而言，私塾教育纯粹是舶来品。查证相关文字资料可以看出，发生在赫哲地区的私塾教育，完全是在学习借鉴满、汉等外来民族传统教育的基础上发展起来的。

外来移民除给赫哲族带来全新的思想观念和教育理念外，也为赫哲地区私塾教育的发生发展培植了学习的沃土。经过一段时间的实践磨合后，这种在赫哲族看来比较全新的教育模式，开始在赫哲地区扎下了根。

1936 年，在赫哲族居住相对集中的勤得利，创办了两所私塾，学习内容同样以《百家姓》、《千字文》、《三字经》、《论语》和《庄农杂字》等为主。在总计 10 余名就读学生中，有 1 名是赫哲族学生，后来因为家庭困难，无力支付学杂费而被迫辍学。到 1938 年，这两所私塾因故解散了。

1941 年，在赫哲族聚居的哈鱼屯，一位闯关东来到这里的邹先生，凭借自身的文化基础，以及谋生的客观需要，在当地创办了一所私塾。参加学习的有汉族学生，还有像尤金良、傅永长、李连起、尤清和等赫哲族学生，学习内容仍局限于先前提到的那几种教材。一年后，因为日本人强迫赫哲族迁至三部落，该处私塾只好自行停办。

据赫哲老人讲，即便到解放初期，赫哲地区个别村屯仍有人创办私塾，以作为学校教育和社会教育的补充形式。比如，1950 年，在赫哲族相对集中的街津口村，就有一所私塾在招生。当时，该私塾聘请两名先生教书，约有 10 名汉族和赫哲族学生参加学习，学习内容仍然是《三字经》、《百家姓》和《千字文》等等。

总的来看，赫哲地区的私塾教育基本上是自发形成的。其中，有的私塾先由塾师自己创立，然后就近招募学生。有的私塾则是由赫哲富裕家庭专门设立的，有的私塾因没有好的教学场所，只好把"课堂"选在附近的庙宇里，赫哲学生可以就近到那里去读书。从现有资料看，私塾教育的规模有大有小，学生人数有多有少，学生年龄参差不齐，教学方法注重死记硬背。解放以后，随着学校教育的普及与发展，私塾教育作为社会教育和学校教育的过渡形式最终自生自灭。

2.私塾教育在赫哲地区发展缓慢的原因

从时间上讲，赫哲地区创办私塾是比较晚的。通过对该民族地区私塾教育的深层次分析，不难看到，赫哲青少年参加学习的人数并不多。经分析，造成他们学习积极性不高、参加人数不多、兴趣不浓厚的原因，主要是受经济的、思想的及渔猎生产和社会生活等多方面因素的影响和制约。

1)经济因素

私塾教育不是义务教育，而是具有有偿服务的性质。创办者通过招收学生，无非是为了解决自身的生活出路问题。正是由于私塾教育的非义务性质，由于绝大多数赫哲家庭经济贫困，他们拿不出更多的钱去资助子女上学读书，所以只能眼睁睁地看着自己的孩子被拒之于"校门"外，许多贫困孩子只能望"书"兴叹。

自清末至民国以来，赫哲家庭的两极分化情况非常严重。维持自身生存都实属不易，若再拿出一部分作为交纳私塾教育的学费，显然是十分困难的。何况在当时

条件下,赫哲富裕户为数不多,绝大多数赫哲族不得不挣扎在死亡线上。

2)观念因素

民国初年,在赫哲族聚居的苏苏屯、大屯、嘎尔当及拉哈苏苏等地,一些赫哲家长受家庭贫困因素影响,在子女上学读私塾问题上,多抱无所谓态度。他们以搞好渔猎生产、增加家庭可支配收入为己任,认为孩子读不读私塾、是否接受系统的知识教育都不是主要的。个别家长甚至认为,与其花钱供孩子读私塾,倒不如让他们早点参加渔猎生产劳动。当然,也有一些赫哲家庭从孩子将来的发展出发,宁可自己节衣缩食,也要让孩子多学一点文化知识。但在实践过程中,他们往往因家境贫困,不得不让孩子中途辍学,也有极个别赫哲子女,因厌学而自动退学。

当私塾教育在赫哲地区时断时续开展的同时,学校教育也在该地区蓬蓬勃勃地开展起来。尽管两种教育形式交错并存,但入校读书的赫哲青少年数量不是很多,他们把主要精力用于渔猎生产上,有时为摆脱家庭的经济贫困而出工出力。从经济角度讲,适龄青少年不上学读书,短时间内的确能为家庭减轻部分经济负担,若从长远看,对赫哲族整体素质的提高产生了不良的影响。

3)环境因素

私塾教育的最大特点是学习场所的固定性,学习内容的系统性,学习时间的连续性。但由于赫哲青少年居住相对分散,集中学习有一定的难度,继而影响了私塾教育的普及与提高。客观地讲,造成赫哲族分散居住的根本原因,主要是与该民族自古以来所形成的渔猎生产的季节性和流动性特征相关联的。正是在这两种因素的影响和制约下,使赫哲青少年长期处于居无定所的状态。尤其当学习知识和生产发展发生矛盾时,人们往往选择后者。街津口村是一个比较集中的赫哲族村落,原本有赫哲住户十五六家,受渔猎生产的流动性特征影响,仅仅几年工夫,最后只剩下四户仍坚持住在这里,其余十一二户陆续迁移到克木等地,每地平均住户在三户左右。由于赫哲族年年向江下游移动,今天的居所明天就可能被人所遗忘。

由此看来,如果不改变传统的渔猎生产特点和流动的生活方式,如果不实现真正意义上的定居,那么私塾教育就不可能在赫哲地区开展起来,也不可能达到期望中的教育目的。不同的渔猎生产背景、不同的山水文化背景以及不同的环境背景,是造成汉族和赫哲族学生产生不同的学习动机的根本原因。

第三节　古代学校教育

学校教育是继私塾教育之后,在赫哲地区出现的又一种教育形式,而且是一种比较规范化的教育形式。二者之间似有部分相通的教育属性,但在教学目的、教学内容、教学方法、教学手段、教育途径、课程设置、师资配备、教学质量等许多方面,与私塾教育有着本质上的区别。从这个意义上讲,学校教育无疑是赫哲族从原始教育向当代教育转变的重要标志。

1.清朝时期的学校教育

清朝时期,随着清政府在赫哲地区陆续推行兵民合一的八旗体制,许多赫哲族相继被编入八旗,以便为清政府效力。鉴于统治全国的政治和军事需要,清政府相继在赫哲族聚居的地区设立了八旗官学,以使赫哲兵丁广泛学习军事知识、掌握军事技能。康熙五十三年(1714),他们在"三姓"地区(今依兰县)始设"协领"驻防,后改为"三姓副督统"衙门。1732年(一说1734),有关部门获准在"三姓"城"东南角,以兵力修建左、右翼官学6间,置学官两员,八旗每佐领每年额送学生数名入学读书"[1]。一些赫哲兵丁"尤其是三姓副都统衙门派往黑龙江下游及乌苏里江支流尼满河等地收纳贡物的佐领、骁骑校"[2],开始系统地接受必要的官学教育。

他们有的甚至还被送往盛京(沈阳)等地继续深造,形成了一批有文化的赫哲人,他们当中的一些人相继担任"笔贴式"、"骁骑校"、"佐领"、"协领"等职务。对于该时期的八旗官学,民国十七年编写的《依兰县志》有明确记载:雍正十一年(1733),清政府在"三姓地方设教习二员,教八姓赫哲人丁"。据此,有人认定其为"清朝在赫哲地区创办教育之始"[3]显然是准确的,而且是赫哲族学校教育的最早记录。

据考证,八旗官学多"侧重于满语、骑射教育"和满族礼仪[4],人员管理具有"准

---

① 王鸿宾:《东北教育通史》,276页,辽宁教育出版社,1992。
② 政协佳木斯市文史资料委员会:《三江赫哲》,72页,1991。
③ 政协佳木斯市文史资料委员会:《三江赫哲》,72页,1991。
④ 王鸿宾:《东北教育通史》,273页,辽宁教育出版社,1992。

军事学校性质"①。为培养更多的合格军事人才,各教学点不惜财力物力,大力加强与教学有关的基础设施建设,或者积极辟建优质演练场地,以供赫哲等八旗兵丁操练骑射时使用。对学习期间骑射优秀及满语学得好的赫哲兵丁,学校多给予必要的物质奖励,对学习较差的兵丁,将依照有关规定给予必要的处罚。由于当时清政府实行严格的封疆政策,拒汉文化于千里之外,在八旗官学中学习的赫哲兵丁,学习重点既不是汉语,也不是汉族的典章制度、行为礼仪以及延续千年的教育方法,而是学习与满族军事、政治、思想和文化相关的内容,这种情况直到光绪年间才有所改变。《桦川县志》对此记载道:到光绪年间,学生"由学习满文一变而学习汉文"。

尽管清政府在赫哲地区设立了八旗官学,尽管八旗官学还不属于严格意义上的学校教育形式,但在偏远闭塞、交通不便及教育不太发达的赫哲族聚居地,学校教育仍在缓慢地向前发展着。大约经历了一百多年的曲折发展后,正规的、大众的学校教育才开始被赫哲族所认识,并逐渐成为他们的自发行为。光绪三十三年(1907),在松花江南岸一个叫苏苏屯的赫哲村落,当地赫哲族以民众捐助形式,创办了本民族有始以来的第一所小学,从此,赫哲族开创了学校教育发展史上的一个新时代。

当然,由于受经济的、社会的、思想的以及文化诸方面因素的影响和制约,能够进入学校读书的赫哲青少年人数不多,平时坚持在校学习的也多为满汉子弟。

在已经设立的诸赫哲族学校中,学习内容起初以"国语、骑射"为主,重点讲解《百家姓》、《千字文》、《四书》、《五经》、《三字经》、《论语》等内容,学习方法强调死记硬背,学习过程枯燥乏味,教员多为汉族教师。在校读书的各族学生,不把升学考试作为学习目标,他(她)们希望通过系统的知识学习,使自己能够"识文断字",从中悟出粗浅的做人道理。

2.民国时期的学校教育

民国时期,在经历了清末—民国初年的政治动荡后,赫哲地区的学校教育"劫后余生",重新步入了正规的发展轨道。苏苏屯、大屯、嘎尔当、街津口、拉哈苏苏以及富提信等地陆续设立了小学校。在保持传统办学风格和特色的基础上,继续面向

---

① 王鸿宾:《东北教育通史》,271 页,辽宁教育出版社,1992。

当地各族青少年招收学生。其中,在苏苏屯设立的小学校,民国元年被列为桦川县第九小学。1913年,在赫哲族居住相对集中的街津口村,同江县又在那里设立一所县立第二初等小学校,并委派由吉林伊通师范毕业的王玉书担任主任教员。当时该村有赫哲族35户,在校学生有二十七八名,赫哲族学生只占两名。在此之后的十余年间,赫哲族学生人数虽然有明显增加,但能上得起学、读得起书的多是"哈番"、"拨什库"等官吏家庭的少数富裕子弟。比如,刚才提到的那两名赫哲族学生,就是当地官吏杨哈番的子女。与之相反,绝大多数家庭贫困的赫哲子女被拒之于校门外。民国三年,由于街津口村兵荒马乱、盗匪横生,"两队土匪——'福'字队和'洪'字队,在街津口村及其附近发生冲突,学校毁于战火"①。1924年,因缺少办学经费,该学校被撤并,十余名赫哲学生只好到同江县城读书,继续完成他们的学业。

民国时期的学制,经过几次大的调整最终被确定下来。据资料记载,民国元年(1911年)确立的小学学制为七年,其中初小四年、高小三年。民国四年(1915)改初小为国民学校,学制改为三年。民国十一年(1922年)又改学制为初小四年,高小二年。远离内地的赫哲学校始终实行六年修业制。一般初级小学修业四年,高级小学修业二年,年满7周岁的赫哲儿童,都可以就近入学读书。

3.日伪时期的学校教育

日伪时期,出于统治赫哲民族及从精神上腐蚀赫哲青少年的政治需要,日本人对赫哲族青少年就学读书及学校教育十分关心,强调"以留意学生身心之发达,培植国民道德之基础,授予国民日常生活所必需之普通知识、技能、培养劳作习惯,育成其为忠良国民之性格为目的"②。对民国时期极力倡导的教育内容,日本人的态度很坚决:"废止三民主义党义及其它与新国家建国精神相反之教科书或教材"③,"暂用四书五经讲授,以崇礼教"④,对一时"难于设置或不适于设置国民学校的地域",诸如赫哲族聚居区,可以考虑"施行简易国民教育"⑤。

---

① 王鸿宾:《东北教育通史》,890页,辽宁教育出版社,1992。
② 王鸿宾:《东北教育通史》,565页,辽宁教育出版社,1992。
③ 王野平:《东北沦陷14年教育史》,46页,吉林教育出版社,1989。
④ 王野平:《东北沦陷14年教育史》,48页,吉林教育出版社,1989。
⑤ 王野平:《东北沦陷14年教育史》,48页,吉林教育出版社,1989。

日伪时期,赫哲地区的学校数量有增有减,除富锦、同江等县城外,街津口、八岔、勤得利等赫哲村屯相继设立了小学。比如,1937 年,在街津口村成立了一所小学。1941 年,在八岔村则设立了一所全日制民办国民义塾,两年后改为国办学校。紧接着,他们又在勤得利设立了一所小学。在设立学校的同时,日本人多采取威逼等高压手段,强迫赫哲族适龄儿童上学读书。在日本人的高压统治和精神奴役下,上面提到的诸所学校,赫哲族学生人数较前有明显增加。比如,街津口小学校有学生 20 余人,赫哲族学生就占了一半。在八岔国民义塾就读的 15 名学生中,赫哲族学生竟占了 14 名。一些家庭穷困的赫哲族学生,因慑于日本人的淫威,被迫接受必需的初等教育。而后不久,受日本人强迫赫哲人迁徙至一、二、三部落的影响,许多赫哲族学生不得不弃学。据资料记载,曾在各学校就读的赫哲学生,"绝大多数念几年小学就失学了,只有一两个念中学的"①。

日伪时期,初等教育仍沿用"四、二学制",即初级小学修业四年,高级小学修业两年。其中,国民义塾教育修业一至三年。为强化精神统治的政治需要,他们陆续把初级小学改为国民学校,把私塾改为国民义塾,高级小学则改为国民优级学校,凡 7 岁以上的赫哲适龄儿童,都要接受相关的初等教育。

日伪时期,课程设置有所调整。其中,国民学校主要设立修身、国语、算术、手工、图画、唱歌等 7 门课程。国民优级学校在上述科目基础上,又增加了历史、地理、自然以及日语课。与之相比,国民义塾课程设置相对较少,只有算术、作业、图画及音乐等几个科目。

日伪时期,教育经费仍然采取"民众摊纳"、地方财政拨款等多种形式解决,但以"民众摊纳"为主。

日伪时期,为把赫哲青少年培养成亡国奴,他们在学校教育上突出政治说教的内容,采取多种形式进行政治渗透和精神灌输。

日伪时期,赫哲族学校教育的主要特点是,突出德育教育、强化日语教育。他们试图通过对在校(赫哲)学生开展奴化教育,使他们从小养成"忠良之国民",以便将来能够成为日本人的亡国奴才。为做到这一点,除每天授课前要举行固定的效忠仪

---

① 《黑龙江省饶河县西林子乡四排村赫哲族的情况》,92 页。

式外,学校还专门设立了建国精神课,要求学生做到忠于君,"孝于亲",同时灌输"尊皇敬神"、"日满协和"、"日满'一德一心'"以及"日满共荣"等内容。为使广大赫哲学生忘记自己是中国人,学校在科目设置上,有意删减或取消了自然、地理和历史等科目,平时在教室里,大家连一张中国地图都看不到,仅从这一点,就可以看出日本人的险恶用心。

为从语言上强化对赫哲学生的精神统治,日伪当局自 1935 年(伪康德二年)起,就明令各(赫哲)学校把日语、满语(即汉语)合并为国语,为必修课。并在教育大纲中明确规定,任何学校都应把日语"列为必要的国语课之一",然而,在街津口小学校学习的赫哲学生,对每天用 1/4 课时学习日语的做法相当反感,他们普遍认为"日本话不用学,再有三年用不着",这句话既包含着赫哲族对日本侵略者的愤恨,又蕴涵着他们对抗日战争的必胜信心。

第四节　20 世纪 50 年代的学校教育

自 1945 年日本无条件投降之日起,赫哲族迎来了属于自己的政治春天,也迎来了属于自己的教育春天。不分贫富的赫哲族青少年,开始平等地坐在宽敞明亮的课堂上读书学习,实现了无数代赫哲族的求学梦想。从此,赫哲族的学校教育开始进入了一个新的发展时期。

1.50 年代的文化状况

解放伊始,百业待兴,备受政治磨难、饱受迁徙之苦的赫哲族,面对解放后不断变化的政治经济形势,又一次经历了"聚屯"而居的民族迁徙过程,将一个个分散的赫哲家庭汇集成几个集中的民族聚居地,使之成为该民族政治、经济和文化的中心地。尤其是被强迁到一、二、三部落的赫哲族,纷纷加入到重返家园的队伍。

解放初期,赫哲族的文化状况不容乐观。仅以街津口村为例,当时共有赫哲人口 133 人。其中,目不识丁者有 35 人,约占全村总人口的 26.31%;旧社会读过书的仅有 9 人,读书人数约占全村总人口的 6.76%。即便读过书的赫哲族,其文化状况也是参差不齐的。比如,在读过书的 9 人中,不能看书读报的有 3 人,约占读书总数

的 33.3%;能看书读报的仅有 1 人,其余 5 人都是经过后期学习才达到相当水平的。

让孩子读书,让孩子读好书,这是赫哲族一直思考的头等大事。早在 1945 年,他们就开始酝酿创办属于自己的民族学校。直到 1949 年,街津口村才通过集资的方式,设立了第一所村办小学,当时共招收十五六名适龄儿童入学读书。其中,赫哲族学生约占 2/3,何桂香、傅春香、傅桂珍等普通赫哲家庭女孩,高高兴兴地迈进了自己日思夜想的学习殿堂,接受正规的学校教育,这是赫哲族历史上第一批入校读书的女学生。

由于赫哲族地区刚刚实现政治解放,新的教育制度尚未确立下来,各赫哲族学校为传授文化知识,只能沿用民国时期的教学方法,对孩子进行教育教学,教学内容多以国文、算术为主,同时兼顾其他教育内容。

为尽快解决适龄儿童的入学问题,党和各级政府在资金紧张的情况下,于 1950 年拨出专款,在赫哲族居住比较集中的街津口村成立了民族联合小学,全村 30 余名适龄儿童上学读书。其中,赫哲族学生有 10 多名,朝鲜族学生有 6 名,其余为汉族学生。从 1952 年到 1957 年间,共有 22 名学生毕业,赫哲族学生就占了 13 名。到 1959 年,因该校设立高小班,学生人数一下子增加到 70 人,第二年达到 90 人,赫哲族学生则占了 20 人。

街津口民族联合小学只是赫哲地区学校教育的一个缩影,1951 年和 1952 年,居住在同江县八岔乡八岔村以及饶河县四排村的赫哲族,也陆续建立了属于自己的民族小学。为此,他们腾出民房做教室,用木板搭桌凳,用墨汁涂黑板,目的就是让自己的子女早日到学校读书学习。这两所小学校开办之初,师生人数相对较少,每所学校只有 1 名教师、1 个教学班。其中,"八岔"小学有学生 40 多人,多数是赫哲族学生。由于在校学生人数少,学校只好根据不同年龄学生的不同特点进行复式教学。据 20 世纪 50 年代初统计,赫哲族地区总共设立了 3 所民族小学校,其他散居各地的赫哲族儿童,只好就近到汉族小学校上学读书。

2.50 年代的学制建设

1951 年,就在街津口民族联合小学成立的次年,中央政务院从全国大局出发,将小学六年制改为五年一贯制,以防止出现部分学生"读完初小四年就辍学"回家,不能接受完整的"初等教育"等现象。事实证明,中央的这一决策是非常正确的。仅以1950年至1958年街津口民族联合小学出校学生调查统计为例,在全部出校的17名赫哲族学生中,读完(不足)4年级的只有6人,约占全部出校赫哲族学生的1/3左右;能够接受完整初等教育的赫哲族学生只有4人,毕业人数仅占赫哲出校学生总数的23%。出校赫哲学生大都读到小学四五年级,只有个别学生读到高小毕业,继续升学者寥寥无几。学生出校后,大多选择结婚或参加生产劳动。

为适应解放后大规模的经济建设需要,以便及时为社会培养输送急需的建设人才,中央政务院于1951年10月1日正式颁布了《关于改革学制的规定》,彻底改"四、二分段制为五年一贯制"。但在改革付诸实施过程中,因师资、教材等客观因素限制,致使改革遇到困难。各赫哲学校受此影响,仍沿用传统的"初小四年、高小二年"的"四、二"学制。1954年2月,国家教育部颁发了《小学"四、二"制教学计划(修订草案)》,诸赫哲学校均按照上述计划进行教育教学。

3.50年代的教育成就

从50年代初到50年代末,赫哲族小学校经历了从无到有、从小到大、从简单初创到逐步完善的艰难发展过程。归纳10年的民族教育发展成就,主要有如下几个特点。

1)学生人数有明显增加

到1956年统计,仅街津口小学校就有在校生46人,其中赫哲族学生有15人,赫哲族学生人数约占全校学生总人数的33%。另外,在该校已经毕业的22名学生中,赫哲族学生则占了13名。在这13名学生中,有3名学生后来读完高小课程,其余10人均达到高小毕业水平。成立较晚的四排民族小学校,学生人数也有显著增加。由1953年创办之初的十四五人增加到1956年的32人,4年间学生人数翻了一番。

2)适龄儿童入学率有明显提高

解放前,受经济的、政治的和思想文化因素影响,赫哲族适龄儿童的入学率极低。随着新中国的建立和发展,贫穷的赫哲族陆续将自己的子女送入学校读书学习。据1958年统计,在街津口村22名适龄儿童中,只有3名儿童因故未能入校学

习,适龄儿童入学率约占86%左右。从已经入校读书的赫哲族学生看,他们的入学年龄最大的有11岁,最小的有7岁,平均年龄在7.94岁左右。其中,女学生的入学年龄最大11岁,最小7岁,平均入学年龄在9.5岁左右。男学生的入学年龄最大11岁,最小7岁,平均入学年龄则在7.8岁左右,男女学生入学年龄平均之差在1.7岁左右。

3)教育设施逐步完善

解放伊始,党和政府在建设资金相当紧张的情况下,仍挤出一部分资金用于发展民族教育事业。早在1955年,国家就拨专款2 000元为四排村民族小学修建了80平方米的土木结构校舍。新校舍建成后,基本满足了全校师生正常的教育教学需要。街津口小学校设施建设起步早、起点高、项目全,各种体育器材应有尽有。截至1958年统计,学校有土草房8间,操场面积达到1 800平方米,有"图书500多本,桌凳20套,双杠2副,接力棒1副,跳绳2根,木马1个,秋千1架,小皮球20个,单杠2副,篮球架1副,还有篮球、排球、乒乓球"等①。

4)经济上予以扶助

解放前,许多赫哲学生虽然有强烈的学习愿望,但由于家境贫寒,只好望校兴叹。解放后,为免除赫哲族学生的后顾之忧,保证他们在经济上有一个安定的学习生活环境,党和政府及时采取经济扶助政策,对每名学生每年发给一定额度的生活补助费。通过生活补助,进一步激励了他们在校读书学习的积极性,许多赫哲学生正是靠国家拨给的补助费,顺利地读完初小或高小。

4.50年代的扫盲教育

扫盲教育作为解放初期党和政府采取的一种临时性的、过渡性的教育形式,以彻底解决赫哲族群众的文盲和半文盲问题。实践证明:开展扫盲教育对提高赫哲族的文化素质,普及文化知识起到了巨大的推动作用。从20世纪50年代走过来的赫哲族,无一不对扫盲教育留下终生难忘的印象,认为扫盲教育本身影响了一代赫哲族。

解放初期,赫哲族文盲和半文盲人数很高,仅对街津口村的粗略统计,在133

179

① 《民族问题五种丛书》黑龙江省编辑组:《赫哲族社会历史调查》,111页,黑龙江朝鲜民族出版社,1987。

名赫哲族群众中,目不识丁的有 38 人,约占全村赫哲族总人数的 28.57%;旧社会读过书的仅有 9 人,约占全村赫哲族总人数的 6.8%;即便能识文断字的赫哲族,其文化水平也是参差不齐的。比如,在 9 名读过书的赫哲族中,解放初期能读书看报的只有 1 人,其余 8 人虽然读过书,但整体文化水平不高。

为造就一代有知识、有文化、有素质的新型劳动者,全面提高赫哲族的整体文化素质,赫哲地区开展了扫盲教育活动。1956 年,他们根据黑龙江省教育厅关于《黑龙江省少数民族教育事业十二年规划纲要》,对赫哲族成人扫盲教育所确定的目标要求,结合民族地区文盲、半文盲实际,在扫盲教育的年限、学习时数、组织形式、考核验收等方面都作了严格规定。在扫盲过程中,为避免出现流于形式或走过场以及"失之于宽"和"失之于严"的现象,让赫哲族真正学到知识。有关部门特别强调,要把扫盲教育作为今后一个时期的重要政治任务,努力抓实抓好,抓出成效。

广大赫哲族对扫盲教育十分重视,他们克服了自身文化水平低、家庭拖累等诸多困难,以极大的学习热情投身到扫盲教育的活动中去。据统计,扫盲伊始,街津口村目不识丁的赫哲族全部报了名,并且善始善终地参加了扫盲教育。八岔、四排等地的赫哲族同样有组织地参加了这一具有重大现实意义的教育活动。经过几年的不懈努力,赫哲族的精神风貌有了明显转变。据对街津口村参加扫盲的赫哲族村民的调查统计,在 20 名女性、10 多名男性赫哲族群众中,有 17 人达到一二年级水平,13 人达到三四年级水平,2 人达到五六年级水平。尤其是广大赫哲族妇女,她们摈弃了"不识字也能干活","脑子笨、孩子多、家务活多"[1]等错误观点,成为接受扫盲教育的主要力量。在接受扫盲教育的 20 名赫哲妇女(女青年)中,有 14 人达到一二年级水平,4 人达到三四年级水平,1 人达到五六年级水平,1 人达到高小毕业水平。

客观地讲,扫盲教育不是一次急风暴雨式的识字运动,也不是一次简简单单的文化补习活动,而是赫哲族为追求崇高的精神生活所进行的一次大洗礼。当然,全面提高赫哲族的文化素质,不是一朝一夕的事情,也不是开展一次活动就能完成

---

① 《民族问题五种丛书》黑龙江省编辑组:《赫哲族社会历史调查》,116 页,黑龙江朝鲜民族出版社,1987.

的。即便如此,我们丝毫不能抹杀扫盲教育给赫哲族带来的精神成果。

第五节 十一届三中全会前的学校教育

1958 年开始的"大跃进"、"人民公社化"以及随后出现的"文化大革命",犹如急风暴雨般地席卷整个中华大地,就连居地偏远的赫哲族地区,也时刻感受到它的存在。备受政治气候影响的赫哲族,正是在这极其艰难的社会氛围下,不断完善和发展了自己的学校教育。

1.普教机制渐趋完善

自 20 世纪 50 年代起,尤其是经历了六七十年代的补充完善后,赫哲地区逐步确立了以学前教育、小学教育和中学教育为一体的比较规范的普教体系。

1)学前教育初露端倪

解放前,赫哲族儿童自懂事时起,便不自觉地接受来自家庭内部的启蒙教育。父母无疑成了教育子女的第一任老师,他们经常采取循循善诱的启发诱导方式,对年幼的孩子进行相关的知识教育。严格地讲,这种教育形式还谈不上是真正的学前教育,充其量只能算是学前教育的初始形式。据考证,以正规的学前教育形式出现在赫哲地区的幼儿教育,是解放以后的事情。1956 年,根据黑龙江省少数民族幼儿教育的发展实际,黑龙江省教育厅制定下发了《黑龙江省少数民族教育事业十二年规划纲要》,要求包括赫哲族在内的各民族地区,都要积极创办幼儿园。围绕落实《纲要》精神,赫哲族地区做了大量扎实细致的宣传教育工作。到 1958 年,在街津口、八岔和四排等赫哲族聚居区,生活安定的赫哲族群众,普遍认识到子女接受学前教育的必要性,他们要求尽快创办学前班,以使学龄前儿童接受必要的启蒙教育。当地政府顺应了民意,采取特事特办、急事急办的方法,于当年创办了三个学前班,并根据不同年龄儿童的不同特点,分别编成大班、中班和小班,使学前教育和学校教育能够有机地衔接起来。为避免学习内容交叉重复,他们根据学龄前儿童的认知能力和认知特点,重点以启发儿童智力为主。据讲,当时有 80%左右的赫哲族儿童都参加了学前教育。

2）中小学机制渐次确立

解放后，为满足赫哲族青少年的学习需要，赫哲族地区很快设立了民族小学校，但赫哲族学生初小毕业后，若想继续读书学习，就只能到离家较远的乡所在地去上学。个别赫哲族家庭出于经济因素考虑，只好打消让孩子继续学习深造的念头。直到1959年，教育部门在街津口民族联合小学设立了高级小学班后，这种状况才有所改变。一些赫哲族学生初小毕业后，又有了直接升入高小继续学习的机会。至此，街津口小学校才成为名副其实的具有初小四年、高小二年的完全小学校。八岔和四排民族小学校则分别于1963年和1976年，陆续成立了高小班。其中，八岔小学校当时有学生60人，赫哲族学生就占了40人，赫哲族学生约占全校学生总人数的66%左右，至此，完全小学机制最终在赫哲族地区确立下来。

20世纪60年代末，根据全国和赫哲族地区教育发展需要，当地教育部门把街津口、八岔两所民族小学改称为民族联合学校，并在原有学制的基础上设立了初中班，学制二年。从此，赫哲族地区开始有了属于本民族的初中教育。

1970年，各赫哲族学校普遍实行了"小学五年、中学四年"的教育体制，次年又进行了微调，在各赫哲族学校增设了一年制高中班。到20世纪70年代中期，又改一年制高中班为二年制高中班，统称中学。到1982年，高中全部被撤销。

第六节　十一届三中全会以来的学校教育

结束"十年动乱"及党的十一届三中全会的召开，不但预示着中国教育春天的到来，而且标志着赫哲族的学校教育，开始进入了一个较快的发展时期。经过赫哲族地区各民族群众的共同努力，学校教育取得了令世人瞩目的辉煌成就。早在1996年，赫哲学校就被列入国家第一个扶持人口较少民族提前完成"普九"目标的试点单位，并获得黑龙江省"实现普及九年义务教育"称号。1999年，各赫哲学校先后通过"普及九年义务教育"黑龙江省和国家级验收，基本达到规范化学校建设和"普九"要求。迄今为止，在全国55个少数民族中，赫哲族是第一个完成"普九"目标的少数民族。

1.拨乱反正使学校教育重现生机

俗语讲:"冰冻三尺,非一日之寒。""十年动乱"给赫哲族的教育事业造成了无法估量的损失,要想在十年教育基础上,将偏离航线的教育航船重新转入到正常的发展轨道难度很大。

"十年动乱"给学生们造成的心灵伤害是巨大的,街津口、八岔和四排诸民族学校,站在培养本民族或本地区高素质人才的高度,坚持教书育人的办学宗旨和办学方向,教育广大赫哲族青少年一定要珍惜自己的宝贵时光,努力学习科学文化知识,做一名对社会有用的合格人才。

短短几年的拨乱反正和正本清源,使赫哲族地区的学校教育重现了往日的生机和活力,良好的教育教学秩序正在逐步形成,学生在校读书学习的风气日益浓厚,尊师重教的传统不断得到弘扬光大。从此,赫哲族的学校教育开始进入一个新的繁荣发展时期。

2.渐趋完善普教机制

自 20 世纪 50 年代以来,赫哲族的学校教育,经过几次大的调整和补充完善,教育体制最终被确定下来。当然,在各级各类比较规范的学校教育中,学前教育率先得到了恢复和发展。

由于受"十年动乱"的影响和破坏,曾创办于 20 世纪 50 年代的学前班在赫哲族地区基本停办了,一些适龄儿童因得不到良好的学前教育,给他们日后的学校教育带来不利影响。党的十一届三中全会以来,赫哲地区普遍重视学前班的恢复工作,街津口、八岔和四排三个赫哲族乡陆续创办了学前班。一些有条件的单位或者个人,也相继设立了各种形式的学前班。在这些规模稍大一点,或人数稍多一点的学前班中,多依照年龄大小,将在册的赫哲儿童分成大、小班。大班儿童以六七岁为主,小班儿童以四五岁为准。各学前班任课教师,根据不同年龄儿童的不同特点,使用国家通用的教材,对学前儿童进行启蒙教育。

黑龙江省在强调将学前班纳入小学阶段管理的基础上,对赫哲族学前班幼师的配备、教学大纲的界定以及教育教学管理等都作了具体规定。比如,在课程编排上,明确规定每周课时 21 节,设立体育、语言、常识、计算、美术以及音乐等多个科

目;在课时安排上,要求每周开设7节语言课,常识、计算、美术和音乐课各3节;体育课2节。所有学龄前儿童,都必须按照当地教育行政部门确定的教学大纲进行教育教学。

为培养合格的幼师队伍,黑龙江省依托齐齐哈尔民族师范学校,在全省范围内举办各级各类幼师培训班。参加学习培训的各民族学生,原则上实行定向招生、定向分配。尤其是在校学习的赫哲族学生,毕业后多分回户口所在地的中心校任教。考虑到赫哲族儿童学习本民族语言的客观需要,各学前班在课时上均作了适当调整,使他们能够抽出时间集中学习赫哲语。

据调查,在已经建立的三个赫哲族乡学前班中,八岔乡学前班是在幼儿园的基础上创办起来的,建班时间相对较早。当时有学龄前儿童20名,全部是赫哲族儿童。到1979年统计,该学前班人数已经达到30人。自1992年起,他们将该学前班纳入学校管理,每年招收3~6周岁儿童入学,重点学习唱歌、语言、计算、汉语拼音、绘画等课程,同时少量学习汉字。为培养学生的学习兴趣,他们专门聘请了一名赫哲族女青年担任幼儿教师,由于该幼师曾接受过正规的专业培训,初步掌握了幼儿教育的基本方法,因而受到幼儿及其家长的普遍欢迎。街津口乡学前班成立时间相对较晚,它大约是在1989年创办的,当时有学龄前儿童50人。其中,赫哲族儿童就占了一半。在这个学前班中,他们主要招收4~6周岁儿童,学习内容包括手风琴、脚踏琴、游戏、语言、计算、绘画等等。由于该学前班儿童较多,他们专门配备了两名专职幼师进行教学。相比之下,四排乡学前班幼儿数量较少,从1986到1997的10年间,总共有12名赫哲族儿童接受了学前教育。

另对街津口、八岔和四排赫哲族学前班入学儿童的粗略统计,1989年街津口学前班有学生20人,八岔学前班有学生36人,四排学前班(大、小)有学生38人。其中,在大班学习的21名学龄前儿童中,赫哲族儿童占了十六七名。在小班学习的17名儿童中,赫哲族儿童则占了9名。到1994年,八岔学前班有儿童63人,赫哲族儿童有18名,占学前班总人数的1/4强。街津口学前班有儿童67人,赫哲族儿童则占了24名,占学前班总人数的1/3强。到1997年统计,三个民族乡共有赫哲族适龄儿童75人。据了解,经过学前班教育,许多儿童上小学后,能基本适应一年

级的教育教学需要,学生的入学率、巩固率、合格率以及普及率都达到了国家规定的标准。可以说,学前教育是整个基础教育的重要组成部分,把学前教育纳入学校管理,对于保证学前教育与学校教育在学习方面的连续性、避免重复性,全面提高教育教学质量,具有重要的现实指导意义,对他们顺利实现与学校教育的对接打下了坚实的基础。

中小学学制建设除国家规定的变初中、高中为三年外,其他仍沿袭旧制。课程设置同样按照国家教委统一颁布的教学大纲进行教育教学。到20世纪90年代末统计,在街津口、八岔和四排三个赫哲族乡中,共单设民族小学三所。由于赫哲族学生和汉族学生合班上课,学校教学主要以汉语为主。为完成2000年底以前赫哲族地区普及九年制义务教育的目标,黑龙江省、佳木斯市以及同江市多次召开专门会议,逐步加大对赫哲族小学校的资金投入力度,进一步改善民族学校的办学条件,以便为该民族地区全面实现"普九"目标打下坚实的物质基础。到1994年统计,3所民族小学共有在校生518人,教职员工36人。其中有赫哲族学生175人,学生人数约占在校学生总人数的1/3强。到1997年,3所民族小学校在校生人数较前有所下降,学生人数只有408人。与之相比,教职员工数量变化不大,仍维持在35人左右。到2004年,上述3所民族小学的在校学生数量、赫哲族学生数、教师数量以及赫哲族教师数量均有明显变化。其中,八岔乡小学校共有学生235人,赫哲族学生只占52人。全校教职工总人数为29人,任课教师占23人,赫哲族教师则占11人,他们的总人数约占全校教职工总人数的38%左右;街津口乡小学校共有在校学生80人,赫哲族学生24人。全校教职工总人数为18人,任课教师占13人,赫哲族教师则占了5人;四排乡小学校共有在校学生117人,赫哲族学生只有11人,其余学生主要是汉族学生。全校教职工总数为19人,任课教师占16人,赫哲族教师只占2人。

初中教育是小学教育的继续和发展。为解决民族小学毕业生继续升学深造的现实需要,各民族学校陆续设立了初中班。进入20世纪80年代,随着街津口、八岔和四排赫哲族乡的建立,各乡所在地的民族小学多改名为乡中心校,学校既设有小学又设有初中班。到1994年统计,三所中心校共有初中班九个,在校初中生238

人,其中赫哲族学生有 40 人,教师有 31 人。到 2004 年统计,上述 3 所民族乡中心校在校学生数量、赫哲族学生数、教师数量以及赫哲族教师数量同样有明显变化。其中,八岔乡中心校共有在校学生 87 人,赫哲族学生有 21 人,教职工总人数为 12 人,任课教师占 10 人,赫哲族教师只占 2 人;街津口乡中心校共有在校学生 76 人,赫哲族学生则占了 11 人,教职工总人数为 13 人,他们全部为任课教师,赫哲族教师只占 3 人;四排乡中心校共有在校学生 29 人,赫哲族学生则占 8 人,教职工总人数为 13 人,他们同样都是学校的任课教师,赫哲族教师占 6 人,约占教职工总人数的 46%左右。

随着赫哲族地区教育水平的不断提高,许多赫哲族学生初中毕业后,还有进入高中继续学习的愿望。为此,他们有两种选择。一是直接考入由省教育行政部门确定的齐齐哈尔市民族中学读高中,二是就近考入当地汉族高中继续学习。2003 年,本着方便、就近、经济的原则,同江市决定在市第一中学增设两个少数民族班。这样,街津口和八岔两个赫哲族乡的初中毕业生,都可以到同江市区读高中课程。考虑到赫哲族学生的家庭经济状况,根据黑龙江省教育局(厅)等文件精神,对考入齐齐哈尔市民族中学的赫哲族学生,每月给予 7 元钱助学金,对准备在该中学参加高考补习的赫哲族学生,适当降低录取分数。除上述两种读高中渠道外,在 1979 年至 1983 年间,还有 5 名赫哲族学生被选送到北京中央民族学院附属中学读高中。为全面提高赫哲族学生的文化素质,黑龙江省在省民族中学和民族师范学校的基础上,又创办了省民族干部学院,并设立预科班。到目前为止,赫哲族地区已经形成了包括学前教育、小学教育、初中教育、非单设高中教育以及成人教育在内的一条龙式的教育发展体系。到 2000 年统计,在 6 岁及 6 岁以上赫哲族人口中,未上过学的赫哲人有 121 人,占全国赫哲族总人口的 2.82%。在 15 岁及 15 岁以上赫哲族人口中,文盲人数只有 101 人。截至 2006 年末统计,在全部赫哲族人口中,具有小学文化程度的赫哲人为 947 人,初中文化程度的有 1 325 人,高中文化程度的有 474 人,中专文化程度的有 278 人,大专文化程度的有 245 人,本科文化程度的有 98 人,研究生文化程度的有 3 人,该民族人口整体文化水平已经远远高于全国平均水平和全国各少数民族平均水平。特别是 1998 年颁布实施的《黑龙江省民族教育条例》，标志着赫哲族教育已经进入了一个依法治教的新阶段。

由于考上大学的学生数量有限，许多赫哲族或汉族学生初中或高中毕业后只好回家务农，或从事其他生产活动。为进一步提高赫哲族的综合文化素质，赫哲族地区着眼于经济和社会的长远发展考虑，不断强化对他们的知识再教育。

3.教育设施大大改善

建校伊始，各赫哲族学校教学设施相当简陋，校舍陈旧破败，教学设备（仪器）奇缺。在党和各级政府的大力支持下，街津口、八岔和四排三个民族学校教学条件和教学设施明显改善。特别是黑龙江省出台了小学、初中规范化学校建设标准后，各赫哲族学校结合各自工作实际，认真对照标准，加快软硬件设施建设。早在1973年，街津口乡中心校就率先建成砖瓦化学校，从此揭开了赫哲族地区改善办学条件的序幕。5年后，街津口乡中心校教职工办公室、学生宿舍、食堂等均实现了砖瓦化。紧接着，该校利用政府下拨的教育专款，共修建砖瓦校舍1 200多平方米，铁栅栏围墙636平方米，在此基础上，配套建立了图书室、食堂、宿舍、医务室和综合实验室等等。为进一步改善学校的办学条件，自1997年起，国家、黑龙江省、佳木斯市以及同江市各部门相继投入巨资，为街津口乡中心校新建校舍548平方米，花12万元购置了各种实验仪器设备，以及各种实验台、柜和学生课桌，添加了电教器材、放像机、教学录像带和微机等等，学校基本实现了教学手段的现代化。

为美化校园环境，街津口乡中心校还在校园辟建了园中园，四周以榆树圈围，内设有花坛区、大田区和蔬菜区以及植物园等，中间搭设了7个古典式月牙门作为通道。学生夏季可以结合常识课，到园中实地踏查劳作。据不完全统计，从1984到1997年10余年间，该校共得到各级各类拨款总计76万元，这些资金全部用于学校的软硬件设施建设。经过一个时期的努力，街津口乡中心校环境优雅，绿树成荫，花园般的校园，宽敞明亮的教室，给人以心旷神怡的美感。由于该校在改善办学条件方面所作出的突出贡献，自1984年以来，连续5年被评为黑龙江省改善办学条件先进单位，同时还荣获省市县其他荣誉几十个。

随着民族学校学生人数的逐年增加，学校规模也在不断扩大。到1994年统计，八岔乡中心校共有9个班，其中，小学6个班，初中3个班；有在校生301人，赫哲

族学生就占了 74 人；小学教师、初中教师合计 24 人，赫哲族教师则占了 10 人，此外还有学前班学生 58 人。为改善学校的办学条件，乡中心校利用上级拨款，陆续修建了 995 平方米的教室，购买了必要的文体器材和实验设备。1991 年，上级部门再次拨款 27 万元，为该中心校新建一栋三层 600 平方米的教学楼，实现当年动工、当年完工。而后，学校又筹集资金，把旧有校舍改建成为学生宿舍和食堂，解决了困扰在校学生多年的日常饮水问题。1994 年，学校校园面积达到 1.3 万平方米，校舍面积达到 1 130 平方米，内设教室、办公室、中小学微机室、实验室、图书室、卫生室、档案室、宿舍以及食堂等等，共有微机 16 台，图书近 3 000 册。为进一步加快该中心校的"普九"进程，进一步改善学校的办公条件，国家、黑龙江省、佳木斯市以及同江市各部门，于 1997 年先后投入 60 万元资金，为该校新建校舍 318 平方米，购置各种物理、化学、生物以及小学自然课所需的仪器设备，配备了实验所需的台、柜和课桌等，添加了各种电教器材、放像机、教学录像带和微机等等。在原有百余册图书的基础上，又一次性购买图书 2 900 多册。1999 年，"该乡中心校校舍面积达到 1 404 平方米，共有教职工 44 名，赫哲族占 15 名，在校生 576 名，赫哲族学生占 64 名，学生的入学率、巩固率均达 100%"①。到 2003 年，学校总面积已经达到 26 000 平方米，绿化面积达到 13 000 平方米。至此，八岔乡中心校基本实现了教学手段的现代化。

相对街津口和八岔乡中心校而言，四排乡中心校建立时间相对较晚，它是在 1985 年前后建成的。据 20 世纪 80 年代末统计，当时，该中心校共有中小学生 103 人，教师 23 人。到 1994 年，全校中小学生人数增加到 131 人，赫哲族学生则占了 34 人；小学和初中教师达到 30 人，其中赫哲族教师占了 8 人。为满足正常的教学需要，当地政府把改善乡中心校的办学条件，作为压倒一切的中心工作抓实抓好。1994 年，学校共有校舍面积 770 平方米，校园面积万余平方米。1997 年，国家、黑龙江省、双鸭山市以及饶河县有关部门共投入 60 万元资金，新建了 540 平方米的教室，购置了一批物理、化学、生物以及小学自然课所需的仪器设备，配备了实验所需的各种台、柜和课桌等，添加了各种电教器材、放像机、教学录像带和微机等，选购

---

① 舒景祥：《中国赫哲族》，107 页，黑龙江人民出版社，1999。

了 1 100 多册图书,学校基本实现了教学手段现代化。到 2004 年,乡中心校的总建筑面积已经达到 2 175 平方米。

据不完全统计,仅 1991 年至 1993 年间,各级政府就陆续投入 59.55 万元用于赫哲地区民族学校改善办学条件。到 1994 年,三所赫哲族乡中心校校舍总面积达到"4 897 平方米,共有学生 756 人,每生平均占有校舍面积 6.5 平方米"[①]。除硬件设施建设外,各级政府还挤出资金用于购买教学仪器和各类图书,使三所民族中心校在规范化建设方面走在当地各中小学的前面。截至 1995 年统计,赫哲族地区在规范化建设方面,达到基本合格以上标准的学校已达到 66%。其中,有二所中学和二所小学仪器设备分别达到规范化标准,达标率占三所学校的 66%;有一所中学分组实验达到规范化标准,达标率占三所学校的 33%;有二所小学分组实验达到规范化标准,达标率占三所学校的 66%;有一所中学图书配备数达到规范化标准,达标率占三所学校的 33%;有二所小学图书配备数达到规范化标准,达标率占三所学校的 66%。由于街津口乡学校在规范化建设方面成绩突出,已成为佳木斯市级标准化学校及全省少数民族教育的窗口学校。到 1999 年,三所民族中心校全部达到黑龙江省级规范化学校标准。

为解决在校学生的身体健康问题,按照国家教育部门有关规范化学校的具体要求,八岔乡中心校为全校师生设立了保健卡和健康卡,并与同江市防疫站、八岔乡卫生院联手,集中为在校学生注射了乙肝疫苗和卡介苗。据不完全统计,仅 1991 年,学校保健医生就为全校师生举办过四次卫生知识讲座,为在校学生体检 600 人次,查出传染病患者 1 人,处理外伤 17 人,极大地保证了学校教育教学活动的正常进行。

4.师生人数明显增加

据资料统计,街津口和八岔乡中心校创办之初,全校仅有学生数十人。到 70 年代末,在校学生人数不过 200 人。进入 80 年代以来,两所学校在校学生人数猛增,每年在街津口和八岔乡中心校就读的学生人数有 400 人。就连组建时间不长的四排乡小学,1988 年学生人数也达到 160 人。截至 1988 年统计,三所民族学校累计毕业中

---

① 牧童:《赫哲族教育》(下),40 页,黑龙江教育出版社,1999。

小学生 3 180 人。其中,小学毕业生有 2 076 人,中学毕业生有 1 104 人。

教师是学校教育教学的重要组成部分。早在 50 年代初,由于街津口和八岔等民族学校师资奇缺,学校不得已只好采取两组或四组复式教学形式。到 50 年代末,当街津口小学校在校学生人数增加到 80 人时,在校教师只有 5 人,1 年级至 3 年级学生仍采取复式教学形式。1977 年,街津口乡中心校的在校教师人数才增加到 9 人。进入 20 世纪 80 年代,各赫哲族学校教师人数有明显增加。到 1994 年统计,三所民族中心校教职工数量已经达到 85 人,其中小学教师有 48 人,中学教师 37 人。

学校师资数量的增加,不但改变了教师匮乏的被动局面,而且也改变了在校教师的民族成分。一批极有培养前途的赫哲族青年陆续充实到教师队伍,成为民族地区教育战线上的骨干力量。进入 20 世纪 80 年代以来,一批又一批有志于献身本民族教育事业的赫哲青年,回到各民族中心校任教。到 1989 年统计,上级教育部门已经为赫哲民族学校培养了 20 多名本民族教师。其中,在街津口和八岔中小学任教的 56 名教师中,赫哲族教师就占了 12 名。赫哲族、汉族和其他民族教师的比例已经达到 5∶1。进入 90 年代以来,赫哲族教师人数仍呈递增趋势。比如,在街津口乡中心校工作的 26 名教师中,赫哲族教师占 7 名,满族教师占 2 名,赫哲族教师人数约占全校教师总数的 27%;在八岔中小学任教的 24 名教师中,赫哲族教师同样占了 7 名,教师人数接近全校教师总数的 30%;即便学校规模、教师人数远不及街津口和八岔中小学的四排小学校,在全部 13 名教职工中,赫哲族教师同样占了 6 人,教师人数几乎占全校教师总人数的 50% 左右。另外,在非单设的同江市第一中学和第二中学,同样有 2 名赫哲族教师工作在教育第一线上。

5.教学质量明显提高

20 世纪 50 年代初期,赫哲族学校的教学质量尚处于起步阶段,他们使用国家统一的教学大纲和通用教材,用汉语向学生授课。受全国教育大气候影响,赫哲族学校的教学质量迅速下滑,到 1979 年,街津口乡中心校学习成绩在全县年终评比中,竟落到倒数第一的地步。进入 80 年代以来,各民族学校教学质量始终徘徊不前。为尽快把民族学校教学质量提高上去,各学校教师多在备课授课、辅导和批改

作业上下工夫。

为进一步适应新形势下的教育改革需要，街津口乡中心校以培养学生创新精神和实践能力为重点，对教学内容进行了大胆改革。自 2002 年以来，该校在语文、数学、地理、生物和俄语等科目，陆续使用了多媒体教学。自 2003 年上半年起，该校又组织开展了"创新杯"教学竞赛活动，全校中小学教师积极参与，通过预赛和决赛，最后有 1 人获一等奖，3 人获二等奖。正是在新老教师的共同努力下，街津口乡中心校的教学质量稳步提高。1986 年，在同江县十三所中小学参加的统一考试中，街津口乡中心校名列第九，次年跃居第六。1988—1989 年，连续取得全县第二名的好成绩。八岔乡中心校为全面提高学校的教学质量，也做了大量的卓有成效的工作。经过全校师生的共同努力，该校也加入到"上乘学校"的行列。四排乡中心校虽然规模较小，但教学质量却是稳中有升。1990 年至 1992 年，该校 27 名小学毕业生全部升入了初中。在 1992 年饶河县十五所学校统考中，四排中心校名列第四位。其中，语文成绩名列全县第一，化学、政治成绩名列全县第二，数学成绩位列全县第五。随着民族学校教学质量的稳步提高，适龄儿童入学率、在校学生的巩固率、毕业率和普及率均有不同程度的提高，基本达到了普及初等义务教育的目标。据 1988 年—1989 年统计，"街津口村有适龄儿童 149 人，当年入学儿童有 147 人，入学率为 98.7%"，"本学年初有学生 203 人，学年末有学生 201 人，年巩固率为 99%"，"本学年有小学毕业生 23 人，达到毕业程度的有 22 人，毕业率为 99%"，"普及率为 97.4%"[①]。到 1995 年，八岔乡中心校学生升学率为 100%，巩固率为 100%，合格率为 72%，街津口和四排乡中心校的"四率"情况虽然大同小异，但均已达到省级规定标准。到 2003 年，街津口乡中心校"四率"已经达到 100%，居黑龙江省各民族学校的前列。

民族学校提高教学质量不仅表现在统考名次的排序上，而且还体现在民族学校每年为各级各类学校输送毕业生数量上。据 1982 年第三次全国人口普查统计，当时赫哲族只有本专科毕业生 22 人，到 1987 年，四排赫哲族乡就累计输出初中毕业生 16 名，高中毕业生 6 名，中专生 5 名，大专生 2 名，小学（包括在校生）及小学

191

---

① 牧童：《赫哲族教育》（下），68 页，黑龙江教育出版社，1999。

以上学历赫哲族占当地赫哲族总人数的30%左右。另据90年代初统计,赫哲族已有毕业(在校)大学生28人,中专生(在校)34人。到1995年,赫哲族专科以上毕业生达到185人,其中本科生56人,专科129人。从1979年到2002年,街津口乡就有10余人考上中央民族大学、黑龙江大学和哈尔滨师范大学等省内外高等院校。他们当中的一部分人,陆续走上了医生、大中小学教师、科学家、工程师、舞蹈艺术家、作家等工作岗位。另外,仅黑龙江省佳木斯和双鸭山两市及所属县乡,就有各级各类赫哲族干部108人。

6.师资素质稳步提高

根据国家教育部门的有关规定,初中任课教师必须达到专科学历,小学教师必须达到中师学历。据1978年统计,街津口乡中心校仅有9名教师达到中师(含高中)文化程度。到1989年时,在街津口、八岔中小学从事教育教学的52名教师中,有26人达到中专以上(包括中专)学历,学历达标率约占两所学校教师总数的50%左右。其中,街津口乡中心校学历达标率甚至超过70%以上。1988年对街津口、八岔中小学教师学历和实际能力的综合调查,客观地反映了两校教师的落后情况。到1994年,在这三所民族中心校中,小学和初中教师学历达标率已经上升到68%和56%。

为全面提高赫哲族学校的教师素质,按照黑龙江省教委《1990—2000年少数民族中小学师资培训规划》要求,由齐齐哈尔民族师范学校负责赫哲族小学教师的培训工作,实行定向招生、定向分配。自1979年以来,该校共定向培养赫哲族师范生34人。另外,对民族学校初中教师数量短缺、质量低下问题,省教育部门"每年从省属高校少数民族预科班中划出名额,招收赫哲族考生,培养中学教师"①。对学历未达标的在校教师,各赫哲族学校通过采取在职培训的方式,使他们拿到相应层次的《专业合格证书》,或者通过参加自学成才考试,进一步提高教师学历。当然,提高教师业务素质非一朝一夕的事情,也不是一蹴而就的事情。然而,各赫哲学校用了大约10年时间,初步完成了提高教师素质的基础工作。其中,脱产进修、函授以及到外地取经是当时提高教师素质的重要途径。

---

① 牧童:《赫哲族教育》(下),68页,黑龙江教育出版社,1999。

对于民族学校教师在提升自身素质、提高教学质量方面所取得的成就,党和政府给予极高的荣誉。早在 20 世纪 50 年代初,业绩突出的赵连祥老师就被评为黑龙江省优秀教师。进入 80 年代以来,党和政府对民族学校教师的政治培养和业务选拔十分重视,赫哲族教师多次荣获国家、省市有关部门的表彰奖励。其中,赫哲族教师尤金兰 20 世纪 80 年代曾被评为黑龙江省优秀教师;毕桂英 1989 年被评为全国优秀班主任;尤玉镯还被评为全国优秀教师,1993 年当选全国八大代表参加全国八届人代会。

第六章　文学、艺术

文学是透视人类心灵的一面镜子，也是折射一个民族文化价值取向的一个平台，对有语言、无文字的赫哲族来说，文学又是他们凝聚人心、提升人气以及创新发展的不竭精神动力。当需要用口耳相传的形式把民族文学的精华一代又一代传承下去时，赫哲族文学更彰显出它的独特魅力和文化内涵。赫哲族艺术同样包罗万象，涵盖音乐、舞蹈、雕刻以及图案艺术等多个层面。下面，我们依次对赫哲族文学、艺术进行全面概述。

第一节　文　　学

根据目前掌握的资料，赫哲族文学主要包括民间口头创作文学和书面创作文学两部分。其中，民间口头创作文学因其具有时间跨度大、种类庞杂、形式多样等特点，历来受到赫哲族群众的喜爱和国内外专家学者的广泛关注。书面创作文学是相对于民间口头创作文学而言的，它作为赫哲族文学的重要组成部分，同样对赫哲族的业余文化生活产生了深远影响。

1.民间口头创作文学

受有语言、没有文字的影响，赫哲族的民间口头文学十分发达，他们在渔猎生产、社会生活以及宗教祭祀等诸多领域，口头创作了许多立意深刻、主题鲜明、语言淳朴、通俗易懂的文学作品。按照现有的分类，主要有伊玛堪、特仑固、说胡力、嫁令阔以及谚语、谜语等等。

1）伊玛堪

伊玛堪是一种以说为主、以唱为辅的比较古老的民间口头文学说唱形式，它最早始见于凌纯声先生所著的《松花江下游的赫哲族》一书中，里面有对伊玛堪的细致描述，称其"像汉人的北方大鼓，南方苏滩……他们的说法和汉人的唱大鼓书一样,说了一段,唱了一段,而后再说。男子唱的歌大都是故事中的一段,从说书人那里学来的"[1]。接着他又补充说:"所讲的故事很长,一个故事常分做好几天讲……都是空口唱的,无乐器伴奏。他们的故事不是人人能讲,讲得最多的一个人亦只有五六个故事。"[2]在这部书里,凌纯声先生总共收集到了 19 篇伊玛堪故事,

图 77 伊玛堪集

像《杜步秀》、《木竹林》、《木杜里》、《西热勾》、《莫土格格》等等。从 20 世纪 50 年代起,经过专家学者和赫哲族艺人的共同努力以及抢救式发掘,又采录了 9 篇伊玛堪故事,其中有 7 篇目前已正式发表。另外还采录了一些伊玛堪片段,此外还有部分只知篇名、不知内容的伊玛堪故事。

按照赫哲族的习惯,说唱伊玛堪故事多在晚间进行。由于故事情节较长,有时一部伊玛堪故事要连续讲几天几夜。当赫哲男子外出捕鱼狩猎回到宿营地之后或在网滩前,燃起一堆篝火,围在一旁听老艺人说唱一段;留在家里的赫哲妇女、儿童以及老人,他们吃完晚饭后,也愿意听唱一段伊玛堪故事来消磨时间;当家中有贵客光临、红白事以及逢年过节时,老艺人也要讲唱一段以助兴。可以说,伊玛堪故事已经深入到赫哲族生产、生活的各个方面,人们一刻也离不开它。有的赫哲人为了能够听自己喜爱的艺人说唱伊玛堪,或者要听唱一部完整的伊玛堪故事,有时要走很远的路。

伊玛堪故事多以古代氏族社会为背景,讲述了氏族之间的血亲复仇和部落

图 78 讲唱伊玛堪故事

195

---

① 凌纯声:《松花江下游的赫哲族》(上册),146 页,中国科学图书仪器公司承印,1935。
② 凌纯声:《松花江下游的赫哲族》(下册),282 页,中国科学图书仪器公司承印,1935。

战争等,故事主题以歌颂勇敢、善良和正义为主。比如,在你掠我夺的征战中,胜者将占有或掠夺战败者的土地、城池和族民,败者则被杀掉或沦为胜者的奴隶。在胜与败的转换过程中,赫哲族往往把胜者称为"莫日根",并视为自己心目中的英雄偶像。另外,许多"莫日根"都拥有几个神通广大的妻子,这些妻子随时可以变成神鹰"阔力"。当丈夫处在危难时刻,她们都会及时出现,使"莫日根"转危为安。当然,在全部伊玛堪故事中,不但有英雄"莫日根"经过千辛万苦、克服种种困难,最终战胜强敌或复仇的感人描述,还穿插讲述了宴饮、娶亲、结义、狩猎、祭祀等许多生活场景,使伊玛堪故事既充满了血腥又具有浓浓的人情味。此外,在学术界,专家学者对伊玛堪的语义或语源仍有不同的理解。一种观点认为"伊玛堪"是源自于"伊玛哈"(鱼)的图腾崇拜,"伊玛堪"是由"伊玛卡乞"演变来的;另一种观点则认为"伊玛堪"可能源自于萨满文化,与赫哲语"伊尔木汗"(阎王爷)有关。

2)特仑固

特仑固是赫哲族民间口头文学形式之一,它以赫哲地区广为流传的传说故事为主线,真实地反映了赫哲族对自然观、历史观、道德观和社会观的认识和基本看法,体现了人与自然水乳交融的密切关系。与伊玛堪故事相比,特仑固具有如下特点:一是创作题材广泛,创作内容丰富。许多故事情节平铺直叙,篇幅不是很长,一个故事也不用讲几天几夜。二是一改伊玛堪以唱为主、以说为辅的表现形式,在表演上以讲述为主。三是听众没有性别或年龄限制,男女老幼都可以参加,大家无拘无束地围在一起,静听长者的讲述。四是场合不固定,可以在网滩猎场,也可以在村屯边或炕头。五是时间无具体要求,既可以在劳动之余的白天,也可以在茶余饭后的夜晚,不像伊玛堪那样,讲究夜晚的环境或气氛。六是具有说教启迪色彩,由于特仑固篇幅很短,讲述者可根据情况随时调整内容。当年轻人多时,既可以通过特仑固故事讲一些与捕鱼猎兽有关的知识,又可以讲一些渔猎生产的注意事项及各种行为禁忌,还可以讲一些公共道德知识及其他行为规范等等,故事中包含着许多做人的哲理和丰富的思想内涵,对听者具有教育启迪意义。

特仑固以传说故事为主,内容包括族源和民族历史、动物和渔猎生活、地方风物、风俗习惯以及萨满等四个部分,涉及渔猎生产、社会生活、天文地理和宗教祭祀等方方面面。在讲述过程中,为使特仑固的内容"真实可靠"或贴近生活,讲者多借用"神灵托梦、引证历史或由第一人称及亲眼目睹的口气"来表述,把有些事件说得有根有据、有名有姓,使听众进一步拉近了与故事的距离。比如,在动物传说上,关于人与动物结合"繁衍后代"的故事占有相当比例,尤其是关于人熊生子、为某某氏族之祖……某族由鹿而来等故事,无疑是赫哲族图腾崇拜的具体表现。像在他们中间流传甚广的《鳌花姑娘》,讲述的就是打鱼小伙与鳌花姑娘"结亲"的神幻故事。还有像关于动物知恩图报的故事等等,这些神话传说故事既反映了人们对虎、熊、鹿等动物的崇拜心理,又体现了人与动物和谐共处的思想主题。在族源传说和民族历史上,赫哲族有许多关于民族起源、民族祖先以及民族迁徙等方面的传说故事,有些故事具有浓郁的渔猎民族文化特色。尤其是关于虎、熊、鹿等动物与某个氏族起源的传说故事,更增添了氏族起源的神秘感。还有像《七兄弟》、《白城人的后代》及民族迁徙等神话故事,虽然故事情节与史实相违背,但对我们了解赫哲族的文化、历史、族源及其他方面知识不无借鉴意义。在地方风物和风俗习惯上,出于热爱家乡、热爱一草一木的感情需要,赫哲族创作了许多赞美家乡、歌颂家乡的特仑固故事,归纳总结起来,主要体现在地名、物产和器物等三个方面。像关于黑龙江、街津山、莲花河以及七星砬子等山水来历的传说故事。还有像赫哲人"跳鹿神"和"烧包袱"的来历,不戴狗皮帽子的缘由,"滑雪板"和"口弦琴"是怎么来的等故事,这些故事既是他们辛勤劳动的结果,更是他们思想智慧的结晶。在萨满传说上,包括第一个萨满是怎么来的,新萨满是怎么产生的等,还有对萨满的"神通"和"斗法"的知识介绍。比如,在上述故事中,萨满不但有男有女,而且熟悉动物的语言,有的还能未卜先知。他们既能行善事,如为人看病治病;又能做恶事,或摄走人的灵魂,或危害族人。

3)说胡力

说胡力也是赫哲族的民间口头文学创作形式之一,它以故事为主。与特仑固相比,它具有如下特点:一是数量众多,短小精悍,通俗易懂,讲一个故事也就"一袋烟工夫"。二是内容随意性较大,可以运用虚构、夸张和比喻的手法,进行"有鼻子、有眼睛"的"胡编乱造",有时同一个故事可以有多个版本,通过"添油加醋"、故弄玄虚,让大家"乐一下或笑一下"。三是思想性较强,许多故事主题突出,善恶分明,他

们在使用各种形象生动、有血有肉、滑稽幽默以及妙趣横生的语言进行讲述的同时,按照自己对正义和邪恶的理解,把人分为富人或穷人两种。其中,穷人多被列为正面人物,富人则被列入反面人物,以此作为逻辑起点宣传真善美,鞭挞假丑恶。为此,他们经常用不加修饰、质朴粗犷的语言,来赞美穷人的勤劳勇敢和聪明智慧,讴歌穷人的正直、机智以及富有正义感等优良品质,赞扬他们为追求理想、向往美好生活所做出的不懈努力。与之相比,他们多用讥讽的语气,来揭露富人的贪婪吝啬以及背信弃义等不良之举,用嘲讽的语气来揭示富人自私自利、好吃懒做的丑陋一面,把赫哲族爱憎分明、惩恶扬善的道德思想毫无遗漏地表现出来。四是意境深远,回味无穷。有些故事表面上是以动物为主人公,但它所揭示的思想主题在于以物喻人,或者通过动物故事的内在说教,从中悟出做人做事的深刻哲理。当然,有些故事则面向赫哲儿童,借助浅显易懂的思想诱导,给他们幼小的心灵以思想启迪。从目前掌握的材料看,赫哲族说胡力主要有渔猎故事、英雄故事、生活故事、动物故事、萨满故事、爱情故事以及滑稽故事等等。

（1）渔猎故事

渔猎故事是赫哲族渔猎生产和渔猎活动的延续,在《叉鱼能手莫日高》、《额敦叉鱼》和《猎人斗黑熊》等众多故事中,赫哲族有时以夸张的手法,玄而又玄的想象,诙谐幽默的口吻以及活龙活现的语气来赞扬赫哲渔猎民的勇敢和伟大。尤其是那些紧张刺激、惊险激烈、扣人心弦的搏击场面,更成为人们渲染的对象;有时他们以赞叹的口气来称赞赫哲族渔猎民的精湛技艺, 比如, 叉鱼要叉"鱼头后分水鳍中间",就是个人实力、能力和技术的真实表现;有时他们以切磋交流捕鱼猎兽的生产经验来体现故事主题,诸如如何发现熊仓、如何"引蛇出洞"等等,以便在规避风险的前提下,能够多捕鱼或多猎兽;有时他们则以共同探讨的形式,教育大家在捕鱼猎兽中如何遵守各种行为规范。另外,在渔猎生产实践中,他们所遇到的奇闻轶事或发生在自己身上的传奇经历,也经常成为人们炫耀的对象,为笑料不断的渔猎故事,添增了些许可以加工编造的素材。

（2）英雄故事

在呼唤英雄和推崇英雄的英雄时代, 赫哲人多把英雄崇拜作为激励自我的精神动力，"莫日根"便是他们心目中诸类英雄中的代表，像我们熟知的《香叟莫日根》《希尔达鲁莫日根》以及《马尔托莫日根》等作品都是这方面的典型。在上述"莫日根"作品中，有一个共同的故事情节，就是他们从小受尽苦难，长大后外出征战，期间克服重重困难，最终打败了仇敌或降伏了妖魔，为死去的双亲或族人报了仇或雪了恨。为增加故事的生活情节，他们多设计了比武求婚等片段，运用求婚、完婚等喜庆场面来体现英雄"莫日根"有情有义的一面，并在未婚妻或夫人的帮助下，彻底完成了复仇的丰功伟业。当然，从故事的渊源来看，英雄故事多来自于伊玛堪故事中的某些情节或某一情节，在原有素材的基础上，又增加了许多新内容，从而形成了一个结构完整、独立成篇的新故事。其中，他们打败的敌手既有凶残暴虐的山主恶霸，又有危害族人的妖魔、海怪、怪兽，还有为族人寻找幸福而涌现的少年英雄"哈赫黑特"。

（3）生活故事

生活故事是以发生在普通赫哲族身边的生活琐事为主线，在这些看似平常的生活故事中，主要体现两大主题。一个是突出家庭内部或家庭成员之间的关系，像《找丈夫》《害羞的丈夫》《偏心眼的后妈》《好心人和坏心人》等，这些发生在普通猎人或渔民之间的琐碎小事，都有一个共同的特点，就是用丈夫、老头、后妈、小伙或姑娘等泛称来指代当事人的名或姓，然后把家庭中的矛盾纠葛一一展开，或褒或贬，或扬或弃，以体现赫哲族当时的伦理道德观念和家庭观念。为防止有人"对号入座"以及出于警示后人的考虑，他们多采取对事不对人的方法，即以说事为主，从不特指具体的人或家庭，使大家听后能够做到有则改之，无则加勉。通过类似的宣传教育，既引导人们树立了正确的家庭伦理道德观念，又恰如其分地点出了父子、夫妻、婆媳及其他家庭成员，在处理婚姻、家庭等方面关系上的缺点和不足，像负心的丈夫、狠毒的嫂子以及忘恩负义的朋友等，给人以思想启迪，起到"以小搏大"的说教作用。另一个是体现富人和穷人的对立。像《一双鱼皮靴子》《斗谙达》等故事，既把富人（巴彦玛发、山主、渔霸以及商人）的贪婪、吝啬、诡计、唯利是图等丑恶嘴脸揭示出来，又把穷人（渔民、猎民）的善良、机智、勇敢、富于同情、敢作敢为的优秀品德衬托出来，故事结尾多是正义战胜了邪恶、好人战胜了坏人，体现了善恶终有报

199

的思想。

（4）动物故事

在所有说胡力故事中，动物故事则占有相当比例，涉及的范围也非常广泛。像林中跑的虎、鹿、熊、狍，天上飞的大雁、天鹅、麻雀，水中游的鳇鱼、大马哈鱼、嘎牙子鱼等无所不包。赫哲族在渔猎生产实践中，在与鸟、虫、鱼和兽的接触中，对它们的生长特点和生活习性等有了特殊的理解，通过提炼升华，以达到以物寓人的效果。在已知的故事中，我们把它分成四种类型。一是针对某一动物的身体特征所编造的故事，像《为什么狗鱼嘴边有两个窟窿》、《为什么嘎牙子鱼的脑袋是扁平状》、《为什么狐狸耳朵上有块黑》和《蚊子瞎蠓哪里来》，对这些需要解释的生物现象，赫哲族以自己的理解，加上合理的想象和虚幻的编造，以达到娱乐的目的。二是针对儿童的心理特点所编造的故事，像《狐狸嘴为什么黑》、《黑瞎子的眼睛为什么那么小》以及《黑瞎子坐爬犁》等。通过对动物身体特征和生活习性的细致描述，再配上幽默风趣的语言以及优美动人的故事情节等，给儿童以引人入胜的感觉，对开发儿童智力，使他们从小就树立起善待动物的道德观念意义重大。三是强调人与动物和谐共处的故事，像《山神爷的故事》和《绰绰》中所设计的各种形象，生动、具体的虚拟情节，都体现出人与动物为善（友），动物也会知恩图报"反哺"人类的思想。当然，故事中所描述的传奇情节，在现实生活中基本是不存在的，但赫哲族正是运用夸张的手法，把紧张惊险的遭遇场面说得轻松自如。四是富于思想哲理的寓言故事，像赫哲族耳熟能详的《猎人和狼》、《白兔和灰兔》等。这些以寓言形式出现的故事，告诫人们恶人不会改变吃人害人的本质，对他们千万不能心慈手软，或者有任何怜悯之心。在现实生活中，一定要注意透过现象看本质，不能光图表面的华丽，或者被假象迷住双眼。

（5）萨满故事

萨满故事虽然是以萨满为中心创作的生活故事，但萨满则与伊玛堪故事中的萨满形象有明显的不同。其中，许多萨满都是以恶的形象出现的，像《金鹿故事》和《猎人莫尼特》等。在这些故事中，萨满多恩将仇报，他们或者挑拨离间，破坏他人家庭幸福，或者往锅里投毒，然后害人作恶，或者毒死人家妻子，然后再害死人家的丈夫等等。为了表现萨满凶残狠毒的一面,他们大多把萨满化作"狼"的形象,但善恶终有报,萨满最终因害人害己而被猎人打死。

（6）爱情故事

爱情故事是一个古老的话题,在赫哲族说胡力故事中,同样创作了许多追求美满婚姻、向往幸福生活、赞美忠贞不渝爱情的动人故事,像《天鹅姑娘的故事》、《天鹅湖的故事》、《巴托力与爱恩赫》以及《鸳鸯鸟的传说》等。这些故事都有一个共同的主题, 即男女主人公面对不如意的婚姻,尤其是面对强加于自己身上的无爱婚姻,他们多采取殉情的方式与命运相抗争,然后化成鸳鸯、仙鹤或大雁等,双双比翼齐飞,有的则化作天鹅飞上蓝天,使有情人终成眷属。

（7）滑稽故事

滑稽故事是说胡力故事中的"另类",人们大胆运用荒唐的或者"相声抖包袱"式的搞笑手法,来讥讽在渔猎生产或日常生活中不可能出现的荒唐故事,尤其对那些成熟老练的赫哲渔、猎民更是如此,像《捉鲫瓜鱼》、《粗心的猎人》、《撒谎的渔民》和《巴彦玛发选新娘》等。在这些充满滑稽的故事中,他们或者违犯常规,采取让黑熊喝干沼泽地里水的愚蠢办法来捉鲫鱼;或者把马拴在一边,蹚水过河去捉鹿,结果鹿没有被捉到;或者编造各种理由欺骗妻子,为自己的懒惰或贪睡找理由;或者因嫌贫爱富看钱不看人,最终为自己娶回了一位白发苍苍的老太婆做儿媳妇;或者设计各种搞笑情节来掩饰自己的生理缺陷等等,凡此种种,无非是为平静的生活增加一点喜色。

4）嫁令阔

嫁令阔同样是赫哲族民间口头文学创作形式之一,它以民歌为主。与特仑固和说胡力相比,嫁令阔具有如下特点:一是曲调单调、旋律和节奏变化不大。在我们熟悉的曲调中,经常伴有"百本出"、"匡棍当"以及"赫尼哪"等衬词。二是许多民歌词曲多为个人即兴创作的,不像现代人那样有专人作词作曲,因而熟悉某一首民歌的人不多。三是从演唱形式上,有的歌曲诸如《摇篮歌》、《祝愿歌》、《迎客歌》、《祝酒歌》,尤其是萨满在跳神看病过程中所演唱的《请神歌》、《送神歌》等,有固定的句数、调式和节奏,需要在特定时间和特定场合演唱。有的歌曲像祝酒类、祝愿类等抒情歌曲也

是自由创作,表演时不但随意性较大,而且没有时间或场合限制,有时现编现唱,有时见啥唱啥。四是从性别上区分,有男歌和女歌。五是从民歌类别上,有学者把它划分为7种民歌,即劳动歌、萨满歌、风俗礼仪歌、情歌、摇篮歌、古歌、悲喜歌等。

(1)劳动歌

劳动歌是赫哲族在捕鱼猎兽、织网、熟皮子、晒肉干等活动中即兴传唱的歌曲。其中,与捕鱼有关的民歌有《叉鱼歌》《春季捕鱼歌》《开江鱼歌》《捕大马哈鱼歌》《捕鳇鱼歌》以及《打冬网歌》等等;与狩猎有关的民歌有《捕貂歌》《狩猎歌》《猎歌》《打雁歌》以及《打猎人的歌》等等。在已知的渔猎歌中,有的是由劳动号子转化来的,像在集体捕鱼过程中大家所哼唱的曲调,要求大家与号子的节奏保持一致,真正达到齐心协力、劲往一处使的目的。为消除单调的乏味感和疲劳感,人们在渔猎生产过程中,也自编自唱了一些直抒胸臆的民歌,这类歌曲可长可短,内容随意性大,基本是"一人一个调","一人一个样"。当然,许多源自于生产劳动的歌曲,有的再现了抬网、划船、加工鱼兽肉等生产劳动的场景;有的充满了对丰收的渴望或期待;有的传授了渔猎生产知识和渔猎生产经验;有的充满了对美好生活的向往或憧憬;有的以饱满的热情,表达了对富饶美丽家乡的赞美之情。正是这些质朴粗犷、清新活泼的民歌,把赫哲族乐观向上、自信豪迈的民族性格和自然朴素的民族品格表现出来。

(2)萨满歌

萨满歌是萨满请神、送神时唱的歌,由于每个萨满所领的神及请神的仪式有所不同,故歌的旋律和唱法也有很大区别。其中,在举办家庭祭祀时,萨满多采取说着唱的方式向神灵祈祷。在治病过程中,他们要分别唱请神歌、问病歌、驱魔歌和谢神歌。据讲,请神歌一般是在晚上唱,萨满盘腿坐在炕上,然后闭目把所请诸神的名字唱一遍,当诸神到来后,便转唱问病歌,让诸神帮助查找病因,歌词有长有短,问病有详有略。当病因找到后,则猛击手鼓,狂呼乱叫,同时唱起驱魔歌,并伴以鼓舞动作。当夺回病人魂灵后,要举行谢神仪式,高唱谢神歌。在送葬过程中,萨满要为逝者唱起送魂歌。另外,在赫哲族举办的大型跳鹿神活动中,萨满同样要高唱鸠神歌以及跳神归来歌,把活动不断引向高潮。

（3）风俗礼仪歌

风俗礼仪歌主要包括赫哲族在婚丧嫁娶和迎宾、祝酒以及欢庆节日等礼仪活动中所唱的歌,诸如《篝火歌》、《丰收歌》、《赞歌》等等。这些民歌有一个共同的特点,就是没有固定的曲调和歌词,即兴即唱、现编现唱。其中,《祝福歌》是一种最常见的礼仪民歌,在为新郎、新娘举办的盛大婚礼上,尤其是当高潮迭起时,人们都愿意唱吉祥如意的《祝福歌》以烘托气氛。在为逝者送魂的葬礼上,人们则唱《祝愿歌》以期盼"他"或"她"在阴间安息。在喜庆热烈的酒桌上,人们在表达欢迎或答谢的意愿时,总是喜欢唱清新欢快的《祝酒歌》,通过以歌会友,既活跃了喝酒的气氛,又表达了个人的感情。《哭歌》则是为怀念逝者所哼唱的一种民歌,人们在哭唱中,表达生者对死者的真挚感情。《节庆歌》乃是人们欢庆节日时所传唱的歌曲,尤其在跳鹿神活动中,人们经常把自己的所见、所闻、所思、所想,以歌的形式表述出来。

（4）情歌

情歌是赫哲男女青年表达爱情的一种方式,这类民歌在嫁令阔中占有相当比重,像《求爱歌》、《织网情歌》、《对歌》、《思念歌》、《河边情歌》以及《答爱歌》等等。当男女青年相互倾心、相互爱慕时,他们多用歌声来表达自己的心声。比如,当小伙向姑娘求爱时,经常采取大胆的或直白的语言来表露自己的情感,姑娘同样用歌声来倾诉对美好婚姻的向往和追求,有时甚至把自己的择偶标准一同唱出来,诸如"希望未来的夫君要诚实,要有胆量,将来是捕鱼猎兽的能手";当思念的阿哥即将出行狩猎时,痴情的姑娘多"以歌送郎",衷心希望他外出多捕野兽,并盼望他早点回来,以解相思之苦。有时她还随手把荷包送给郎君,希望将来"再缝顶帽子给他戴"。这种率直、热烈和大胆的吟唱方式,把姑娘的内心感受袒露得一清二楚;由于姑娘的天性,她们在热恋过程中往往显得有些腼腆羞涩,当听说情郎要回来时,既想亲自迎接又怕别人笑话,既盼望与心上人早点见面,见面后又张不开嘴;在分离的日子里,姑娘或妇女继续用歌声来寄托相思之苦,许多歌词显得非常伤感、凄苦,像"想得好苦、想得心碎或者一坐坐到月斜时",给人以千回百转、荡气回肠的感觉,有时甚至发出"真希望活在一起,死在一块,再也不分离"的呐喊;当面对不如意婚姻时,他(她)们亦用歌声来排解内心的苦闷和彷徨,并发出誓言,"如果父母不同意,决不

再娶第二人"或者"今生不能成夫妻,来世再同你配成双",表达了男女青年对爱情的忠贞不渝和对不如意婚姻的抗争。

（5）摇篮歌

摇篮歌是生活气息非常浓烈的一类民歌,它把母子之情、母女之爱以"歌"的形式表达出来。尤其是当摇篮中的婴儿需要睡觉时,母亲边晃动悠车,边哼唱节奏缓慢、旋律悠长的催眠曲调,使婴儿能够在静谧的环境中安然入睡。赫哲族的摇篮歌曲目很多,但由于是即兴而作,所以流传下来的并不多,比较有名的摇篮歌有《白本出》和《匡格尔当》。这些民歌虽然没有过多的歌词,但都表达一个心愿,就是希望孩子快快睡觉,快快长大,将来有一个健康体魄,是一个捕鱼狩猎的能手。

（6）古歌

古歌是反映赫哲族族源、历史、迁徙和战争等重大事件的民歌,具有明显的叙事情节,像《姓氏歌》、《战后》和《迁徙歌》等许多民歌都属于古歌范畴。在这些民歌中,他们有的唱出了该民族姓氏的来源以及某一氏族迁徙的历史,有的则歌颂了英雄莫日根的光辉业绩。比如,在《姓氏歌》中,他们把赫哲族古老姓氏中的"吴、胡、傅、尤、齐、何、毕以及卢或鹿"等姓氏的来源一一唱出来。在《战后》古歌中,他们则把战后渔村"蒿草丛生、废墟一片、人去室空、荒凉凄惨"以及"民不聊生"的破败景象罗列出来,深刻揭示了战争给族人造成的危害。在《迁徙歌》中,他们重点吟唱了赫哲族"沿黑龙江和松花江由北向南迁徙"的艰难历程。尤其把赫哲先人苦难的过去、被迫迁徙的动因以及一路迁徙来到三江平原的经过毫无遗漏地记录下来。尽管目前专家对《迁徙歌》中的内容提出过质疑,对迁徙的年代、迁徙的过程等有不同的看法,但以古歌来传唱民族历史的形式确实很有特点。

（7）悲喜歌

悲喜歌在内容上是两种截然相反的民歌。其中,悲歌多带有凄苦、忧愁、哀伤直至悲愤色彩。为此,赫哲族多用低沉、悲哀的"悲调或哭调",把自己乃至整个民族的痛苦经历记录下来,尤其是日本鬼子对他们所进行的肉体迫害和精神摧残,给赫哲族留下了刻骨铭心的印象。喜歌则带有清新明快、活泼激越的曲调,把赫哲族舒心、喜悦的心情用歌声表达出来,听后给人以振奋和鼓舞。在已知的悲喜歌中,比较有名的有《苦难的日子》、《悲歌》、《苦歌》和《难忘的一年》以及《上北京》和《捧起和周总理的合影》等。最令人心碎的是那首《难忘的一年》，在这首悲歌中，详细叙述了日本人强迫赫哲族并屯的悲惨经历，唱述了他们抛家舍业、扶老携幼所经历的人间悲剧，尤其是无吃、无穿、煮"冬青"、有病无处医的凄惨情景，让人过耳不忘。其余几首《悲歌》同样以愤怒的歌声，控诉了日本鬼子凶残、灭绝人性、奸淫烧杀的一面。《上北京》等喜歌则以喜庆的方式，把赫哲族去北京参加大型庆祝活动的激动场面表现出来。

5)谚语

谚语是赫哲族口头创作文学的重要形式之一，也是赫哲族渔猎生产和社会生活的经验总结，在指导渔猎生产、规范行为关系、教育年轻一代等方面起着十分重要的作用。

(1)渔猎生产

赫哲族在捕鱼猎兽的实践中，充分发挥自己的聪明才智，总结提炼了许多富含深刻哲理的谚语。像如何根据风声来打枪，如何依据水纹来叉鱼，同时对各种鱼兽的生活习性也进行了抽象概括。比如，要捕捞或猎杀鳇鱼、黑熊、鲤鱼、胖头、貉子和獾子等，必须根据它们喜欢"深水窝、闹瞎塘、走直线、一大片、不拆帮以及难分离"等活动特点，有针对性地制定相应的捕猎方法。在外出狩猎过程中，他们还经常使用通俗易懂的谚语，或传授生产经验，或调解纠纷和化解矛盾；为鼓励赫哲族尤其是赫哲青少年练就一身过硬的生产本领，他们用精辟凝练的谚语进行了概括升华，像"没有水上功夫，别想捕鳇鱼"、"不下水成不了神叉手，不上山成不了好猎手"、"鱼叉不摸要生，投枪不投要绣"、"弓箭越练越熟，扎枪越扎越准"等等，这些谚语一学就会，而且琅琅上口；为使赫哲族养成谦虚谨慎的优良品德，他们总结了"神枪手不说自己枪法准，神叉手不说自己鱼叉灵"等谚语以警示人们。同时提示大家，做什么事情都不可麻痹大意，因为"小沟沟也会翻船"。

(2)社会生活

社会生活谚语涵盖物质文化、精神生活以及民风民俗等多个生活层面。当他们要多捕鱼和多猎兽，或者要"求子、发财"时，就要"敬江神、拜山神以及求树神"；当

他们要治病、送魂或庆丰收时，也有"萨满治病，又唱又跳"等具有萨满文化特色的生活谚语；在吃饭、穿衣、交通、居住等衣食住行方面，赫哲族总结的谚语同样极富民族个性。既把"鱼楼子、塌古通"等实物的用途点了出来，又把"刹生鱼、塌拉哈"等菜肴的特色点了出来，既把"撮罗子、地窖子"等居住形式点了出来，又把"鱼皮狍皮衣、桦树皮帽、鱼皮温塌"等服饰特征点了出来，还把"狗爬犁、快马子、桦树皮船和滑雪板"等交通工具点了出来。婚姻和丧葬是社会生活的重要组成部分，这方面的谚语比比皆是。比如，当男女青年到了婚嫁年龄后，就有"比武招婿"的谚语，也有"不能自己找婆家"等俗语。当迎娶新娘时，则有冬夏分别做"彩船或彩车"的谚语。当新郎新娘举办婚礼时，有拜"天地、灶神和祖宗"等民谚。当有人故去时，便有"撂档子"和"送魂去布尼"等民谚，也有"小孩死后挂树上"等丧葬俗语。赫哲族比较传统的节庆礼仪有"三月三、九月九和大年三十"等，在这些喜庆活动中，有"驱妖魔、庆丰收、烧包袱"等系列民谚，把节庆的重要特征逐一体现出来。节气节令是指导赫哲族从事渔猎生产和社会生活的重要指南，他们对此牢记在心，从春季"冰排一淌"到冬季"腊月三十烧包袱，家家户户烧包袱"等谚语几乎家喻户晓，基本涵盖了一年中的二十四个节气，人们平时多根据节气节令的变化，来安排自己的生产生活。

（3）精神生活

精神生活是赫哲族日常行为的重要组成部分，这方面的俗语谚语同样应有尽有，从中不难看出他们的价值取向和伦理道德观念。在反映穷人和富人的地位问题上，有"巴彦（富人）穷人不同心"、"巴彦的心是毒的"以及"十个山主额真，九个欺压百姓"等俗语，把穷人和富人的对立一针见血地揭露出来。在劳动观念上，他们牢固树立劳动至上的思想理念，把赫哲族不等不靠、勤劳致富的优秀品德体现出来，像"江里的金鲤银鲑捕不完，林里的木耳蘑菇采不完"，关键是"看你手勤不勤"，只要手勤腿勤，"吃穿朝它（鱼）要"。在人与人交往上，他们始终强调要坦诚相待、诚实守信、豁达开朗、不拘小节，像"诚实的人到处有知音"、"说谎的人找不到朋友"、"山和山走不到一起，江和江能流到一块"等民谚，便是这种思想的具体体现。在业余文化生活上，赫哲族同样有自己的爱好，像"老太婆爱唱白本出，小媳妇爱玩摸瞎糊，老头爱听伊玛堪，小孩爱听说胡力，姑娘爱唱嫁令阔，小伙爱讲特仑固"。

2.赫哲族书面创作文学

进入民国尤其是新中国成立以来,赫哲族的书面文学创作迎来了发展的春天,一大批群众性的文学创作队伍逐步形成,在诗歌、小说等诸领域涌现了许多群众喜爱的文学作品。

1)戏剧作品

赫哲族在戏剧作品创作方面,主要是以乌·白辛为代表的职业作家所创作的一系列戏剧作品。他创作的话剧《赫哲人的婚礼》,以婚礼为主旋律,以演唱伊玛堪的形式,通过几个具有典型意义的历史事件,再现了赫哲族300年来的沧桑历史,展示了这个民族不屈不挠、奋勇抗争的伟大精神和内在动力,说明了只有共产党才能把赫哲族解放出来并走向新生的道理。这部具有史诗般的话剧公演后,受到国内观众的一致好评,成为建国以来优秀戏剧作品中的经典佳作。此外,乌·白辛还创作了大量的戏剧和电影作品,像大家熟知的电影《冰山上的来客》以及话剧《印度来的情人》等。其中,《冰山上的来客》是他的成名之作,整个剧本充满了爱国主义、集体主义和英雄主义色彩,加之曲折动人、扣人心弦的故事情节,把人物中的理想、信念等思想主题刻化得细致入微,给人以强烈的艺术震撼力。另外,他还创作了话剧《雷锋》、《松花江上》、《长白山之夜》和歌剧《焦裕禄》(与人合作)、《映山红》以及歌颂中朝人民友谊的歌剧《白绫带》,还出版了散文集《从昆仑到喜马拉雅》等等。

2)小说

小说是赫哲族书面创作文学的主要形式之一,一些业余作者采用短篇小说形式,把当代赫哲族的渔猎生产和社会生活真实地记录下来,创作了许多生动喜人的小说作品。像韩福德的《捉狍子的季节》、孙玉民的《最后一次》、乌力格的《鱼王带来的风波》以及曦明的《逮貉子的季节》等等。这些小说作品或者通过老猎人帮助养貉专业户捉母貉子,来体现赫哲族的古道热肠;或者以赫哲族妇女帮助"痴迷麻将"的丈夫痛改前非为主线,教育大家树立正确的生活观;或者以青年渔民不为高价所动,把捕获的鳇鱼卖给国家的经历,体现了新时期赫哲族的精神风貌。

3)诗歌

诗歌是赫哲族书面创作文学的主要形式之一,在借鉴了传统民歌固有的创作

手法基础上,他们以自由体和民歌体两种创作体裁为主,创作了一系列的五言诗或七言诗。比较有名的作者有赵汝昌、尤金良、韩福德、孙玉森、吴福常等,他们分别创作了七言长诗《天鹅姑娘》、诗集《我爱赫哲鱼米乡》和《赫哲心声》、《最爱社会主义新生活》以及《赫哲人今朝真快活》、《绿色的山,蓝色的水》等等。在这些诗歌中,或以赫哲历史为素材,体现赫哲姑娘争取婚姻自由、宁死不屈的反抗精神;或以山水、抒情为基础,来赞美家乡、赞美新生活,表现了赫哲人民对新社会的爱,讴歌了改革开放的新时代;或以渔猎生产为主线,表现了赫哲族不畏艰苦、顽强勇敢、技艺超群以及不向困难低头的优秀品格,道出了渔猎民丰收后的喜悦;或以渔业承包为背景,体现了改革给赫哲族带来的经济实惠,尤其是把他们在改革中的所体现的"精、气、神"及崭新的精神风貌真实地再现出来。

4)散文

散文也是赫哲族书面创作文学的主要形式之一,赫哲族创作的散文主要以歌颂家乡、赞美山川风物为主。他们有的描绘了美丽富饶的家乡,表达了对家乡一草一木的爱;有的把历史传说与散文创作结合起来,表现了散文自身厚重的历史文化积淀;有的以赫哲渔民或猎人为主题,赞扬了他们的勇敢、机智。

第二节 艺 术

赫哲族是一个热爱艺术的民族,他们把渔猎生产和社会生活作为创造艺术的力量源泉,经常在捕鱼猎兽的伟大实践中,不断吸取艺术灵感,在音乐、舞蹈、绘画、雕刻等方面显示了赫哲族特有的艺术才华,尤其在图案艺术、桦树皮艺术、纹饰艺术、萨满舞、口弦琴等方面极富民族个性。

1.音乐

音乐是赫哲族交流思想和感情的重要形式,凌纯声先生在赫哲地区调查时,发现他们在"器乐方面,极不发达……唱歌却颇发达;不论男女老幼都会唱歌,并能自作歌曲,别创新声"①。赫哲族以山水文化为基础,把音乐与本民族的渔猎生产、社会

---

① 凌纯声:《松花江下游的赫哲族》(上册),145页,中国科学图书仪器公司承印,1935。

生活和精神追求等有机地结合起来,自发地搭建了别具特色的音乐互动平台,更好地发挥了音乐在凝民心、聚民气和抒民意方面的"灵魂"作用。下面,我们重点对赫哲族音乐的类型、特点和乐器等进行表述。

1)类型

关于赫哲族的音乐曲调,毕力扬·士清先生把它分为嫁令阔调、天鹅舞调、伊玛堪调和萨满调,尤金良先生在嫁令阔调、伊玛堪调和萨满调基础上,又分出"赫呢哪"调、哭调和悲调、劳动号子调以及哄孩子调。考虑到"'天鹅舞'调、伊玛堪调和萨满调均脱胎于'嫁令阔'调"[1]的缘故,我们重点围绕嫁令阔调、"赫呢哪"调、哭调和悲调、伊玛堪调和萨满调等5种曲调依次进行叙述。

(1)嫁令阔调

正如嫁令阔(民歌)是赫哲族民间口头创作文学的重要组成部分一样,嫁令阔调同样是赫哲族音乐的基本曲调。从曲调本身看,人们听起来轻柔悠扬,有种简短、通俗、抒情、自然、优美和流畅的亲切感。另外,曲调结构也相对简单,有一个乐段的,也有两个乐段的。"乐曲多由五声音阶组成,节拍为 4/4、5/4、6/8、3/4。"[2]由于歌词大多是触景生情即兴创作的,加之很少有人专门进行整理挖掘,因而流传下来的歌曲不多。只有一些上了年纪的赫哲老人或妇女,偶尔还能哼唱上十几首,像人们熟悉的《思恋曲》、《想情郎》和《等阿哥》等。建国后,他们经常用嫁令阔调来歌唱新生活、赞美共产党、歌颂新社会。《乌苏里船歌》就是其中很有代表性的一首曲调,经过作曲家的艺术加工,使之更为华丽流畅、新颖别致。乐句的落音作了调整,使乐句之间的对比更为明显。它不但受到了全国各族人民的喜爱,而且被联合国教科文组织选入亚太地区音乐教材,著名作曲家瞿希贤还把它改编为无伴奏合唱曲目。

(2)"赫呢哪"调

在嫁令阔调中,有很多曲调是用"赫呢哪"来当开场白的。久而久之,"赫呢哪"便在嫁令阔调的基础上,成为具有广泛群众基础的民间小调。按照赫哲人的理解,"赫呢哪"是衬词或虚词,相当于汉语"哎……啊"的意思。整个"赫呢哪"调具有清

---

① 　张嘉宾:《黑龙江赫哲族》,78页,哈尔滨出版社,2003。

② 　尤金良:《赫哲族拾珍》,323页,黑龙江省佳木斯市文学艺术界联合会,1990。

新、明快的特点,每首小调开头都用"赫呢哪"来演唱,由于没有固定的歌词,因而演唱者要临场发挥,想啥唱啥,见啥唱啥。结尾同样以"赫呢哪"来收尾,有时唱到中间,歌词编不下去了,想不起来了,也用"赫呢哪"来填空、补白。

"赫呢哪"调多由赫哲妇女来演唱,曲调或昂扬向上,或清脆悦耳,当遇到高兴的事情或遇到好事后,大家才即兴演唱一曲,以表达内心的喜悦心情。有时亲友相聚,也要唱上一段。当然,在极个别的悲伤场合,人们也借用"赫呢哪"小调,来表达内心悲伤和痛苦的心情。从曲调本身看,"赫呢哪"多为五声音阶,最多只有两个乐段,乐句也比较对称,节拍则为2/4,也有3/4或5/4的。有的"赫呢哪"调甚至一曲多用,像《猎人之歌》就曾填过《打猎歌》和《打雁歌》等歌词。

（3）哭调和悲调

哭调和悲调也是赫哲族经常使用的一种曲调,像《过去的痛苦》和《过去的苦日子》等。这类曲调多是一些上了年纪的赫哲妇女即兴演唱的,当回忆不堪回首的痛苦经历、往事以及痛苦的日子时,她们往往根据自己的情绪,唱一些带有悲调或哭调的歌曲,有时边唱边哭边流泪。

（4）伊玛堪调

伊玛堪调是赫哲族说唱伊玛堪时经常使用的一种曲调,这种曲调主要是根据伊玛堪"唱一段,讲演一段,再唱一段,说唱结合"的特点,把曲调的搭配与伊玛堪故事情节结合起来。有时选用一个曲调,有时挑选多个曲调。当需要唱时,它的曲调变化很大,上下起伏和句式的长短伸缩度有明显变化,尤其是不受汉族曲牌曲位大小、句式长短和板眼的局限,加之没有乐器伴奏等因素,必须把各种身份、年龄和性格的人物,运用有章可循的曲调来适应不断变化的情节,使曲调和情节能够达到和谐统一。

（5）萨满调

萨满调是萨满在祭祀、送魂、跳鹿神和治病过程中经常使用的曲调,像《请神》、《送神》、《送魂》以及《鸠神》等具有萨满宗教文化的曲调。据了解,萨满调绝大部分来自于民间歌曲,只是传唱的内容和表述的形式与以往有本质不同,尤其是突出人与神魔神秘莫测的交往场面。为体现萨满调的严肃性,赫哲族只有在举行祭祀仪式时,或者有萨满参加的重大活动时,才能按照一定程序演唱萨满调,其他时间绝对不允许随便乱唱。由于萨满调多来自民间,因而听起来比一般民间歌曲婉转动听,演唱形式与表现手法也比一般民间歌曲复杂。另外,由于萨满调是与各种庄重严肃的活动相连接的,什么时候唱什么歌曲,在什么地方伴唱,哪个句子是领唱,都有一定的定式规律。

2)特点

赫哲族的音乐是在渔猎生产和社会生活中创造的,因而具有浓厚的渔猎文化特色,在表现他们粗犷、豪放、热情、坦诚的民族性格的同时,也赋予音乐本身以鲜明的民族特点。具体表现为:

一是在音乐的旋律方面,体现出了"波浪型"和"划动型"的有机统一。其中,"波浪型"旋律的基本风格,既有"分解和弦的进行"又有"有规律的连续反向跳进",还有"纯四度、大三度、小四度和纯四度的连续反向跳进"等等,听后"给人以波涛起伏、浪花滚滚的感觉"①,像《等阿哥》和《打鱼歌》等曲调都具有类似的旋律特点。"划动型"旋律则是特指赫哲族划船时,双手来回摆动双桨划动动作的节奏,这种节奏显然与水、船和人三者之间的传动配合有关联。深刻了解这种源于生活的节奏特点,对我们全面掌握赫哲族音乐的旋律是有很大帮助的。

二是在调式、音阶和节拍方面,赫哲族的音乐主要是"五声音阶,'宫'、'徵'调式最多,'羽'调式次之,'商'、'角'调式较少"。音乐节拍"多为 2/4 和 4/4,其次是 3/4 和 3/8"②,几乎没有自由节拍的乐曲。

三是在曲体结构方面,基本都是单乐段结构,有的是由一个乐句构成的,有的是由两个对比乐句构成的,有的则是由四个乐句构成的,还有的乐句乃长短不规整。在《松花江下游的赫哲族》一书中记载的《不如意》等古老民歌,它的曲调基本是由一个乐句构成的。虽然中间由于语言字音的变化,曲调亦有一些个别音符的更动,但这丝毫改变不了乐段的性质。《找情郎》等曲调则是由两个对比乐句构成的,《渔歌》等曲调则是由四个乐句构成的,整个曲调十分规整。至于长短不规整的曲

① 毕力扬·士清:《赫哲族传统民歌概论》,453 页,载《黑龙江民族研究》,1991(2)。
② 毕力扬·士清:《赫哲族传统民歌概论》,455 页,载《黑龙江民族研究》,1991(2)。

调,主要是伊玛堪调,由于情节的不确定性和唱词形式的变化,曲调的随意性、灵活性、可塑性和戏剧性特征十分明显。

3)乐器

乐器是音乐的重要组成部分,赫哲族的器乐"极不发达,除了鼓与口弦琴之外,已找不到别的乐器",至于在伊玛堪故事中所提到的"胡笳、喇叭、笙、笛等吹乐器的名称,然这些都是蒙古或汉民族的乐器,并非他们所固有的"①。下面,我们重点对这两种乐器进行表述。

(1)弹奏乐器

口弦琴(空康吉)是赫哲族唯一流传下来的弹奏(拨)乐器,它构造简单,是用四

图79 口弦琴

棱铁条制作的,呈三角形。中间平直,梢部开口,框架中间用钢丝制成舌簧,舌簧根部固定在框架手握处,舌簧的梢头上翘90°。弹奏时,左手拇指顶住琴把,食指和中指夹住琴框把琴放在唇里,琴架抵在微微张开的上下前牙上,但不能使任何东西阻止舌簧;然后用右手食指拨舌簧,随着需要的音节呼气,也可用舌头鼓动气体,使乐器产生高低音。据了解,口弦琴既能弹奏低沉悲哀的曲调,又能弹奏悠扬欢快的曲调,给人以引人入胜的清新感。但由于该乐器声音太细,因而多为赫哲妇女所使用。近年来,随着各种现代乐器的广泛应用,她们已经很少弹奏这种乐器了。

(2)打击乐器

鼓是赫哲族传统的打击(敲打)乐器,他们用的鼓有两种,一种是萨满用的蛋形鼓,另一种是阿哈用的圆鼓。这两种鼓形式大小虽异,而构造上则完全相同。由于鼓的制作材料和制作方法前已述及,这里就不重复介绍了。赫哲族以鼓为乐器,主要在两种场合使用,一是在萨满治病或从事其他神事活动时敲打,二是在跳鹿神活动

---

① 凌纯声:《松花江下游的赫哲族》(上册),145页,中国科学图书仪器公司承印,1935。

时击打。凌纯声先生在调查时了解到:赫哲人使用的鼓"为一面鼓,鼓面鼓背击之均能发声。鼓面又因击在部位的不同而发音亦异。如击鼓面的中心则发[dɔ]的声音,鼓的边部右下方则为[den],击在鼓缘木上任何一部,则为[k′c],在鼓背用鼓把手撞鼓皮,则发[te]声。又用火烤鼓使鼓声有高低,再加上强弱,所以变化多端"①。由于赫哲族人人都会打手鼓,因而敲鼓场面甚是热闹。自建国以后,手鼓主要被应用于各种喜庆或表演活动中。

2.舞蹈

舞蹈是人们用肢体语言来表达自身情感的一种方式,赫哲人能歌善舞,自古以来究竟"编排"了多少种舞蹈,现无从考证。但能够流传至今的只有"萨满舞"、"天鹅舞"、"叉草球舞"、"鱼鹰舞"和"篝火舞"。也有个别舞蹈像"皮里西舞"只知其名,不知动作。有的舞蹈像"天鹅舞"目前只有个别人看过,整个舞蹈套路也已经失传。在这几种舞蹈类型中,"萨满舞"和"天鹅舞"是比较古老的舞蹈形式,而"叉草球舞"、"鱼鹰舞"和"篝火舞"则是近年来赫哲族为参加全国乃至全省少数民族文艺汇演,或乌日贡大会,在模仿的基础上重新编排创作的。从舞蹈的来源看,"萨满舞"显然是来自于萨满跳神治病、还愿、送魂以及其他祭祀活动,"天鹅舞"则源自于古老悲壮的传说故事,"叉草球舞"来源于赫哲族古代叉鱼活动及由此派生出的"叉草球游戏","鱼鹰舞"无疑与赫哲族崇敬的神鹰阔力有关,"篝火舞"乃是以跳鹿神为原型编排创作的。正是由于这些舞蹈以渔猎生产、社会生活及精神追求为动力,使赫哲族的舞蹈形式更加多样,内容更加丰富。

1)萨满舞

"萨满舞"是赫哲族比较古老的舞蹈形式,它脱胎于萨满跳神治病、送魂以及祭祀等具体"神事"活动中,有"神鼓舞"和"神刀舞"两种形式,多在为人治病、驱魔等场合跳。据赫哲族讲,这两种舞主要在室内跳,当需要以舞来请神问病、驱魔或送神时,萨满就要手拿鼓槌,斜击鼓面,使神鼓发出"咚咚"的声响,身体也随之左右摇动。身上的腰铃在摆动过程中,连续发出清脆悦耳的响声。萨满先要双脚分立摆开跳舞姿势,然后向前迈左脚,以左脚趾着地,身体顺势摇摆三次,随即迈开右脚,并前进一

---

① 凌纯声:《松花江下游的赫哲族》(上册),145页,中国科学图书仪器公司承印,1935。

步,以右脚趾着地,身体同样摇摆三次,之后左脚再向前迈一步。如此反复摇摆前进,使身体按预定方向移动。在摇摆舞动过程中,萨满的跳舞姿势也不断变化,一会儿半身稍微弯曲,呈"立舞"姿势;一会儿上下身子成直角,呈"伛舞"姿势;一会儿又双腿蹲下舞动,呈"蹲舞"姿势,给人以眼花缭乱、目不暇接以及变幻莫测的神秘感觉。当需要萨满为病人驱魔时,就要舞动神刀,这时的舞姿舞步一般要左脚朝前,右脚在后,脚趾着地。身体移动时则右脚向右移一步,左脚跟随,在室内环舞三圈。

　　新中国成立后, 随着赫哲族文化素质的不断提高以及医疗卫生事业的不断发展,为人治病的萨满逐渐销声匿迹,"萨满舞"也没有人跳了。近年来,为突出赫哲族的文化特色,人们以"萨满舞"为原型,设计创作了像"手鼓舞"和"腰铃舞"等一系列的舞蹈节目,并在该民族的文体盛会乌日贡大会上做过表演。其中,由数名身体强悍的赫哲男青年组成的表演队伍,身穿

图80　现代萨满舞

样式古怪的巫师服装,头戴鹿角帽,手持鹿皮鼓,在激昂的鼓点伴奏下翩翩起舞。他们的舞步刚劲有力、旋转奔跑,系在腰间的腰铃也随舞步节奏的加快,不断发出清脆的响声。在一浪高过一浪的响动声中,给人以强烈的艺术感染力。据了解,"神鼓舞"曾在"中华赫哲族第六届乌日贡大会"文艺比赛舞蹈类项目中荣获表演奖。

　　2)天鹅舞

　　"天鹅舞"同样是赫哲族比较古老的舞蹈形式,它以在赫哲族中间广泛流传的《天鹅故事》为素材,表现了一位宁死不屈的赫哲姑娘,为了摆脱不如意的婚姻,以生命为代价进行抗争,最后投河自尽(有的说因羡慕天鹅的自由而大量饮水,致使双臂变成翅膀两腿伸长像鸟脚)而变为一只美丽的天鹅飞向天空的情景。由于天鹅故事是以女性婚姻为主题,因而表演时多由赫哲妇女唱主角。每当年节等重大节日时,她们便在家中和自家院落栅栏内,身穿镶有彩色花边的长袍,在歌声的伴奏下,双臂模拟天鹅展翅高飞时的各种动作翩翩起舞。在舞动期间,有时她们双腿交叉半

214

蹲，双臂伸向两侧上下缓缓挥动，有时双脚向前移动，犹如天鹅在江中自由荡漾。速度变快时，双腿立起前后交错跳动，两臂向上飞舞，好似天鹅相互追逐嬉戏。有时模仿天鹅的鸣叫声，有平飞、蹲下、喝水、起立、飞翔等动作，并向前、后、左、右不同的方向做固定动作等等。据了解，新中国成立后，只有少数赫哲人曾见过"天鹅舞"，或者记住相关的舞蹈动作，整个舞蹈在民间已基本失传。

近年来，为弘扬赫哲族优秀民间文化遗产，一些赫哲族以集体舞的形式，编排了具有现代色彩的"天鹅舞"，主要表现天鹅嬉水、展翅飞翔的场景。在表演过程中，大家尽量用肢体语言，以概括、简练和朴素的舞蹈动作，把天鹅飞翔时的某些个性特征模仿出来。比如用肩膀的上下舞动或旋转来表现天鹅的飞翔，有时模拟天鹅的叫声来为舞蹈伴奏，或者通过表演者有节奏的呼号或肢体表演，把舞蹈动作的节奏感体现出来，起到渲染气氛的作用。在几届乌日贡大会上，赫哲族表演的"天鹅舞"均受到大家的好评。

3）叉草球舞

"叉草球舞"是赫哲族的舞蹈形式之一，它根植于赫哲族古老的叉鱼生产活动。为提高赫哲青少年的叉鱼技能，在实践中做到百发百中，指哪儿叉哪儿，他们以青草球为模拟的鱼，以木叉替代鱼叉，自发地开展了喜闻乐见和寓教于乐的叉草球游戏活动。为传承该民族传统的游戏项目，赫哲族文艺工作者把叉草球游戏中的各种动作，像快步跑叉、跳跃争叉、草球落地蹲叉、翻身旋转快叉等进行了编排创作，然后以模拟的形式搬上舞台，形成了刚健威猛的叉草球舞姿。在参加全国少数民族文艺汇演中，多次受到各界的好评，在赫哲族自己举办的乌日贡大会上，"叉草球舞"每次都成为压轴戏。比如，在1956年黑龙江省饶河县首届民间文艺汇演中，两个身穿鹿皮的赫哲族青年便表演了"叉草球舞"，他们手拿三尺钢叉，争叉飘向空中的草球，整个表演动作似叉游鱼，舞姿矫健，把赫哲族粗犷豪放、威猛的民族性格直白地表现出来。到1989年时，"叉草球舞"已经变成了集体表演项目。一群男青年手舞长叉，不断叉向空中穿梭飞舞的草球。而后一群女青年也闪亮登场，她们同样手持木叉，叉向飘在空中的金黄色的草球。一群活泼可爱的小孩子显示出初生牛犊不怕虎的气概，惟妙惟肖地模仿大人们的表演动作，为大家表演了一场童趣十足的"叉草球舞"。

215

4）鱼鹰舞

"鱼鹰舞"是赫哲族的舞蹈形式之一，鱼鹰即神鸟"阔力"的形象。在很久以前，他们曾训练海东青鹰来帮助捕鱼，大家根据鱼鹰善捕水禽小鱼尤其是在江上盘旋、捉捕游鱼等特点，把鱼鹰翱翔等特殊动作搬上舞台，即兴创作了"鱼鹰舞"。为此，他们模拟鱼鹰飞翔时的各种动作，摆出独立船头的姿势，或者展示鹏程万里的气势，或者突出盘旋飞舞的架势，或者再现各种矫健的动作。正是由于赫哲族把鱼鹰飞舞的动作进一步概括化、简练化和直观化，继而让表演者把鱼鹰展翅高飞的某些个性特征表演出来。比如，他们经常用肩膀的上下舞动或旋转来表现鱼鹰的飞翔，有时甚至模拟鱼鹰的叫声以便为舞蹈伴奏，或者通过有节奏的呼号及肢体表演，给人以形象逼真、栩栩如生的感觉，起到了活跃现场气氛的作用。

5）篝火舞

"篝火舞"是赫哲族的舞蹈形式之一，也是萨满舞的又一种形式，即萨满跳鹿神时所表演的舞蹈。在每年的三月三和九月九，在举行以迎庆渔猎丰收为主题的跳鹿神活动时，萨满和全村人都要参加。仪式开始后，萨满先要祷告一番，旁边有少年若干人，击鼓摆铃助兴，每人走三圈。萨满跳神时，自右而左跳转三圈，然后整队而出。队伍以萨满为核心，前有七八名手执各种神物的赫哲族为先导，后有村中百姓尾随其后。萨满领唱《鸠神歌》，众人一起随声附和。在萨满的带领下，大家由西至东挨家挨户跳神。回来时则唱归来神歌，边走边唱。跳鹿神活动结束后，村中能歌善舞的人手拿鼓、系腰铃竞相表演鼓舞，击鼓摆铃的动作和鼓点节奏变化多端，大家边敲边打边跳，好不热闹。在此期间，全村百姓有的祈求丰收平安，有的祈求消灾免祸，有的则跳神还愿。新中国成立以后，人们以群舞的形式，男女老少围着篝火，翩翩起舞。为参加黑龙江省和佳木斯市等汇报演出的需要，人们给篝火舞起了一个好听的名字，叫《欢乐的网滩》。

3.纹饰、图案与造型文化

纹饰文化属精神追求的一部分，赫哲族在渔猎生产、社会生活以及精神世界中，以自己对美的理解和追求，把美的设计、美的风格以雕刻等纹饰形式体现出来。于是，我们在赫哲族的生产工具、生活器皿、宗教用具乃至人们的服装等许多领域，

都能看到各种制作精良的纹饰品和图案。下面,我们重点对赫哲族纹饰图案与造型艺术的内容种类等进行论述。

1)生产与日用品上的纹饰图案与造型艺术

根据有限的历史文献资料和实物资料,不难看到,纹饰图案与造型文化已经广泛地深入到物质生产和精神生活的各个领域,并成为渔猎用具和生活用品的重要组成部分。毫不夸张地说,该民族在制作每一件实物时,都会把纹饰图案或雕或绘于其上。

人们在考古挖掘赫哲(先人)的墓葬中,经常会发现若干带有生产印迹的纹饰。诸如象征鱼鳞图案的鱼鳞纹,象征网格式样的鱼网纹,象征碧水波涛式样的水波纹,象征蓝天白云式样的云朵纹,象征空旷原野式样的花草纹以及三角纹、凸弦纹和刻画纹等等[1]。在他们经常使用的木船、激达、枪油盒及火石皮袋上,陆续发现了各种形象生动的纹饰图案,像鸭子、鹿、鱼、蛙以及云纹和水纹等。赫哲族以精湛的技艺,把上述诸多纹饰图案雕刻于陶器、石器、铁器及皮制品上。

图 81　刻在岩石上的鹿图案

由于上述纹饰图案多源自于捕鱼、狩猎等生产活动中,只要稍有纹饰图案知识的人,就可以借助饰物的某些纹饰特征,部分地判断出该实物的用途和属性。比如,"船之木鸭"[2]形象生动地概述了船的主体特征,即像鸭子那样在水中穿行,而枪油盒上雕刻的"鹿纹饰"[3]进一步说明了枪油盒与狩猎生产的密切关系。

---

①　定国:《黑龙江原始宗教初探》,载《黑龙江民族丛刊》,1986(1)。
②　凌纯声:《松花江下游的赫哲族》(上册),196 页,中国科学图书仪器公司承印,1935。
③　凌纯声:《松花江下游的赫哲族》(上册),100 页,中国科学图书仪器公司承印,1935。

217

生活类纹饰图案种类庞杂,有生活器皿类、生活用品类以及服饰类等多种表现形式,它们广泛地深入到社会生活的各个领域,在实践中既增加了生活用品的艺术含量,又提高了它的艺术品位。据调查,在赫哲族的日常生活中,带有纹饰图案的生活用品中有盆、碗、杯、碟、铲、勺、漏斗、水桶以及衣箱等数十种。纹饰特征五花八门,有不等边三角形、镂空花纹形、曲线形、梅花形、直线形、波浪形和四方形等几何图形,有金蟾类动物图形,还有各种植物图形。某些纹饰图案构思奇妙,具有很高的设计创意。比如,镂空花纹就是这样一个典型,它粗看似花纹精看似虎形,给人以美的享受。从纹饰器物的材质看,有桦树皮制品、木制品、皮制品和布制品;从纹饰的颜色看,它们多以清新自然的色彩格调为主,即以原色为正色,很少添加其他颜色。比如,桦树皮原本是白色的,但随着时间的推移,它会由白色逐渐变成黄色、铜色等颜色,给人以古色古香的感觉。在此期间,他们利用桦树皮盒和桦树皮衣箱的天然"云纹",再配以"花鸟野鹿"等图形纹饰,使得生活器物具有厚重的历史文化底蕴;从生活物品的用途看,该类器物多具有灵巧、轻便、实用等特点,很受赫哲族的喜爱。除上述生活物品外,他们还把纹饰艺术雕绘于古老的房屋上,于是,我们在"窗檐板、门檐板、开楞的房或其他部位上"①,经常会看到类似的纹饰,从中表达了赫哲族

图82 刺绣图案

图83 刺绣图案

---

① 郭燕顺,孙运来:《民族译文集》(第1辑),193页,1983。

218

对美化居室的良好愿望。

　　在赫哲族生活类纹饰图案中，还有一个重要方面需要述及，这就是人们雕绘于服饰上的纹饰。赫哲妇女在加工各种服装时，多在衣裤、帽子和鞋的领口、袖头、前胸、后背、衣边以及膝盖等显眼部位"精雕细刻"，有时甚至把海贝、铜钱等饰物，贴附于女式服装的衣边上以作为陪衬。据粗略统计，他们雕绘的图案有蝴蝶、鸡等动物类；有花朵、莲藕等植物类；还有三角形、方形等几何类纹饰。为进一步把纹饰图案与服饰颜色结合起来，人们在选材时，经常挑选布、皮或皮布混合的形式进行剪裁，然后裁制成各式服装，并依照穿衣者的性别差异和年龄特征，精心设计纹饰图案。一般来说，男人和长者多选择朴素大方、端庄素雅的纹饰，妇女和儿童则将多姿多彩的艳丽纹饰穿在身上，以体现青春靓丽、活泼好动的天性。像彩线绣纹蝴蝶、花朵、雄鸡衔花等鲜艳图案，只有赫哲妇女或儿童才喜欢配饰，赫哲男子不可能穿类似的服装。许多赫哲族希望通过身穿带有纹饰图案的服装，既给人以雍容华贵之感，又给人以吉祥福寿之念。

　　那乃与赫哲是同一个民族的两种不同称呼。因此，俄罗斯那乃族的图案与造

图 84　鱼皮衣上的纹饰

图 85　刺绣图案

图 86　刺绣图案

型艺术资料可以帮助我们了解赫哲族早期的图案与造型艺术概貌。下面，我们利用C.B.伊万诺夫《19 世纪至 20 世纪初西伯利亚民族造型艺术资料集》所提供的资料，概述一下赫哲族的生产、生活用品上的图案与造型艺术。

赫哲族制作艺术品使用的材料包括鱼皮、布料、花线、桦树皮以及后来部分取代了上述材料的纸、木头、骨头。制作图案使用的方法多种多样。妇女采用贴花、平绣、绗绣、雕刻、模压，在桦树皮上着色。妇女在制作图案和装饰图案时仿照用鱼皮或纸剪成的图案或模子。这些图案版还经常贴在或者缝在服装上并且用花线绣好。图形稍微凸浮。男子使用平刻方法，有时也在木头和骨头上雕刻。桦树皮器皿、鱼皮服和驼鹿皮服装、布料服装和木偶的附件皆由妇女来装饰。

动物图案占居有重要的地位。主要见于服装、器皿、家具、住宅和木偶的附件上。包括哺乳类的野鹿、麝、狍、驼鹿、熊、狼、狸、狼獾、兔子、松鼠、虎、豹、狗、蝙蝠；爬行类的蛇、蜥蜴、青蛙、龟；鸟类的鹰、雁、野鸭、天鹅、燕子、公鸡、凤头麦鸡、猫头鹰；鱼类的鲫鱼、鲤鱼等；昆虫类的蝴蝶、虻、蚊子、蜘蛛。另外还有龙、双头鹰、鸟龙、鸟鱼以及许多由于外形简化和模拟化的原因属性并不清楚的动物图案，如此以来在赫哲族妇女的作品中表现的动物数量可达四十多种。

图 87 鸟图案

在女式结婚长袍的背面下部切缝两侧，绣有成对的树图案。这些树也被称为氏族树、世界树或宇宙树。在赫哲族看来，这些树起着极其重要的作用。它包含着妇女生育和氏族繁衍的概念。关于这些树木，有些图案已被简化和模拟化，并与那乃族制作的装饰图案风格完全吻合。这些树木不属于针叶树种，而是阔叶树种。树的高度一般不超过 30~40 厘米。树的类型有对称和不对称两类。树木共有三对或四对树枝和数量不多的树叶，树叶一般位于树枝的末端。仅在少有的情况下可以见到九对树枝的树木。树叶最常见的是连接成红三叶状，有时向中央聚合，近似简单的或涡旋形的花结形状，或者近似轮形状。在另一些情况下，树叶每四片联成一排，上面再加上两

图88 萨满围裙上的动物图案

个弧形。个别树枝的末端呈模拟化的蓓蕾或花朵形状。对称的树木的树梢常常表示花结、蓓蕾、红三叶或心形图案。所有树木必须都有树根，树根是生命力的重要特征。树根通常对称地排列在树底座的两侧，有时彼此交错在一起，构成环扣、椭圆形或弧形。在这些图形中，有许多弧形、半弧形等装饰成分或者是青蛙、蜥蜴和蜘蛛的剪影图形，这些剪影具有模拟风格：菱形或方形的头、椭圆形的身子和末端尖削并向头部弯曲的腿。

树的两侧立着彼此相对的动物，常为一对，也有两对的。这种动物常见的是鹿。和其他长袍上的动物一样，所有的动物都有角，大多有短尾巴。鹿的图案细部明显地被边缘化，如表现为半月形的蹄子，但图案仍然保留着鹿的面貌，分别表示为野鹿、马鹿和麝。这些动物的嘴通常张开，眼睛呈圆环状，腿略短。鹿图案都各有一条

前腿和一条后腿。鹿角为涡形,像植物的幼芽。有长袍的氏族树图案与上述略显不同,在鹿的后面有两个骑在马上的骑士。马的身体形状与鹿相同,但腿、头、尾巴的处理方式不同。蹄子没有分开,头上有一对耳朵,尾巴下垂。这些动物图案虽然具有明显的模拟性,但标示出了最具代表性的特征,可以把不同的动物区别开来。把两种动物合并在一起的图案是较少见的。

鸟对称地排列在树枝上,在树本身失去对称的情况下仍然如此。鸟有分带凤头和不带凤头两种。有的树上,所有的鸟不带凤头,因此,带与不带凤头似乎并不是性别的标志,而是某一目或科的标志。尽管鸟的模拟化处理方式有所不同,但仍可辨认出鸭、猫头鹰和公鸡的图形。这与赫哲人关于栖居在灵魂树上的小鸟的观念相矛盾。除鸟之外,树上还有青蛙和其他动物图案。有时,蹲踞在树上的鸟嘴里叼着青蛙。在有些长袍的切缝上方的树木之间,有一只像鹰的大飞鸟。个别还可见到树干中部画有圆状或带射线的花结状图形的树木,这个图形表示太阳。

这些绣在妇女婚袍上的图案的主题主要是装饰性的,艺术兴趣明显超过了宗教内涵。这些图案属于黑龙江流域捕猎采集民族通用的装饰风格。无论树木、鸟类还是野兽,都用亮色线平绣而成,没有遵守动物的自然配色。鹿的躯干被分成若干红色的、淡紫色的、绿色的垂直条带;鹿角和鹿腿染上了各种虚构的颜色。整个结构透露出对称、颜色交替的韵律。绣在婚袍上的图案充分展示出赫哲族妇女的艺术风格和技巧,具有深邃的审美特性。

在所发现的赫哲族的其他用品上,也出现了这种树的图案。这些图案是处于从功能性向装饰性的过渡阶段,并且以装饰性为主。比如一把赫哲族用来驱赶住宅里蚊子的木柄桦树皮扇,两面饰有模压的图画,线条分别涂成玫瑰色、蓝色和绿色。其中一面画有一棵带根的树。树顶端飞着两只嘴里叼着树叶的鸟。树末梢的红三叶很大。树根呈两端向上的弧形状,末梢也是大红三叶。在树根左边画有一只蜥蜴,右边画有一条蛇。扇的另一面画有一棵类似氏族树的图形。结构对称,被涂成各种颜色。树枝间隙较宽,呈螺旋形。树枝的两端饰有成束的树叶和蓓蕾。树冠上面有两只带凤头的鸟,嘴里各叼着一条软体虫或被模拟化的鱼。鸟的下面是两只向后扭转的鹿。树根下边画有两个蜘蛛,其两侧各为一条带鳍的鱼,鳍像树叶。

222

在桦树皮制品中树图案是比较少见的，因此，婚袍上的树图案具有典型意义。建筑和木制器具上的动物和人图案比较少见，主要为几何图形。

图89 木勺上的鲤鱼图案

20世纪初在一位赫哲族匠师制作的木勺的宽平面上，刻有一条鲤鱼图案。图案的轮廓和鳞片刻成细线，鱼鳃、尾、翅用较粗的线条刻就。这条鲤鱼图案构图匀称、准确，是赫哲族的艺术精品。

赫哲族在传统冬季住房的立柱、窗户、门和室内其他木制部分刻有图案。比如，1937年发现的赫哲族（哈尤村）建筑雕刻标本，图案反映的是狩猎活动。有些方木条上装饰着螺纹条带状图案。在位于房子入口附近的间壁墙旁的小立柱使用的一块方木条上，最上方刻有一只带一对小角的马鹿的侧影图形。马鹿的下方一只野猪，再下是一只头向后扭转的体型匀称的狍子。在相向的一个边上，有一个半浮雕的大公马鹿图案，而在窄边的旁边上有一个龙图形。每只野兽的单独特点都表现得非常清晰，表现出了敏锐的观察力和很高的艺术天赋，说明赫哲族匠师善于观察和刻画最突出和最典型的动物特征。在另一根方木条上表现的是一条狗撵一只兔子的场景。两只动物都是侧影奔跑形态。狍尾巴很长，前额很平，眼睛呈扁桃体状，龇着嘴，伸着舌头，露出尖尖的牙齿，近乎追上兔子并准备咬住一条腿。兔子有一条短尾巴、突出的额部和一只圆圆的眼睛。在方木条上有一只狗追撵野猪。这只肥胖的野猪尾巴较短，轮廓清晰，龇着獠牙，面部清晰。躯干粗短。方木条的反面装饰着一只狍子的大型半浮雕图案。第三根方木条上同样表现的是狩猎场面，有狗、熊和猎人的图形。整个画面非常生动，穿滑雪板追踪熊的猎人用肩顶着猎枪，准备扣动扳机。猎狗在前边，尾巴卷曲，两耳耸立，挡住悠闲状的熊的去路，并龇牙狂吠。猎人的形象刻画得很成功，头上系一条大头巾，短上衣用一条皮带扎腰，皮带后拴着一根长矛（激达），拖着。脚上穿着靴尖朝上翻卷的软皮靴。在方木格的反面刻着一条龙，两边的窄面上刻着一些几何图形。刻在那乃族住宅的立柱上蛇图案和龙图案具有不同的特点。双头龙形蛇的蛇尾构成一个圆套，鳞片呈弧形，在躯干中间部分，鳞片

223

类似鱼鳞。每条龙的嘴都张着,伸出箭形舌头;上下颌密排着尖尖的牙齿。在方木条的其余面上刻着几何形装饰图案。

C.B.伊万诺夫认为,赫哲人日用品上的图案艺术存在着形式隐讳的和表现明显的古代艺术传统,通常见于外形简单和具有明显现实主义特点的动物形象中。除了模拟化的形状外,无论过去还是现在都存在着其他一些惊人的效力、色彩和艺术上的真实性的完全具有现实主义特点的图案。

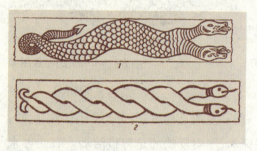

图 90 龙、蛇图案

2)宗教用品上的图案与造型艺术

由于受万物有灵思想的影响,几乎每个赫哲家庭都供奉神。其中,普通人家"供神有 15 种,萨满领神有 19 种,总计 34 种"①之多。在有纹饰的动物神偶中,就有龟、蛇、蜥蜴、蛤蟆和熊等,至于其他形式的纹饰,多散见于神衣、神帽、神鞋、神飘带、神鼓、神杖以及神杆上。比如,在已知的纹饰中,既有纹饰于神衣上的花边,又有在木制"痨病神胸部雕饰肌骨以示病体瘦弱"②的图案;既有在陶塑人首像眼部以指甲勾画阴线纹的痕迹,又有在神树基部刻划人面天神的形象,还有在吉星神头部细刻 9 个人面图案等等。这些动物、人或人头鸟身等图案纹饰,因自身属性不同,赫哲人在制作时,有的以木制品为原料,有的则用布制品或陶制品来加工制作。为增加纹饰的神性,他们多以紫红色或黑色作为主色调。

以下内容,我们仍用 C.B.伊万诺夫的资料和研究成果(孙运来编译)进行概述。

宗教用品上曾经广泛地流行雕刻和图画。在挂在门上的古式木制护身符上,在丧葬建筑上,在神画布条上,在各种用于"治病"的头巾和护身符上,在萨满的服装和法具上,都可以见到这种图案和图画。大部分图案都是用颜料绘制的,具有较高的艺术价值。

---

① 尤金良:《赫哲族拾珍》,46 页,佳木斯市文联,1990。

② 柴赟生:《赫哲族萨满教诸神》,46 页,佳木斯市文联,1990。

我们首先看木制的圆形大护身符上的雕刻图案。从 20 世纪初发现的这两个圆盘看,过去人们把它挂在房门的外面,有宗教的作用,圆盘表示太阳。圆盘的面积一般较大,有一个直径 40 厘米,另一个 29 厘米。圆盘上主要为动物图案。大圆盘中央装饰着交叉条纹组成的装饰图案。条纹图案的两侧有两只相对而立的侧影驼鹿图案。驼鹿图案的下面是一只青蛙或蟾蜍和一条蜥蜴图案。驼鹿有一个富有特点的头,呈三角形状,躯体粗壮,四条腿稍短,青蛙和蜥蜴都表现成背面图形。采用平面浮雕方法。小一点的圆盘上用刀尖刻着一只用链条拴着的一条腿稍微抬起的熊、一只四条腿朝上的鹿、一只青蛙和一条蜥蜴的图案轮廓。所有动物均没有眼睛。

由于图案内容丰富、种类繁多,用墨和颜料、铅笔在白布条或纸条上绘制的图画集中体现出赫哲族在艺术上的成就。赫哲族称这些神像为牛尔罕或涅鲁库。这些图画明显受到了满、汉民族的影响。由俄国等国搜集的牛尔罕有 40 多件,其中最古老的创作于 1885 年。所有牛尔罕都呈长方形,40×43(厘米)、60×85(厘米)、90×100(厘米)不等。最古老的材料是中国产的浅灰色的毛面纸,后来为俄国的亚麻布或粗麻布所替代。木板上的图画很稀少。这些图画先用黑墨或铅笔绘出图案的轮廓,然后用红、黄、蓝、淡紫、绿色颜料为图形着色。

从内容上看,牛尔罕分为狩猎用和治病用两种。

赫哲族在狩猎前为保佑成功,或在捕到野兽以后,在纸或布料(偶尔在树上)制作图案,这被称为贝尔卡吉尔基(神灵)图案。比如在一个木头上刻成并部分着色的吉尔基,是一块带 9 个人头形图形的横板。板上垂吊着 9 个吉尔基的人形图形。其头部呈菱形,两肩微斜,下端尖削。整个的脸颊由一条竖线和一条横线分成四个部分,其中左上部和右下部涂成黑色,其余两部分涂成白色。

有一件牛尔罕是在一块白布上制作的,长 103 厘米,高 68 厘米。图案的细部使用的是黑色颜料,同时还使用了红色和淡紫色的颜料。表示天空的顶部遍布圆形的星体和相对而立的龙。长长的带鳞片龙身像蛇身,尾巴的末端分开着。张开的龙嘴中伸着一些呈两对之字形状的龙须。简单的龙角呈几条斜线状,鳞片利爪伸向前边。在画面的中央,"达安托"①坐在宝座上。达安托的服饰深受满族影响,穿着满族

① "达安托"开始有很多含义,曾表示拟人化的熊神,后来又表示围猎的组织者等。

款式的长袍。达安托的头部上方有一个圆状的太阳,太阳的中央有一个带十字交叉线的小圆。达安托的左右两侧各站着他的助手戈切卡尼4人,均戴高圈帽,身穿蓝色长袍和红色无袖短衫。助手个头较矮,两手下垂。助手的下面是9个骑马者的侧面像,其中右侧5人,朝中央行进,画面左侧的4个骑士则与他们相对而行。图画的底部画着蜷曲的蛇,每侧各有9条。

图91 牛尔罕上的图案

有一幅布牛尔罕,画有3棵树,中间那棵为主树,树中是很大的三叶红。在两边的树木之间拴着一根长绳,挂着9个木刻吉尔基图形,其中8个具有角部朝下的正方形的头部和绘有袖章花纹的下端尖削的躯干。另一个吉尔基比较特殊,躯干呈长方形,是这些神灵中地位最高的。

1916年乌苏里江赫哲族的一幅图画,面积为71厘米×65厘米,纸质。图形的轮廓用黑色颜料勾成,细部涂着淡红色和紫色颜料。画面的中央是一棵带树枝的树,靠下的树枝上是一对艾德赫[①]小图形。树梢上方有一个中间为十字的圆状太阳。在中央树的两侧画着9个骑马的人,其中右侧5个,左侧4个。他们正在从两侧面对面地向树靠拢。每人一手执缰,一手执鞭。右侧的人表示狩猎归来,左侧的人前往接应。在左侧骑马人的上方,画着一张放着器皿的桌子,桌前站着一个人,也就是这幅画中的首领。在他右手扶着的高台上栽着一棵小树,画面的最顶端的边线附近画着5个用细绳穿起来的冬猎的木刻吉尔基图形。右侧最上端有4个同样的小图形。在左右侧吉尔基图形的下方,各画有一条龙。在树根附近,站着头对头的一只虎和一只豹。所有的动物图画,都是用同一个桦树皮案模或硬纸板案模绘制的。案模先是放在纸上并在周边涂上墨,然后向前移动,再在周边涂上墨,依此类推。与此相反的图形则是用翻转过来的案模

_____
① 往来于人与神之间的中介神灵。

226

绘制的。骑士的形象是用手绘制的。马的毛色和颜色有些是白色的,不带条纹或体部有深色圆斑点;有些是带条纹的;有些是红色的。所有的马都呈奔跑状,马鬃、眼睛、嘴、笼头、马肚带,均用墨勾成,有些地方涂有颜料。人物留有短髭和一绺稀疏的长须,也有不留胡须的。头发一律编成一根长辫,头上戴着帽檐朝上卷起的软帽,帽顶带有流苏,帽上的圆珠子清晰可见。服装的样式、色彩多种多样,一人身穿玫瑰色无袖短衫和深色裤子,另一人身穿紫色无袖短衫和两侧带红裤线的白色裤子。所有图形的脸部线条和手指都很清晰。这是一幅与冬季狩猎相关的祭神画。类似的图案也画在木板上。

乌苏里江和松花江的赫哲族贝尔卡吉尔基上的图画性质比黑龙江贝尔卡吉尔基上的图画更具有现实主义特点,画有许多刻工仔细和描画真实的日常生活细节;后一种图画这些细节往往被简化或省略。黑龙江赫哲族的类似图画保留了更古老的成分。

赫哲族还使用牛尔罕为病人治病。20世纪初以前,赫哲族在使用各种皮制护身符和表示动物与拟人神的木刻图形治病。除此之外,还使用墨和颜料绘在纸或白布上的神图治病。

1885年发现了一幅治病用的牛尔罕上分别画着虎、豹、熊、狼、猪、鸟、鱼等。使用的纸张面积约为50厘米×60厘米。画面的底部,地面呈弧形状。右侧画着一棵带根的小树,树上挂着艾德赫图形。与树并排有一个大头、短尾、小耳的虎图形。虎的躯干上画着一些垂直的线条。头部画着之字形线纹,脸部末端画着胡须。嘴用一条细线标示。在其后面站着一只形象相同体积较小的虎。画面的上端画着一个躯干为直角形、头部为菱形、脸部呈十字线交叉状的图形。这个图形的两侧各画着一些上端带菱形的抻长的图形。这些图形有眼睛、鼻子和嘴。这些图形是9个吉尔基猎神及其"主人"。这样的治病用的牛尔罕还有很多,内容和形式大同小异,不一一介绍了。

除了牛尔罕外,还有帽子、围巾、妇女短上衣、腰带、鞋、胸巾等饰有大量用颜料绘制的图画的物品。其中许多物品可能视为萨满服装的各个部分,但并非是萨满使用的。

治病用的帽子是一条十字交叉扣在头顶的额巾(温吉普图),用鱼皮白布或纸

图92　治病用帽子上的图案

缝制而成,其上画满动物和人物的图案。1896 年发现的一顶白布帽子的全图,后面装饰有几条画有蜷蛇的飘带。帽子中央,画着带圆的十字形图(带太阳的模拟树),四周是一些飞鸟、虻蝇、蜘蛛和蛇。图形的轮廓用黑色颜料制成,各个细部使用的是红色颜料。在另一顶帽子额部上的类似图画加画着两个体部用黑色、红色和蓝色颜料画满条纹的虎图形。

　　1896 年发现的用驼鹿皮缝成的服装,袖口和底边剪成小穗。图画用横排排列,用黑色颜料画成,个别地方掺着红色颜料。第一排上画的是与蜥蜴交替排列的一些小蛇;第二排是两条画在腰部好像束紧腰身的大蛇图形;第三排是一些虎图形;第四排是蟾蜍和蜥蜴;第五排是蛇。整个图画共有 10 只蜥蜴、30 多条蛇、8 个虎、11 只蟾蜍。图画制作精细,标示出细微之处的特征。显示出赫哲族古老的艺术特征。

　　治病用的飘带状的围巾大多用白布缝成,图画是用黑色颜料绘制的。其中一件围巾上画着一些蜘蛛和燕子,间或在图案中有一些曲线形几何图案装饰(螺旋形)。

　　在治病用的白布或纸制成的短袜上,画有蛇的图案。

　　在一条皮腰带上,画着一条尾部连在一起的两条蛇的形状。蛇身上画着鳞片(条纹、弧线、圆点),标着眼睛。

　　在治病用的服装上的图画中,占主导地位的是爬行类图案,其中主要是蛇图案。这些显然是比较古老的图案。赫

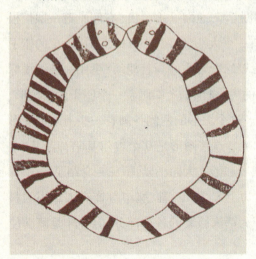

图93　腰带护身符

哲族还曾在身上佩戴或在服装上缝制用兽皮剪成的动物图形。皮制贴花得到了采用。

　　治病用的胸巾用鹿皮革、鱼皮和布料缝成，或者用金属制成。这些胸巾上可以见到各种动物图案和一些拟人的图形。1910 年被人类学与民族学博物馆收藏的一件胸巾，图画用黑色和赭石色颜料画在一张鱼皮上，画中的十字图形表示苍蝇，用黑墨画成的一对人图形表示"主人"，而鹿和雪豹表示是"主人"的"狗"。在人的图形的两侧排列着 14 条蛇，每侧各有 7 条。蛇的颜色深浅交替。猛兽的图形被模拟化。虎尾平直，豹尾上翘，人的图形的处理非常简化。另一条胸巾用一块鹿皮剪裁而成，周边镶着一条棕红色条带。除了用黑色颜料绘制的一排处于中央图案外，其余所有动物的剪影图案都是用棕红色颜料画成的。图形位置排列对称。上端画着两只虎，下边是两条鱼和两只长尾动物，再下是一些黑色动物和一对黑色蛇，最下边是 3 只红色动物和 3 条红蛇。另一件胸巾画着被模拟化的正面的虎头，眼睛画成中央带点的圆，上方的弧线表示眉弓，中间有一些表示牙齿的横线。在虎头的两侧可以看到一些像逗号的小蛇。儿童胸巾的图画具有多样性。在一幅长 38.5 厘米的图画上，画着两条尾巴连在一起的龙和两条蛇和两只虻蝇、两个圈在圆内的人和两只位于角处的鸟。线条稳定扎实，排列顺序严格对称。另一条胸巾来源于黑龙江的托尔贡村，长 60 厘米。在胸巾的上部的肩部附近，用墨和红色颜料画着两只雪豹，每只雪豹各圈在一个圆内。这对头对头的雪豹，躯干被画成侧面像，头为正面像。在领口线条下边的中央部分，有一个在赫哲族艺术中少见的、带鳞身或穿着鳞衣的某神拟人图形。该神右手握着一件很像中国纸灯笼的物品，而左手握着一根上端有漂亮花朵的红色树枝。在该神的两侧，头朝上对称排列着两条体部画有红斑点的模拟化须龙。胸巾的上部与中部用两条平行横线隔开，在中部顶端，在两条体部带红色斑点的须蛇之间，用黑色颜料画着一

图94　治病用胸巾

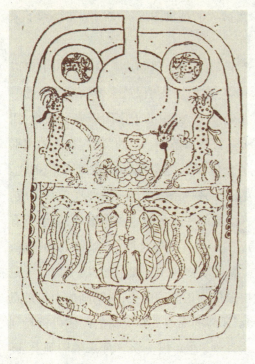

图 95　治病用胸巾

件十字形物品，其下是一只虻蝇图案。在胸巾中部的两角，用三个弧形表示云彩，顺两侧边线排列着一些中央带红点的弧形。龙下边的部分布满一些单条的和两条缠在一起的蛇图案。大蛇用黑红两色颜料画成。除两条须蛇外，其余所有蛇都头朝上垂直排列。须蛇横向排列。胸巾的中部与下部用一条黑色横线隔开，在其下面画着一个有两只眼睛和一个大张着嘴的人头，嘴中间横穿着一条之字形线表示牙齿。胡须用之字形线表示。在人头像的两侧各排列着两条小龙，尾巴像鱼尾，腿像鱼鳍，躯干上画满黑红两色条纹。

在萨满服、鞋靴、神鼓、鼓槌、神杖上有丰富的图案，并且与牛尔罕和治病用品上的图画相似。因为要在宗教部分介绍，这里就不再赘述了。

C.B.伊万诺夫认为，牛尔罕通常表现一些相当复杂的概念的图案。我们看到的不是单个的图形，而是根据线条构图或多层次的构图制作的整幅图画。对牛尔罕图案进行归纳，可以作出如下分类：野生动物有虎、豹、雪豹、狼、鹿；驯养动物有马和狗；两栖类有青蛙、蟾蜍、蜥蜴、蛇；鸟类通常为燕子；鱼类包括鲟、鳇、鲤等；昆虫类包括虻蝇、苍蝇、蟊斯、蜻蜓、蜘蛛、蝴蝶；传说中的动物或古动物；天空、云彩、太阳、星体、土地、山丘、树木、花草；男人的各种形象，步行者和骑马者；生活生产用品类有建筑物、桌、椅、碗、杯、茶壶、高腿盆、鞭子、扇子、旗、剑、矛、各式立柱等；宗教用品有祭坛、神龛、木制和金属制的各种神像图案。对单个图案的统计表明，狩猎用牛尔罕上的最稳定的图案是上面带树和太阳标记的土地、吉尔基神、龙、身着满汉服装的步行人、属于这些人的马、骑在马上的骑士

（围猎者）、艾德赫神、供桌、器皿。治病用的牛尔罕最有特点的图案是天空、土地、树木、鸟、蛇、蜘蛛、虎、龙、达安托、爱米神、身穿满汉族士兵服装的步行者、骑士、旗、供桌。狩猎用牛尔罕上的图案是赫哲族自己制作的图案；治病用牛尔罕上的图案是在满、达翰尔和汉族的影响下产生的。大部分动物、树木、祭祀用的器皿和护身符状的神像是赫哲族的传统图案。虎、鹿、马、龙、鸟、蝴蝶等动物图案，是赫哲族和满、汉族艺术中共有的图案。独角兽和与之类似的古动物或幻想动物是从满、汉族那里借鉴来的，因而不具有黑龙江下游艺术的特点。在服装、头饰、靴鞋、器具、器皿、武器、建筑、团旗、神龛、带条带和题词的花纹柱等物品上，反映出满、汉族文化的影响。牛尔罕上的图案除神像外，还包括一些自然景色的成分，与萨满神服和萨满法具上的图案是截然不同的，明显反映出古老的图案向更晚期图案的过渡。古老的赫哲族文化的传统和满、汉民族文化的传统，反映了两种文化因素的碰撞、借鉴和融合。赫哲人常常使图形简化，打破图形的对称，有时甚至抹去动物的个性特点，形成为略图。主要由妇女装饰的艺术品中，常常将动物模拟化。

在牛尔罕的图案中，既可以看到纯正的轮廓，也可以看到具有现实主义性质的剪影，还可以发现从轮廓向制作更精细的图画的过渡，装饰图案十分的精美。对人的刻画说明赫哲族图画艺术所达到的水平，表现出不同的绘画手法、习惯、艺术天赋，在民族学特征方面表述清晰。在人物的描写上，注意了人种类型、服装、靴鞋、发式和其他的细部，步行的人物几乎没有侧影图案，所有的人物都呈正面站着。人的头部多数大得不成比例；脸部都标有眼睛、眉毛、鼻子和嘴，耳朵则并非所有都有。许多人画有短髭和胡子。眼睛很大，手指数量不一，或少于5根，或多于5根。一些模拟图形都有非常粗大的呈扇形叉开粗手指的两臂。两腿通常撇向两侧。面部表情安详。服装明显受到满、汉族的影响。图形的对称比例比较正确，服装的细部也绘制得比较仔细。

牛尔罕上用线条构成的图画涂有颜色。脸颊上的红晕，服装的领子、带、扣子，靴底和细部的花纹等都用颜色标明。但颜料的大部分深浅不匀，有斑点状，有时甚至没有轮廓线。在着色之前，赫哲族用墨先在布或纸上画出图形的轮廓。由于没有

黑色颜料,有时用蓝色颜料代替黑色。对骑士所骑的马的处理方法不尽相同。有些马看上去很笨拙、肥硕,身上涂成一种颜色或画着圆点或深色圆斑点。有些马长腿细身,没有涂色。马鬃松散并且很短,尾巴处理很粗糙。马的颈部和头部侧影与蹄子绘制得较有特色。有些马的图案非常简化,有些被模拟化。从形状上看,似鹿、似鸟亦似虎。

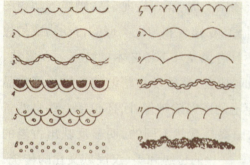

图96　牛尔罕上的天空(1~6)和土地(7~12)图案

天空的表现形式不同,有时呈翻过来的弧形状,有时简单地加一些小弧形的波浪线。具体用圆点表示。土地用波浪线或彼此重叠的弧形组成波浪线;有时土地用一条两面连接着一些小弧形的波浪线表示。有的是覆盖着植物的丘陵或山峦。

黑色、红色、蓝色、淡紫色、绿色、黄色的使用,黑色轮廓的存在,服装的细致化,图形的层次排列,体现出满、汉族的民间版画对赫哲族图画的影响。但这种影响还是有限的,赫哲族艺术接受了这种色彩画的一些制图方法和题材,但在很多方面仍然保留着自己传统的性质。

萨满服的图画与治病服装上的图画相似,不再作介绍。

3)形式

赫哲族的纹饰图案与造型文化虽然具有种类多、范围广等特征,但就其表现形式而言,我们主要把它归纳为以下三种。

(1)剪花样

剪花样是赫哲族纹饰图案文化的重要表现形式之一。其剪法是:先把鱼(兽)皮剪成各式条纹,然后把各色条纹花样贴在皮衣皮裤上,接着用染了色的皮线将其缝好。神衣上的饰物搭配,同样是采用类似的方法加工制作的,即先用软皮将其剪成所需的动物图形,然后再把剪好的花样贴附于神衣上。在加工制作过程中,必须先把各种鱼(兽)皮做染色处理,然后再制成堆花或裁剪成各式条绦或皮线,经过上述加工程序后,最终剪裁成色彩斑斓的纹饰精品。

232

（2）雕刻

雕刻是赫哲族纹饰图案的又一种表现形式。在我们能够看到的雕饰作品中，有雕刻在木铲柄上的三角形或曲线形花纹；也有雕刻在木勺面上的直线形纹饰；还有雕刻在烟袋上的蛤蟆图案以及神鼓鼓槌背面的各式动物神形等等。相比之下，在金属器物上雕饰难度较大，即便如此，赫哲族仍乐此不疲地进行尝试。于是，我们便看到雕饰于激达上的花纹图饰，火刀皮袋铜块上的日光辐射图案以及铜质神像上的平行线纹、对称短条等图案，从而说明赫哲族纹饰图案与造型艺术在金属器物上的发展。

图97 石刻

233

（3）绘画

绘画亦是赫哲族纹饰图案的又一表现形式。他们在桦树皮杯、桦树皮碗、桦树皮箱上绘有花纹；在神鼓、神杆、神箱上绘有龟、蛇、蛤蟆等动物图形；在男女服饰上绘有云纹、植物、动物、人物等图案。当纸等传入赫哲地区后，人们以纸为材料，或者在打围神画像中浅饰龙的图案，或者在各种条幅中饰以动植物图形。

第七章　体育、卫生

　　体育和卫生是赫哲族文化的重要组成部分。他们在极其原始的生产、生活条件下，在与病魔抗争、强身健体以及丰富群众业余文化生活方面，进行了卓有成效的创造，形成了以渔猎生产为背景，极富民族个性特征的体育项目和医疗卫生体系。

第一节　体　　育

　　在遥远的古代，他们的体育项目大多是以游戏的形式出现的，集玩耍、健身和技能演练于一身，体现了全民参与、寓教于乐的特点。有人曾对赫哲族自古以来的游戏项目作过粗略统计，到目前为止，他们的传统民间体育游戏项目有五十余种，若按技巧型、力量型和速度型划分，可以分成以下三种。

1.技巧型

　　在赫哲族眼中，能够以技巧见长的体育比赛项目有叉草球游戏、杜烈其比赛和射击、射箭比赛，尽管这些游戏项目在比赛时间、地点、参加人数、竞赛规则方面有很大区别，但都是人们智力、能力和技能技巧的集中展示。

1）叉草球

　　"叉草球"游戏以其参加人数多、普及程度高、影响面广、场面火爆热烈而深受广大赫哲族的喜爱，成为他们心目中具有广泛群众基础、喜闻乐见的大众娱乐项目，并以民族体育竞技比赛的形式延续下来。

　　赫哲族玩"叉草球"游戏，显然是与他们所从事的古老的叉鱼生产活动有关联。在渔猎生产工具极不发达的古代，鱼是赫哲族赖以生存的重要食物来源之一。他们一年四季或一日三餐都离不开它，捕鱼成了赫哲族日常生活的头等大事。在以叉鱼为主要捕鱼形式的日子里，赫哲族练习叉草球，无非是为了日后能够多叉鱼。

　　对那些尚没有走入社会的赫哲族青少年来说，全面提高自身的叉鱼技术，关键要从基础抓起,时刻苦练叉鱼的基本功。玩"叉草球"游戏,恰恰能够帮助他们掌握相应的叉鱼技能。一些赫哲人也认识到练习的重要性,他们有意引导自己的子女玩"叉草球"游戏,希望通过类似活动间接练习叉鱼技术,以便让孩子日后能够成为一名叉鱼能手。在大人们的积极鼓励下,一些赫哲族青少年头顶蓝天,脚踩大地,以蓝天、白云为伴,从玩练起,苦练叉鱼本领。原始的、古朴的"叉草球"游戏正是在赫哲族叉鱼生产的现实需要中,在寓教于乐的玩耍中应运而生的。

赫哲族玩"叉草球"游戏,一般是在春、夏、秋三季进行。当冰雪融化、江水变暖、大地披上一片绿装后,赫哲青少年便三五成群地聚在一起,商量"叉草球"游戏的玩法。当确定好游戏规则后,他们便开始做好游戏的前期准备工作。比如,他们先把游戏所用的草球捆扎好,再把游戏用的木叉削好。草球一般是用湿草做成的,他们把长在地里的湿草割下来后,捆绑成游戏用的草球。草球的形状和大小不固定,有的直径在一尺左右,有的则像大碗那样粗细。木叉则是用柳木削成的,木叉的式样和大小也是仿照渔叉加工制作的。据讲,木叉有叉头和叉身,其中叉头长约半尺、叉身长七八尺左右。当准备好草球、木叉后,同伴们便选择一片地势平坦、绿意茸茸的开阔地,准备在那里进行一场势均力敌的游戏大战。

游戏前,他们先把同伴们分成甲乙两个组,每组人数有的相等,有的则按照身高大小或者能力强弱,来确定双方上场的人数。确定好上场队员后,双方便来到选好的场地,等待游戏的开始。当裁判员发出"开始"的比赛号令,双方队员便按照事前约定的游戏规则,开始进行紧张激烈的"叉草球"游戏,或者进行一场真刀真枪、模拟叉鱼生产过程的实战表演。参加游戏的赫哲族青少年,先由一方选出一名身强体壮、有力气的队员,将草球抛向对方场地,对方队员则举叉叉之。这些队员在比赛中表现得虎虎有生气,他们把比赛场地视为正在江河中劈波斩浪、奋勇前进的木船,把空中飘忽不定的草球,视为正在水中游动的鱼,在抛与叉的互动中,人们的呐喊声、加油声此起彼伏,响彻云天。当草球被一方队员叉中后,大家就像叉中鱼儿一样欢呼雀跃。

玩"叉草球"游戏不光是赫哲族青少年的事情,就连天真烂漫的赫哲族儿童,也对该游戏表现出浓厚的兴趣。为此,赫哲族根据他们好奇、好动、愿意模仿的特点,

考虑到他们还不懂事的实际,有针对性地引导他们玩一种非常特殊的"叉草球"游戏。为此,赫哲族把游戏场地搬到了水上,然后为儿童精心制作一个草球,同时准备一些适合儿童年龄特征的木叉。当一切准备就绪后,便在成年人的组织引导下,开始一场别具儿童特色的"叉草球"游戏。具体玩法是:先由一人将草球扔入水中,然后由人用长杆推动草球,使球在水中来回移动,其他儿童则举叉叉之,凡叉中次数多的为优胜者,并将得到大人们的夸奖。一些儿童通过水中叉草球,使他们从小就熟悉了水性,培养了勇敢精神,为日后的叉鱼生产打下了坚实的基础。

赫哲族玩"叉草球"游戏兴趣很浓,以至于一日不玩该游戏,就像缺点什么似的,尤其是在闲暇或者茶余饭后的休息之时,人们都忘不了来一番游戏。不但赫哲青少年愿意玩,一些成年人有时也加入到玩的行列。一些赫哲老人及妇女儿童则站在一旁当起了观众,为场上队员的精彩表演欢呼叫好、呐喊助威,"叉草球"游戏逐渐便成了赫哲族消遣娱乐的一种形式,成为人们精神生活的一个组成部分。

自清朝末期及民国以来,随着先进捕鱼生产工具的广泛应用,大型船具、网具逐渐代替了传统的叉鱼方式,叉鱼技术显然已经落伍了。然而,叉鱼技术的落后,丝毫没有动摇赫哲族对业余文化生活的乐趣。从这时起,他们开始用娱乐的眼光来看待他们心目中的游戏,并制定了比较规范的游戏规则。

据赫哲族回忆,"叉草球"游戏主要有四种玩法:一种是多人玩法。即由游戏双方先确定比赛场地,接着划定一条代表胜利标志的界线,然后由游戏一方推选一名身材魁梧的高大队员,让他将草球抛向对方场地,草球的抛出高度以对方队员能举起木叉叉到为准,如果草球抛得过高或过低,将视为发球队员违例,发球方要拿回重新发球。当草球飞过界线后,对方队员则举叉叉向飞来的草球,如果叉中草球,就视为取得胜利,接球方队员就前进 15 步(一说 20 步、10 步或 5 步);如果叉不中草球,或者叉中的草球又掉下来,就意味着接球方失败,接球方队员则要后退 15 步(一说 20 步、10 步或 5 步),前后移动距离在 50 步或 70 步不等。如果发球方队员将球抛出后,接球方队员叉中草球,就要交换发球权,由接球方发球。如此反复地交换发球权,双方队员就要反复地前进或后退,但前行或后撤不能超过三次。当一方队员因前进而越过双方约定的界线时,就视前进方为胜利者,另一方则为失败者,游戏到此结束。第二种是次数玩法,即先约定玩的次数。在规定的次数内,哪个球队叉中草球多,就视为哪队胜。稍有不同的是,在以次数决定输赢的比赛中,为鼓励场上队员赛出水平,对表现特别突出、连续 5 次叉中草球的优秀队员,将被视为优胜莫日根(赫哲语"英雄"的意思)。第三种是"一对一"的游戏玩法,即每人一把木叉,两人公用一个草球。先由一方队员发球,对方相同位置的队员则举叉叉之。双方之间互换发球,相互叉球,凡叉中草球者就前进 5 步,失败者则后退 5 步。然后再互换发球权,由对方队员发球。游戏规定,凡连续叉中 10 次草球的优秀队员,将被视为优胜者,低于 10 次的队员,将被视为失败者。为奖励优胜者,失败者在丧失叉球资格的前提下,继续为优胜者发 10 次草球,如果优胜者连续叉中草球,将由失败者继续发草球,直到优胜者连续叉中 30 次为止,游戏才宣告结束。最后一种是游戏双方共用一个草球,游戏开始后,先由一方队员将草球抛向空中,两队队员争叉草球,哪队队员叉中草球,哪队就得分。然后交换发球权,由未叉中草球的队员继续发球。如此反复,最后哪队得分多,哪队就是获胜队。

新中国成立后,国家从保护鱼类资源的角度出发,开始明令禁止叉鱼,叉鱼技术正式退出历史舞台。近年来,一些赫哲族从抢救本民族正在消失的传统民族文化遗产的角度出发,制定了通俗易懂的竞赛规则,让愿意从事"叉草球"游戏的人能够有所遵循。最新制定的比赛规则规定,"叉草球"比赛场地为 8 米×8 米,两场地相距 6 米,场地之间架设一条高 1.5 米、长 9 米的平行标志网。草球形状为长 20 厘米、直径为 15 厘米的椭圆形。叉子为长 150 厘米、叉头长 3 厘米的木柄铁头三齿叉。每队上场队员 3 名,替补队员 2 名,所有队员必须身着统一服装参加比赛。比赛时间共 18 分钟,中间休息 2 分钟。半场结束后,双方交换场地。比赛开始后,持球方必须在规定时间内抛出草球,使草球落入对方场地。草球未被对方队员叉中,持球方将先得 2 分。如果运动员故意拖延比赛时间,手中持球时间超过 5 秒钟,将予以处罚。犯规 5 次以上者,也将被罚出场外。比赛结束后,按累计分数排出名次。

在 1986 年召开的赫哲族第一届"乌日贡"大会上,正式把"叉草球"游戏列入比赛项目。自 1986 年以来,连续举办了六届"叉草球"比赛,参赛球队越来越多,参赛水平越来越高,比赛竞争越来越紧张激烈。"叉草球"游戏不但深受赫哲族的喜爱,

237

而且走出黑龙江,走向全国。其中,作为赫哲族传统体育的表演项目,"叉草球"游戏多次参加在黑龙江省乃至全国举办的少数民族体育运动会。当俄罗斯那乃人(赫哲族是跨国民族,在俄罗斯境内被称为那乃人)参加"叉草球"游戏项目后,"叉草球"游戏开始在黑龙江两岸赫哲族中产生了深远的影响。

"叉草球"游戏不但以民族竞技体育比赛的形式传承着赫哲文明,而且以表演的形式把赫哲族古老的叉鱼生产过程表现得惟妙惟肖、淋漓尽致。如今,随着赫哲地区现代化进程的加快,电脑、电视等各种现代化家用电器的普及与推广,赫哲族的业余文化生活更加丰富多彩。在新一代赫哲族中,"叉草球"游戏已经离他们越来越远了,人们茶余饭后也很难看到"叉草球"游戏的影子了。"叉草球"游戏实现竞技化和舞蹈化,不但升华了游戏的文化内涵,而且为游戏的创新发展找到了一条新路子。

2)杜烈其比赛

"杜烈其"比赛同样以技巧见长,"杜烈其"汉译为"争寿"、"跑万岁"、"跳趟子"等,是集跑、跳、摔于一身的综合性游戏项目。它的比赛场地有 25 米长,内分进攻队和防守队大本营各一处以及 5 个防守队阻截区,进攻队和防守队赛前要进入各自的活动区域。

全场比赛采用四局三胜制,攻防队员均有两次进攻或防守的机会,倘若在开赛5 分钟后,攻方队员仍未向守方进攻,裁判员则先对进攻队予以警告。假如进攻队在接到裁判员警告后,在进攻上仍没有起色,裁判员就可以判攻方队失局。相反,一旦进攻队员突破防守区域进入防守队大本营,并高呼"鄂特黑"或迫使防守队员全部出局,攻方队员便获胜一局。若防守队主动出击,并攻入大本营区,或迫使攻方队员全部出局,防守队同样获胜一局。假如参赛队一方率先两次攻入对方大本营,该队即获得比赛的胜利。

"杜烈其"比赛场上队员少则 3 人,多则 9 人,他们在"交战"过程中,经常出现和局场面。故此,比赛规则同时规定:倘若攻、防队双方出现第一次和局,可以不计入比赛次数之内。若攻、防队之间连续出现两次和局时,裁判员便可判罚进攻队失一局。若四局比赛得分相同时,可再加赛一局,若仍为和局,可采用对手型方式决定胜负。为防止场上队员在比赛过程中出现不文明行为,比赛规则只允许场上队员使

用摔、推、抬、拽等动作,强迫对方队员出局。若一方队员有踢、打动作,裁判员即刻取消该运动员的比赛资格。另外,场上队员只要膝关节以上部位触及地面或场区线,或者跨单线出入场区,都将被视为出局行为。

3)射击(箭)比赛

射击(箭)比赛同样讲究技能技巧,它是在原始的狩猎生产实践基础上逐渐演变成体育比赛的。初期的射击比赛方法简单,参赛者多以天然的树林作为比赛场地,以斧子削成的树干剖面做靶心,在100、200步规定距离内,分别进行有依托或无依托射击比赛(依托系指供射击比赛用的木墩或树杈等)。一般有依托射击比赛距离较远,而无依托射击比赛距离较近。射箭比赛基本同于射击比赛,即在同一时间内,参赛者齐射靶子,谁射中靶子或谁中靶子的箭数越多,谁就是胜利者。现在的射击比赛有专门供比赛用的靶子,靶面上标有环数刻度,参赛队员在100米距离内,以跪、立、卧三种姿势进行速射比赛,最后根据每个队员中靶的环数,以排出比赛名次。

2.力量型

力量型比赛同样是赫哲族传统游戏项目之一,主要有摔跤、顶杠、拉杠等几个项目。下面,我们依次对此进行概述。

1)摔跤

赫哲族早期的摔跤规则十分简单,只要参赛者能够将对手摔倒,就可以判定胜负结果。而今,摔跤比赛规则日趋完善。首先要选择直径为10米的草地或沙地作为比赛场地,然后参赛队员要统一着装,脚穿软底鞋、腰扎皮带或布带,在裁判人员的统一指挥下上场进行比赛。全场比赛实行三局二胜的单循环淘汰制,参赛队员以对摔方式,可选择推、搂、拌、压、拱等手段摔倒对方。倘若一方队员使用撞、击、打等不文明动作时,裁判员可口头提出警告。对情节严重、屡教不改的运动员,可取消他的比赛资格。比赛规则同时规定,参赛队员只要膝盖以上部位先落地或者越过限制线以外,裁判员就可作出胜负的判决。假如运动员在比赛过程中,膝盖以上部位同时着地,比赛要重新开始。三局结束后,根据参赛队员的比赛成绩,依次排出名次。

2）顶（拉）杠比赛

顶（拉）杠比赛同样是力的较量，参赛队员对握一根中间系有红布的木杠，并使红布标志与场地上的分界线重合。裁判员宣布比赛开始，运动员便可倾全身之力于木杠上，谁被顶出界线外，谁就是失败者。拉杠比赛规则基本同于顶杠，与其稍有不同的是，参赛队员只是坐在地上，采取脚蹬手拉木杠方式，将对方队员拉出界线以外，以此作为判定胜负的依据。

3. 速度型

速度型比赛亦是赫哲族传统游戏项目之一，主要有滑雪板、赛拖日乞、划船、游泳、地箭等。下面，我们重点对滑雪板、拖日乞、划船等项目进行概述。

1）滑雪板

滑雪板是以速度见长的冬季比赛项目之一，它一般是挑选优质稠李子树做材料加工制作的。参赛者脚踏滑雪板，既可以比滑行速度，又可以比滑行花样。在同一时间、同等距离内，谁滑得快或花样多，谁就是胜利者。

2）拖日乞

"拖日乞"同样是以速度见长的冬季比赛项目之一，在赛场上，谁在同等距离内跑得快，谁就是当之无愧的胜利者。现在，滑雪等冰雪项目逐渐成为人们冬季喜闻乐见的体育比赛项目。人们在继承速度和耐力的同时，又在比赛技巧上下工夫，使之日趋完善。

3）划船

划船则是赫哲族重要的水上体育比赛项目之一，参赛者通常使用一米见长的"快马子船"作为比赛用船，然后在同一水域内进行速度角逐。由于船体太小，一旦遇上波浪袭击，极容易出现船体入水的现象，进而导致整个比赛前功尽弃。只有那些经验丰富、有勇有谋者，才能在保持速度的前提下劈波斩浪，取得全场比赛的胜利。

第二节 卫 生

医疗卫生是与人的生命健康联系在一起的，就赫哲族而言，医疗卫生事业大体

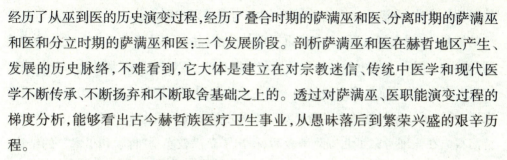

经历了从巫到医的历史演变过程,经历了叠合时期的萨满巫和医、分离时期的萨满巫和医和分立时期的萨满巫和医:三个发展阶段。剖析萨满巫和医在赫哲地区产生、发展的历史脉络,不难看到,它大体是建立在对宗教迷信、传统中医学和现代医学不断传承、不断扬弃和不断取舍基础之上的。透过对萨满巫、医职能演变过程的梯度分析,能够看出古今赫哲族医疗卫生事业,从愚昧落后到繁荣兴盛的艰辛历程。

1. 叠合时期的萨满巫和医

从时间上讲,叠合时期的萨满巫和医主要是指清代或清代以前的巫和医。在那技术落后、信息闭塞的古代,赫哲族医疗卫生多以萨满教思想理念为基础,以萨满占卜、治病活动为核心。在此期间,他们充分发挥祭祀、治病和占卜等多重职能优势,把为人治病作为重要活动之一。从这个意义来理解,巫医系同一语。比如,古字"毉"就是由巫和医合成的,由是之故,赫哲族专家刘忠波先生,进而得出巫是"医"的先驱的结论。对此,我们认为,从"毉"字本身来讲,初始时期的巫和医能够集于一身,显然是受赫哲地区当时特定的历史条件决定的。基于双方共同点和差异性考虑,使他们在共融的基础上产生斥异,从而为下一步的分离、分立埋下伏笔打下基础。

1)从宏观角度分析相同点

根据赫哲族口耳相传的历史资料和文献典籍,我们认为,占代萨满之所以能够把巫和医的职能集于一身,显然是受当时的社会文化背景制约的,并在以下三个方面体现共同点。

首先,萨满巫和医是以为人治病为存在条件的。无论是生理疾病还是心理疾病,都要遵循萨满的患病理论和治病规律。在"万物有灵"思想—统天下的原始时代,人们普遍相信,人之所以得病,主要是得罪神灵的缘故。要想治好病,就必须求助于神与人的代言人即萨满。基于此,广大赫哲族对萨满的崇拜和自身所拥有的神力,达到无以复加的程度,他们不但相信萨满借助神力能治病,而且能治好病。正是由于萨满能为人治病,所以才具有巫和医的双重身份。

其次,从治病方法来看,中国古代中医疗法主要采用"望、闻、问、切"四种方式来诊治疾病,用配制中草药来治疗疾病;现代医生多用物理疗法来诊治疾病,辅助

241

伴以精神疗法；萨满治病则侧重精神疗法，有时兼顾中医中药疗法。按照赫哲族自己的解释，离现在越久远，人们越重视精神疗法，并以跳神或祈祷的方式来治疗疾病。离现在越近，人们更相信物理疗法和中医疗法。客观地讲，对那些患有精神疾病的患者来说，萨满跳神确实能起到一定的治疗作用，但对那些已经身患重病的患者来说，跳神祈祷无疑是贻害生命。对于巫医之间交错并用为人治病，俄国学者希克特洛科夫在详细考察了北方萨满教后，得出了萨满教实是"哲学和巫术"①的结论，并将萨满巫医治病从感性理解上升到理性思维的高度来认识。当然，希克特洛科夫在肯定萨满其人巫的职能的同时，却对萨满"医"的职能研究得不够深入。事实上，恰恰是萨满自身具有"医"的职能，才使巫和医之间具备共生共存的条件。

再次，在治病过程中，中医多采用药物疗法，即用中草药来为人治病，萨满在其他非正式场合，也兼而用之。据史料记载，萨满与其他赫哲族一样，对生长在周围山中的动物或植物的药性，有一定的了解和掌握。在实践中，他们针对不同的病人，采用不同的动物或植物进行对症治疗。比如，他们用老母鸡皮治黄病，用鹿茸治血气两亏病，用鹿心血治心脏病，用艾蒿治皮肤病，用穿地龙根治伤寒病，用山花椒梗治浮肿等等。

2）从微观角度分析不同点

虽然萨满巫和医之间在治病理念、治病方法、治病途径和治病手段上有一些共同点，但在具体操作过程中，他们仍有许多不同之处。具体表现在以下两个方面：

（1）诊治疾病的出发点不同。按照现代医学理念，人患病，有多种生理病因在起作用，所以患者必须借助各种先进的医疗器械和医疗手段，针对病情进行科学的诊疗，然后对症治疗。在年复一年、日复一日的医疗实践中，一些赫哲族总结了赫哲地区突发疾病的病因，摸索了一些防病治病规律，尽管这种总结提炼是比较原始的，或者是比较粗浅的，但现在看来也是非常必要的。经归纳，这些常见疾病主要有七种，具体病因为：

第一，关节类和风湿类疾病。由于赫哲族夏捕鱼、冬狩猎，长年累月与水、雪打交道，加之一年四季居住在阴暗潮湿的地窖子，或其他住房中，四肢及身体其他部

242

———

① 凌纯声：《松花江下游的赫哲族》（上册），105 页，南京，中国科学图书仪器公司承印，1935。

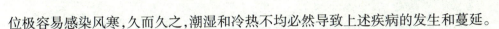

位极容易感染风寒,久而久之,潮湿和冷热不均必然导致上述疾病的发生和蔓延。

第二,肠胃类疾病。对大多数赫哲族来说,肠胃类疾病主要与不良的饮食习惯有关,尤其是与他们经常吃生鱼有关联。自古以来,赫哲族经常把新打上来的活鱼去除内脏,清洗干净,切成肉丝,拌上蔬菜或其他作料生吃,俗称"刹生鱼"。除此之外,他们还经常制作生鱼片等特色美食。现代医学研究证明,经常吃生鱼使人容易患肝吸虫病,并损坏自身的肠胃系统。另外,在炎热的季节,人们经常把一时吃不了的鱼,晒成鱼干保存起来,以备淡季食用,尤其是大马哈鱼干。常吃这种鱼干,会使人体消化器官存有许多小寄生虫。

第三,结核类疾病。据专家介绍,结核类疾病多与劳动者的劳动强度有关。在赫哲族生产力发展水平非常原始落后的情况下, 赫哲族多依靠人力来进行必要的渔猎生产。许多人在捕鱼猎兽过程中,有时甚至几天几夜工作在渔猎生产第一线。他们吃不好、睡不香,自身体力长期处于超负荷状态,得不到及时休养和合理调配。倘若营养再跟不上去,因劳累过度或身体虚弱,结核类疾病必然乘虚而入,染指赫哲族群众。一些赫哲男子得这种病,显然与此有关。外族传染也是一条重要原因。

第四,气管类疾病。气管类疾病多与当地的气候条件有关。从地理上看,赫哲族多生活在北纬45°~48° 之间,属于温带半湿润季风气候。这里四季分明,昼夜温差大,最低(高)气温在零下(上)30℃左右。与之相比,人们冬季御寒条件差,在隆冬时节,常居住在半地下的地窨子中。这里阴暗潮湿,夜晚仅铺设柴草和兽皮等,在无被褥、无火炕的冻土地带上艰苦度日。在外出狩猎时,他们也是经常住在简易的窝棚里过夜,窝棚四周围以雪土,这样的居住条件,自然为气管炎病的扩散蔓延提供了场所,并在个别老年人身上发展成肺气肿。

第五,肝炎、痢疾类疾病。据专家介绍,肝炎、痢疾类疾病的发生,主要与人们的卫生条件有关,尤其是饮生水等,极易造成该类疾病的流行,并通过空气、水、唾液、手和食物等多种途径,传播给正常人,许多人因此被动地染上此类病。

第六,伤寒、天花类传染病。天花类传染病出现于 19 世纪中叶,据说是经沙俄之民从欧洲传入,并传染给我国各东北少数民族的,生活在乌苏里江流域的赫哲族更是深受其害。

第七,妇科疾病。在遥远的古代,由于当时的生活条件差,医疗技术水平不高,许多妇女在怀孕、产前、产中或产后期间,常患各种妇科疾病。据说,该类疾病多与她们的生理卫生不好有关,也与封建迷信有关。为防止此类疾病的发生,她们把可能出现的疾病不是放在如何治疗上,而是放在行为禁忌上。诸如,怀孕期间,妇女不能跨扁担或斧头等物品;缝口袋时,也不能把口袋缝死,怕将来生孩子时会难产;平时与别人开玩笑时,不能讲"某人"如何难看,以免将来孩子出生后"长怪样"。从根本上说,妇女患病不是说出来或想出来的,是现实生活中各种不良因素综合作用的结果,只有用科学的态度预防疾病、用科学的方法治疗疾病才是唯一正确的选择。古代赫哲族在患病问题上出现的错误认识,无疑是他们对科学文化知识尤其是医疗知识欠缺所致。由于赫哲地区缺医少药,他们只能听任自然或萨满治病,许多患者因此而失去生命。到解放前夕,赫哲族儿童成活率只有25%,人均寿命为40岁左右。

在患病和诊治问题上,萨满有自己的一套理论体系。他们认为,人之患病原因有三,一是病人是否曾向神灵许愿而没有还愿,是否以恶语触怒过神灵;二是病人家属是否对其家所供神灵有过不恭行为;三是病人是否曾伤害过邻里的鬼怪冤魂。依照上述三种问病思路,萨满查找病因,当找到病因后,就要借助神力,为人治病。据讲,倘若是神灵降灾于人的缘故,就要请萨满代人向神灵求情许愿,或通过赔罪及敬奉供品等形式,求得神的谅解。假如是因得罪鬼怪的缘故,则要采取驱鬼抓魂的形式,使被摄走的灵魂附体。整个治病过程神秘恐怖、紧张刺激,萨满高唱请神歌、问病歌和谢神歌,在神器和神鼓的伴奏下,开始了一系列的治病活动。

(2)诊疗方法不同。医生治病多采用物理疗法,即便是存在于民间的所谓乡土医生,他们在长期的采集实践中,初步掌握了一些药物学知识,用自己采集的植物的果实、花蕾和茎叶等治疗疾病,或者利用动物、鱼类作为滋补、长寿的药物。这些民间治病方法虽是偏方性质,但有一定的科学性。他们治病的范围包括骨折、眼病、肾病、咳嗽、刀伤、腰腿疼、疥疮、头痛、牙痛、天花、麻疹以及妇女病等等,使用的动植物有"马尿膦"树芯子、鹿鞭、虎骨、稠李子、柳蒿芽、熊胆汁、大马哈鱼头、黄芩汤、黄菠萝树皮、童子尿、鹿茸血、花鼠皮、烟袋油子以及拔罐子和针灸等。据专家讲,有

些动、植物具有药用价值,已经被现代医学所证明。像虎骨泡酒治疗风湿,鹿胎治妇女病,熊膏治腰腿疼,獾子油治烫伤,野狼油治痨病,毒蛇胆明目,甲鱼血提气养身等等。

与民间偏方相比,萨满治病则注重精神疗法。按照他们的思维理念,人们患病多是因神灵降灾的缘故。当有人患病后,就需要萨满代人向神求情,或者通过向神祈祷的方式,以求病人早日康复。客观地讲,祈祷只是萨满治病的最初形式,在他们眼中,有些危重病即便采用相应的治疗形式,也是难以治愈的。对于这一点,萨满本人也承认,他们治病不是万能的。再如,像治疗天花类疾病,它不需要跳神,因为这种病是"娘娘神"[①]撒下的"病种"所致,四海娘娘、光明娘娘和黄娘娘等,就是为治疗该类疾病应运而生的。当然,对魔鬼肆虐引起的疾病,必须采取跳神形式来解决。为此,萨满要全副武装穿神衣、戴神帽、持神器、击神鼓,通过驱(追)魂等"文争武斗",把被摄走的魂灵找回来,并附于人体上,使病人痊愈。另外,一些患者本人或患者家属,有时也通过占卜形式,以预测可能出现的病理结果,或者预测患者痊愈的大致日期。其中,占卜分骨卜、刀卜等多种形式,通过占卜,使被占卜者明白,病人到底触怒何种神灵,以此为依据,用火烧纸做的该动物图形,让患者把纸灰吃下去,使魂灵附体病情痊愈。

3) 用神图牛尔罕治病

在萨满教时代,赫哲族萨满除了使用巫术为人治病外,还掌握了一些中草药知识和物理疗法。但对于赫哲族而言,他们更相信凶神魔鬼是导致疾病的原因,因此用牛尔罕治病很盛行。我们必须承认,心理作用对于治疗无关大碍的疾病是很有效的。根据萨满的吩咐使用各种皮制护身符和表示动物与拟人形的木刻图形,给他们嘴上抹食物,在他们面前摆饮料,或者把小图像带在身上或同病人放在一起,都可起到治病的目的。

用牛尔罕治病的情况,往往是因为萨满由于某种原因不能亲临病榻前的情况下制作的。这种神画视为"药方"。病人家庭的某个成员按照牛尔罕的样子用木头刻出动物或人的图形。病人将这些图形分别挂在一定的地点,固定在一根木棍上的

245

① 《民族问题五种丛书》黑龙江调查组:《赫哲族社会历史调查》,274页,黑龙江朝鲜民族出版社,1987。

"药方"则留在屋里。这种牛尔罕上,画着虎、豹、熊、狼等各种动物图形,以及各种神灵、人物、天空、土地和树木等。比如,根据一个萨满的"药方",要制作十个木刻的吉尔基、两个木刻的艾德赫和一个用草编成的虎图形。至于画上的树,是告诉病人应像"药方"中那样将一对艾德赫挂在真正的树上。"药方"牛尔罕不仅规定制作某些物品,而且指明了应如何使用其中的一些物品。帮助治疗病人的整幅图案叫杜斯呼,只有经过这些图案中的神的帮助,才能把病治好。1910 年在萨阿奇阿梁村发现的一件属于杜斯呼[1]牛尔罕,是用黑墨画在一块面积为 71 厘米×58 厘米白色亚麻布上,牛尔罕上画着天空和两条龙,中央是拟人化的雷神。图画上还有其他图案,但关键是龙的形象和雷神。画中的虎和豹的图形置于屋内,会迫使病魔尽快离开病人,使病人摆脱病痛或减轻痛苦。

博阿奇是一幅治疗眼病的各种神图形的图画。这是萨满在病人开始康复以前所进行的最后的治病程序。发病初期,萨满只为病人制作一对修直基[2],一件由一个固定着两个拟人化修直基图形的木刻三角形或弧形组成的护身符。弧形或三角形表示这些神的住所。对赫哲族来说,眼病是毁灭性的,因为这会使他们无法捕猎采集,失去生存的能力。因此,在当地居民中,过去可以见到数量很多的修直基。博阿奇图画具有独特的功能,病人可以依靠它们帮助彻底"康复"。

关于博阿奇图画,我们介绍其中的两幅。一件是用淡蓝色和红色颜料画在一块面积为 46 厘米×37 厘米的白布料上的。画面的上端用一条波浪线表示天空,下端用一组弓形表示大地。画面中央有一棵大树,树的主干向两侧分出两对末端带红三叶的树枝。这是一棵萨满树。树干上画着红色圆(太阳),太阳两侧有两个修直基。树根附近站着两个骑士——雅鲁马,他们的身后各跟着一个人。树枝上面飞着 10 只大雁,空中布满成行的虻蝇图形,共有 60 多个。另一件博阿奇使用一块白布,用黑色、淡蓝色和红色颜料绘制,面积为 80 厘米×78 厘米。图画成分比较复杂,有 3 棵萨满树,6 名骑士,12 名人,9 对修直基。上端有 1 对龙,下端有 1 对豹和 1 对蛇,中央有 1 个爱米神木刻图形的大图案,树林之间排列着 17 条蛇和 11 只蜘蛛。虻蝇的

246

---

① 帮助治疗病人的整幅图画。
② 治疗眼病的神灵。

数量为 18 只。

1910 年,在黑龙江的托尔贡村搜集到一幅用黑色铅笔和红色颜料画在一张纸上的图画,面积为 44 厘米×42 厘米。这幅画作为护身符作用的主要是虎,用于治疗胸痛。

狩猎神吉尔基的构图也可以用来治病。这幅图来自托尔贡村。用黑墨画在一块白布粗麻布上,宽 74 厘米,长 84 厘米。画中有一尊天神图案,可以治疗眼疾。

4)用其他物品治病

根据萨满的指定,有些物品也有治病的功能。有帽子、围巾、女短上衣、腰带、鞋、胸巾等。

比如成套的服装铺在一组叫杜斯呼图案前的一张供桌上。这组图案包括一幅由一组带达安托图案的杜斯呼组成的图画(牛尔罕)、一件金属制的杜斯呼——摩嘎尼和三根带各种木刻谢沃神像和纸剪小旗的木杆。如果病人能够站立,萨满就吩咐他穿上治病的服装跳舞。病人感觉良好时,他便穿上这套服装在亲友的陪伴下周游本村各家。这些人在每一家都要跳九次舞蹈。病人在感觉非常虚弱时,便在他家门前面插上 9 根木棍,再由 9 人在夜间借篝火的亮光围着这些木棍跳 9 次舞蹈。舞蹈服装的存在和病人及其亲友跳舞本身说明,赫哲族古代就存在过巫舞的形式治病的习俗。

赫哲族认为,蜘蛛可以引起肿瘤。肿瘤的出现可能是蜘蛛钻到了皮肤里。乌苏里江的赫哲族认为,用于治病的帽子上画有蛇和其他动物象征着头痛。头痛时会产生一种印象,好像里面有蛇或蟾蜍在乱爬。头中的轰鸣象征性地用一个公鸡图形来表示。因此,在帽子上画有类似公鸡的鸟和蛇。除此之外,在帽子的正面还有两个艾德赫图形,有些画有蜥蜴、青蛙、蛇图形的护身符,绑扎在头上,可以治疗头痛。头痛,就是认为某种昆虫或小动物钻进了头内使人痛苦。这些动物其实也是某种神。一种解释是,绘制这些动物图画是为了将这些神灵从人体内引诱出来,并迫使它们附在相应的图案上。与此相配合,就要进行巫舞活动,并伴以祈祷、供食等娱神仪式,当然,不会忘了威胁和恐吓。那么,如何解释画在帽子上的大动物呢?也有可能,赫哲族认为动物从神性角度而言是他们的庇护者,可以利用它们较强的神力将宿

生于体内的小病魔驱出体外。飘带状围巾可以治眼病,有蜘蛛和燕子图案,图案中有一些曲线形几何图案装饰(螺旋体)。腿疼时穿一种短袜,用白布或纸制成,画有蛇的图案。结核病人系一种皮腰带,皮腰带上画有尾部连在一起的两条蛇。系这种腰带时,要将蛇头放在前面,蛇尾放在后面。蛇身上画着鳞片,并标着眼睛,有的腰带用红色和蓝色颜料画着蛇和其他动物。胳臂痛时,在臂肘系一根由三条不同颜色的布条编成的大蛇状系带。

在治病的服装和其他用品中,爬行类动物是主要的,尤其是蛇图案。

胸巾在治病中的作用也是明显的。用鹿皮、鱼皮和布料缝成,也有用金属制成的。胸巾上可以见到各种不同动物的图案和一些拟人图形。胸巾可分为两类,第一类治疗结核病和其他胸部疾病,这是成年人使用的尺寸不是很大的半圆形胸巾;第二类是患病的儿童所戴的尺寸较大并抻成长形的胸巾。在胸巾中,爬行类动物居多,也有鱼、虎、雪豹和昆虫等图案。

过去赫哲族对于疾病的认识,往往归结于非物质的层面,所以,他们必然要借助于神灵的力量,并且对此笃信不疑。

2.分离时期的萨满巫和医

笼统地讲,分离时期的萨满巫和医,大致是在民国乃至日伪时期。这一时期萨满巫和医能够分离,无疑是受当时赫哲地区的经济和社会发展状况决定的。先前,赫哲人在捕鱼狩猎过程中,往往居住在地窨子或马架子中,具有大分散、小集中、季节性和流动性的特点。伴随着民国时期先进渔猎生产工具的传入,尤其是外来移民人数的不断增加、民间交往的日益扩大,汉族和赫哲族杂散居现象开始出现。

固定的满洲正房替代传统的住房形式,不仅改变着赫哲族传统的居住形式,而且为各民族文化交流提供了交换平台。他们在全力保持本民族文化特色的同时,也在不断地吸收其他民族的先进文化,医学技术就是先进文化的一部分。当然,吸收先进医学技术的过程,对萨满乃至千百年来信奉萨满教的赫哲族群众来说,意味着对传统文化的扬弃。从文化传承角度讲,这无疑是一个痛苦的过程,因为吸纳本身必然使萨满经受住巫和医分离的考验。这种考验具体表现为以下几个方面。

第一，一些民间医疗技术开始进入赫哲地区。随着外来民族与赫哲族的频繁接触，"针灸疗法、刮痧"[①]等治病方法，渐次走进赫哲人的生活视野，一些患病的赫哲人尝试用"银针扎头部"[②]或拔罐子等形式以泄心火，"番病"和"猴病"也通过针灸疗法来诊治。所谓"番病"又称"臭番"或"羊毛疔"，患者得病后，多有周身不适或发烧的感觉，并伴有呕吐或眩晕症状。对于该类疾病，针灸疗法很简单，也很有成效，就是医者手拿银针，在患者心脏或身体其他部位，依照"前七后八"[③]的医法，扎针放血即可，病人很快就会痊愈。

第二，开始出现民间游医。民间游医起初是作为萨满的附属形式而出现的。据调查，民国时期，赫哲地区已有类似行医者，他们多半走街串巷，为人治病。由于赫哲族居地偏远分散，交通不便，一些医术较高的游医，一年到头也难得巡游一次。即便如此，随着赫哲人对民间疗法的认识不断加深，求他们看病的赫哲人越来越多，行医人数也随之不断扩大。在赫哲族相对集中的同江、饶河等地，开始出现固定的诊所和药铺，游医逐渐由走村串屯逐渐变成坐堂医。可以说，汉族医术和游医及坐堂医的出现，对赫哲地区萨满巫和医的分离起到不可替代的作用。因为萨满虽然集巫医于一身，但以行医治病为专门职业的民间医生毕竟出现了，他们所使用的新医术，使萨满的传统治病理念面临严峻挑战，治病方法愈发显得相形见绌。

第三，经济因素不容忽视。萨满治病不要钱，这是人所共知的。即便如此，人患病后治病，自然也是要付出一定的"费用"。当然，这种费用支出不是以金银或其他货币形式体现出来的，而是通过给萨满馈赠一些物品，或者通过向神许愿后还愿的方式实现的。这些简单的必要的经济支出，对富裕家庭是微不足道的。随着民国以来，赫哲地区贫富分化的加剧，富裕家庭若有不适之感，可以继续求助萨满解除"病痛"，大多数赫哲族因经济赤贫，只好自我"诊疗"，即用偏方治疗某种疾病。有时为预防疾病，他们在自家屋内供奉各种神灵，有的人家所供神灵数量达 15 种。供奉者

---

① 《佳木斯文史资料》，第 7 辑，184 页。

② 《民族问题五种丛书》黑龙江调查组：《赫哲族社会历史调查》，274 页，黑龙江朝鲜民族出版社，1987。

③ 尤金良：《赫哲族拾珍》，115 页，1990。

希望通过敬奉神灵,以减少可能出现的疾病。有些家庭死人后,家属为防止类似现象的再度发生,多采用土办法查找病因。比如,他们在死者出殡前,先在各通道撒些灰,然后借助灰土上所存的动物脚印,以判断是何种动物神灵与家人作怪。姑且不论赫哲人查找病因的方式是否正确,单就查找病因行为本身而言,古代赫哲族在求助萨满治病的同时,也在不同程度上探询病因,或查找预防和治疗疾病的土办法。这种用土方法查找病因的过程,是萨满巫医分离的前兆。设想一下,萨满之所以在很长一段时间内集巫医于一身,是因为他有无数虔诚的崇奉者,他们相信萨满能治病,能治好病。当许多赫哲族因经济的或社会的因素远离萨满时,萨满医病的职能逐渐被淡化了,并开始游离出来。

第四,现代医学开始走进赫哲族家庭。自民国以来,随着赫哲族青少年文化素质的不断提高,一些有为的年轻人开始走上习医治病的道路。毕天民就是其中有代表性的人才之一。据资料记载,他是清王朝"废科举、兴学堂"之后赫哲族出现的第一位大学生、留学生和博士生。1921年,他考入沈阳奉天医科专门学校,并获得医学学士学位。1927年,因思念家乡返回佳木斯市,在那里创办了东方医院。内设病房12张,开设内科、外科、眼科和小儿科等科目,为当地百姓看病。赵汝昌1909年出生于吉林,幼时读过私塾。1928年,他考入吉林省立医专学校(今吉林大学前身),1934年分配到吉林省国立医院当实习医生,后举家迁往佳木斯,负责周围各县的医疗保健工作,1941年他创办了白山医院,同样为当地百姓治病。总之,正是由于有这样一些赫哲族青年习医治病,使赫哲族地区医疗技术和医疗水平有明显提高,医院分科越来越细,并把西医治病技术引进来,使赫哲族及其他民族病患者得到及时救治。

当然,我们在看到巫、医逐步实现分离的同时,也必须看到,由于该时期赫哲族地区行医者数量不确定,尤其是赫哲族居地偏远分散,许多患者在不得已的情况下,仍采取求助萨满"防病治病"的方法,有些患者因受骗于庸医,甚至对医生治病产生过怀疑,但这不能作为否认巫、医分离的客观依据。那么,如何看待巫、医的分离分立呢?我们认为,巫、医分离本身,并不说明二者完全走向了对立面。相反,在当时特定的社会条件下,巫、医之间在很大程度上,仍处于各自活动范围内,萨满可以

继续集巫、医于一身,而医也可以在那里防病治病,至于巫、医完全从分离中实现分立,那是新中国成立以后的事情了。

3.分立时期的萨满巫和医

新中国成立以后,伴随赫哲族地区社会生产力的发展,赫哲族文化素质的不断提高,尤其是伴随医疗卫生事业的迅猛发展,巫、医分立并萨满消失的社会环境基本上成熟了。

第一,各级医疗卫生机构日趋完善。早在1948年,赫哲族普遍得到医疗卫生知识教育,有病不再请萨满。1957年,党和政府在八岔、街津口和四排等地设立了医疗站(队)。1963年,又在各赫哲村屯设立卫生所,并于1977年转为乡卫生院。到20世纪90年代初统计,八岔乡共有院舍276平方米,有医护人员11人。其中医师1人,医生3人,护士4人。到2006年,街津口乡卫生院占地面积达到1 000平方米,院舍为砖瓦结构的两层小楼,有内科、外科、妇科、儿科、预防保健科、检验科和手术室等,有B超、X光机、洗胃机和心电机等,有医护人员10人。其中,医生6人,护士3人、药师1人;有大专学历3人,中专学历7人;有初级职称6人,中级职称4人。四排乡在20世纪50年代设立卫生院,培养了接生员,使婴儿成活率明显提高。1991年,该乡完成新院舍的建设任务,数名医护人员在资金短缺、设备简陋条件下开始工作,一些简单的疾病得到及时救助或治疗,一些危重病人及时转到市、县医院继续接受治疗。目前,三个赫哲族乡均建起了相当规模的乡卫生院和村卫生所,购置了"B超"、"X光机"等先进设备,对医护人员进行了系统的专业培训,基本达到了"小病患不出乡、常见病能治疗,危重病早诊断"的乡镇医疗水平,改变了长期缺医少药的落后局面。随着医疗水平的不断提高,赫哲人的寿命不断延长。

第二,预防为主成为医生行医的工作重点。每年春季流行病发生之际,他们都要选派医护人员深入赫哲族村屯,给适龄儿童或特定人群注射各种疫苗、种牛痘等。1958年,他们开展"除四害、讲卫生"的号召,开展"除九害、十五害"和"十勤、五有"等爱国卫生运动。经过各级医疗卫生部门和广大赫哲族群众的共同努力,伤寒、天花等传染病基本消失了,苍蝇、臭虫等有害物明显减少,一些导致疫病流行的污染源得到有效控制。目前,当地各医疗卫生部门为防止疫病流行,确定由乡卫生院

251

负责乡所在地和所辖村屯的预防接种工作，同时负责传染病上报和突发公共卫生事件的救助上报工作。在加大对赫哲族聚居区流行性疾病调控力度基础上，对村一级卫生所进行了适度调整，从而填补了医疗卫生在赫哲族村一级的空白点。经统计，赫哲地区"五苗"预防接种率达到98%左右，建卡建证率达到100%。

第三，许多患者主动到医院就诊。随着赫哲族地区医疗技术的不断提高，人们越来越相信科学、相信医院和医生，有病主动到医院来确诊治疗。据对饶河县46户218名赫哲族群众的初步调查，1985年，因病需要住院治疗而没有住院的只有一人两次，未入住率约占该住院总入住率的9.13%。接下来的问题是，患者未住院治疗是否是找萨满"治病"呢？通过调查，答案是否定的。据了解，患者未入院接受治疗，多与家庭经济困难有关。到2006年，街津口乡卫生院年平均就诊人数达到1 800人，住院人数达到650人，赫哲族就诊人数约占患者总人数的40%。

第四，萨满及其职能完全消失。伴随解放以来自然科学知识的普及与提高，萨满医的职能完全消失了，只是在部分年长者身上，还存留有萨满的古老印迹。而今这部分赫哲老人，相信萨满也只是相信"巫"的部分，部分萨满习俗除在个别地区或个别场合，对个别人稍有影响外，人们只是在舞台上才能看到萨满表演了。至此，萨满巫和医不但完成了分离、分立过程，就连萨满本人巫的职能也要分离出去，萨满最终变成一个活脱脱的人了。

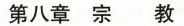

第八章 宗 教

　　每个民族都有自己独特的宗教观,也有与之相伴而生的信仰习俗。世居黑龙江省的赫哲族在民族繁衍发展进步、文化接续传承嬗变的历史进程中,同样形成了具有浓郁黑土文化特色和地域特征的自然观、社会观、信仰观和宗教观。特别是在民间信仰、萨满教及占卜禁忌等方面极具民族特色。

第一节 原始崇拜

　　与其他生活在黑龙江大地的少数民族相比,赫哲族在民族发展的童年时期,民间信仰大致经历了以万物有灵和灵魂不灭为主要特征的蛮荒时代,信仰习俗同样沿袭自然崇拜、动物崇拜及祖先崇拜等人类难以逾越的文化层面。信仰的差异性,活动的诡秘性以及祭祀仪式的复杂性,无疑为赫哲族民间信仰披上了一层神秘的面纱,也为渔猎文化增添了新的魅力。

1.万物有灵和灵魂不灭

　　赫哲族万物有灵和灵魂不灭为核心的原始崇拜思想,把对大自然的敬仰之情、景仰之意,以万物有灵和灵魂不灭的原始信仰形式体现出来,以与之相符的信仰崇拜方式坚持下去。赫哲族之所以形成类似的民间信仰,显然是渔猎生产所需、社会生活所迫。从历史上看,在赫哲族繁衍发展的童年时期,由于黑龙江居地偏远、知识匮乏、信息闭塞、交通不便,整个赫哲族地区生产力发展水平十分低下,赫哲先人为维持本民族的生存发展,经常与天斗、与地斗,从事与狩猎、捕鱼等有关的生产活动。在生产、生活实践中,他们意识到相对于自然界的不可抗拒力,相对于大自然的鬼斧神工和神奇造化,赫哲族显得是那样的渺小和无能为力,对洪水、战争等天灾人祸的抗争,也显得软弱无力和不堪一击。面对大自然的雄伟高大,赫哲族只有听从自然界的安排,或者被动地接受大自然的恩赐,才是唯一正确的选

253

择。另外,赫哲族对风雨雷电等自然现象无法解释,对生老病死等生命现象无法说明,对自然界中万事万物的错误认识,逐渐使他们滋生了恐惧心理或敬畏心理。久而久之,对于那些无法解释的自然现象和社会现象,他们不自觉地萌生幻想,认为其中必有一种超自然的力量在起作用。即世间万物都有灵魂,并且魂灵不死不灭。于是,历经磨难的赫哲人,为满足民族自身发展的本能需求,逐渐产生了"万物有灵"或"灵魂不灭"的思想信仰。体现在思想或行动上,即表现为神无所不在、无所不生、无所不有。由是之故,他们把整个世界看做是有感觉、有意愿的,自然界中的万事万物也都是受神灵支配的。当族人遭受难以承受的人间苦难时,他们寄希望于有超人间的精神力量来拯救他们,或者幻想借助祈祷、祭献及巫术等方式,来影响自然界的神灵,使他们放弃对族人的惩罚或戏弄,以实现人神之间的和谐共处。为实现这样的梦想,赫哲族把自然神、氏族守护神以及祖先英雄神等作为精神寄托,经常敬而崇之,并在恐惧心理、依赖心理、崇拜心理以及祈求心理等心理因素的共同作用下,产生了原始的、朴素的民间思想信仰,接受了以自然崇拜、图腾崇拜及祖先崇拜等为核心的宗教信仰习俗,及由此派生出的宗教仪式,在一定时间和条件下满足了本族人的精神需求。

2.自然崇拜

在赫哲族的自然崇拜中,对宇宙、天地、日月、星辰、风雨、雷电、山、石和火等崇拜占有重要位置。在经历了日积月累和循序渐进的思想积累后,赫哲族逐渐形成了以天神崇拜为核心,以自然界中其他神崇拜为基础的崇拜体系。由于该民族缺乏相关的文字佐证资料,我们只能从他们口耳相传的民间故事或神话中去寻找答案。

1)祭天神

祭天神是赫哲族自然崇拜的形式之一,凌纯声先生在其所著的《松花江下游的赫哲族》一书中认为,赫哲族最尊崇的神乃是天神。由于该神经常附在神树上,因而神树成了能"贯通上、中、下三界的宇宙树",也成了"天神往来于三界的通路"①。鉴于神树所处的特殊地位,每个赫哲家庭都必须加以敬奉。于是,在赫哲族的住房旁边乃至每个氏族内,都栽种一棵祭天的神树,意义不言自明。当然,由于祭拜的时

---

① 张嘉宾:《黑龙江赫哲族》,181 页,哈尔滨出版社,2003。

间、地点不同,赫哲族选用的天神形象也
有所不同。比如,若在野外祭拜,就要挑
选遭雷劈过的或有特殊情况的神树,在
它靠近树根的部位刻一人面图形,以此
作为天神的化身。当到庙中祭拜时,天神
则变成了木偶形象。为尊崇心目中的天
神,赫哲族有的一个家族供奉一个,有的
每家供奉一个。当有许愿人想还愿时,就
要举行隆重而神秘的祭天神仪式。整个
祭祀过程是,先要确定好祭拜时间,然后
邀请"合屯男子前来陪祭,妇女一律不准
参加","是日日上三竿,主人与来宾齐集
神树前,用牛、羊、猪、鸡为牺牲,先由佛
日朗祝告迎神,献牺牲,焚香草……"[①]从
主观上讲,赫哲族祭拜天神,无非是希望
它能够保佑家人平安顺利,或者渔猎丰
收。对有灾祸或有疾病的人家来说,通过

图98 天神

参加或举行类似的祭拜活动,希望家人能早日逢凶化吉,转危为安。

在有关赫哲族的图画作品中,日月崇拜的例子是非常普遍的。在氏族树的图案
中,太阳被置于重要的位置。树干中部画有圆状或带射线的花结状图形,表现的就
是太阳。太阳位于氏族树的中间,说明太阳神在整个神灵体系中的位置。赫哲族在
古代将雕刻动物图形的圆盘作为护身符,挂于房门的外面,这种圆盘有两个同心
圆,表示太阳。赫哲族古代还制作与住宅有关的具有护身符作用的星体图案,吊在
房子中央搁架上方的一块带木杆的横板两端,这是一个雕刻得不是很大的带有射
线的同心圆的木圆盘,表示太阳,人们要向它祭祀。在儿童摇篮的垂饰中,可以经常
看到圆盘形的护身符。在一件狩猎牛尔罕上,表示天空的画面顶部布满着小圆,代

① 凌纯声:《松花江下游的赫哲族》(上册),129 页,中国科学图书仪器公司承印,1935。

图99 雕刻的木圆盘

表着星体。在达安托①头部的上方,有一个圆形的太阳,太阳中央有一个带十字交叉线的小圆。在一幅画布块上的牛尔罕图案中,有一个木刻的中央树干上的太阳图案。在一块木板上,用黑色颜料画着一棵中央带太阳图案的树。太阳图案是吉尔基中最常见的、最稳定的图案之一。治病牛尔罕的天神崇拜也很普遍,在治病时也有使用狩猎神吉尔基的构图。比如在一幅赫哲人为患眼病制作的天神图案中,一个大吉尔基头部上方有一个带射线的表示太阳的图案。在一件萨满裙上画有一个太阳的图案。天神崇拜是比较普遍的。

2)祭神树

祭神树也是赫哲族自然崇拜的形式之一,他们祭拜时经常把祭神树和祭天神结合起来,期望通过神树"帮忙",以便告之天神赐福于民,并保佑族人消灾免祸。于是,以祭神树为主要形式的祭祀活动,便在赫哲地区流传开来。在他们中间流传的与祭神树有关的神话故事不胜枚举。在今同江市街津口乡街津口村北部,生长着一棵非同寻常的古树,它不但长得粗壮而且形状也很独特。为祭拜需要,人们先在树干上雕刻出"人脸"的模样,以方便赫哲族前来祭拜。当他们遇到难解之事时,便随身带着敬奉的供品,前来烧香磕头,他们希望通过自己虔诚的祭拜,能够起到消灾避祸、祈求平安的作用。另外,每当赫哲族上山狩猎时,也要跪在山神(即神树)前,请求山神保佑大家行猎顺利。为此,他们同样要挑选一棵有"特征"的大树,先用锐器刮去树皮,再把露出白茬的树干削成一个平面,然后用刀等锐器,在其上面雕出"似人眼"的轮廓,就可以举行祭拜仪式了。赫哲族祭拜神树,主要是认为树有灵性,有超自然的神力。当小孩因故去世后,他们也要把尸体夹在树杈上,这显然是看中了树的神力,以便使故去的孩子能够死而复生。

---

① 最初表示土地、泰加林、泰加林神、熊,稍后又表示拟人形的熊神,后来,又转用于围猎的组织者和军事领导者。

256

赫哲族对树神的崇拜是非常典型的,不仅对某一现实中的树神的崇拜,而且还体现于对虚拟的氏族树或宇宙树、世界树的崇拜。这种树在器物、服饰、宗教用品等上面都会以图画的形式表现出来。神树是贯通天、地、冥界的通道。在婚袍、桦树皮制品、宗教用品上都有神树的图案。从这些神树的名称上,可以显示其不同的功能。氏族树很显然是一个氏族与神灵世界沟通和往来的通道,人们可以前往天界,也有可能坠入地狱。所以对于氏族树和宇宙树的崇拜也就是必然的事。而萨满树则是萨满往来于三界的通道。有关神树的崇拜,无处不在,具有普世性,并且被萨满所利用。

缝在女式结婚长袍上的成对的树图案,起着极其重要的作用,妇女的生育和氏族的繁衍都与其相关。赫哲族认为,这些氏族树很大很高,直通天上,归鄂木索妈妈(女神)管辖。每个氏族都有自己的单独的氏族树,氏族的灵魂就栖居和繁衍在这棵树的枝权之间。尚未出世的灵魂呈乔卡鸟模样,它们在本氏族的妇女中寻找宿体,孕育新的生命。有一则萨满关于婴儿招魂的祷词:我要去找一个婴孩,我驾着乌云,乘着乌云,乘着白云到天上去,去找灵魂树(雅林戈麦嘎)宏古尔扎戈达。在这棵树上,有许多没有羽毛的小鸟一样的婴儿灵魂。我要从那里带回另一个婴儿。树在赫哲族社会中起着至关重要的作用,行为和观念都受其深深的影响。

3)火崇拜

火崇拜同样是赫哲族自然崇拜的形式之一。有关火崇拜的内容,在他们的传说故事和各种生产、生活禁忌中都有程度不同的反映。比如,在同江市八岔乡赫哲族中间,就流传着一则关于火神的故事,讲述了一位名叫"热马林"的赫哲老人,为了保护来之不易的天火,最后献出宝贵生命的故事,后人则把保护火种的"热马林"称之为"火神",这个故事从一个侧面反映了赫哲族对火的崇拜。另外,在赫哲族禁忌中,同样有崇拜火的内容。比如,他们不准跨越烧过的灰堆,假使遇到火,也必须绕着走;不能随便"打"火或用锐器捅火;当外出狩猎时,饭前要往火堆里扔食物等等,这些禁忌无一例外地表明了赫哲族对火的敬奉。据讲,在遥远的古代,他们还有"点火时先磕头"或"先往火里仍一点食物"①的习惯。

赫哲人祭火神也非常讲究。比如,他们若在外面祭拜,先要点起熊熊篝火,然后

---

① 徐昌翰,黄任远:《赫哲族文学》,54 页,北方文艺出版社,1991。

一边载歌载舞,一边往火中洒酒或扔食物。当在家中祭祀时,他们多把"火神"放在灶台的墙壁上,旁边再插几根蒿子代替线香。每当除夕之夜,全家人都要向火神磕头。从初一到初五,天天早晨也要跪拜磕头。在祭拜过程中,老年人一般跪在前面,妇女和儿童则跪在后面。诸多事例说明,赫哲族崇敬火,无非是为了让火神高兴,以便家人能够在它的护佑下人畜两旺,年年丰收。

4)石崇拜

石崇拜是赫哲族自然崇拜的重要形式之一。按照神话传说中的某些故事情节,巨石乃与赫哲某一古老氏族的祖先有关联,甚至某些氏族也认为"自己的祖先是由巨石的孔洞生出来的"[1]。这种石崇拜心理,在《七星砬子》、《德勒乞玛发》等诸多神话故事中均有体现。据讲,在今同江市街津口乡境内的街津山上,依然屹立着一块高大的巨石,当地赫哲族对它非常崇拜。如果有灾祸降临、家人生病或者难以决断的大事,都要来到这里,或跪地磕头,或祭奠祷告,以此祈求神石保佑,使家人平安幸福。另外,在莲花河和黑龙江交汇处,同样屹立着一块"神赐"的巨石。每到开江捕鱼的时候,人们都要来到这里顶礼膜拜,他们期盼借助巨石的神力,能给族人带来吉祥。正是由于赫哲人崇拜巨石,认为它身上有一种超自然的神奇力量,关键时刻能够祛除妖邪,因而备受族人的崇敬。在他们中间,曾广泛流传《德勒乞玛发斗妖邪》以及《镇妖石》等传说故事。

5)祭吉星神

吉星神是赫哲族经常供奉的一种护佑神,它的地位仅次于天神。当家中若有人患病,族人就要祭拜它,期望吉星"显神"能保佑家人早日康复。由于该神"讲究洁净",所以妇女儿童都不能靠近它,以免因行为举止不端而亵渎神灵。在赫哲族眼里,若家中有人患重病,就是得罪或触怒该神的缘故,因而当病人痊愈后,就要杀猪还愿。整个还愿过程必须在夜深人静、星星挂满天空的时候举行,亲友和邻居都要在黑夜中参加祭祀活动。为此,他们"先将祭品猪羊等物抬至神庙前,由佛日郎祝告,焚香草,以酒贯猪羊耳。祭毕,即将猪羊在野外宰杀,肉煮熟后即请来宾吃肉"。"酒需来宾自带,主人不备。食毕,每人均须漱口、洗

① 徐昌翰,黄任远:《赫哲族文学》,53页,北方文艺出版社,1991。

手"①。当天要亮的时候，无论猪肉是否
吃完，都必须把剩肉等倒掉，尤其是倒在
妇女或儿童不能踩到的偏远地方。或者
挖一个大坑，将吃剩的东西全部掩埋。所
有参加还愿活动的人，故意给主人留烟
袋或其他东西，待次日再取回。如果不这
样做，将会对主人及其家人不利。到 20
世纪 50 年代时，吉星神则变成了三星神
（黄任远先生认为这是笔误的缘故，实质
两者应是同一种神），即由三个木制神偶
所组成，赫哲语称之为"乌什卡"。据讲三
星神乃是一大二小，大的有 1.5 尺高，小
的也有 1 尺高，祭拜方法与前者相同。

图 100 吉星神

6）拜水神

拜水神同样是赫哲族自然崇拜的形式之一，每当春季捕鱼季节到来后，就要举
行以酒祭水神（有的说河神）仪式。人们三三两两来到江河滩上，先是"写上供奉河
神之位，然后烧香磕头"②，希望水神能够保佑大家捕鱼顺利。江河里生长的鱼都归
水神统一调拨，若想多捕鱼，就必须取悦于它，否则将捕不到鱼。

3.动物（图腾）崇拜

动物（图腾）崇拜是赫哲族比较原始的崇拜形式之一。在生产力不太发达的古
代，一些赫哲人错误地认为，某种动物与某个部族或氏族存在着超自然的亲缘关
系，在这种超自然力量的作用下，逐渐形成了对某种动物的崇拜心理。在赫哲族中
间流传下来的《熊的后代》、《山神爷》、《金鹿》、《神树》等各种神话故事或传说中，有
许多是关于这方面内容的。

在同江县八岔赫哲族乡，一直流传的《七兄弟和七姓氏的由来》的传说故事。在

---

① 凌纯声：《松花江下游的赫哲族》（上册），129 页，中国科学图书仪器公司承印，1935。

② 尤金良：《赫哲族拾珍》，45 页，佳木斯市文联。

这个故事中,赫哲族认为毕姓和何姓与鹿崇拜有关,舒和孙姓与独角龙崇拜有关,傅姓与虎崇拜有关,尤姓与熊崇拜有关。另外,在目前能够收集到的各类传说故事或神话故事中,人们多倾向于赫哲族有熊、虎等图腾崇拜的内容,但对是否有鱼图腾崇拜现象众说纷纭,赫哲老人尤志贤对部分学者提出的类似观点持坚决反对态度,认为赫哲族没有鱼图腾。当然,即便没有鱼图腾概念,那么鱼崇拜在赫哲族中间应该是存在的,在个别赫哲族中甚至有"赫哲族是鱼的后代"①的说法。

关于赫哲族与熊之间的图腾关系,在赫哲地区流传的《玛夫卡》神话故事,以及在人们的言谈举止中均得到了佐证。比如,人们称熊为"玛发"(即老人的意思),当需要吃熊肉时,除分食熊肉外,还要把它的骨等放在树杈上进行风葬,并祈求熊保佑族人行猎顺利,这些行为都具有明显的图腾崇拜的性质。

关于赫哲族与虎之间的图腾关系,在一些传说故事中同样得到了印证。比如,在《绰绰》民间故事中,就有赫哲族崇拜虎的影子。另外,在他们的日常活动中,还有许多与敬虎有关的禁忌。诸如,不能猎杀虎或食其肉,也不许直接称呼老虎的名字,更不能踩老虎走过的足迹,即便偶然遇到也只能绕着走。当遭遇险情危害自身性命

260

时,才可以杀死老虎,然后要马上跪地祷告赎罪,以求得老虎的原谅,并及时将其尸体就地掩埋。每当上山狩猎时,他们都要祭拜山神(赫哲族尊称老虎为山神),以求得山神的理解和支持等等。

图 101　虎图案

图腾崇拜是赫哲族动物崇拜的最高形式。除具有图腾性质的动物崇拜外,他们在日常活动中,对生活在周围的其他动物也是崇奉备至,尽管远没有达到图腾崇拜的程度。鹿是赫哲族经常捕猎的对象,他们经常穿鹿皮衣服,吹着鹿哨,但对鹿神亦是非常崇拜的。比如,他们在吉星庙中供着鹿神,每年春秋两季,都要举行有萨满和全民参加的盛大的跳鹿神活动。在萨满神帽上,人们多依其鹿角叉数,来确定萨满的等级等等。鱼也是赫哲族非常崇拜的对象之一,在各种神话传说中,有许多关于人和鱼神的故事。当有客人光临时,他

①　徐昌翰,黄任远:《赫哲族文学》,35 页,北方文艺出版社,1991。

们多把鱼头让给客人吃，以示对他的尊
重。在赫哲人所供的神偶中，就有鳇鱼、
鲸鱼神位列其中。鹰亦是赫哲族敬奉的
对象之一，赫哲语称鹰为"阔力"。在赫哲
族《伊玛堪》中，"阔力"经常扮演神鸟的
角色，在英雄莫日根危难时刻出现，以帮

图102 各种兽神

助他们实现西征复仇的愿望；有时还为死去的丈夫追魂，使其死而复生。另外，在送
魂萨满举行的祭祀活动中，它能发挥送魂、领路以及驮萨满等作用。除此之外，赫哲
族还敬奉鸠神、豹神、蛇神以及野猪神等许多动物神。

在万物有灵的世界里，所有的动物都是神灵。有些成为氏族、部落的图腾。在赫
哲族的图案与造型艺术中，动物崇拜表现得淋漓尽致。在生活生产用品、牛尔罕，治
病用的帽子、围巾、女短上衣、腰带、鞋、胸巾以及诸如此类的用品和萨满服饰及用
品中，动物的崇拜是非常普遍的。赫哲族把鹰看做不仅能保护鱼棚，而且还能保护
人的鸟类。在妇女的结婚礼服背部，鹰的图形具有这种保护作用。长袍保护新娘不
受恶魔的侵害，起这样作用的主要是绣在长袍上的那些花纹和图案。赫哲族认为，
在花纹和图案当中，起主要作用是覆盖在服装后背上的大鳞片状花纹，就如同遮护
新娘的铠甲。还有些按棋形顺序排列的浅色的和深色方块图形，作用和鳞片一样。
这些方块不仅遮住后背，而且还盖住了服装的前部。许多情况下，代替鳞片和方块
图形的，是排列在后背的用各种颜色的布料制成的纵向宽条带，上面饰有刺绣的图
案。这些鳞片的形状表示龙的鳞片。赫哲族认为，龙待人友善并且具有驱逐恶魔的
能力。龙的化身是雷和闪电。赫哲族认为，龙可以消灭各种凶恶的东西。赫哲族认

261

为"当龙在天上出现时，魔鬼就乱藏乱
躲"。在新娘长袍的背面还有体积很大、
涂着各种颜色的模拟成对的龙图案。新
娘在龙的保护下，自然会非常的安全。赫
哲人在感到背部疼痛时，也会用皮革剪
出这种动物图案，头对头缝在病人穿的

图103 猪神

图104 鸟神

长袍上。关于氏族树中动物的作用,那些立于树下的鹿,很显然表示人间的鹿神,它寄托了猎取更多的鹿的愿望。关于立于树下的马,据认为掌管天上带灵魂鸟的树并向人们输送这些灵魂的神灵都各自拥有一匹或几匹马,这些马的责任是把灵魂从天上送至地上。鹿也具有这种作用。牛尔罕上的动物图画还可以成为治病的药方。作为万物有灵崇拜体系的一部分,动物是被普遍崇拜的,当然崇拜的轻重程度是不同的,有些被作为图腾,有些则被视为一般的崇拜物。

4.祖先崇拜

祖先崇拜是指赫哲族对氏族祖先和家族祖先的崇拜,这是长期存在于他们中间的重要文化事项之一,也是民间信仰的重要内容之一。赫哲族祭拜祖先,无非是相信祖先神乃是氏族或家族的保护神,他们的在天之灵,能够与族人保持经常的联系,能够护佑族人吉祥平安,或者给族人带来幸福和顺利。为此,赫哲族多采取以下形式祭拜祖先。

1)烧包袱

烧包袱是赫哲族祭拜祖先的形式之一,每当阴历年三十晚上(也就是除夕之夜),赫哲族都要举行类似活动,以悼念在"白城之战"中故去的亡灵(有的人认为赫哲族烧包袱则是为了祭祀祖先),同时给他们送一些零花钱和吃喝的物品,从中缅怀先人的光辉业绩,以激励后人。关于白城之战的具体情况,在赫哲人的祖先传说故事《白城人的后裔》中有详细记载。据讲,宋金战争时期,岳飞与金兀术在白城发生了激战,岳家军把麻雀尾部绑上火捻,继而火烧白城(事实上这段传说明显有误,白城乃是被元军所烧的),并在年三十晚上攻破了城池,金兀术率兵逃出火海,并顺利地渡过了江。从此,他们在江对岸住了下来,并有了年三十"烧包袱"的习惯。

赫哲族烧的包袱乃是用金箔纸叠成的,然后把黄纸打上铜圈的痕迹,并放进事

先准备好的"钱褡子"里。每当除夕之夜，人们都要把它拿到家门前的路上（有的说是在垃圾堆或灰堆旁），旁边放一些柴草，然后将叠好的金箔、银箔放在上面，边烧纸边倒酒或米汤，以便既送钱又送饭，使祖先的灵魂能够收到。

关于烧包袱的形式，赫哲族中间还有一种说法，即"先在庭院中燃起一大、一小两堆篝火，大火表示阳火，代表烧包袱本人，小火表示阴火，包袱就在阴火上烧。包袱是用黄纸糊成'口褡'型，两端各有口，里面装着用金、银箔折成的元宝，每次烧十几包"[①]。按照赫哲族的规矩，烧完前可以把烧剩的纸片捡回，放进小孩的兜里"压腰"，据说这样能发大财。许多年来，赫哲族始终沿袭类似的烧包袱习俗。

2）口耳传承

口耳传承也是赫哲族崇拜祖先的一种形式。除了刚才提到的祖先传说故事外，在他们中间，还流传着许多关于祖先来源或英雄业绩的故事。《七兄弟》就是其中的一个典型故事。这个故事讲的是在部落战争期间，舒穆鲁、毕拉达克、傅特哈、尤克热、吴定克、葛依克勒以及卢火如等七姓赫哲先人，躲在羊群中逃过一劫。而后葛、卢、舒三个兄弟在今依兰附近住了下来，故该地改称为"依兰哈喇"（即三姓）。其余四姓（即毕、尤、吴、傅）则分别在黑龙江、松花江和乌苏里江流域住了下来。《迁徙歌》以史诗般的气概，叙述了赫哲先人沿着松花江和黑龙江由北向南迁徙的艰难历程。从歌词中我们可以看出，赫哲先人原本是住在"纷勒克依拉姆"这个水草丰美的地方繁衍生息，由于外敌入侵，他们无法在当地生活下去，只好在"部落额真"（首领）的带领下，离开了祖辈生息的家乡。他们坐着"木筏和底亚喀船"，顺着黑龙江一路南下，经过千辛万苦来到松花江沿岸。还有一部分先人则"由黑龙江中游的乌苏里江口，沿黑龙江向松花江下游三姓"等地迁移。这些迁移过程充满了艰辛，当后代赫哲族听到这些传说故事后，内心对先人陡增崇拜之意。

《神叉苏布格》则是以英雄神话的传唱形式来体现祖先崇拜的，故事的梗概是，赫哲先人苏布格是叉鱼的好手，有"神叉"的美称。当他在江里叉不到鱼时，感觉有点不对劲儿。为弄个明白，他不怕辛苦，说服了"刁难者"海龙王，战胜了封堵江口的白熊精，用勇敢和机智赢得了族人的尊重和爱戴，使广大赫哲先人又能正常捕鱼

263

---

① 《民族问题五种丛书》黑龙江省编写组：《赫哲族社会历史调查》，5 页，黑龙江朝鲜民族出版社，1987。

了。此外,《金发岭》、《独角龙》和《老头与黑龙》等都是在赫哲族中长期传唱的英雄故事,他们或者是渔猎能手,或者是抗暴女杰,用自己的壮烈之举为后人留下敬仰之情,成为久久传唱的不朽之作。

3)家祭

家祭也是赫哲族崇拜祖先的一种形式,它最初源于氏族或部落间的族祭。在族祭的基础上,逐渐形成了以族姓为单位、以血缘为纽带、由具有同一血缘关系的家族成员共同参加的祭祀活动,以便对祖先神灵进行颂扬或纪念。活动内容包括:讲述族源神话,聆听祖先来历,缅怀或颂扬祖先的功德和业绩等等,通过相关的祭祀活动,进一步增强家族间的亲和力和内聚力,以激励后人,并保佑家族平安幸福。

家祭主要是在家庭或家族内举行的祭祀活动,老祖宗(赫哲语称"别布玛发")多是木制神偶,一般为两个,身长28厘米左右。身裹熊皮,平头的是男性,尖头的则为女性。据《龙江县志》记载:"赫哲人刻其祖宗之像,截木长尺许,其上刻圆为头颅,画成眉目,略似人形,置于犄角,处年久著灵异,如遇客误犯则立患青盲,数日瞽目,虽祷无效,一年数祭,时惟以一鹿而已。"到20世纪80年代,在同江市街津口村赫哲族老人尤永贵家发现的木制祖先神偶,则与以前有显著不同,具体表现为神偶的图像不是刻而是画上去的。其中,男性祖先神偶"画着胡子,头上直立、平顶",女性则是"尖顶面露笑容的老太太"[1]。

赫哲族的祖宗神偶多供在西炕的搁板上,家祭主要有两种形式。一种是日常祭祀。当捕鱼狩猎前或捕鱼狩猎归来,都要在家举行简单的祭祀以感谢神。具体步骤是:先将祖宗神等供在西炕上,然后焚香献酒,家中所有男人按照辈分大小依次跪地磕头,同时把萨满请到家中祝告神灵,并击鼓唱神歌。为达到"谢神"的目的,家中妇女非但不能参加祭祀活动,而且必须到屋外回避等等。另一种是节日祭祖。在赫哲族的观念中,祖先的灵魂除夕之夜要回家过节。每当这个时候,他们都要把祖宗三代请到西墙炕的桌上。据讲,早年供祖宗三代只有供位没有实物,之后则在红纸上书写满文加以供奉,再后则用汉文写上"某门三代宗亲之位"相替代,有的还把供

---

① 黄任远:《赫哲那乃阿伊努原始宗教研究》,205页,黑龙江人民出版社,2003。

神用的"五码子"同时摆在上面。所谓"五码子"就是代表诸神的画像。这种画像不用自己制作,在集市上很容易买到。假如因故没有弄到,也可以用红纸叠一个牌位来代替。除"五码子"外,桌上还要摆上馒头、酒肉、果品(最初是稠李子饼和鹿肉干)等供品,同时在香炉上插三根蒿子秆(后用香来代替),然后把它摆在"墙壁的板架上"①。由于赫哲族不会包饺子,他们在除夕之夜上供时,多用白面做的丸子来供神,家人则吃"索林"和"托和岩"等食物。基于小米价高、买不起的缘故,他们只好熬一些稀粥送给街坊邻居,与大家共贺节日。当他们学会包饺子后,便开始用饺子做供品来敬神。为体现家人对神的诚意,他们专门在元旦的五更天包敬神的饺子,故有"五更饺子"的美称。

在迎神之前,老人要带领家人依次给三代宗亲及其他神磕头,孩子还要给老人磕头。当"三星"要落的时刻开始接神,他们先在院子里放一个凳子,然后再放一碗小米饭(后改为"五更饺子"),接着跪地烧纸焚香敬酒磕头,以便把祖先的灵魂请回来与家人共度春节。当接神活动结束后,家人才能坐在一起,吃着"五更饺子"或其他菜肴,共同度过除夕之夜。为使迎神活动做到万无一失,他们几乎整宿不睡觉。据说,赫哲族的祭祖活动从初一到初五,所有供品需要摆放五天,直到"破五"才撤下收起来。到阴历正月十四或十五时,还要把供桌摆好,将祖先神等请回来,正月十五之后,才将"他们"送走,节日祭祖活动正式结束。

4)体现于墓葬和仪式上的祖先崇拜

1922年立在康东村赛马尔氏族的一位亡故者的坟墓上,建筑物的四壁钉着刻成S形和成对的螺旋形的雕刻板。顶盖苫着桦树皮块,上面用顶端带孔的细原木压在檩子上,再用一根固定在顶棚梁子上的细木杆将细原木穿在一起。山墙板的下沿被标出断面,上面的装饰图案由成对的螺形线组成。在康东墓室四壁的顶端横板上画着各种动物图案,多数为驼鹿。这些驼鹿是专为亡者在另一个世界准备的。出殡时,还要举行焚烧纸图案的仪式。在棺材停在房子附近时,亡者的亲属用铜钱在一张红纸上印冥钱,先将铜钱放在纸上,其后用一根圆木敲打。纸上画的或剪的鸟、兽、狗等动物图形,卷成卷,用火烧掉,以便亡者使用。

---

① 《民族问题五种丛书》黑龙江省编写组:《赫哲族社会历史调查》,168页,黑龙江朝鲜民族出版社,1987。

265

第二节 萨满教

萨满教是一种以氏族为核心的原始宗教，是全氏族人集体信奉的精神支柱。"萨满"系通古斯语，汉语意为"激奋者"或"癫狂者"，还有专家解释为"晓彻"之意，即最通达、了解神意的人。由于萨满具有直接和神灵接触的灵性，能够洞悉天机、沟通神人、代达庶望、传达神谕，起到人与神交流的桥梁和纽带作用，因而被赫哲族认为是"人的代表和神的使者"，在整个宗教活动中起核心支配作用。赫哲族所信奉的就是这样一种多神教。

1.萨满的产生

赫哲族萨满的产生历史久远，它基本是与赫哲族信仰的万物有灵的宗教思想互生互立的。为此，我们从松花江、黑龙江以及乌苏里江等流域口耳相传的各种赫哲族神话故事中，在诸多赫哲老人的口述和回忆中，在几次有代表性的赫哲族专项调查中，找到了大量翔实的口述和文字材料。透过这些珍贵的文献资料，初步摸清了赫哲族萨满产生的基本脉络。

1)神话故事中的萨满来源

在赫哲族流传至今的传说故事中，有一则关于送魂萨满来源的神话故事，这个故事是在 20 世纪 50 年代，国家有关部门对八岔乡赫哲族进行专项调查时搜集到的。故事的内容大致是：在遥远的古代，天上有三个太阳，把大地烤得非常热，一对老两口有一个独生子，就因为天气太热而被太阳活活烤死了。面对故去的儿子，老头显得既悲伤又气愤。为解心头之恨，他手拿弓箭准备把天上的太阳都射下来。前两个太阳刚刚升起来，就被他陆续射下来，但第三个太阳没有射中。"老头在返回家的路上，一方面采集棉柳的叶子做铜镜，用其枝做神帽角，另一方面做木头神"[1]，回家后为故去的儿子跳神送魂，这就是送魂萨满的来源传说。自此之后，在一代又一代赫哲族中间，就形成了这样一种丧葬习俗。当家人故去时，一定要把送魂萨满请来，主持送魂仪式。并站在高处射三箭，使故去者能够在"箭头"的引领下，到达理想

①《民族问题五种丛书》黑龙江省编写组：《赫哲族社会历史调查》，171 页，黑龙江朝鲜民族出版社，1987。

的地方。

2)神择与新萨满的产生

所谓神择就是有些新萨满是由神来决定的。从客观的角度讲,谁当新萨满应该是由人来确定的,但有些萨满则是老萨满假托神的旨意而强加于人的。20世纪50年代,国家有关部门对八岔乡赫哲族的专项调查材料提到:"萨满一般是继承的,但他与世袭不同,并不是萨满的儿子当然当萨满,而是其父亲辈萨满的神找上儿子,其儿子不得不应允当萨满的。所谓找上门来,有这样的传说,'是萨满有了儿子后,儿子到一定年龄时患了病,请萨满治病,而萨满认为小孩的病是其父辈萨满供的神在作祟,因此这时其儿子必须答应当萨满,否则他的病就不会好,或者变成残废。"①正是在这种"神择"或"父传子及子传孙"的过程中,使新萨满的产生有了以血缘或家族为系统的特定传承群体。据说,有的新萨满是隔几代才被其供的神选中的,有的萨满如无子女,便由其近亲属的后代来替代。对于应该当萨满而不当的人,定要受到神的惩罚,这样的例子不只一个。比如,有的人因不愿意干或再三推托,结果变成了驼背,还有的甚至瞎了眼睛。

3)疾病与新萨满的产生

按照赫哲族的习惯,正常人是不能当萨满的,当某个族人或突然发病,或长期患病,久治不愈,便被认为是本族过世的萨满灵魂回转附体。这时患者经过许愿,答应病好后当萨满以谢神,才能治好病,同江市八岔赫哲族乡吴进才老人就是这样当上萨满的。据他本人讲,"小时候十多岁,得了一场伤寒病,家里请来萨满跳神治病。萨满对父母说'这孩子如果当萨满,神就会把他的病治好'……不久,病真的好了,我也就跟老萨满学习'神术',当上了村里的小萨满"②。在许多赫哲族的观念中,像吴进才这样的病人之所以能够治好病,关键是在他答应做萨满后,才在"神"的帮助下治愈的。

从目前掌握的材料看,赫哲族主要是通过上述三种形式当上萨满的。他们当上萨满后,便承担起送魂、跳神治病、主持祭祀等重要活动。即便到解放初期,仍有一

---

① 《民族问题五种丛书》黑龙江省编写组:《赫哲族社会历史调查》,171页,黑龙江朝鲜民族出版社,1987。

② 黄任远:《赫哲那乃阿伊努原始宗教研究》,136页,黑龙江人民出版社,2003。

批萨满在赫哲地区活动着。比如,20世纪50年代,在同江市八岔赫哲族乡135名赫哲族群众中,共有萨满8人,约占该地赫哲族总人口的6%弱。上面提到的赫哲族老人吴进才,借助他当过萨满的经历,解放后专攻于伊玛堪说唱艺术,结合以前掌握的萨满故事和传说,把《安徒莫日根》等多部伊玛堪表演得惟妙惟肖,受到赫哲群众和社会各界人士的一致好评,直到1977年去世。

2.萨满的思想观

当某赫哲人要成为一个萨满或已经成为一个合格萨满后,他所具有的思想观重点体现在以三界说为核心的宇宙观、以三魂说为核心的灵魂观及以三灵(神)说为核心的神灵观上。当然,要把这些宗教思想落到实处,必须与以万物有灵和灵魂不灭为思想基础,以广大赫哲群众为社会基础的所有认知对象相符合。

1)萨满的三界观

关于赫哲人的三界观,我国著名的赫哲族专家凌纯声先生,在其所著的《松花江下游的赫哲族》一书中曾作过详细介绍:"他们分宇宙为上、中、下三界:上界为天堂,诸神所居;中界即人间,为人类繁殖之地;下界为地狱,为恶魔住所……他们又分天为七层,造物主位于最高之天,其他诸神,皆居以下诸天。"[①]也就是说,在赫哲族的观念中,整个宇宙分天堂、人类和地狱三界,天堂乃是天神等居住的地方,地狱则是亡灵活动的场所,人类及万事万物介于二者之间。人世间发生的旦夕福祸等,全是由鬼神来主宰。为防止魔鬼在执罚世间罪人过程中,恃威而为虐行,所以派其他诸神来保护人民,使魔鬼能够始终按照主神的意愿行事。此外,他们甚至认为,天堂和地狱也和人间一样,有繁衍生息的万事万物,有辛勤劳作的人民,大家过着捕鱼猎兽的生活等等。萨满是鬼神与人类交流的媒介和平台,他可以把神的旨意转达给赫哲族,也可以把他们的意愿传达给神灵,正是由于"上情下达"或"下情上传",才使神与人之间实现正常的沟通和交流。当与汉族或满族接触后,他们逐渐有了"九层天"、"天堂"和"地狱"等概念。

在赫哲族的神灵世界体系中,由氏族树、宇宙树或世界树衍生出萨满树神画。这个树可以穿行于三个世界之间,上界树冠上是神鸟、太阳、月亮等神灵系统;中

---

① 凌纯声:《松花江下游的赫哲族》(上册),103页,南京:中国科学图书仪器公司承印,1935。

界（人间）由一部分树干、山、陆上动物
和人的图形构成；下界用树根、爬行类
动物和鱼类等构成。有的萨满树上没有
树叶（与氏族树、宇宙树不同），代替它
的是铜镜和铜铃。比如在 1926 年发现
的一幅萨满树图画上，在树根不远处分
叉长出两个树干，由树干向两侧分出一
些短粗的螺旋状涡形，表示形状像羊角
的树枝。由尖梢的树枝末端又分出一些
细线条，线条的末端连接着中央带一圆
点的圆和通用一条直线分开的叶状图
形。在图形上的直线两侧，对称地分布
着成对的小圆和弧形线。带点的圆表示
铜镜，叶状图形表示铜铃。小圆和小圆
上的缩短的线条模仿铜铃上的凸形花
纹。树上共有 20 个铜镜和 16 个铜铃。

图 105　萨满树

树干和树枝上画满上爬的 34 只青蛙图案。弯曲的树根被赋予蛇的形状，所有的蛇
头都朝向树干。左边有 5 条蛇，右边有 4 条蛇，构成一个尖朝上的三角形。树和动
物的图画为轮廓形状，线条清晰有力。赫哲族女萨满英咯于 20 世纪初描述了一棵
萨满树的外形。树枝上有两栖类爬行动物的皮，树根由巨蛇组成；树叶由铜镜组
成；铃铛代表花朵；树梢有许多金属角。角、铜镜、铃是萨满神服不可缺少的附属
品。爬行动物经常出现于萨满服饰和用品的图案中。在萨满树中，它寓意着贯通三
界。

　　2）萨满的三魂观
　　萨满的三魂是指人身上有奥伦、哈尼和法扬库三个灵魂，分别主司生命的灵
魂、思想的灵魂和转生的灵魂。其中，奥伦不但人有，动物身上也有。当人因故去世
后，奥伦也就离开了肉体，生命之魂随之永远地消失了。哈尼则不同，"他"在人活着

的时候不但可以暂时离开肉体,而且还可以去其他地方。比如,当人睡觉休息的时候,就意味着灵魂的暂时离开;当人醒了以后,一切行为或思想如初。在赫哲族包括萨满的观念中,思想的灵魂(即哈尼)是始终不灭的,即便人去世后,他仍继续存在,有时在家护灵,有时在外守坟。法扬库乃是具有创造来生能力的灵魂,当人故去后,他可以在人生前所走的路再重走一遍。于是,当男子"走"7天或女子"走"9天时,送魂萨满要主持出魂仪式,以便让死者"再归来在出魂之日随勾魂鬼回到他的来处去,再转入新生的人或动物"①。基于对上述三魂观念的理解,赫哲族始终认为萨满既能够在阴间去追索被摄走的灵魂,使其起死回生,又能够找到被摄走的灵魂,使久治不愈的患者祛病延年,还能够占卜未来,使族人趋吉避凶,得到神灵的护佑。正是由于萨满被赋予以极大的神力,所以在赫哲族伊玛堪故事中,就有女萨满赴阴追魂救人事例,也有黑斤萨满勇闯阴间的传奇经历。

3)萨满的三灵(神)观

三灵(神)是指分布在上界、人间和阴间三大类灵(神)的统称,由于各司其职,分别扮演不同的角色。其中,上界灵(神)是以天神"恩都力"为代表的一群灵(神)。包括天神、日神、月神、雷神、风神、云神、星神、雪神、虹神、闪神、电神和雨神等等,这些天上诸神在赫哲族传说故事中都有程度不同的反映。在前文谈及三界观时也提到了。像《天神造人》、《莫土格格奔月》、《雷公》、《彩虹》、《射日头》以及《太阳和月亮的后代》等;人间则是以"色翁"为代表的一类灵(神)。色翁是萨满的助手和保护神,在色翁们的保护和帮助下,萨满才能及时找到夺走病人魂灵的恶魔,或者把萨满带到很远的地方。当萨满与恶神决斗时,色翁则时刻保护萨满的人身安全,使他免受攻击或被杀死。在赫哲族的意识中,色翁们虽然与人类住在一个空间,但多居住在"高山、大河、怪石和森林"等怪僻之地,或以人形或以动物形出现,他们既能帮助人做一些治病、追魂、占卜以及夺魂等善事,又能伤人害人。据目前统计,与人们生产生活有关的色翁有50种左右。像我们熟知的爱米神、吉星神、头痛神等等。其中,爱米神是萨满主要的助手神和保护神;阴间乃是以"布树库"为首的一类灵(神)。这些恶魔鬼怪经常加害于族人,他们或者勾住病人的魂灵,为祸作祟,使劲招

---

① 凌纯声:《松花江下游的赫哲族》(上册),102页,中国科学图书仪器公司承印,1935。

数折磨他,或者把人"骗进深山"继而"掉魂丧命"①。只有萨满在其助手爱米的帮助下,才能与他们抗争。

3.萨满的传承

萨满不是什么人都能当的,也不是什么人都能当好的,其间要经历漫长的学习实践过程。包括知识的学习、礼仪的学习、程序的学习等等。其中,大部分学习是通过言传身教的形式出现的,然后通过死记硬背或临阵模拟等方式熟记于心的。经过几年的努力,最终才成为一个有知识、有品位、有等级的萨满。

1)学习方式和时限

据调查,新萨满的学习年龄多在十四五岁到二十几岁之间,由于本家萨满没有指导自家新萨满的资格,所以按照不成文的规矩,他们学习萨满神术必须由外姓萨满来传授。许多新萨满通过老萨满现身说教,或者实地观摩,逐步学习掌握跳神治病所需的各种知识。平时没事时,也要经常揣摩练习,直到熟记相关的神词。

对于新萨满的学习过程,凌纯声先生曾做过详细调查。他认为,新萨满学习"神技"的过程,既是自身实践的过程,也是掌握"领神"技巧的过程。整个"领神"过程必须在晚间进行,而且需要 9 天时间反复练习,以后甚至还要经过 3 年的修炼,才能使自己变成合格的萨满。

据讲,当某赫哲人患上精神疾病久治不愈后,经跳神仍没有疗效,萨满便以"病好要当萨满"相祷告,一旦病人痊愈,就要亲自到萨满家谢神还愿,并尽快兑现允诺。当经过一段时间观察后,发现他又患病即为"领神"的前兆。自此开始,萨满既为病人医治了疾病,病人在接受治疗过程中,又间接学到了萨满神技。具体步骤如下。

先把处于昏迷状态的病人扶坐在炕上,二神坐在病人的身后,双手扶在病人的肩部。接着在炕对面的地上,将一爱米神偶对着病人,同时点燃香草。治病萨满穿神衣、戴神帽坐在炕沿上,然后击鼓请神,口中不住地叨咕道:

　　　　十五根神杆耸立,

　　　　杆下有一对朱林神,

　　　　还有会飞的神鸠,

① 黄任远:《赫哲那乃阿伊努原始宗教研究》,249 页,黑龙江人民出版社,2003。

巨大的阔力神鹰。

身前挂着十五个铜镜,

脊背后挂着护背镜,

头上戴着五个杈的神帽,

胸前挂着铜的布克春神,

铁的萨拉卡神。

穿上神衣,套上神裤,

系上腰铃,围上围裙,

手上套着神手套,

脚上蹬着神靰鞡,

拿起鼓槌,敲响神鼓。

腾云驾雾的老爷神、娘娘神,

在云城上和雾城上盘旋。

在三个山峰的中峰坡下,

有个爱敦神、鹿神;

在天河中大石城内的神杆下,

卧着一个虎神;

鄂伦春人那边,

有柞树神和石头朱林神;

在北海岛上石门屋,

伏着一对虎神;

南海中三个山峰坡下的神,

乌苏里江南岸,

水涡漩处有鳇鱼神;

七星砬子坡下九个门前,

有能治病的娘娘神……①

① 黄任远:《赫哲那乃阿伊努原始宗教研究》,164 页,黑龙江人民出版社,2003。

272

据说如果萨满所报的神名与病人当领的神名相一致,病人就会有感应,即双肩要微微震动。坐在后面的"二神"马上要告知萨满说"抖了",否则就说"不抖"。萨满根据"二神"的报说,随时改变神词,直到病人双肩颤动亦或全身抖动时,证明神要降临。于是祷告说:

> 室内已烧起了曾其勒香神,
>
> 如果你是真正的爱米神,
>
> 就请你不要害怕,
>
> 快快附入你的主身……①

当病人领到神后,便身不由己地向炕沿移动,到炕沿边时则两脚朝下,两臂张开向爱米扑去,旁人便将再次处于昏迷状态的病人扶起,将萨满的腰铃和神裙给他系上,并把神鼓和神槌同时交给他。身不由己的萨满便随之鼓舞,而且愈跳愈急,直到强迫他上炕休息。当他神智清醒后,萨满把刚才请神时说的话再向他重复一遍,使之牢记在心。至此,新萨满便学会了领神的全部内容,授神仪式也就随之结束。在以后的 9 天时间里,他除了准备当萨满所需的各种神器外,每天都要演练供爱米神偶、供酒肉以及烧香等内容。一般上午熟记神辞,下午练习摆腰铃或鼓舞,有时还要请多名十几岁的孩子摆铃敲鼓以助兴。9 日过去后,他就成为萨满了。

2)学习内容

在这之后的 3 年时间里,新萨满不能给人看病,他把主要精力放在学习与祭祀、跳神看病、占卜等有关的知识上,诸如熟悉祭祀规程、礼仪、族史掌故、先代谱系以及神法;学习使用神器的规矩、用法、动作要领;掌握神赞或舞蹈的步伐;练习嗓音、步法和跳跃以及敲抓鼓、甩腰铃等动作,他们边唱、边跳、边跑、边敲,直到能走、能跳、能跑等等。有时还要学能代答庶望,在人神之间架起桥梁,相互引见、介绍等本领,或者学习观星、问病、占卜等技巧。其中,昏迷术是最难学的。所谓昏迷术是指萨满在治病驱魔过程中,通过特定的程序,使自己进入昏迷状态,或产生痴迷行为,从而获得超人技能或超常智能。由于学习昏迷术难度大、要求高,因而要多一些时

① 黄任远:《赫哲那乃阿伊努原始宗教研究》,164 页,黑龙江人民出版社,2003。

273

日才能学会。另外,各种神歌的学习也是至关重要的,综合目前掌握的材料,常见的神歌有《请神歌》、《问病歌》、《驱魔歌》、《谢神歌》以及《送魂歌》等等。由于《送魂歌》等前已述及,故不重复。

(1)请神歌

萨满治病请神时,一般是在晚间进行。萨满要坐在病人的炕上,面对香火,双目紧闭唱起《请神歌》,请神快点降临。这些程序或内容,新萨满必须始终牢记,不得有任何闪失。

>……波儿布肯(带路神),
>
>铁萨日卡(保护神),
>
>一对银额其合(传令神),
>
>查尼色翁(保护神)……
>
>铁打的阔力呀(领路神),
>
>力大无穷的"恰克陈"(雕神),
>
>十五个胸前托力(铜镜),
>
>十个脊背托力,
>
>十五个托罗(鸟神),
>
>九个伊格墩(布谷鸟神),
>
>十五个秀陈(老鹰神),
>
>九个科库(杜鹃神),
>
>能喷火的塔斯合(虎神),
>
>漂亮的牙日格(豹神),
>
>强悍的嘎尼刻(凶神),
>
>烈性的马日银(猫神),
>
>震天响的哈俊(腰铃),
>
>扫风起的都西必替思(神裙),
>
>九个杈的胡由科依(神帽),
>
>四尺长的西日俄阿分(神刀),

忠厚的爱米也！（保护神）①

（2）问病歌

《问病歌》同样是新萨满需要掌握的一个内容，在学习演练过程中，他重点领会询问病因、病情时的技巧，做到详略得当，并在二神的配合下，及时准确地找到病因，以便对症下药，使病人尽快痊愈。

是不是××恶鬼兴妖作怪？

嘿！咚咚咚！

是不是××妖魔摄走灵魂？

嘿！咚咚咚！

是不是××萨满在寻找替身？

嘿！咚咚咚！

是不是××恶神找上门来？

嘿！咚咚咚！②

（3）驱魔歌

当萨满把相关色翁的名字叨咕一遍后，便把自己想让诸神来给病人治病的目的说了出来，希望他们快快出来，帮助找到病魔：

顺着战神方向查寻，

沿着供神方面追踪，

各处庙堂去打听，

这些地方没有再到别处去寻找，

也许让过横道的鬼怪抢走了，

也许让过往的闲神带走了，

这里没有再到别处去寻找，

说不定让鬼骗走，

可能让妖魔拐走，

---

①　徐昌翰，黄任远：《赫哲族文学》，341~342页，北方文艺出版社，1991。

②　徐昌翰，黄任远：《赫哲族文学》，344页，北方文艺出版社，1991。

哪里有就到哪里去找，

应该攻击的就去攻击，

应该讲和的就去讲和，

愿各位色翁使把劲！①

（4）谢神歌

谢神是在病人痊愈后，由萨满主持所讲唱的歌，新萨满同样要学会如何感谢神，并学习谢神的相关礼仪，以便日后自己登场时，能够做到游刃有余。

诸神在这次战斗中，

有很大的功劳。

如今供上拉拉饭，

把圣开列香烟燃烧。

慰问各位色翁，

请你们吃好喝好。

现在我们胜利了，

战斗也结束了。

各位回到自己的住所，

请好好休息，

等有事再给你们报信。

三通鼓后请准时赶到，

要听清，要记住，

千万别忘了。②

4.萨满的品级、派别和种类

自古以来，受经济和社会发展水平影响，赫哲族始终没有自己的职业萨满。许多萨满平时也要从事捕鱼猎兽的生产劳动，与其他人相比没有什么特殊的待遇，只有当他们从事与萨满有关的活动时，才能得到一些供品作为报酬。一些赫哲族甚至

---

① 徐昌翰,黄任远:《赫哲族文学》,342~343 页,北方文艺出版社,1991。
② 徐昌翰,黄任远:《赫哲族文学》,345~346 页,北方文艺出版社,1991。

说:"我们尊重是他的神,而不是他这个人。"尽管如此,萨满之间还是有品级之别,有派别之分,依照职能有种类差异。

1)品级

萨满品级主要视神帽鹿角权数而定,即根据鹿角权数的多少来决定萨满品级的高下。其中,鹿角权数多者品级就高,鹿角权数少者品级则低。按照约定俗成的品级排位方法,萨满的鹿角权数有 5 权、7 权、9 权、12 权和 15 权几个等级。权数越多,就意味着本领越大,通神能力越强。从最低品级升至最高品级,是有时间限制的。比如,新萨满多戴初级神帽,从初级神帽升至 3 权鹿角神帽,需要两三年时间。如果新萨满通神领悟能力强,也不一定非得"论资排辈",可直接戴"五角神帽"①。若升至 15 权最高品级,至少需要 30 年时间。当然,由于各赫哲地区情况不同,对品级高低的认定标准也不完全一样。20 世纪 50 年代,国家有关部门在对八岔赫哲族乡进行专项调查时,发现那里的萨满品级,只要戴 12 权的鹿角神帽就是最高级别了。

2)派别

赫哲萨满不但在品级上有高低之分,在派别上也有明显的差异。他们以鹿角为标志,把萨满分为河神派、独角龙派和江河派三个派别。其中,河神派萨满头上戴的神帽鹿角"各一枝",独角龙派的鹿角"左右各二枝",江河派的鹿角"左右各三枝"。当需要区分萨满派别时,只要根据鹿角枝数多少,就知道他是属于哪个派别了。

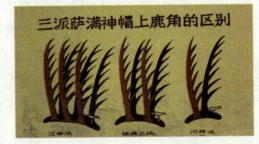

图 106 萨满三派

3)种类

在赫哲族的观念中,萨满不但有品级和派别,而且还有种类区分。由于每种萨满法力有高有低,因而治病萨满一般不能送魂,送魂萨满也不能治病。为此,各个萨满只能在神定的范围内,从事与自己职能有关的祭祀活动。凌纯声先生根据自己的调查结论,依照职能把赫哲萨满分为 5 大类 8 小项,即跳神治病、送魂、祭祀(包括

---

① 黄任远:《赫哲那乃阿伊努原始宗教研究》,165 页,黑龙江人民出版社,2003。

祭天神、祭吉星神和家祭)、跳鹿神、占卜、求子等。其中,送魂萨满(赫哲族称之为"达克苏特亦")是既能主持送魂又能主持其他祭祀仪式的萨满,他的"品级最高,法力最强"[1],但他不能为人治病(已故赫哲老人尤金良则认为,该萨满只能治一般的病);治病萨满分几种,治小病的萨满赫哲语称"弗力兰",治瘟疫等类疾病的称"德斯库","阿哈玛法"也是治各种精神疾病或时疫的萨满,像天花、疹子和水痘及其他传染病。专门治病的萨满赫哲语称之为"巴其朗",他的重要使命是通过驱赶鬼怪而治愈各种疾病。主持祭祀或祈祷的萨满是上面提到的"弗力兰",他经常代人向神"传话求情",另外还有"'伊车冷'看香头,'八车冷'上卦看病,'杭阿朗'上卦占卜"等等[2],至于跳鹿神、求子等神事活动,对萨满则没有具体要求,可视情况而定。

5.萨满服饰

萨满服饰是其在祭祀等活动中所穿的各种衣物、配饰等的统称。对萨满服饰,清代学者方式济指出:"降神之巫曰萨麻。帽如兜鍪,缘檐垂五色缯,条长蔽面,缯外悬二小镜,如两目状,著绛布裙。鼓闻阗然,应节而舞。"[3]清代张缙彦同样载曰:"俗尚鬼,有疾必跳神祈禳,名曰插马,头戴铁马,衣彩衣,腰围铃铛,手摇扇鼓,跳跃转折。神来则口吞火,胸穿箭,足履刀刃,全不畏怯,疾亦每每得愈。乌剌插马,虎头熊皮,其形更怪。"[4]由于萨满祭祀本身的严肃性,萨满服饰无疑具有神秘色彩。据统计,赫哲族萨满服饰主要由神帽、神衣、神裙、神腰带、神鞋以及神手套等六个部分组成,每个部分都有与众不同的特点。

1)神帽

神帽(赫哲语称"胡也刻",又称鹿角神帽)是赫哲萨满主持祭祀活动所穿的重要服饰之一,整个帽子分帽头、帽角和角带三部分,多用皮子和铁加工制作的。根据萨满等级、性别等分为初级神帽、高级神帽、女萨满神帽以及刨木花神帽等等。其中,初级神帽由铁圈、流苏、玻璃珠等组成。它的最大特点是,先用布或皮包在一个特制的铁圈上,圈的前边多饰一小的铁神,下面缀有玻璃珠。珠下则设有流苏,数量

① 黄任远:《赫哲那乃阿伊努原始宗教研究》,138 页,黑龙江人民出版社,2003.
② 黄任远:《赫哲那乃阿伊努原始宗教研究》,156 页,黑龙江人民出版社,2003.
③ 方式济:《龙江三纪》,212 页.
④ 张缙彦:《宁古塔山水记·域外集》,32 页.

多少不固定。据讲,这是初级萨满所戴神帽的配饰及装束。相比之下,高级萨满的神帽饰物较复杂,由鹿角权、飘带、带的颜色、数量以及铃铛等构成。根据鹿角上权数多少而决定萨满品位的高下,共有 3 权、5 权、7 权、9 权、12 权和 15 权六个等级。帽上的飘带也很有讲究,从材质看有布带和皮带两种,所用数量多少视萨满品位而定。从长短看,飘带的长短不一,有"两节或三节"的,尤其是帽后有一飘带特长,约为其他飘带的两倍,而且该飘带上还系一铃铛。从颜色看,飘带的颜色同样千差万别,各色都有。即便在同一飘带上,各节的颜色也是五颜六色。皮带多用熊皮制作。除鹿角和飘带外,萨满神帽上的铃铛数量也不是随便悬挂的,它同样是依萨满品位而定的。另外,神帽前面正中多悬一小铜镜,鹿角中间则悬铜(铁)制鸠神,有时帽子上还悬求子袋等等。相对比较而言,女萨满神帽装束显得有些简单,它与初级神帽很相近,唯一不同的是帽子四周用"小片的荷花瓣"饰起来,再"下垂以飘带"而已。与上述三种神帽的形制和配饰相比,刨木花神帽应是初始意义上的神帽,它不过是把干树枝削成刨花,然后扎在头上而已。

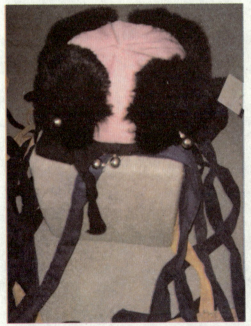

图 107　神帽

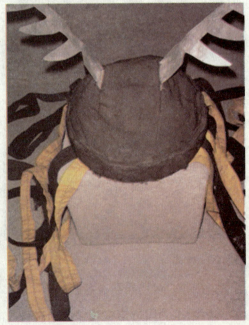

图 108　神帽

有一种女萨满的帽子,后面缝缀着一条带"尾巴"的小圆帽,小帽上冠有一对金属制的小角和一个铁制青蛙图形。帽子的表面画着一些蛇、蜥蜴、青蛙及虻蝇的图形。

2)神衣

神衣(赫哲语称"希克")也是赫哲萨满主持祭祀活动所穿的重要服饰之一,它多是以兽皮为原料加工制作的,据赫哲族讲,神衣的式样酷似对襟马褂,萨满祭祀时多把它套在长袍外面。为增强神衣的神秘性,人们起初专门选用赋予灵性,并带有某种神秘色彩的龟、蛇、蛙以及四足蛇等兽皮来缝制,之后才改用鹿皮或布料。在制作神衣前,她们先把鹿皮染成"红紫色",接着把其他兽皮染成黑色,然后把黑色兽皮剪成龟、蛇、蛙以及四足蛇等动物图形,缝在神衣的前面或后面,图案分布数量前后不等,两袖底之间多饰有小皮条4条。

图 109　神裙

3)神裙

神裙同样是赫哲萨满主持祭祀活动所穿的重要服饰之一,它多以兽皮、鱼皮或布为原料加工制作的,它的饰物很多,有布质的、铜质的和皮质的等等,饰物多少依萨满品位而定。据史料记载:15 杖萨满神裙上的饰物数量是,"前幅有布带 20 条,皮带 4 条;后幅有布带 23 条,皮带 4 条;前幅裙上铃铛 9 个,小铜镜 5 面,龟 3 个,蛇 4 条,四足蛇 3 条,珠苏 3 串,求子袋 9 个;后幅只有铃铛 4 个"[1]。另外,布条和皮条的排列顺序是,每隔一个布条夹杂一个皮条,其长过膝。如果皮条不够,可用布条来替代。

萨满裙的周边镶有较深色的布料。裙的底边有时缝缀着兽尾、毛皮条或彩色布

① 凌纯声:《松花江下游的赫哲族》(上册),107 页,中国科学图书仪器公司承印,1935。

条。动物、萨满树图案用颜料画成。据萨满解释,跳神时,这些动物有着不同的功能,龙将他们带往空中,虎将他们带过森林,爬行类动物则将他们带过河流、湖泊和沼泽。它们是萨满的辅助神。许多萨满裙还饰有曲线形装饰图案。有一件的正面,裙上的动物用黑色、红色、蓝色颜料画成。在裙上端靠近腰际,有头对头排列着两条长角的无腿龙。在蛇的下边,有 1 只雪豹和 1 只虎。两只动物之间有一个带十字交叉线的圆,代表着太阳。萨满裙的下部,画着头朝上的 23 条蛇,这些模拟化的蛇头呈中央带点的小圆状,弯曲的身子用一条线表示。龙体中央的大鳞片为白色,两边的鳞片交替涂有蓝色和红色。尾部末端有一绺线条,头上的角呈小树枝状。雪豹体部画满红色和黑色的斑点。虎身上的条纹用颜料画成。每只动物各画有一条前腿和一条后腿。在萨满裙的背部,画着两条盘成 8 字形的大蛇,其两侧,排列着头朝上的一些小蛇。另一件奇特的萨满裙上,裙中央画着一棵大树,由树的根部伸出两根对称排列的末端带小圆环的树枝。小圆环表示铜镜,长在萨满树上。再往上还有 3 对末端带同样圆盘的树枝。树干和树枝上画有鳞状树皮。在大树的两侧,土壤曲线的上端,画有两只大猛兽,左边有 1 只雪豹,右边有 1 只虎。雪豹前立着 1 只鸟。在这两个动物的上方,排列着两条体部带鳞片的弯形蛇。大树的上方还可看到两条蛇的尾巴。松花江的赫哲族萨满同上述黑龙江的赫哲族一样,也用这种半身服装代替萨满裙。服装的前幅面上有蛇、蜥蜴、青蛙、鱼的图案,以及拴着铃铛或珠串的皮条。在这块幅面的中部和四周,拴着一些不大的铜镜。服装上还代替毛皮条缝着一些辫带和由彩色布块组成的飘带。

4)神腰带

神腰带则是赫哲萨满主持祭祀活动所佩带的重要饰物之一。腰带是用来拴系腰铃的带子,一般为皮质。腰铃则是铁制,长 18 厘米,呈圆锥管状,共有 46 个。分两个或三个为一组,穿在一小铁环上,用皮带扣在一长 42 厘米的黄牛皮上,牛皮宽 32 厘米,折转 10 厘米,成两层,铃

图 110　萨满腰铃

即扣在两层皮上,皮的中间穿一皮带,以便结在腰间。

5)神手套、神鞋、神袜

神手套、神鞋和神袜等均是赫哲萨满主持祭祀活动时必穿的物品,它们多是用兽皮制作的,其式样与普通手套和普通鞋或袜子没有什么区别,只是在选料上有所不同,神手套曾以龟皮为原料,神鞋则以蛙皮为原料,后改为鹿皮、狍皮、野猪皮和牛皮等等。皮手套多染成紫红色,再镶以黑边。手套的上下两端设计得非常简洁。如,手套的上面各缝有四足蛇和龟的图形,每面绘有四足蛇两条、龟一只。神鞋早年是用蛙皮做的,后改用牛皮或野猪皮。鞋面上除系有铃铛外,没有其他饰物。此外,神手套的边缘以及神鞋的鞋头、鞋帮和鞋跟均有"黑皮边须",这种以黑色为主色调的贴边装饰,无疑为神手套和神鞋增添了些许神秘。从萨满手套和靴鞋上,可以见到一些爬行动物。图形涂着各种颜色,或者用彩色布料剪裁而成。神袜大多用狍皮或鹿皮制作的,袜子背上经常饰以龟形图案,它同样是用黑色的皮子剪裁完缝贴上去的。

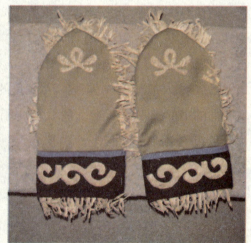

图 111　萨满神鞋

图 112　萨满手套

6.萨满神器

神器是萨满从事祭祀活动所使用的各种工具的统称。赫哲族萨满神器按类别划分,有祭祀用的、有披挂饰物用的、有请神通神用的;按使用方式划分,有敲打的

响器,摆放和祭祀用的祭具。这些神器或庄严肃穆,或扣人心弦,或敲击"入境",给人留下深刻印象。

1)神鼓

神鼓是赫哲萨满主持祭祀活动所使用的重要响器之一,它多为圆形或蛋圆形。具体制作方法是:"先用鹅蛋粗的长柳木制成三楞形, 然后用水煮软, 制成2尺多长、上大下小、鸭梨形状的鼓架,用鳇鱼鳔把接头贴好晒干, 顺着圆圈的外缘抠一小槽,以备放上小石子,做助响用。再在木圈的上下左右钻上4对小孔, 穿上皮条,把这4根皮条集中到木鼓的中心, 拴在鸭蛋大的铜、铁环上,以备握鼓用。然后把一张狍皮去毛,用鳇鱼鳔贴在鼓架上,晒干就可以使用。在贴皮子时把一些小石头放在鼓架的小槽子里, 可以发

图 113 神鼓

出多种声音。"①由于祭祀的需要,萨满多在鼓面上绘有龟、蛇、蛤蟆以及四足蛇等图案。其中,蛇、蛤蟆和四足蛇一般画两个,龟则画一个。据讲,神鼓能助萨满通神,是萨满"上天入地"的重要工具。赫哲人为举行家庭祭祀,各家都准备神鼓,以便随时击鼓祷告。

黑龙江赫哲族的萨满神鼓上没有图案, 而松花江赫哲族的萨满鼓鼓面和内面有爬行类动物图案。鼓面直径为82厘米。鼓面两侧对称排列着两条带眼睛和鳞身的蛇,上端有两只蜥蜴,下端有两只蟾蜍和一只位于蟾蜍之间的乌龟。

2)鼓槌

鼓槌是萨满敲神鼓的重要器物,由桦木或柳木等硬木制成。为防止槌头击破鼓面,他们多把兽皮等动物皮包在上面,同时使鼓声变得柔和悦耳。为体现鼓槌的整体美,他们分别用獭皮或狍皮包在槌面和槌背上。为突出鼓槌的神性,他们多把布克春、蛇、四足蛇以及龟等图形雕绘在槌背上。一般的顺序是,先雕绘一个布克春

---

① 黄任远:《赫哲那乃阿伊努原始宗教研究》,216页,黑龙江人民出版社,2003。

神,然后雕绘两只蛇神和两只四足蛇神,最后一个龟神。据讲,鼓槌的长短没有具体要求,多视情况而定。

　　外面包着毛皮的木制鼓槌采用三种装饰方法:剪刻法、鱼皮贴花法和用颜料绘制图画法。在槌柄的上部,有时刻着一个两面神爱米杰列米的头像和两个艾德赫图案。在铲形鼓柄的背面画着各种动物,比较常见的是蛇和蜥蜴。还可以看到老鼠图形。有些鼓槌上有青蛙、苍蝇、蛇、龙、虎、鸟、鱼、无角鹿的图案。所发现的另外两只萨满槌,一只鼓槌上的图案是浅浮雕和深色的,另一只鼓槌上的图案是贴上的。从刻制非常成功的相当小的动物图形上看,第一只鼓槌长 43 厘米,槌柄顶端刻成虎头形。槌柄饰有浮雕编织纹,纹内分别刻有鸟、鹿、鱼、松鼠、动物头和爪的图案。在鼓槌的铲面上,图形按上数顺序依次排列:两个身着长服头戴宽檐高帽的人;两只相对而立的无角鹿;一只虎,一只嘴里叨着一条鱼的鸟;另一只虎,挨着虎的是一条龙。在鼓槌底面的不同部位,散布着一些呈逗号或 S 形的小

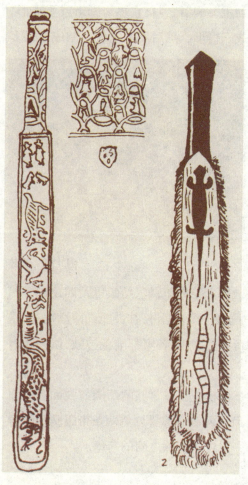

图 114　鼓槌

蛇。动物雕刻得很细,标有眼睛、鳞片和身上的条纹。保留了用黑色和红色颜料为动物涂过色的痕迹。第二只鼓槌上的图案用鱼皮剪贴在木头上。上端是一个涂成黑色的蜥蜴图形;下端是一条涂成棕色的、体部带黑色横条纹的蛇。槌柄为黑色。

3)神刀

神刀(赫哲语称"西拉嘎丰")是赫哲萨满主持神事活动时经常使用的"锐器"之一,多在武萨满与魔鬼斗法时使用。一般刀长 26 厘米,刀柄长 1.1 米,整个神刀通长在 1.3~1.6 米之间。神刀分木柄神刀和皮柄神刀两种。其中,新萨满多使用没有包皮的木柄神刀,只有 3 杈以上萨满,方能使用蛇皮包的木柄神刀。据赫哲族讲,神刀具有通神的能力,在与魔鬼斗法时,其神力能够穿透病体,使病人痊愈。

4)神杖

神杖(赫哲语称"布拉丰")是赫哲萨满主持神事活动时经常使用的"锐器"之一,多是萨满在与魔鬼斗法时使用。神杖多为木制,杖头则安有布克春铜人神偶,铜人口中有活动的铜钱,当舞动神杖时,会发出有节奏的响动。神杖下端多用铁包头,呈四棱尖形。一般铜人神偶高 7 厘米,杖柄长 1.14 米,整个神杖通长在 1.3~1.6 米之间,杖柄之处多包以蛇皮。

萨满神杖也在举行大型丧葬后聚宴时使用。届时,萨满坐在一块木板上,以示骑着狗。神杖上涂着各色颜料,包着绸布或者蛇皮。在萨满神杖的底端,固定着 1 把单刃铁刀,顶端有一个木制或铜制神灵或三太阳时代神话人物图形。据赫哲族传说,在某个时期,3 个太阳曾同时照在地球上。萨满认为这个角色是指明他去阴间路途的助手。据说,神灵涅卡玛法是魔杖的驾驭者。1935 年发现了一根带图画的萨满神杖,长 1.31 米,顶端饰有鸟图案,杖上画着鸟、龙、蜥蜴、蛇和扭转成正面的人图形。萨满神杖下端画着骑士和 7 条蛇。没有鼻子的骑士呈正面像站在马背上,马呈侧面像。这些图形都被模拟化并涂着黑色和红色颜料。在 9 匹马中,有 4 匹是黑色的,其余是红色的。一些马的头部像鸟头。所有马的眼睛都是圆的,

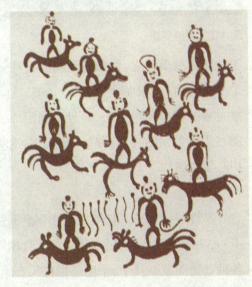

图 115 神杖上的图画

285

两耳直立,蹄子有时像鹿蹄那样分成两半,有时用 3 根脚趾代替。图案被涂成双色。他们的两腿很短,两臂伸得很长,手指有 4 指、5 指不等。大耳朵用红色颜料画成。脸为白色,眼睛和嘴为黑色。所有人的头顶上都画有一个太阳。其中,一人戴高帽,似乎是主角。

在萨满和赫哲族眼中,神杖有三种用途,其一是萨满送魂时特别是与鬼怪斗法时,只要把铜人神偶"向上",则能"破坏一切障碍物";其二是当天旱祈雨时,一旦把神杖的铜偶放入河边水中,就能求得神雨;其三是当祭祀祈祷时,能够消灾祛病,镇邪驱魔。

图 116　萨满铜镜

5)铜镜

铜镜(赫哲语称"托力")是赫哲萨满主持"神事"活动必配的饰物之一,它多缝(挂)在神衣、神帽或神裙上。其中,挂在胸前的叫"护心镜",挂在背后的叫"护背镜",缝在帽子上的叫"护头镜"。铜镜有大小之分,大的有 1 尺长,小的只有 2 寸。大铜镜多用皮条挂在胸前或背后,小铜镜则缝在神帽或神裙上。由于特殊的神事理念,他们挂在胸前或背后的铜镜数量也不完全一样。胸前有时挂 3 个、5 个或 7 个,背后经常挂 2 个或 3 个。据说,铜镜在萨满和鬼怪斗法时,可以依靠自身的神力保护主人,而且萨满配饰的铜镜越多,法力和神力就越大。故此,萨满在主持大型跳神活动时,有多少铜镜就挂多少;规模较小的活动,有时只带一个护心镜就可以了。

6)神杆

神杆(赫哲语称"托落")是立在萨满住屋西头的三四根木杆的统称。神杆长短不一,一般中间那根最长,两边的木杆稍短。每根神杆上面都刻有各种神偶,或绘有各种动物图案。其中,中间那根杆头有鸠神或带翼神兽等图形,杆上绘有蛇、龟、蛤蟆、四足蛇及爱米等神的图形,杆下根部有一男一女两个木制人形神偶,统称朱林。

"杆子皆向东方,由南而北排列,鸠神为领路神。"[1]萨满主持跳鹿神活动时,多从神杆处出发,然后再回到神杆处。

7.萨满神偶

神偶是萨满祭祀时必备的神物,也是赫哲族寻求精神寄托的祭祀对象。从性别看,神偶有男、女之分。其中,男神偶多为平顶或圆顶,女神偶多为尖顶或三角形顶;从材质看,神偶有木制、鱼、兽皮制、石制、骨制以及铜制或铁制;从图形来看,有人形、动植物形;从类别来看,有自然类、动植物类、疾病类、生产类等许多种类。可以说,萨满神偶除祭祀外,已经深入到赫哲社会的方方面面。

1)通神类

在具体神事活动中,通神类神偶多起萨满助手或保护神作用。像人们熟悉的爱米神、布克春神、阔力神、额其和神以及萨日卡神等几十种神。若按类别划分,布克春、额其和、萨日卡等是萨满的保护神,拜尔布克、舒勒莫奇、蹲特和布洪等是萨满的助手神,此外还有朱林、阔力等其他神偶。这些神偶或保护萨满,或与妖魔鬼怪斗法,或帮助萨满通神达明,在阴间还起到引路或驮运等作用,为萨满立下汗马功劳。其中,爱米神是萨满的得力助手,无论请神治病还是托梦传信,亦或勾摄灵魂等等,无所不能。它既能行善事,使萨满通神明抵恶魔,充当保护神,又能使人遭灾生病。

凌纯声先生在赫哲地区调查时,共发现4种爱米神偶。在《木都里莫日根》等伊玛堪故事中,经常会出现爱米的形象。布克春神也是萨满的保护神,它行如风,走如闪电,而且非常机灵。当萨满与魔鬼斗法处于下风时,它能及时报警求救。布克春神似人形,铜制无手,有5厘

图117 爱米神

---

[1] 凌纯声:《松花江下游的赫哲族》(上册),112页,中国科学图书仪器公司承印,1935。

米长，萨满经常用线把它挂在脖子上。额其和亦是萨满的保护神，其神偶是一对铅制人形神偶，当萨满与鬼怪斗法时，额其和随时可以变成虎、熊等生猛野兽来助战，使萨满转危为安或凯旋而归。萨日卡同样是萨满的保护神，它是手脚健全的人形神偶，多是铁制的。在萨满与鬼怪斗法时，起到保护和送信的作用。鸠神（赫哲语称"克库"）是萨满的领路神，多为木制，立于屋外神杆的杆头上，图形似杜鹃鸟。当举行跳鹿神活动时，人们经常举着神杆走在队伍的最前面，意在让鸠神领路。为防止鸠神挨饿，有人专门在神杆上"置斗"，并装谷米，以便让鸠神随时吃。阔力同样是萨满的得力助手，其神偶图形似天空展翅飞行的雄鹰。当萨满主持送魂仪式时，它多起到送魂、引路和驮运萨满的作用。在赫哲族神话传说故事中，有许多关于阔力神鸟的描写。

图 118　痨病神

2）治病类

治病是萨满重要的神事活动之一。考虑到病因或症状不同，萨满必须"对症下药"，根据患者的不同病因，使用不同的神偶。这些神偶有主管驱鬼、避邪、痨病、头（腹）痛的神，有主管天花、瘟疫、水痘、麻疹、伤寒等传染病的神，还有治疗其他疾病的神。从目前来看，主管治病的神偶有痨病神、肚痛神、避邪神等等，像伤寒娘娘神、瘟病娘娘神、天花娘娘神、疹子娘娘神和黄病娘娘神等。其中，肚痛神偶是专门用来治肚子痛的，其形状似四足兽，兽背上立一木头神，它的长度在 36 厘米左右。痨病神偶显然是专门用于治痨病的，它是一个木制人形神偶，通高在 40 厘米左右。为体现病体

的瘦弱程度，他们制作时，多把肋骨刻得条纹清晰。由于神偶被刻成尖顶人形，显然痨病神应为女神。避邪神偶则是一男一女两个人形神偶。其中，男性神偶平头，通高49厘米。女性神偶尖头，一条腿缺一部分，通高52厘米。司鬼神偶亦是一男一女两个人形木偶。其中，男性神偶平头，通高32厘米，女性神偶尖头，通高36厘米。两个神偶均没有脚、腿、手，只有头、眼、鼻等。

3）生产类

赫哲族自古以来就以渔猎生产为主，间或从事采集等相关产业，因而其崇奉的神多与此有关。像龙王神、打围大神、司皮神、鱼神、江神及各种动物神等等，由此产生了许多与渔猎生产有关的神偶。比如，在赫哲萨满敬奉的诸神偶中，打围大神是最重要的神偶之一，它多为木制，拟人图形，通高在92厘米左右。据讲，该神主管狩猎事宜，每次狩猎顺利与否，关键在于能否得到它的护佑。为此，人们狩猎前，要对神偶进行祭拜。司皮神也是主管狩猎的神，其神偶为木制人形，全身用红布或皮子包裹，有耳、目、口、鼻等轮廓。神偶为一大四小，大的高24厘米，小的为15厘米。除上述神偶外，赫哲萨满还模拟每个动物的图形特点，制作了虎、狼、猪、狗、鳇鱼、蛇、龟等许多动物或鱼类神偶，当外出捕鱼狩猎时，放在衣袋或口袋中。需要时，随时拿出来祭拜。到清末或民国时期，受外民族文化影响，有些神偶由木刻改为纸画。平时将神偶画像放在匣子里，存放在屋檐下，出猎时背在身上，以备祭

图119 打围神

祀时使用。

4）祭祀类

受万物有灵思想的影响，赫哲族认为自然界中万事万物都有灵魂，因而形成了许多与生产、生活密切相关的神，像天神、地神、日神、月神、星神、雨神、雷神、山神、火神、石头神、树神、老祖宗神等等，由此制作了许多祭祀时使用的神偶。无论是族祭还是家祭，无论是野祭还是节日祭祀，都需要把相关神偶供上。其中，天神神偶是赫哲人最敬重的神偶之一，它多为木制，其形状为拟人图形，在其肩部下面各立一小人图形。据赫哲族讲，他们之所以如此设计，意在保佑族人一切顺利，或者多捕鱼或多猎兽。吉星神是仅次于天神的一种神，它同样是木制，为一大二小的拟人神偶。其头部有尖顶和圆顶之分，按照原有的区分规律，尖顶当为女神神偶，圆顶应为男神神偶。由于赫哲族认为该神最纯洁，能给族人带来安宁，因而受到他们的崇奉。石头神偶（赫哲语称"卓碌玛发"或"卓碌玛玛"）同样是赫哲族尊敬的神偶之一，为一男一女两个神偶。从材质上看，它多为石制的拟人图形，有眼睛和嘴。它们经常被摆放在庙

图120　乞福神

内供人祭祀，相传神石能够帮助赫哲族捉鬼治病，故受到族人的尊崇。树神（赫哲语称"飞由合"）神偶是经常供奉的保护神，由一大三小所组成。其中，飞由合是大神，它多被刻在大树上，为"人脸"图形。珠连、雅日格和塔斯合为三个附属神偶。其中，珠连的图形很特殊，头为菱形，头顶有疙瘩，扁体，脖子上挂两个额奇克小人。雅日格形似金钱豹，塔斯合形似虎，这三个附属神都是赫哲家庭的保护神，萨满祭祀时也经常请这些神来参加。

8.萨满职能

萨满祭祀是萨满教的核心和表现形式，是物化了的宗教思想和文化内核在现实世界中的客观反映，具有丰富的历史文化内涵。萨满祭祀有家祭和族祭等几种形式，涉及祭祖、还愿、治病以及跳鹿神等许多方面。由于送魂职能已经在丧葬习俗中有所表述，在这里不再重复。下面，我们结合各种祭祀活动，对萨满其他职能进行深入探讨。

图 121　萨满跳神

1）驱魔治病

治病是萨满的重要职能之一。萨满治病主要是通过请神诊病、跳神治病等形式实现的，间或经历了请神、降神以及送神三个过程。这种跳神治病的形式，在广大赫哲地区普遍存在着。按照赫哲族的想法，人若患病，主要是与鬼神有千丝万缕的联系，或者是因冒犯神灵所致，要治病必须请萨满来相助。于是，许多赫哲族患病后，都要把萨满请到家中跳神治病。当然，要把病治好，查找病因是关键。只有查清病因，才能采取对症的治疗方法。

据说萨满是靠"钻进"人体内的恶魔非常惧怕的非常厉害的动物的帮助而使病人摆脱痛苦的，比如各种猛兽和幻想动物，萨满还认为，把强大危险的动物图案摆在病人身旁，就会迫使病魔离开病人，否则这些病魔就会被吃掉和撕碎。

从已知的材料看，萨满排查的病因主要有：一是因许愿未还愿而致病；二是因言语行为不端被神灵怪罪；三是因恶魔侵害所致，第二灵魂被鬼怪摄走而染病等等。倘若是神灵降灾于人的缘故，就要请萨满代人向神灵求情许愿，或通过赔罪及敬奉供品等形式求得神的谅解。假如是因得罪鬼怪的缘故，则要采取驱鬼抓魂的形式，使被摄走的灵魂附体。具体治病过程如下。

（1）请萨满

请萨满看病是一件非常严肃的事情，家人需要带上酒，到萨满家"敬酒、洒酒和

点酒"。其中,敬酒主要是敬萨满父母及萨满本人,敬酒者先要自饮一杯,然后行礼敬萨满的父母,之后再敬萨满本人,而且要行叩头礼。洒酒主要是洒在萨满神具上,一般要洒一两杯。点酒则是点在爱米、额其和等神的嘴上,神刀作为萨满与鬼怪斗法时的重要工具,其刀根、中段和末端等部位也要点酒。当上述活动结束后,要把萨满治病时穿的神衣、神帽等所有神具拿回家中,在西炕上供起来。萨满则根据病情轻重,自行决定是马上来还是择日去看病。

(2)查找病因及治病

萨满看病多在日落以后进行,在此之前,要做好看病前的各项准备工作。比如,先要把供奉爱米神的供品摆在西炕上,然后为萨满敬酒,焚香草。接着用柴火烤神鼓,以便敲打时声音洪亮。当摆好供品焚上香后,萨满就要系神裙、挂额其和、布克春等神偶于胸前,同时把腰铃挂上。接着"曲一膝坐在炕沿之西或北,左手持鼓,右手持槌。双目半开半闭"[①],在萨满摆好姿势的同时,病人则盘腿坐在炕上,位置或朝东或朝南,他(她)的背后同样跪着一人,双手扶着病人的肩膀。当三大声神鼓响过之后,萨满开始进入角色,正式为病人看病。但见他不住地叨咕道,先报一下自身以及患者家里情况,然后把所领之神统统复述一遍,之后开始查找病因。查找步骤有三:首先,从自身所领之神入手,看病人是否与这些神有"过节"。像前面提到的"是否有许愿没有还愿的?是否因妇女身体不洁而亵渎神灵?是否有得罪神灵之处?"等等,如果找到病因,病人肩膀就会抖动。这时萨满就会向神祷告求情,答应病人痊愈后要向神还愿等等。还愿供品有猪、牛、马、鸡,视病情轻重酌定。倘若查找失败,萨满就要变换路数重新探查。其次,从病者家所供的神入手,看他(她)是否有得罪之处。根据目前掌握的情况看,赫哲家庭所供神种类非常多,像吉星神、树神、山神等有几十种,如果病人双肩仍无反应,就说明病因还没有查准。第三,从追查病人是否扰及鬼怪、冤魂等入手,看他(她)是否因魔而致病。当确系中魔后,萨满就要击鼓祷告,与鬼怪斗法。在整个驱魔过程中,萨满时而"处于半昏迷状态,两手舞动,两脚狂跳不已",直到抓住附在病人身上的鬼怪,或者夺回病人被摄走的魂灵为止。当病人越抖越厉害时,说明他(她)的灵魂要回家了。萨满"舍鼓换刀,立在病人面前,舞

① 凌纯声:《松花江下游的赫哲族》(上册),118页,中国科学图书仪器公司承印,1935。

动神刀左右旋转,反复劈去,忽而投刀直向病人怀中扑去。若病人昏迷向后倒去,是灵魂已被捉住,归还主身,病则自愈。如萨满扑去时病人仍坐而不仰倒,则灵魂未能捉到……"①如此反复多次,直到捉住为止,萨满边击鼓、边祷告、边祝愿病人早日康复。同时说一些感谢诸神的话,家人则分别把小米饭粒往爱米神嘴上涂抹,或者用手往空中、地下和四周等弹一些以谢神。至此,查找病因及治病活动全部结束。

(3)谢萨满

按照赫哲族的习惯,当萨满治病结束后,要把额其和、布克春及萨拉卡等神偶挂在病人炕上的幔杆上,同时把许愿的牲畜剪其纸形一并挂上,待病人痊愈后取(回)下。为感谢萨满的救治行为,家人要于次日来到萨满家,除把神具送回外,还要带供品以谢萨满。具体步骤是:先将酒食等供品放在西炕上,然后焚香供爱米神。"萨满坐在炕沿,面向西炕,击鼓祷告说'某人现在病愈,带来香草酒食,谢你神灵,望你食用,并永远保佑他'。"大家边叩头谢神、边敬萨满酒以表谢意。

如果病人还没有完全康复,萨满还要来跳神,这次稍有不同的是,病人不是坐在炕上而是坐在地上或凳子上。萨满自始至终手拿神刀,在病人面前来回舞动,当转动数圈后,"以刀在左右两方面从头顶慢慢扫下,又走到背后,""其用意是把余病扫除干净"②。如果跳神后病人还不见好,就以自身功力不行,告知家人另请高明。

2)祛灾求福

祛灾求福是人类共同的追求,也是萨满的重要职能之一。为此,赫哲萨满在充分履行自身职能的同时,把为族人烧香还愿、求子祈福、期盼安康等作为分内大事。他们围绕祛灾求福等公共主题,举行了一系列与之相符的祭祀活动。

(1)除疫安民

如果一些疾病侵害的只是病者个体的话,那么时疫和传染病则对全体族人的生命健康构成严重威胁,除疫安民便成了萨满治病的主要任务之一。据资料记载,嚣张肆虐的时疫和传染病主要有瘟疫、天花、麻疹和水痘等。鉴于此因,在赫哲族中间便出现了专门治疗上述疾病的萨满,赫哲语称"阿哈玛发"。其中,"阿哈"为娘娘

① 凌纯声:《松花江下游的赫哲族》(上册),118~119页,中国科学图书仪器公司承印,1935。
② 凌纯声:《松花江下游的赫哲族》(上册),119页,中国科学图书仪器公司承印,1935。

神的奴人的意思,"玛发"则为老人的意思。凌纯声先生在深入赫哲地区调查时了解到,有的萨满可以身兼治病和阿哈两种职能,而且本事很大,甚至同时能领瘟疫娘娘、天花娘娘、疹子娘娘和黄病娘娘四种娘娘神。有一种叫德斯库的神可以领四海娘娘、光明娘娘和黄娘娘三种娘娘神,这些神主管天上、地下和水中事务,分别以黄色、紫色和淡青色旗为标志。按照分工,四海娘娘主治水痘和瘟疫,黄娘娘主治麻疹和伤寒,光明娘娘则主治天花。相比之下,有的萨满神力弱一些。据讲,看一个萨满或阿哈本事大小,主要看其所领的神杆(旗),每一位娘娘神均用神杆(旗)来表示。神杆(旗)有的供在家庙(家庙多是用木板钉的一种小木房子,木房底部用木柱支起来,木腿在一米左右高)中,有的则悬在屋檐下。神杆(旗)的作用与神刀一样,多在与魔鬼斗法时使用。由于神杆(旗)具有神力,年节时要焚香供奉。具体除时疫和传染病的办法是:

家人请阿哈或德斯库神治病时,应先到他家向娘娘神焚香叩头,当阿哈来到病人家时,从入门到进病者的屋,要多次行叩头礼。即便见到病者也是如此。因为在他看来,娘娘神已经附体于病人身上。行完上述礼节后,还要来到西炕前焚香草,同时行三跪九叩之礼。接着举行祈祷仪式,软语苦求,鼓舞娱神,口中不住地叨咕道:

神明的娘娘神!
神明的娘娘神!
我们住在狗屯里,
乌鸦屯里、白颈鸡屯里。
我们是生活在密林里的人,
我们是生活在草荫里的人,
什么规矩都不懂的人,
喜欢吃生鱼的人,
火气很大的人。
阿哈在娘娘座下,
摆设着金桌子、金香炉,
焚金香、化金纸,

跪尘埃,求娘娘,

放病症,勿太重!

三日内,病痊愈,

杀鸡子、送金纸……

望娘娘保佑病人得好,

娘娘的名誉倍增,

阿哈颜面亦光荣。①

阿哈一般祷告三遍,直到香燃尽为止。祭祷 3 日后,家人要依例给他家或神庙送三张"毛头纸"。7 日后,除送纸外,还要送鸡、纸剪人或其他纸图形,当把窗户纸剪成的长条形、三角形等从"孔"中扔到屋外后,就算把瘟神送走了。

如果祈祷不好使,阿哈便采取跳神治病的方法。治病程序与治病萨满相同,即先是焚香叩头,接着盘腿坐在炕上击鼓问病,查找病因,当需要与鬼怪斗法时,则用"龙杖"向炕上及病人的左右扫去。若是病人中邪魔,即请卓碌玛发或卓碌玛玛捉拿鬼怪。

(2)许愿还愿

在赫哲族眼中,萨满有代人传话的神力,因而当有鬼怪作祟危害族人健康时,萨满就要承担许愿和还愿的职责,护佑族人幸福平安。尤其是当家有病人时,就要请专门祈祷或能向神说情的萨满,求他代向神许愿,并以杀牲为还愿条件。当不能如期还愿时,也要由萨满代向神请示,请求推迟还愿日期,以得到神的谅解。前已述及,在祭天神、吉星神等重大祭典活动时,都有许愿还愿的内容。整个活动在祈盼、祝福的氛围中进行,还愿仪式多由"佛日朗"主持,大家要带好猪、牛、羊等供品,然后杀牲祭祀。还愿期间,夹杂焚香、祝告、叩头、迎神、敬神和谢神等诸多内容。祭吉星神多在晚间进行,"佛日朗"同样担当重要角色,依例主持还愿活动。整个活动不许点灯,给人以庄严肃穆的神秘感觉。另外,在每年春秋两次的跳鹿神活动中,一些求子的赫哲家庭许下允诺后,当如愿得子后,也要在喜庆的气氛中履约还愿。他们不但要跪拜杀牲,而且要烧香磕头敬酒等以谢神。

---

① 黄任远:《赫哲那乃阿伊努原始宗教研究》,154 页,黑龙江人民出版社,2003。

（3）跳神求子

当妇女年过三十仍不育不孕，就要请萨满帮助，使自己能够早得贵子。赫哲妇女这样想，主要是考虑"自己没有第三灵魂"，只能求萨满找魂。求子一般是在跳鹿神期间进行，求子者在队伍返回途中，趁萨满不注意的时候，偷偷把他戴的神帽或神裙上的飘带"挽一结"，当萨满来到自家神杆前整理衣冠时，就会发现有结的疙瘩。当询问来由时，求子者就要跪在神杆前，把随身携带的酒洒在神杆上，然后口头许下求子的心愿，并允诺一旦得子要敬献牛、猪等牲畜还愿。萨满同样击鼓祷告，并让求子者在约定时间前来其家跳神，以取回胎儿的灵魂。这期间，萨满要外出找魂，或者把胎魂盗取回来，或者找寻刚去世不久的小儿魂灵。一旦找到，便把魂灵放在家里等待求子者。三四天后，双方如约在萨满家举行求子仪式。在此期间，萨满先向娘娘神烧香，然后按照男左女右的规矩，让夫妇二人坐在炕上，二神同样跪在他们背后扶着肩膀，萨满则在屋内击鼓找魂。直到其中一人肩膀抖动后，就会朝炕前地上扑去，接着把求子者带来的鹿皮袋子打开，萨满向里面吹一口气，之后立刻把袋口扎紧，证明第三灵魂已被收入袋中，最后把鹿皮袋挂在萨满的神帽或神裙上，求子仪式正式结束。当然，由于各地的情况不同，求子的方式和时间也有很大差异。比如，有的求子仪式是在送魂时举行。求子者同样偷偷地在萨满神帽的飘带上系一结，萨满本人虽然不知道，但神鹰会知道。神鹰在往返阴间的路上，就会出去抓魂，放在"除孝服"人家。等席散了之后，就可以举行求子仪式。

3）文化传承

文化是萨满的血脉和灵魂，传承文化具有道义责任，需要萨满忠实履行自己的传承职能。在黑龙江省赫哲族中，萨满是本族中文化水平最高的人，是氏族文化的代表，也是原始文化的传承人。他们知识丰富，阅历精深，记忆惊人，口齿伶俐，能言善辩。在主持祭祀等大型公共活动中，间接地把传承文化的职能淋漓尽致地表现出来。第一，他们围绕萨满服饰、神器、神偶以及各种图腾图形的制作、加工及说明，向族人灌输专门知识。比如，萨满饰物、神器上绘有各种图形，每个图形都具有特定的含义，含义的解释权在萨满。再如像太阳、神树、鸠神、阔力、神石、星辰等，同样被萨满赋予了特定的文化内涵，同样需要萨满去说明，也需要族人时刻牢记。另外，萨满神服和配饰以及其他装饰物的构思、布局和形象主题,特别是裁缝、刺绣、雕刻、绘画以及磨制等工艺过程,都需要族人去了解,以熟悉相关的制作方法,加工工艺或注意事项,这些设计、加工及制作过程,无疑倾注了萨满的心血,也凝聚了族人的智慧。第二,赫哲萨满文化本身就是一门雅俗共赏的歌舞艺术,它贯穿于萨满神事活动的始终。比如,萨满歌舞的编排、设计、表演等,无一不体现出萨满的风格思路和设计理念,无一不表现出萨满对神的悟性,无一不透视出萨满对祭祀礼仪的理解。面对瞬息万变的祭祀主体和神事活动,他们随时根据不同的祭祀对象,设计不同的旋律、节奏、曲调及舞步。这些集说唱、器乐、敲打于一身的萨满舞乐,来源并依托于赫哲萨满的祭祀活动,是萨满和全体赫哲族的共同创造,并通过萨满自身的逼真表演,艺术地再现出来。他们演绎传承下来的独具地域文化特色的歌舞艺术,成为赫哲族喜闻乐见的娱乐项目,甚至成为赫哲族歌舞艺术的起点。一些以"萨满舞"及"丰收舞"等为原型的编排加工的民族舞乐,都是在"萨满舞"的基础上发展创新的。第三,神话、史诗、天文历法等知识,是赫哲萨满文化宝库中的又一瑰宝。作为口述文化的首创者和传承者,显然是受萨满通晓神意、洞悉天机、代答庶望的特殊地位所决定的。在祭祀过程中,口述神辞等非萨满莫属。在赫哲神话传说故事中,同样包含着许多天、地、人来历的创世神话,部落来历以及祖先英雄神话等内容,这些耳熟能详的各种神辞,是典型的口头民间文学作品。他们日复一日的传承发展,既为赫哲族原始神话、传说等原始文学的传承提供了源泉,又间接介绍了氏族的历史、地理和原始造型艺术,最终促进了相关知识的普及与传播。比如,萨满祭祀中有许多关于动物神的赞歌、祈福歌,许多方面涉及原始科学、天文学、占卜学知识。通过宗教祭祀搭建的知识平台,逐渐为全体赫哲族所接受。第四,赫哲萨满祭祀是一种特殊意义的教育形式,具有全民性、经常性与集中性相结合的特点。萨满以满足祭祀活动需要所进行的"神事"教育,在创造、继承、传播和发展赫哲族文化方面起到促进作用,客观上为赫哲族留下了巨大的精神财富,诸如日月、五大行星的分布,恒星的方位、大小、亮度、形状以及移动规律等天文知识,都是借助萨满祭祀活动学来的。

4)喜庆娱乐

喜庆娱乐是人的本性,也是萨满行使的又一社会职能。赫哲族萨满祭祀时,虽

然有庄重严肃的方面,给人以神秘、紧张甚至恐惧之感,但祭祀本身也有喜庆祥和的一面,跳鹿神就是其中的一个典型。

为突出消灾求福、迎庆丰收、驱魔避邪等思想主题,赫哲族每年都要举办两次跳鹿神活动,举办时间多选在春季或秋季,具体时间则由萨满来确定。当万事俱备后,萨满要通知族人,尤其是还愿的人准备好祭品。在"日上三竿"时,萨满先把爱米神供在西炕上,然后焚香敬酒,接着请求诸神保佑族人幸福平安。当祷告完毕后,早已等候在屋内的少年每人走三圈,并击鼓摆腰铃来助兴。鼓声和铃声声声震耳,把喜庆的气氛推向高潮。萨满穿神衣、戴神帽、持神鼓坐在炕沿上,大家纷纷往其神帽等神具上洒酒以示敬重。当萨满最后一次祷告完毕后,便下地跳神。从炕沿到门口,自右向左转三圈,至此拉开了跳鹿神活动的序幕。

按照惯例,跳鹿神活动要整队出发,走在队伍最前面的人,要打着鸠神旗杆,接着是手拿爱米的人,之后陆续是手托鹰神或手拿神刀的人及击鼓的人,紧随其后的便是萨满,再后则是屯中看热闹的男女,大家一路唱着"鸠神歌",好不热闹。跳鹿神的路线有两条,如果领爱米神,队伍要先走到屯西的尽头,然后由西向东挨家跳神,一直跳到屯的东头,再面朝西跳回家。如果不领爱米神,则出行路线正好相反,呈由东向西之走向。

在具体行进过程中,每到一家屋内,就要把爱米神偶和鹰神偶放在桌上,将神刀"插在西炕前,刀头向下,口朝外"①,接着点香敬酒,尤其要往两神偶的嘴上滴一些酒。当萨满进屋后开始跳三圈神舞,家主人等跳完神后给他敬酒。萨满所去人家一般为奇数,凡家中有病人的不去,坐月子的不去。当跳完最后一家后,萨满要吃点、喝点歇息一会,然后唱《归来神歌》返回。

当萨满回到自己家时,先在房子四周及"柱脚"等地转转,然后来到神杆前,还愿者要面对神杆,举行还愿仪式。具体活动是,"还愿者跪下,斟酒一杯,以手指蘸酒洒在杆上三次,叩头对神说:'过去所许的心愿,今天虔诚敬献,祈求神灵收下!'然后把一杯酒(热酒)灌在猪或羊的耳内。如神示意受下,则猪羊摇头,就离开神杆宰杀。猪羊送来时,缚其前后腿,放在神杆前。如酒灌猪耳而猪不摇头时,为神意不愿

---

① 黄任远:《赫哲那乃阿伊努原始宗教研究》,157页,黑龙江人民出版社,2003。

受领礼物,萨满就请还愿者进屋,再击鼓祷告。猜中神意时,还愿者双肩抖动,就又以酒灌猪耳,猪必摇头。若始终不能猜中神意时,猪不敢收领,须退还原主"①。当全部活动结束后,萨满才能回到屋内,再跳三圈神和祷告后,最后脱去神衣。与此同时,屯中愿意鼓舞或能摆腰铃的人,相互竞赛,看谁鼓敲得响,看谁铃摆得清脆。

谢神仪式是在猪肉煮熟以后进行,人们将猪头、猪手和猪舌连心盛在盘里,供在爱米神偶旁,接着焚香敬酒,萨满重新披挂上阵,把所请诸神一一答谢,然后请他们归位。

跳柳条圈也是一项很有意义的娱乐活动,萨满用柳条扎一柳条圈,按照萨满本人、萨满家人以及其他人的顺序,要求每人跳一下。如果是婴幼儿,则要往摇车套一下。据说,跳柳条圈意味着神能保佑族人不得病,一生平安幸福。最后将所供的猪舌、猪心等大家分吃,同时饮酒吃肉。

跳鹿神活动除在本屯跳以外,还有到外屯跳的。当需要走水路时,只好找几只大船做交通工具,把萨满及相关人运到所去村屯。跳神的程序如故,当船靠岸后,来接的人纷纷抓着萨满腰带上的皮条跟在后面跳。如果路途远,可以在屯中住下,第二天继续跳。另外,在赫哲其他地区,还有一种跳舞神习俗即舞蹈式跳神。当病人痊愈后,大家把许愿的猪或鸡等送到萨满家,萨满身穿神具边击鼓边摆铃,一些爱好跳舞的人也随便欢跳,大家一边跳,一边"互相评论谁跳得好"。②

第三节 占 卜

占卜是赫哲族宗教信仰的重要组成部分,也是存在于赫哲族中间的重要文化事项。从占卜内容看,主要是涉及渔猎生产和日常生活方面,诸如婚姻、丧葬、纠纷、疾病、寻物、吉凶、捕鱼猎兽能否丰收以及亲人何时归来等等。主要形式有:

1.骨卜

骨卜是赫哲族占卜的重要形式,所用骨头多是狍子、鹿等野兽的肩胛骨。当捕

---

① 黄任远:《赫哲那乃阿伊努原始宗教研究》,157页,黑龙江人民出版社,2003。
② 黄任远:《赫哲那乃阿伊努原始宗教研究》,160页,黑龙江人民出版社,2003。

到这些野兽后,就将其肩胛骨取下,煮熟后去掉上面的肉,待干燥后把它储藏起来,以备占卜时使用。据说,加工时千万不能用嘴啃肩胛骨,否则将来占卜时就不灵验了。当遇到诸如何时出猎或出猎方向等问题需要解答时,占卜者要用双手拿着肩胛骨,"肩胛骨阔的一端向下,骨底向上近占卜者的嘴"[①],在提出问题前,先要进行一番祷告,然后再提一些个人关心需要解答的问题。比如,当自己的家人外出狩猎至今还没有回来,就要问:"他今天能不能回来? 将从那个方向回来?"再如,如果家人患病久治不愈,就要问"他的病能不能好? 什么时候好?"等等。当问完后,占卜者将往肩胛骨上吐唾液,之后拿到火上烧烤,当烤到火候时,肩胛骨就会出现明显裂纹,占卜者可根据裂纹走向及相关知识判断吉凶,寻找答案。

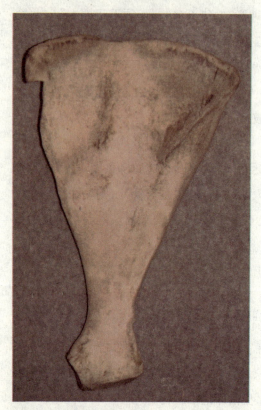

图122 占卜用的兽骨

图123 烧骨

图124 看骨

① 《民族问题五种丛书》黑龙江编写组:《赫哲族社会历史调查》,178页,黑龙江朝鲜民族出版社,1987。

2.筷卜

筷卜是赫哲族占卜的形式之一，所用材料是我们日常吃饭用的碗筷。在占卜前，先要准备三根筷子和一碗水，当提出自己关心的问题后，就要把三根筷子"立于"碗中，如果筷子"立"起来了，就是吉兆的证明，占卜者自然心里高兴。如果筷子"立"不起来，则是不祥之兆，占卜者就要想办法怎么破解，使之逢凶化吉。如果接着问其他问题，同样采取类似的占卜办法，以判断吉凶。

3.蛋卜

蛋卜是赫哲族占卜的形式之一，所用材料是我们日常吃的鸡蛋。在占卜前，先要准备一个鸡蛋和一块表面光滑的木板，最好是玻璃板。当占卜者提出问题后，便把鸡蛋的小头朝下，使它能够在木板或玻璃板上立起来。如果鸡蛋果真立起来，就证明"言中了"，如果鸡蛋没有立起来，占卜者就要反复问，反复立，直到鸡蛋立起来为止。

4.槌卜

槌卜是赫哲族占卜的形式之一，所用材料是我们日常使用的木槌。在占卜前，先要准备一把槌子，然后用绳把它吊起来。当占卜仪式开始后，占卜者要用手扯住绳头，使槌自然下垂，直到不动为止。接着就可以提出自己所关心的问题，如果问题提出后槌子摆动了，就说明被"言中了"，如果槌子不动，就要继续提问，直到槌子摆动为止，占卜活动才算结束。

5.草卜

草卜是赫哲族占卜的形式之一，所用材料是我们日常熟悉的草。在占卜前，先要准备一定数量的草，当提出问题后，就要以所猜草的数量来定凶吉。一般奇数为吉，偶数为凶。其中，三、九或十五为上吉。

6.碗卜

碗卜是赫哲族占卜的形式之一，所用材料是我们日常使用的碗和小米。在占卜前，先要准备一个碗，碗中再装一些小米，然后用红布包好，当占卜者提出问题后，便要用手摇动碗，最后根据布面的凹凸平整程度以确定吉凶。

占卜自古有之，族人无神不占、无兆不占、无事不占，占卜已经深入到渔猎生产和社会生活的方方面面，成为人们精神生活的重要组成部分。当然，在赫哲族心目中,骨卜是最可信的,其他占卜就次一些。直到 20 世纪 60 年代,占卜形式仍时而存在,到 20 世纪 80 年代,这种预测吉凶的形式基本绝迹了,人们只能在展览馆中才能看到相应的占卜工具了。

后　记

　　《黑龙江赫哲族文化》是中国第一部综合性的赫哲族文化人类学专著。由于文献、田野资料不足,存在诸多缺憾。我们虽使用了一些俄罗斯那乃族的资料,但比重较小,不足以全面反映黑龙江流域赫哲族文化的全貌,这是今后研究赫哲族文化应该加强之处。

　　本书初稿约 37 万字,由都永浩压缩至 30 万字。具体分工如下:绪论由都永浩撰写,第六章、第八章由都永浩、姜洪波合写,其他章节由姜洪波撰写,都永浩对全书进行了修改。

　　书中图片多数为黑龙江省民族研究所收藏,摄影为迟伟臣先生,部分照片由郭天红先生提供。

都永浩　姜洪波
2008 年 8 月 3 日

图书在版编目(CIP)数据

黑龙江赫哲族文化 / 都永浩,姜洪波著. —哈尔滨:黑龙江教育出版社,2008.8
ISBN 978-7-5316-5107-9

Ⅰ.黑… Ⅱ.①都… ②姜… Ⅲ.赫哲族—民族文化—黑龙江省 Ⅳ.K282.5

中国版本图书馆 CIP 数据核字(2008)第 127747 号

《黑水世居民族文化》丛书

黑龙江赫哲族文化
Heilongjiang Hezhezu Wenhua

都永浩 姜洪波 著

出版统筹:丁一平
选题策划:尹武荣
责任编辑:华 汉 鲁国艳
责任校对:徐 岩
封面设计:张 骏

黑龙江教育出版社出版(哈尔滨市南岗区花园街 158 号)
哈尔滨翰翔印务有限公司印刷·黑龙江教育出版社发行
开本 787×1092 1/16 印张 19.75 字数 305 千
2008 年 8 月第 1 版 2010 年 2 月第 2 次印刷
ISBN 978-7-5316-5107-9/G·3979

定价:120.00 元